25 亿用户
到 2020 年，社交网络用户数量将达到 25 亿

750 亿台设备
到 2020 年，互联设备保有数量将达到 750 亿

65 万亿美元
到 2020 年，全球电子交易额将达到 65 万亿美元

人、物、企业……（万物互联）+ 工厂、交通、生活……（处处智能）

智能工厂　　　　　　　智能交通　　　　　　　智能家居

图 1　高度互联和智能化正在推动世界进入一个前所未有的数字时代

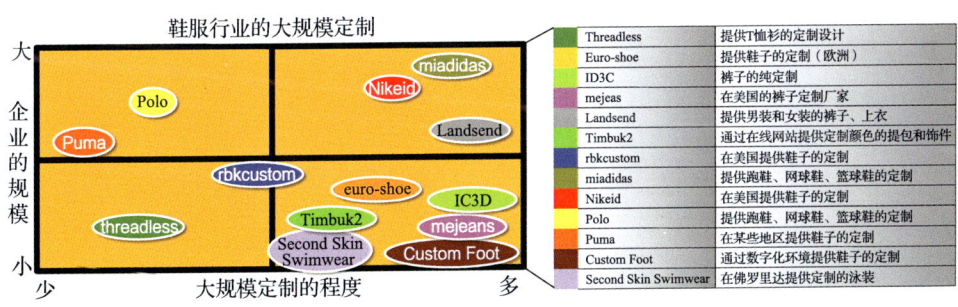

   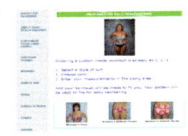 

图 1-14　以国外的鞋服消费品行业为例，在工业 3.0 时代就已经出现了一批提供客户定制化产品的企业

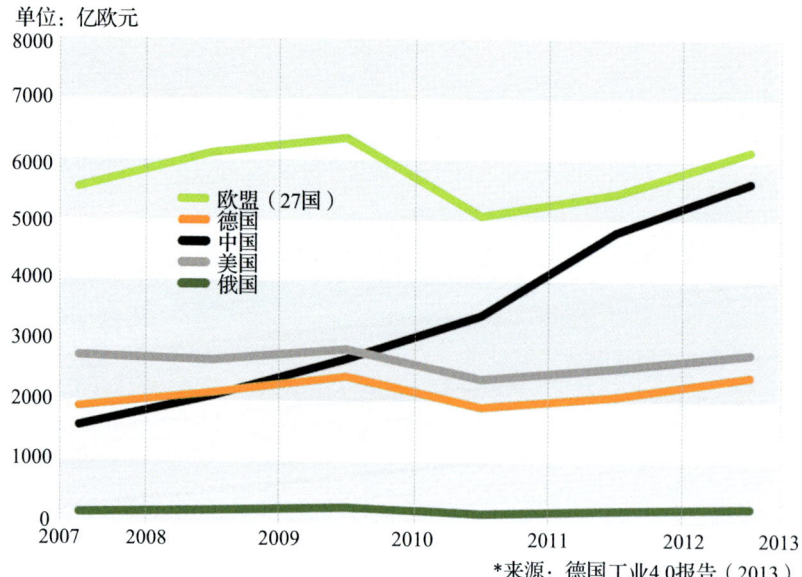

图 1-29　德国从 2007 年开始，在其最强的机械设备制造领域，其销售额就已经开始落后于中国，并且差距还在不断拉大

竞争力要素	德国	美国	日本	中国	巴西	印度
人才驱动的创新	9.47	8.94	8.14	5.89	4.28	5.82
经济、贸易、金融和税务系统	7.12	6.83	6.19	5.87	4.84	4.01
劳动力、物料的成本和获取	3.29	3.97	2.59	10.00	6.70	9.41
供应商网络	8.96	8.64	8.03	8.25	4.95	4.82
法律和法规系统	9.06	8.46	7.93	3.09	3.80	2.75
物理设施	9.82	9.15	9.07	6.47	4.23	1.78
能源成本和政策	4.81	6.03	4.21	7.16	5.88	5.31
本地市场吸引力	7.26	7.60	5.72	8.16	6.28	5.90
医疗系统	9.28	7.07	8.56	2.18	3.33	1.00
在制造和创新上的政府投资	7.57	6.34	6.80	8.42	4.93	5.09

富有竞争力　　　　　　　　　　　　　　缺乏竞争力
*来源: 德勤(2013)

图 1-31　各国制造业竞争力要素的比较

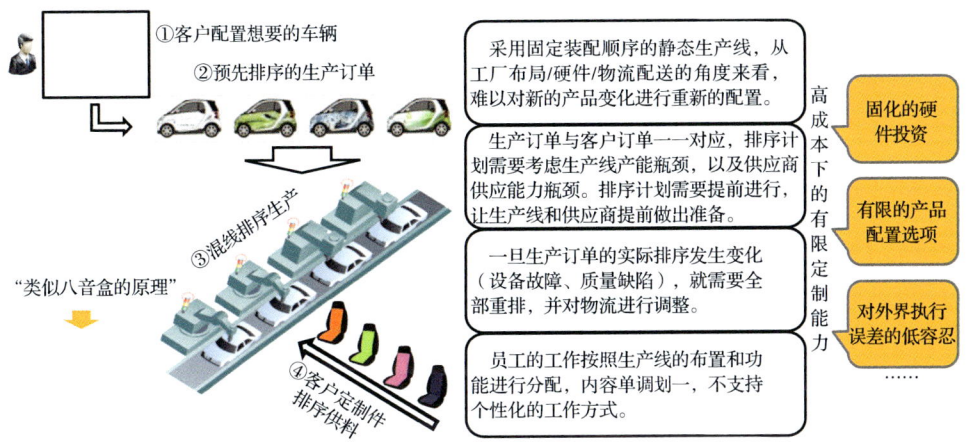

图 2-20　工业 3.0 时代的大规模定制 1.0 是对福特制流水线生产的增强，其特点是"预先排序的生产订单"+"混线排序生产"+"客户定制件排序供料"

智能服务（2015年的最终工作报告）

在工业4.0生产出来的智能产品的基础上，通过物联网技术，将产品连接到互联网上，并应用大数据和其他IT技术，将企业的商业模式从产品驱动转变成数据驱动，从销售产品转变为销售服务或者产出，从而实现业务模式的革新甚至革命。预期效益：到2025年，为德国企业带来30%的生产率的提升。

工业4.0（2013年的最终工作报告）

通过应用智能制造技术，建立产品与机器、机器与机器、人与机器之间的智能化交互，实现工厂内外部的水平集成和垂直集成，提高生产效率的和柔性化。预期效益：为德国企业带来每年6%～8%的制造效率提升。

图 3-24　智能服务是工业 4.0 研究的最新进展，工业 4.0 的九大技术

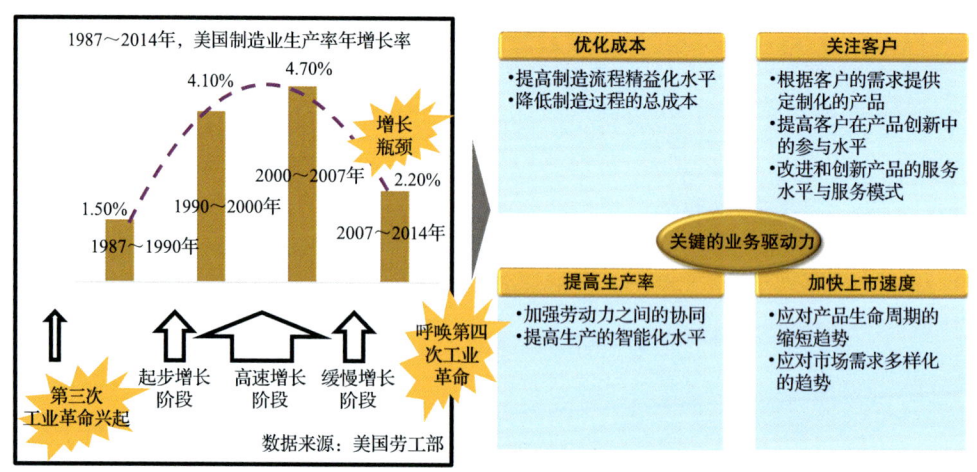

图 4-7 在工业 3.0 兴起了 30 年之后，美国制造企业在业务增长和改进上普遍遇到了瓶颈，由此带来了新的一轮数字化转型的业务驱动力

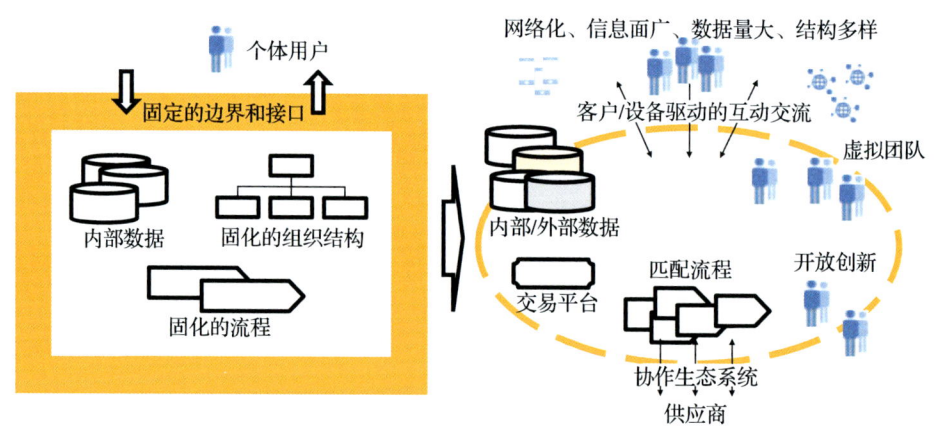

图 5-3 在未来，支撑工业 4.0 和智能服务的系统架构将会从一套固化的二维静态系统，转变为网络化的三维动态系统

工业控制与智能制造丛书

DIGITAL TRANSFORMATION
IN MANUFACTURING INDUSTRIES DRIVEN BY INDUSTRY 4.0

工业4.0驱动下的制造业数字化转型

彭俊松 编著

机械工业出版社
China Machine Press

图书在版编目（CIP）数据

工业 4.0 驱动下的制造业数字化转型 / 彭俊松编著. —北京：机械工业出版社，2016.6（2025.7 重印）
（工业控制与智能制造丛书）

ISBN 978-7-111-54024-3

I. 工… II. 彭… III. 数字技术 – 应用 – 制造工业 – 研究 – 中国　IV. F426.4-39

中国版本图书馆 CIP 数据核字（2016）第 125519 号

　　这一轮工业 4.0 浪潮的到来，在接下来的十年甚至更长的时间里，对中国的制造企业来说，既是一次提高自身能力的难得机遇，也是一场来自国内外同行的竞争与挑战。为了抓住机遇和迎接挑战，企业不仅需要掌握工业 4.0 相关的基础理论和知识，更要了解各种技术的发展动态，提前布局，稳步推进。在实现和推动工业 4.0 的林林总总的技术中，最能体现工业 4.0 精髓的，无疑是软件技术。来自德国的 SAP 公司，作为全球最大的商业软件企业，不仅是工业 4.0 的发起者之一，也是工业 4.0 的核心软件供应商，积极参与工业 4.0 的推广和实践。本书以 SAP 的相关软件技术为支撑，介绍工业 4.0 驱动下的制造业的数字化转型背景、理论、应用领域和关键技术。书中通过大量结合 SAP 的工业 4.0 解决方案在制造行业的具体落地案例，探讨如何实现工业 4.0 解决方案在企业中的部署，展示系统方案对业务运营带来的业务价值，为企业下一步部署"工业 4.0/ 中国制造 2025"战略提供实例参考。

　　本书不仅适合制造行业中从事信息化建设的人员阅读，也非常适合作为管理人员学习和了解工业 4.0 的参考书籍。

工业 4.0 驱动下的制造业数字化转型

出版发行：机械工业出版社（北京市西城区百万庄大街 22 号　邮政编码：100037）	
责任编辑：王　颖　张梦玲	责任校对：殷　虹
印　　刷：北京中科印刷有限公司	版　　次：2025 年 7 月第 1 版第 13 次印刷
开　　本：170mm×242mm　1/16	印　　张：24　插页：2
书　　号：ISBN 978-7-111-54024-3	定　　价：79.00 元

客服电话：（010）88361066　68326294

版权所有 • 侵权必究
封底无防伪标均为盗版

Foreword 序言

在我写这篇序言的时候，中国制造业已经结束了数十年的快速发展阶段，进入了一个艰难的时期。2015年12月，财新传媒与Markit公司发布的中国制造业采购经理人指数为48.2，这已经是该指数连续10个月下滑。事实上，自2014年7月以来，该指数就再未出现过连续3个月上扬的情况。

当然，这背后的影响因素很多，但最主要的原因在于中国已不再是一个廉价的生产基地。过去10年，中国劳动力的薪资涨幅超过4倍，再加上人民币升值，这让"中国制造"的成本迅速飙升，直逼美国。而这种现象背后的一个根本原因就是中国的人口老龄化趋势。其实，从2010年开始，中国15~59周岁的人口比重就在不断下降，预计到2020年，该年龄段人口数将减少2930万，几乎相当于沙特阿拉伯目前的人口总数。

过去，制造业主张利用看似无限大的廉价劳动力市场，但现在，这种观念已经过时。而作为"世界工厂"，中国面临着巨大压力，只有采取有力的措施，让生产力的增速超过成本的增速，才能避免像其他新兴经济体一样，落入"中等收入陷阱"。

那么，中国制造业如何才能再度崛起？俗话说：需求乃发明之母。无疑，中国的制造企业需要加大创新力度，包括产品创新和业务模式创新。

幸运的是，中国已经清楚地认识到这些问题。在过去几年中，中国政府越来越关注"工业4.0"，也就是德国政府针对制造业制定的高科技战略，而且在此基础之上，两国已经在制造领域开展全面合作。作为实现工业4.0的中坚力量，SAP公司很高兴地看到，中国政府在其"互联网+"战略中融合了工业4.0的概念，并将其纳入十三五（2016—2020年）规划。

在本书中，针对制造企业如何利用工业4.0战略实现数字化转型的问题，

SAP 公司的行业价值工程团队的同事列举了一系列原则、最佳实践和客户案例。

制造企业的数字化转型包括实现智能制造。通过集成制造系统与 IT 系统，同一生产线能够为任何订单生产任意数量的不同产品。毫无疑问，这种方法肯定能帮助中国工厂提高生产力，但要解决中国制造业面临的更深层次的问题，光靠智能制造解决方案是不够的。

苹果公司就是一个典型案例。作为全球最具价值的企业，苹果公司其实并不生产任何产品，其大部分制造业务都交给了中国的承包商和供应商。虽然整个制造企业生态系统拥有数百万名员工，但他们的工资支出仅仅是苹果公司硬件销售收入的九牛一毛。而且，苹果公司的收入来源并不局限于硬件业务，还包括各种网店和其他服务创造的收入。

可见，解决中国制造业面临的长期挑战的另一个关键要素是：在供应链中承担更多高价值活动，最终建立能够稳步盈利的全球品牌。这也正是"中国制造 2025"行动计划的主旨：将移动互联网、云计算、大数据和物联网（IoT）等技术与现代制造业融为一体。

因此，我们必须认识到，工业 4.0 的理念并非局限在工厂内，而是与物联网息息相关。工业 4.0 为中国的制造商提供了机会，让他们能够采用更具创新性的业务模式去创造更多价值。比如，通过采用能够报告自身性能的智能设备，制造商可以利用 SAP HANA® 收集和分析大量数据，并建立一个预测性维护服务平台。随着时间的推移，制造商将慢慢向服务提供商的角色靠拢。届时，他们不仅仅出售机器，还将提供全套服务和使用模型。这样，客户就只管使用产品，而无需担心产品的维护问题。

如今，服务创新能够带来巨大收益的结论已不再是秘密。中国要想避开"中等收入陷阱"，就必须利用现有的制造业优势，尽早把握住工业 4.0 带来的机会。

纪秉盟

SAP 大中华区总裁

2016 年 1 月

Foreword

As I write this it is obvious to all that, after decades of heady growth, China's manufacturing sector is having a tough time. The December 2015 Caixin/Markit manufacturing purchasing managers index came in at 48.2, its 10th straight month of decline and, in fact, the index has not seen three consecutive months on increase since July 2014.

There are, of course a number of factors behind this but the principle one is that China is no longer an inexpensive place to make things. In the space of a decade wages more than quintupled and together with currency appreciation, this resulted in the country's manufacturing cost rising close to those of the US. Underlying this is the aging of China's population: the number of people aged between 15 and 59 in China actually began to decrease in 2010 and by 2020 is projected to fall by 29.3 million, which is almost the same as the current population Saudi Arabia.

Clearly the manufacturing value proposition based on access to a seemingly infinite pool of cheap labor is well past its sell-by date. China's position as the "workshop of the world" is therefore under pressure and unless something is done to increase productivity faster than costs, the country could join other emerging economies stuck in the "middle income trap".

So how can China's manufacturing sector put itself back on the path to prosperity? Well, as the saying goes: necessity is the mother of invention. There's a clear need for greater innovation among China's manufacturing companies, both in terms of products and business models.

Fortunately for the manufacturers, the Chinese government is well aware of the issues. In the past few years there's been an increasing level of interest within Chinese government circles in Industry 4.0, the German government's high-tech strategy for manufacturing and this has now matured into a full-fledged collaboration between the two countries. As a significant contributor to the realization of Industry 4.0 concepts SAP is naturally very pleased to see these being taken up in China's Internet Plus strategy and incorporated into the country's new 2016-2020 Five Year Plan.

In the pages of this book my colleagues from SAP's Industry Value Engineering group lay out the principles, best practices and examples of how manufacturing industries can be digitally transformed by leveraging Industry 4.0 strategies.

This is partly about smart manufacturing: the integration of manufacturing and IT that enables the manufacture of product variations in any given order and quantity, all on the same production line. While this will certainly help boost factory productivity, however, smart manufacturing solutions are really only half the answer to a deeper problem with China's manufacturing sector.

Apple-the world's most valuable company-is a classic example of this. It doesn't actually manufacture anything; that's all taken care of by contractors and suppliers mostly located in China. This ecosystem of companies employ millions of workers yet they get just a small slice of what Apple earns in hardware sales. And of course Apple's revenues are made not just from hardware sales but sales made through its various online stores and other services.

This points to another crucial element in the solution to China's long term manufacturing challenge: taking on more of the high value activities in the supply chain and ultimately creating global brands that can command very healthy profit margins. This is the gist of the " Made in China 2025" action plan, which aims is to integrate the mobile Internet, cloud computing, big data and the Internet of Things (IoT) with modern manufacturing.

It is therefore important to understand that the Industry 4.0 concept doesn't stop at the factory gates; it is tightly bound to IoT and that provides opportunity for Chinese manufacturers to start migrating toward a more innovative business model that adds greater value. For example, by delivering smart equipment that reports back on its performance, a manufacturer can accumulate and analyze large amounts of data, using SAP HANA® naturally, and establishing a platform for predictive maintenance services. Over time the manufacturer becomes more of a service provider, not just selling machines but a holistic package of services and usage models so that customer just uses the product without having to maintain them.

It is no secret that service innovation is where the big money is to be made these days. If China is to escape the middle income trap it needs to start building on its current manufacturing strengths and move down the pathway of opportunities that Industry 4.0 provides, as soon as possible.

Mark Gibbs

President of SAP Great China

January 2016

前 言 Preface

对于工业界来说，这一次以工业4.0命名的第四次工业革命和前三次工业革命有着很大的差别。在前三次革命中，工业界是做了再说；而这一次是边做边说，甚至是先说后做。瓦特在发明蒸汽机的时候，恐怕做梦也没有想到自己打开了一扇通往工业1.0的大门。而这一次的工业4.0，随着互联网媒体的传播和政府的宣传，一夜之间众人皆知。

工业4.0时代的快速到来，好像把我们带到了一个繁忙的交通路口。一方面，大量关于未来工业4.0的报道和文章从国外呼啸而来，打破了我们很多传统的习惯思维。另一方面，我们手中熟悉的工具，包括我们依赖多年的商业化管理软件，似乎仍处在向工业4.0迈进的起点。客户不停地催促SAP公司，让我们给出帮助他们迈向工业4.0的一条稳妥的路线图。与此同时，对工业4.0的研究越深入，我越发现其理论和内容的前瞻性及博大精深。对下一步究竟应该怎么走，似乎有很多想法，又似乎难以抉择。

必须承认，我们现在进入了一个软件厂商与客户携手共同创新的年代。在过去的20年里，SAP公司在中国的业务是伴随着最佳业务实践的宣传与推广发展起来的。所谓的最佳业务实践，实际上就是国外先进企业的业务流程在SAP系统中的体现或预配置。工业4.0的到来，将国内企业与国外企业拉到同一条起跑线上。目前全世界尚不存在所谓的工业4.0最佳业务实践。我们需要一个一个企业、一个一个行业去创新、实践和总结。在国外如此，在国内也是一样。

这一轮的工业4.0，到目前为止，展现在我们面前的可能还只是冰山一角。作为一个冠之以"革命"的新事物，我们千万不能低估其难度和颠覆性。以工业3.0背后的第三次工业革命为例，计算机技术并不代表其全部的核心技术。按照教科书上的定义，体现第三次工业革命的核心技术，首先是核能技术，然后是生物技术，最后才是计算机技术。直到今天，能够完全掌握核能技术和生物技术的国家，在全世界也是屈指可数。那么，在第四次工业革命下的工业 4.0，其核心技术——网络物理系统（CPS），也绝不是一项简单的技术。目前无论是在理论研究、标准化还是落地使用等领域，都还有很长的一条路要走。

本书是作者在接触工业 4.0 理论之后进行研究、交流和实践的一次书面总结。从 2014 年开始，在 SAP 公司内部，特别是从德国同行那里，不断传来一些有关工业 4.0 的研究动态和进展。作为一个有着机械工程学科背景、从事离散制造行业信息化多年的职业工作者，我开始关注这一话题，并付诸一系列行动：赴德国参观考察，参加行业大会和学术大会并发表演讲，撰写白皮书，与客户进行现场交流和方案研究，推动 SAP 工业 4.0 的客户创新项目。在平时闲下来的时候，我也有意识地把一些研究心得和工作成果整理成文字。两年下来，积少成多，最后汇集成书。

另外，在本书的撰写过程中，我也得到了团队里其他同事的大力支持，特别是负责零售行业的专家 Allen Miao，在此表示衷心的感谢。

这本书写到中间的时候，恰逢吾儿诞生，一时喜不自胜。写作进程虽有放缓，但后来一路加快进度，直至成文。谨以此书为贺，并感谢吾妻李虹的长期支持。

彭俊松博士
SAP 大中华区副总裁，行业解决方案与价值工程部总经理
2016 年 3 月于上海松江

目录 | Contents

序言
Foreword
前言

导读 ··· 1

第一篇 工业 4.0 的诞生背景、理论和方法

第 1 章 工业 4.0 诞生的内外因分析 ·· 10

1.1 工业 4.0 的诞生是内因与外因共同作用的结果 ··························· 10
1.2 内因之一：以客户个性化需求升级为代表的来自市场的挑战 ········ 13
    1.2.1 工业 4.0 时代，通过客户定制化需求的拉动来进行价值重构 ··· 14
    1.2.2 产品多样化给企业的经营带来了巨大的挑战 ····················· 16
    1.2.3 大规模生产和大规模定制的变迁 ···································· 19
1.3 内因之二：传统制造业向数字化商业模式的转变 ······················· 22
1.4 外因之一：CPS、物联网等新技术对传统技术的推动 ················· 26
    1.4.1 网络物理系统 ··· 27
    1.4.2 物联网 ·· 29
1.5 外因之二：提高制造业竞争力的国家竞争战略的需要 ················· 31
    1.5.1 德国和欧盟对工业 4.0 的推动 ······································· 31
    1.5.2 美国政府提出的先进制造业计划 ···································· 33

1.6　案例分析：德国奥迪的智能工厂愿景 ……………………………………… 34

第2章　基于CPS的工业4.0 …………………………………………………… 36

　2.1　CPS的产生背景 ………………………………………………………………… 36
　　2.1.1　从工业3.0时代的控制论到工业4.0时代的分布式人工智能 ……………… 36
　　2.1.2　人工智能与机器人的研究进展 ……………………………………………… 40
　　2.1.3　CPS研究的前身——智能主体 ……………………………………………… 43
　2.2　CPS的基本理论 ………………………………………………………………… 45
　　2.2.1　CPS的定义 …………………………………………………………………… 45
　　2.2.2　CPS的五层次结构 …………………………………………………………… 47
　　2.2.3　基于服务和支持实时运行的CPS …………………………………………… 50
　2.3　基于CPS的网络物理生产系统 ………………………………………………… 51
　　2.3.1　从大规模定制1.0到大规模定制2.0 ………………………………………… 51
　　2.3.2　CPPS下的新系统架构 ……………………………………………………… 56
　　2.3.3　CPPS的实现道路 …………………………………………………………… 59
　2.4　应用分析：CPS在智能电网、智能交通和智能医疗中的应用 ……………… 60
　　2.4.1　智能电网 ……………………………………………………………………… 61
　　2.4.2　智能交通 ……………………………………………………………………… 62
　　2.4.3　智能医疗 ……………………………………………………………………… 63

第3章　工业4.0理论的提出和要点 …………………………………………… 65

　3.1　工业4.0的概念和目标 …………………………………………………………… 65
　　3.1.1　物联网和服务联网是实现工业4.0的两大基础和前提 …………………… 66
　　3.1.2　CPS是实现工业4.0的核心技术 …………………………………………… 67
　　3.1.3　工业4.0不会孤立存在，而是作为智能、网络化世界的一部分 ………… 70
　　3.1.4　作为物联网的一个子集，M2M在工业4.0中扮演着重要的角色 ………… 72
　　3.1.5　工业4.0的五大核心特征 …………………………………………………… 72
　　3.1.6　工业4.0可以带来新的商业机会和模式 …………………………………… 74
　3.2　工业4.0的双重战略 ……………………………………………………………… 75
　　3.2.1　水平集成 ……………………………………………………………………… 76
　　3.2.2　垂直集成 ……………………………………………………………………… 77

3.2.3　端到端的开发 77
　　　3.2.4　员工 2.0 78
　3.3　工业 4.0 下的智能工厂 79
　　　3.3.1　自动化和互联的设备 79
　　　3.3.2　产品智能化且可配置 80
　　　3.3.3　智能的机器和流程 82
　　　3.3.4　配备做好准备的工人，并有相关技术来支撑 83
　　　3.3.5　高级的分析和建模能力 85
　3.4　工业 4.0 的最新进展——智能服务 86
　3.5　案例分析：IFM 实现从传感器到 SAP 的透明连接 88
　　　3.5.1　企业概述 88
　　　3.5.2　从传感器到 ERP 88

第 4 章　工业 4.0 时代下制造业价值网络的数字化转型 92

　4.1　数字化转型的基本概念 92
　4.2　数字化转型带来的三种重塑机会 94
　　　4.2.1　重塑商业模型 95
　　　4.2.2　重塑业务流程 100
　　　4.2.3　重塑工作 105
　　　4.2.4　重塑背后的技术创造价值方式的改变 106
　4.3　以重塑业务流程为代表的制造业数字化转型 108
　　　4.3.1　工业 4.0 为制造业的数字化转型提供了数字化创新机遇 108
　　　4.3.2　目前的制造业对于数字化技术的应用存在不足 109
　　　4.3.3　工业 4.0 对制造企业价值链的重构 110
　4.4　以重塑商业模式为代表的制造业数字化转型 111
　　　4.4.1　智能服务的前身——产品服务系统 111
　　　4.4.2　以 IPSS 为代表的面向使用或结果的制造业商业模式 112
　4.5　案例分析：全球物流供应商 DHL 的数字化转型 114
　　　4.5.1　DHL 简介 114
　　　4.5.2　案例背景 115
　　　4.5.3　公路货代的业务特点和面临的挑战 115

4.5.4　DHL 的数字化业务变革准备 …………………………………… 117
　　4.5.5　工业 4.0 时代下 DHL 的物联网探索 ……………………………… 119

第二篇　SAP 的物联网和工业 4.0 战略概览

第 5 章　以 S/4 HANA 为数字化核心的 SAP 工业 4.0 系统架构 ………… 124
- 5.1　以 SAP S/4 HANA 为数字核心的工业 4.0 系统架构 ………………… 125
- 5.2　SAP 迈向工业 4.0 的产品升级改造历程 ……………………………… 127
- 5.3　技术发展主线一：HANA 技术 ………………………………………… 130
  - 5.3.1　支持内存计算的 HANA ……………………………………… 130
  - 5.3.2　支持大数据的 HANA ………………………………………… 132
  - 5.3.3　支持云计算的 HANA 云平台 ………………………………… 134
- 5.4　技术发展主线二：移动技术 …………………………………………… 135
- 5.5　技术发展主线三：云计算技术 ………………………………………… 136
  - 5.5.1　云计算平台 …………………………………………………… 136
  - 5.5.2　SAP 在 SaaS 软件上的进展 …………………………………… 138
- 5.6　技术发展主线四：S/4 HANA ………………………………………… 142
- 5.7　快速搭建面向工业 4.0 的企业的新一代数字化平台 ………………… 145
- 5.8　案例分析：美国 CenterPoint 公司的 SAP HANA 之旅 ……………… 147
  - 5.8.1　公司简介 ……………………………………………………… 147
  - 5.8.2　美国得克萨斯州电力市场概况 ……………………………… 147
  - 5.8.3　SAP HANA 帮助 CenterPoint 提高客户管理水平 ………… 148
  - 5.8.4　智能电网负载分析 …………………………………………… 151
  - 5.8.5　智能电网 IT/OT 融合 ………………………………………… 153

第 6 章　SAP 的物联网和工业 4.0 战略与解决方案概览 ………………… 155
- 6.1　SAP 对物联网的理解 …………………………………………………… 155
  - 6.1.1　网络经济 ……………………………………………………… 155
  - 6.1.2　商业用途的物联网 …………………………………………… 156
  - 6.1.3　物联网的技术构成 …………………………………………… 158

6.2 SAP 眼中的物联网技术基础 ··· 158
    6.2.1 交付物联网解决方案概述 ··· 159
    6.2.2 物联网的三个领域 ·· 160
    6.2.3 将不同的领域整合起来 ·· 161
    6.2.4 SAP HANA 平台为物联网转型做好了准备 ······················· 165
6.3 SAP 的物联网平台架构 ·· 165
    6.3.1 物联网接入方案之一：基于 SAP HCP 的 IoT 版本 ············· 167
    6.3.2 物联网接入方案之二：基于 SAP 的移动技术 ···················· 168
6.4 SAP 的工业 4.0 数字化解决方案的组成 ··································· 169
6.5 案例分析：美国哈雷·戴维森摩托车公司的大规模定制生产重生之路 ··· 170
    6.5.1 公司简介 ·· 170
    6.5.2 战略转型之旅 ··· 170
    6.5.3 哈雷从互联营销、智能制造到售后服务的全价值链创新 ····· 174

第三篇　SAP 的六大工业 4.0 解决方案详述

第 7 章　工业 4.0 下的互联产品 ··· 180
7.1 SAP 互联产品解决方案概述 ·· 181
7.2 支持端到端创新的集成的产品开发 ··· 183
7.3 支持大规模定制背景下的产品配置管理 ··································· 185
    7.3.1 产品变量配置的基本概念 ··· 185
    7.3.2 面向大规模定制的产品数据结构 ···································· 187
    7.3.3 将设计与制造进行同步 ·· 191
7.4 提供支持物联网的工程控制中心 ·· 194
    7.4.1 对多种开发工具的支持 ·· 194
    7.4.2 对物联网多数据源的支持 ··· 196
7.5 加快创新速度的创新平台 ·· 197
    7.5.1 产品组合计划 ··· 197
    7.5.2 项目管理 ·· 198
    7.5.3 打造面向员工参与的创新平台 ······································· 199

7.5.4 打造基于大数据分析的创新平台 200
7.6 连接客户与厂家的资产智能网络 202
7.7 案例分析：德国宝马汽车公司在产品模块化和客户定制化上的
数字化转型 206
　　7.7.1 公司简介 206
　　7.7.2 案例背景 206
　　7.7.3 基于产品生命周期管理项目，推动产品的模块化 208
　　7.7.4 基于面向客户的销售与生产，实现大规模定制业务 209

第 8 章 工业 4.0 下的互联营销 212

8.1 SAP 互联营销解决方案概述 212
8.2 基于 SAP CEC 的全渠道商务 213
　　8.2.1 传统的实体零售市场在向全渠道迅速转变 213
　　8.2.2 搭建全渠道解决方案的思路 216
　　8.2.3 SAP 的全渠道 B2C 商务解决方案 218
8.3 基于 SAP HANA 的大数据驱动的需求管理 220
　　8.3.1 从需求计划到需求感知 220
　　8.3.2 大数据下的需求分析 221
　　8.3.3 需求分析的技术和工具 222
　　8.3.4 大数据需求供应分析解决方案 223
　　8.3.5 基于大数据的精准营销 226
8.4 案例分析：德国 HSE24 公司利用 SAP HANA 实现大数据
分析与精准营销 231
　　8.4.1 公司简介 231
　　8.4.2 电视购物客户与购买特点 232
　　8.4.3 面临的挑战 234
　　8.4.4 解决方案 236

第 9 章 工业 4.0 下的互联制造 238

9.1 SAP 的互联制造解决方案概述 238
　　9.1.1 SAP 的互联制造及其技术路线 238

9.1.2　基于 SAP 的互联制造解决方案建立开放式集成工厂 ·············· 241
9.2　基于 SAP IBP 的供应与响应计划 ·· 243
　　9.2.1　响应与需求管理 ··· 244
　　9.2.2　产品计划与排程 ··· 247
9.3　基于 SAP HANA 的 MRP ·· 250
9.4　SAP 的制造执行（ME） ··· 252
　　9.4.1　MES 和 ERP 的区别与互补 ··· 252
　　9.4.2　SAP ME 在智能工厂中的应用 ·· 255
9.5　SAP 的制造集成与智能（MII） ·· 259
　　9.5.1　挑战：制造业孤岛 ··· 259
　　9.5.2　MII 是制造企业的"粘结剂" ··· 259
　　9.5.3　MII 是制造企业的"巡视员" ··· 260
　　9.5.4　MII 是制造企业的"分析师" ··· 260
9.6　SAP 工厂连接解决方案 ·· 262
9.7　案例分析：德国 Elster 公司通过 OPC UA 实现 SAP ME 与车间
　　 自动化设备的连接 ·· 264
　　9.7.1　公司简介 ·· 264
　　9.7.2　项目背景 ·· 264
　　9.7.3　MES 项目 ··· 265

第 10 章　工业 4.0 下的互联供应 ·· 269
10.1　SAP 的互联供应解决方案概述 ··· 269
10.2　通过 SAP Ariba 搭建互联商务平台 ··· 270
10.3　通过 SAP IBP 搭建需求驱动的业务计划 ·· 272
　　10.3.1　使用集成的业务计划来取代传统的供应链计划系统 ··················· 272
　　10.3.2　制订销售和运营计划 ·· 273
　　10.3.3　通过内部和外部的需求数据来提高决策水平 ···························· 276
10.4　通过 SAP IBP 搭建供应链控制塔 ·· 279
　　10.4.1　预见问题的能力 ··· 280
　　10.4.2　获取对外包供应链的控制 ·· 281
　　10.4.3　获得敏捷能力 ··· 281

10.5　基于 SAP SNC 的供应网络协同 ································ 282

10.6　案例分析：美国高露洁棕榄公司的 SAP 全球供应链管理 ·········· 285

　　10.6.1　公司简介 ······································· 285

　　10.6.2　背景 ··· 285

　　10.6.3　高露洁基于 SAP 的供应链管理 ····················· 287

第 11 章　工业 4.0 下的互联物流 ·································· 292

11.1　工业 4.0 环境下物流的新特点 ································ 292

11.2　SAP 的互联物流解决方案概述 ································ 293

11.3　基于 SAP WMS/EWM 的仓库管理 ····························· 295

　　11.3.1　与互联设备的连接 ······························· 295

　　11.3.2　与仓储自动化设备的连接 ························· 296

　　11.3.3　增强现实在仓库操作中的应用 ····················· 298

11.4　基于 SAP TM 的运输管理 ···································· 300

11.5　基于 SAP EM 的跟踪与追溯 ·································· 302

11.6　SAP 的物流网络中心解决方案 ································ 303

11.7　案例分析：德国汉堡港的智能港口物流平台 ···················· 304

　　11.7.1　公司简介 ······································· 304

　　11.7.2　智能港口物流项目背景 ··························· 305

　　11.7.3　基于 SAP 物流网络中心解决方案打造的云平台 ······ 307

第 12 章　工业 4.0 下的互联服务 ·································· 309

12.1　工业 4.0 对产品服务的要求 ·································· 309

12.2　SAP 的远程维修与服务解决方案 ······························ 310

　　12.2.1　远程维修与服务的方案架构 ······················· 310

　　12.2.2　远程维修与服务的业务效益 ······················· 312

12.3　SAP 的预测性维修与服务 ···································· 313

　　12.3.1　方案概述 ······································· 313

　　12.3.2　PDMS 的应用 ···································· 315

　　12.3.3　使用 SAP PDMS 解决方案的价值 ···················· 317

12.4　SAP 增强现实方案在服务中的应用 ···························· 318

12.5 案例分析：德国凯撒压缩机公司通过大数据和实时业务，
将以客户为中心的服务业务提升到更高的水平 ·············· 319
    12.5.1 公司简介 ·············· 320
    12.5.2 大数据支持下的预防性维护 ·············· 321
    12.5.3 将产品开发与客户需求联系起来 ·············· 323
    12.5.4 通过洞察来加快获取价值的速度 ·············· 323

第四篇　工业 4.0 应用效益分析和趋势展望

第 13 章　制造企业实施工业 4.0 和物联网的效益与挑战 ·············· 326

13.1 工业 4.0 定性的效益分析 ·············· 326
13.2 工业 4.0 定量的效益分析 ·············· 329
13.3 物联网的行业应用效益 ·············· 330
13.4 汽车零部件企业实现工业 4.0 的价值分析 ·············· 332
    13.4.1 集成的生产与物流流程 ·············· 333
    13.4.2 加强机器和人之间的协作 ·············· 333
    13.4.3 提高车间层的生产效率 ·············· 333
13.5 技术、经济、组织、法律等方面对工业 4.0 的挑战 ·············· 334
13.6 应用分析：工业 4.0 为汽车工业带来的变化 ·············· 336
    13.6.1 对复杂性的管理是汽车企业取得成功的关键 ·············· 336
    13.6.2 基于无传送带的分布式汽车生产系统 ·············· 338

第 14 章　下一阶段工业 4.0 的发展及其相关动向 ·············· 340

14.1 工业 4.0 的发展路径 ·············· 340
14.2 智能服务的成熟度 ·············· 341
14.3 工业 4.0 参考架构模型 ·············· 343
    14.3.1 RAMI 4.0 的结构 ·············· 343
    14.3.2 使用 RAMI 4.0 的好处 ·············· 345
14.4 美国先进制造的发展方向 ·············· 346
    14.4.1 先进传感器、控制和制造平台技术 ·············· 348

　　　　14.4.2　可视化、信息化和数字化的制造技术 ………………………………… 349
　14.5　美国的工业互联网、中国的"中国制造2025"和"互联网＋" ……… 351
　　　　14.5.1　美国的工业互联网与德国工业4.0 ……………………………………… 351
　　　　14.5.2　"互联网＋"的解读 ……………………………………………………… 354
　　　　14.5.3　"中国制造2025"与电子商务的成功之路 …………………………… 354

缩略语 ………………………………………………………………………………… 357

参考文献 ……………………………………………………………………………… 362

导　　读

1. 数字经济已经悄然来到我们身边

在过去的10年里，我们见证了人、物和企业在互联领域里的巨大变化。作为推动这一变化的关键技术，互联网从20世纪90年代的服务器到客户端的主从式连接，变成了点到点之间对等的高度互联。如图1所示，这一趋势不仅反映为社交网络的用户规模和互联设备的保有数量的高速增长，也反映为企业之间通过电子交易建立了庞大的业务互联。到2020年，全球企业之间的交易额将达到65万亿美元，其中绝大部分都是通过相互连接的电子化交易完成的。

25亿用户
到2020年，社交网络用户数量将达到25亿

750亿台设备
到2020年，互联设备保有数量将达到750亿

65万亿美元
到2020年，全球电子交易额将达到65万亿美元

人、物、企业……（万物互联）+ 工厂、交通、生活……（处处智能）

智能工厂

智能交通

智能家居

图1　高度互联和智能化正在推动世界进入一个前所未有的数字时代

伴随着这一轮"万物互联"逐步推进，还出现了智能化的趋势。特别是近年来随着物联网的普及和工业4.0的提出，智能工厂、智能交通、智能家居等一系列与智能化相关的概念开始得到人们的重视。在不远的将来，这些技术将会逐步从论文和实验室走入实用阶段。人们普遍认为，高度互联和智能化正在推动整个

世界进入一个前所未有的数字时代。高度互联和智能化已经不再是一种技术符号，它即将变成一波数字经济的浪潮。

从字面上看，数字经济就是基于数字技术的经济，而数字技术的发展往往与互联网技术密不可分，因此"数字经济"也常常被称为"互联网经济"或"网络经济"。

早在 20 世纪互联网发展初期的 1997 年，美国一家智库公司的 CEO 唐·塔普斯科特（Don Tapscott）就出版了一本名为《the Digital Economy》的著作㊀，该书详细论述了互联网对经济的影响，他也被认为是最早提出"数字经济"概念的人物之一。随后，数字经济常被理解为数据信息可通过网络流动而由此产生的经济活动。比如开一家网店，店家和消费者不用实际见面，就能传递商品信息并讨价还价。这样的线上经济活动显然比线下具有便捷优势。同时，一些关于网络价值的理论也被引入到数字经济当中，比如梅特卡夫定律㊁，它指出网络的价值等于它所拥有的网络终端数量的平方。换句话说，就是使用一个网络虚拟平台的人越多，这个虚拟平台对于每个用户的价值就越大。

今天所说的"数字经济"，指的是数字技术与各项实际产业的结合。以苏宁和淘宝这样一对先竞争后合作的企业为例：苏宁上千家连锁实体店通过信息系统来规范门店的运作，发展成为 IT 经济的代表；淘宝通过互联网直接将商家与消费者连接起来进行交易，快速发展成为互联网经济的代表。今天提出的"互联网+"，则体现了互联网与实体的结合，这就是数字经济的一种形式。数字经济不是虚拟经济，由于它把"虚"和"实"结合在一起，因此具有两大特点：一是建立在具有广泛的互联和智能化特点的新一代数字技术基础之上；二是虚实结合，用"虚"的数字技术来深刻地改造"实"的传统产业。如图 2 所示，数字经济将继互联网经济之后，成为推动下一场全球经济变革和工业革命的驱动力。

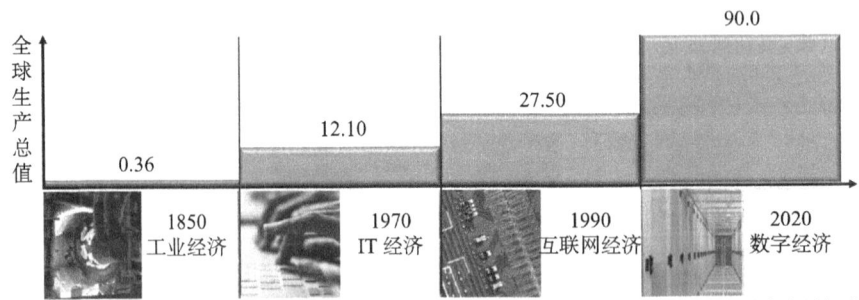

所有数字均以万亿为单位，以 1990 年国际美元为度量标准

资料来源：加州大学伯克利分校经济系之贝恩公司八大宏观趋势简介

图 2　数字经济将推动下一场全球经济变革和工业革命

㊀ 该书于 1997 年由 McGraw-Hill 出版社出版，读者可通过 Amazon 购买纸质版或 Kindle 版。

㊁ 鲍勃·梅特卡夫（Bob Metcalfe）是以太网（Ethernet）的发明者，他揭开了网络价值的秘密："网络的价值与网络使用者数量的平方成正比"，这就是梅特卡夫定律。

在中国，数字经济的发展有着自己鲜明的特点。如图3所示，从2014年的一组统计数据指标来看，中国的互联网在消费者领域已经赶上甚至超过美国的发展水平。这不仅体现在互联网的用户数量、智能设备的渗透率和互联网用户使用社交媒体的比例上，还体现在B2C电子商务的规模和占零售行业比例等一系列指标上。我们可以得出结论，在消费者互联网领域，中国已经成为在用户数上全球最大的互联网国家。

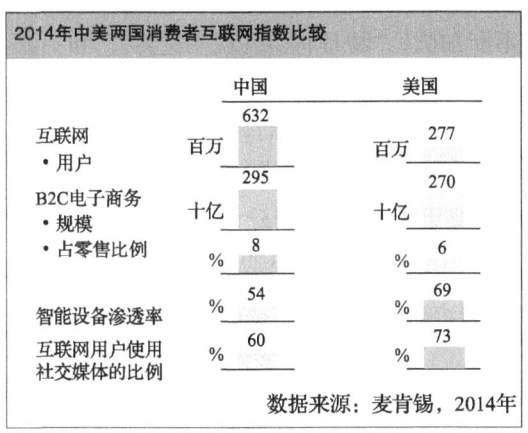

图3　2014年中国的互联网在消费者领域已经赶上甚至超过美国的发展水平

然而，如图4所示，在企业市场，以企业云的应用率和中小企业互联网的使用率为例，中国仍与美国存在较大差距。2015年以来，中国政府提出"互联网+"和"中国制造2025"两个概念，其用意就是面对企业应用领域，让各个行业的企业加快迈向数字经济的脚步。这一波浪潮不仅成为当下全社会关注的焦点，也给像SAP这样的商业管理软件公司提供了一次难得的发展机遇。

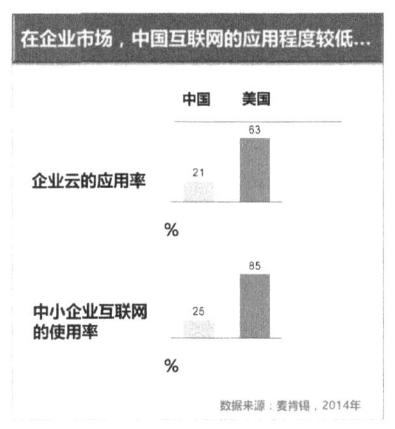 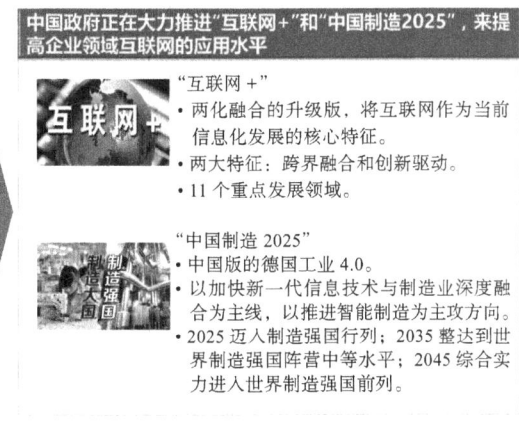

图4　在企业互联网领域，中国提出"互联网+"和"中国制造2025"概念

发展数字经济的前提无疑是企业提供的产品和服务的数字化，以及业务的数字化转型。在不同的行业里，产品和服务向数字化迁移的水平差异很大。在一些行业里，产品和服务在传统上主要以物理的形式出现，数字化的成分很少，例如农业、消费品和装配制造等行业。而在另一些行业里，产品和服务则表现为数字与物理的混合形式，其中电子设备和软件必不可少，例如航空、汽车、消费电子等行业。而在某些行业中，如金融、游戏、音乐等，其产品和服务主要是以数字化的形式存在。近年来，随着网络物理系统（Cyber Physical System，CPS）的应用，数字形式对物理形式的映射不断加强，"物理世界（现实世界）"和"数字世界（虚拟世界）"开始日益走向融合。如图 5 所示，预计终有一天，整个物理世界将会通过数字世界来控制——"当我们改变数字世界的映射状态时，物理世界的对象也会相应地发生改变。当我们和物理世界的对象进行交互时，虚拟世界也会发生变化"——这类情况已在一些行业中初露端倪。这一变化趋势反映出：现今我们应用数字化技术进行数字化转型的深度和范围都在不断扩大。

从传统的视角来看，产品和服务的数字化在不同的行业中有不同的表现……		
主要为物理形式	数字和物理混合形式	主要为数字形式
行业举例： · 农业 · 消费品 · 装备 · 金属 · 采矿 · 石油与化工	行业举例： · 航空与国防 · 汽车 · 消费电子 · 医疗 · 医疗设备 · 零售 · 电信	行业举例： · 金融 · 游戏 · 音乐 · 软件、应用程序

随着数字形式对物理形式映射的不断加强，会出现"当我们改变数字世界的映射状态时，物理世界的对象也会相应地发生改变。当我们和物理世界的对象进行交互时，虚拟世界也会发生变化"。"这种情况一旦形成，整个物理世界都可以用虚拟世界的程序加以控制。"

图 5　不同的行业已经开始相应的数字化转型过程

如图 6 所示，按照时间的进度和对经济的影响程度，我们把数字化转型的历史进程分为三个阶段来研究，它们分别是：
- 20 世纪 90 年代末出现的数字化产品与基础设施。
- 21 世纪初出现的数字化分发与 Web 战略。
- 2010 年起出现的生产方式和业务模式的转变。

其中，前两个阶段的数字化转型较多地集中在产品和基础设施的数字化改造、数字化分发与 Web 技术的应用上，其特点是对企业现有的业务模式进行加强与改进，它们对经济带来的影响较为有限。而本轮的数字化转型的特点反映为不断加强的数字世界对物理世界的映射与控制，这和以前两个阶段有较大不同。这一轮的数字化转型将会更多地体现为生产方式和业务模式的转变，采用的技术主要是工业

4.0、移动技术、大数据分析和云计算等,它们将会对经济产生更为深刻的影响。其中,工业 4.0 将会是引领这场变革转型的标志,也是推动数字经济发展的核心技术。

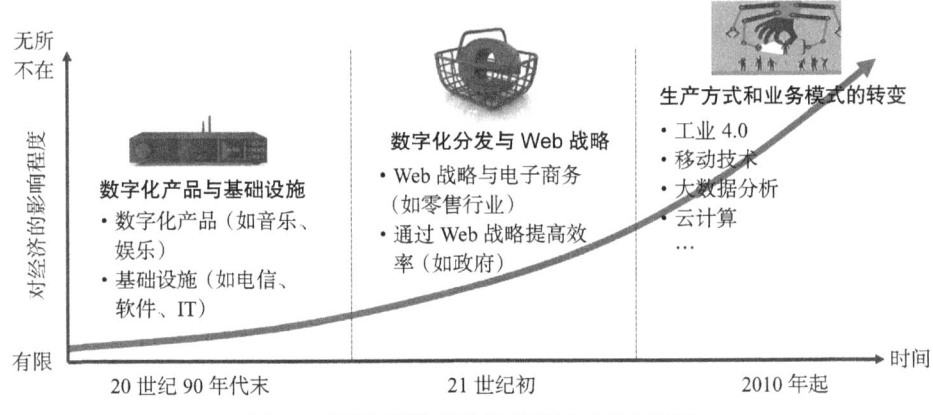

图 6　不同阶段数字化转型的特点各有不同

2. 工业 4.0 是推动数字经济发展的核心技术

德国制造业是世界上最具竞争力的制造业之一,在全球制造装备领域占据领头羊的地位。德国所提出的工业 4.0,也就是第四次工业革命,是继第三次工业革命之后的又一轮新的工业革命。如图 7 所示,经过前三次工业革命,人类从事的工业活动从手工时代,先后跨入了蒸汽机时代、电气时代和信息时代,获得了极为丰富的物质生活水平。即将到来的第四次工业革命,无疑会成为推动数字经济发展的核心技术,那它究竟会给我们带来什么变化呢?

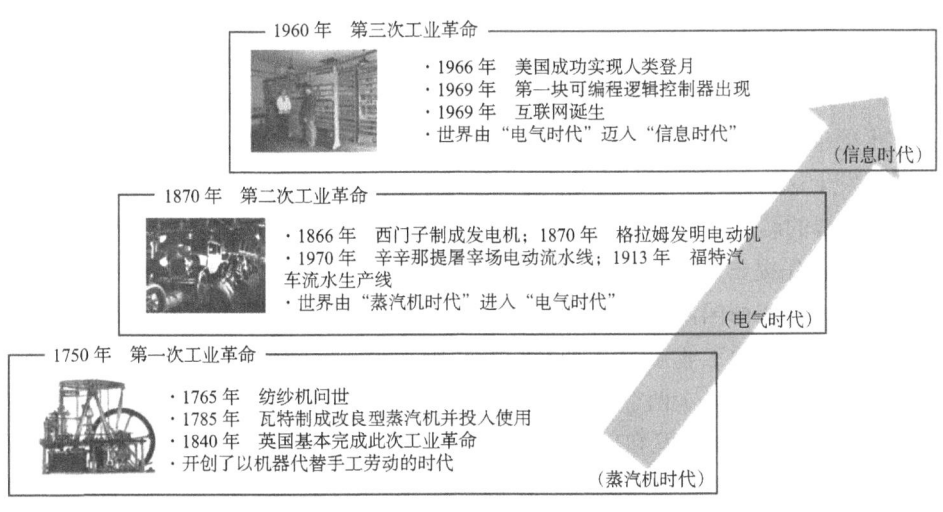

图 7　发生在工业 4.0 之前的三次工业革命,极大地丰富了人类的物质生活

让我们来假设这样一个发生在一位工厂工程师家中的场景（它其实已经在现实中实现了）。

"在一个暴风雨的夜晚，我正在家中休息，突然手机开始振动并响铃，收到了来自工厂的一条短信，原来是工厂的夜班生产出现了问题。接着，一条又一条短信接踵而至。这些消息是由一些工厂设备上的传感器发出的，看起来似乎是设备正在准备自动重启。我立即意识到，可能是糟糕的天气导致电力供应出现了问题。我迅速打开iPad，立即看到代表整个工厂实时运行状况的仪表板，并且还接到工厂屋顶的摄像头，鸟瞰整个工厂的生产状况。通过在iPad上的一系列操作，首先确保在电力恢复正常之后，生产线上的设备能按照正常的顺序重启，然后将已经入库的前一批产品进行隔离，并指示将受到影响的这一批产品的生产订单重新以最高优先级安排计划。接下来，工厂的系统根据重排的计划，自动给供应商和客户发去新版本的指令和更改送货时间的通知。"这一场景的实现，也正是未来工业4.0下的智能工厂的目标（如图8所示）。

图8　未来工业4.0下的智能工厂

上述文字所描述的场景揭示了工业4.0所带来的诸多转变的冰山一角。工业4.0作为数字经济的代表，是一组数字化技术的综合应用，包括网络物理系统、物联网、云计算、移动、大数据、内存计算、分析、增强现实、3D打印等。在这些技术的推动下，制造业正在数字经济时代里发生一场深刻的变化。在此之前，制造业发生这么大的变化，应该是19世纪可互换零件的出现，或者是20世纪流水化生产线的诞生。但是这一次的变化，可能要比之前的两次变化更大。

作为首先提出工业4.0的国家，德国政府希望利用数字化技术和工业4.0的巨大潜力来夯实德国制造的基石。工业4.0已经成为德国政府数字化议程的中心焦点。在"自主的工业4.0"（Autonomics for Industrie 4.0）和"智能服务世界"（Smart Service Welt⊖）两个资助计划中，德国经济部已经提供了将近1亿欧元来促进工业4.0领域的研发和创新活动。工业4.0已成为德国工业的一个强劲发展

⊖　Welt是德文中"世界"的意思。

趋势。

德国弗劳恩霍夫应用研究促进协会估计,通过工业4.0的应用,机械工程、电气工程、汽车工程、化工、农业和信息通信行业可新创造780亿欧元产值,相当于让德国经济每年增长1.7%。

阿里巴巴集团创始人认为,世界的未来取决于数据,企业可利用自身掌握的大量数据生产出符合客户需求的个性化产品。

一场由工业4.0作为核心技术推动的数字经济的浪潮,正在向我们呼啸而来。

第一篇

工业 4.0 的诞生背景、理论和方法

"工业 4.0 给德国带来了加固其作为制造基地、制造设备供应商和 IT 业务解决方案供应商地位的机会。德国政府鼓励德国的各个利益相关方结合在一起，紧密地在工业 4.0 的平台上工作，推动工业 4.0 不断向前实施。"

——德国国家科学和工程院院长、德国"工业 4.0"工作组联合主席、SAP 公司前 CEO 孔翰宁教授

第 1 章 Chapter 1

工业 4.0 诞生的内外因分析

工业 4.0 在给制造企业带来美好憧憬的同时,其实现过程必然充满着艰辛。从投资人和企业管理层的角度来看,必不可少地要对它的投入、产出以及可行性进行分析。无疑,这些分析最终必然会被引导到实施工业 4.0 的必要性和必然性的讨论上去。本章的主要内容就是根据事物发展的内外因,从四个方面来帮助读者理解第四次工业革命出现的必要性和必然性,从而为企业制定迈向工业 4.0 的决策提供相关的背景信息。对于希望学习工业 4.0 的读者来说,本章也可帮助他们对工业 4.0 有一个全面的了解。

1.1 工业 4.0 的诞生是内因与外因共同作用的结果

时间进入 2014 年,工业 4.0 或第四次工业革命的概念一下子在国内流行起来。无论是报纸、杂志、电视,还是政府、企业,甚至股票市场,都在讨论这方面的话题。工业 4.0 之所以得到如此高的重视,一个很重要的原因是前三次工业革命实在是太有名了。现今,每一个人的生活都离不开这三次工业革命带来的成果,人们自然会对第四次工业革命寄予极大的希望。接下来让我们稍微回顾一下这段重要的历史。

第一次工业革命是指在 18 世纪从英国发起的一场技术革命。它从珍妮织布机开始,以著名的蒸汽机为代表,推动了机器的普及与大工厂制的建立,以及交通运输领域的革新(见图 1-1)。这场技术发展史上的巨大革命开创了以机器代替手工劳动的时代,扫除了结构性饥荒,并引发了人口的爆发性增长。这不仅是一次技术改革,更是一场深刻的社会变革,推动了经济领域、政治领域、思想领域、世界市场等诸多方面的深刻变革。

> "先生,我在这里销售的是,全世界都需要努力的——**动力**。"
> 马修·博尔顿

> "每一台机器都是按照为了实现某一特定的机械操作的目的而制造的。每一台机器都有两件同样的东西:除了机器本身之外,这一点毫无疑问,一个是运动的动力,另一个是操作的对象,也就是要完成的工作。机器,就夹在动力和工作之间,是为了让一方更好地适应另一方而存在的。"
> 罗伯特·威利斯

a) Oliver Evans "哥伦布" 引擎　　b) 珍妮织布机　　c) 斯莱特纺织机

图 1-1　第一次工业革命:人类开始系统地使用蒸汽动力的机械化生产(1750 年左右)

第二次工业革命是从 19 世纪 70 年代开始的欧洲率先发起的又一轮技术革命。在这一轮工业革命中,科学技术的发展突飞猛进,各种新技术和新发明层出不穷,并被迅速地应用于工业生产,大大地促进了经济的发展。第二次工业革命在科学技术上的突出发展主要表现在四个方面,即电力的广泛应用、内燃机和新交通工具的发明与创造、新通信手段的出现及化学工业的建立。控制论创始人维纳提出的自动化概念是第二次工业革命的重要理论(这个人物在后面关于工业 4.0 的章节中还会谈到)。由此,世界由"蒸汽机时代"进入"电气时代"(见图 1-2)。

> "我要把电力变得便宜到只有富人才能负担得起烧蜡烛。"
> 托马斯·爱迪生

a) 1895 年的发电站　　b) 1886 年由戴姆勒制造的汽车　　c) 大规模流水线生产证明了可以精确地制造复杂的产品

图 1-2　第二次工业革命:电力与大规模生产(1870 年左右)

接下来的第三次工业革命是人类文明史上继蒸汽技术革命和电气技术革命之后科技领域里的又一次重大飞跃,它的发起地是美国。这场革命以原子能、电子计算机、空间技术、生物工程的发明和应用为主要标志,是一场涉及信息技术、新能源技术、新材料技术、生物技术、空间技术和海洋技术等诸多领域的一场信息控制技术革命。通过第三次工业革命，世界由"电气时代"一举迈入"信息时代"（见图 1-3）。

> "数字化革命比起书写或甚至印刷的发明都要重要得多。"
> Douglas Engelbart，美国发明家

a) Modicon 团队与世界上第一台 084 PLC

b) 计算机化的数控

c) 使用 Kuka 工业机器人的工厂自动化

图 1-3　第三次工业革命：数字化计算与通信技术（1945 年左右）

应该说，本次工业 4.0 浪潮的兴起，与前三次工业革命有着完全不同的背景和意义。如果说通过第一次工业革命，让蒸汽机为人类提供机器动力，可以比喻为"解放了人类的双手"；那么通过第二次工业革命，用电力实现动力的远程传输，让内燃机带动汽车的行驶，人们可以站在流水线旁进行装配，可以坐在座椅上进行驾驶，则可以比喻为"解放了人类的双腿"；而最近一次完成的第三次工业革命，用电子技术实现了生产的自动化，让人们可以盯着控制室的屏幕操纵设备，更可以比喻为"解放了人类的神经"。经过这三次工业革命，整个社会已经基本进入了一个衣食无忧，甚至产能过剩的阶段。那么为什么在这个时点，德国政府还要提出可以比喻为"解放人类的大脑"的第四次工业革命呢（见图 1-4）？这次工业革命出现的必然性和必要性是什么？

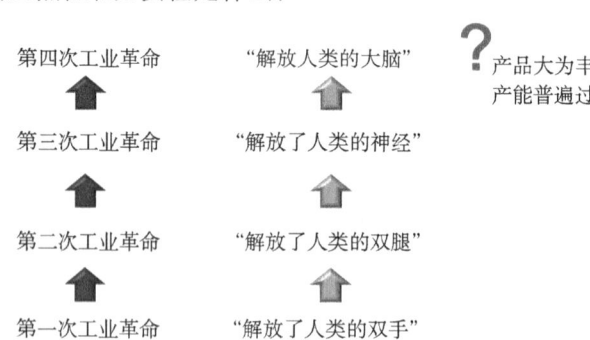

图 1-4　经过前三次工业革命，全球产能已经普遍过剩，为什么还要有工业 4.0？

这个问题给了我们一个温习内外因辩证原理的绝好机会。从哲学的角度来

看，分析任何一个事物的变化发展，有三句非常经典的论断，它们是：

- 事物发展是由内因和外因共同起作用的结果。
- 内因是事物变化发展的根据，外因是事物变化发展的条件。
- 外因需要通过内因起作用。

内因和外因的这种关系（见图 1-5）决定了我们在观察、分析问题时，既要看到内因，又要看到外因，坚持内因和外因相结合的观点。

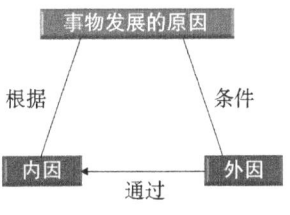

图 1-5　内因与外因的辩证关系

根据这样一套理论，我们试着来分析一下工业 4.0 的出现究竟是怎么一回事。

我们认为，本次工业 4.0 的兴起是由四个方面的内外因共同作用的结果（见图 1-6），它们分别是：

- 内因一：以客户个性化需求升级为代表的来自市场的挑战。
- 内因二：传统制造业向数字化商业模式的转变。
- 外因一：CPS、物联网等新技术对传统技术的推动。
- 外因二：提高制造业竞争力的国家竞争战略的需要。

两个内因，即来自市场的挑战和商业模式的转变，它们是直接引发这场工业革命的内在因素。而两个外因，即新技术的推动和国家意志，则起到了从旁推动的作用。

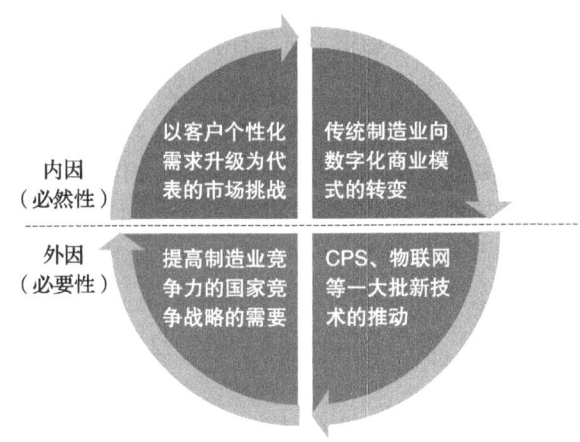

图 1-6　本次工业 4.0 的兴起是由四个方面的内外因共同作用的结果

1.2　内因之一：以客户个性化需求升级为代表的来自市场的挑战

近年来，全球市场所面临的挑战日益复杂、日益升级。它们就像"潘多拉盒子"一样，已经接近或达到目前技术手段可以解决的极限，因此需要由一场颠覆性的变革来解决。这些挑战包括：
- 全球化的市场和全球化的制造网络的形成。
- 不断增加的组织复杂度。
- 不断提高的产品复杂度。
- 对实时响应的期望。
- 更高的客户个性化需求。
- 新的竞争对手。
- 来自成本的压力。

其中，客户个性化需求在其中最具有代表性。在很多文章里，都将它与工业4.0联系在一起。不过，尽管从吸引读者的角度，个性化需求确实是一个博取眼球的话题，但我们仍然要清楚地牢记，个性化需求只是众多推动工业4.0的市场挑战中的一个。

那么，我们就来看一看，客户的个性化需求是如何催生出工业4.0的。

1.2.1　工业4.0时代，通过客户定制化需求的拉动来进行价值重构

长期以来，客户都处在一个信息不对称的市场中，并且相对于制造商和流通商来说，处于相对较弱的不利地位。通常，卖方（或者说是企业）对自己所生产或提供的产品拥有更多的信息，而客户则拥有更少的信息。虽然市场竞争日益激烈，但客户所处的信息不对称的弱势地位一直没有本质上的变化。

在这样一个信息不对称的市场中，尽管存在一定的信息搜集成本，并受到知识、灵活性和收入等条件的限制与约束，客户仍然希望能够成为价值最大化的追求者。于是，在做出最终购买决策时，客户感知价值（Customer Perceived Value，CPV）就成为一个具有决定性的能影响客户的变量。简单地说，客户感知价值就是客户在对一种产品的感知利得与其所付出的成本之间进行权衡的基础上，对产品效用的整体评价。这是构筑在工业2.0和工业3.0阶段，基于功利主义的行为方式的结果。这一阶段客户感知的利得包括品牌形象、产品功能、产品可靠性、产品多样性、服务能力等。客户感知的成本包括信息搜集成本、产品成本、渠道成本、服务成本等。

因此，对于企业来说，提高客户的感知价值就具有了极为重要的实践意义。在交易前，企业开展的市场营销往往就是利用信息不对称，发掘出商品中不为客户注意的价值，或者让客户从中获得溢价的感觉，从而产生更高的感知价值。

在以互联网为代表的新技术的冲击下，客户的信息不对称的地位得到了极大的改观，在互联网上可以方便地进行产品的性能与价格比较。客户在走进商店的时候，对产品的了解可能不会比售货员少很多。并且，在电商世界普遍只有10元左右的快递费，甚至免费送货的"教育"下，客户对于传统渠道的价值认可程

度也在急剧下降，不会认为商场做了"搬运工"的事情就应该拿到那么多的增值收入。这一切都造成不少企业（先是流通企业，后是制造企业）的利润明显下滑。

与此同时，对于客户来说，除了产品功利之外的其他价值诉求也开始得到重视，包括产品的定制化、服务的定制化，以及客户在接受产品和服务的过程中的个人体验、社会化体验等。这种转变直接导致了一场价值重构的革命（见图1-7）。从企业的角度来看，这就是工业4.0最有代表性的外部动因。为什么这么说呢？

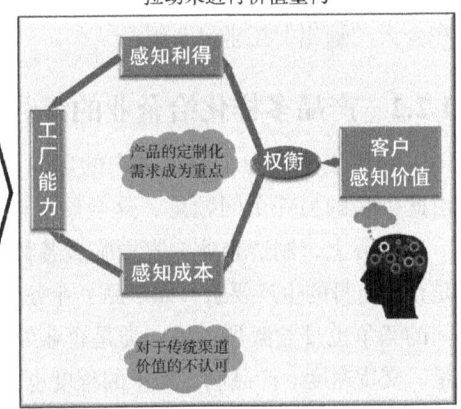

图 1-7　制造业的业务模式正在转向用客户感知价值进行价值重构的新阶段，其重要的驱动性特征就是产品的定制化需求开始不断涌现

在工业3.0时代，有一个生产者驱动下的市场均衡。一方面，工厂以低成本、高质量为目标，大批量地向市场推出产品。客户在信息不对称的市场中，在一定的搜索成本和有限的知识、收入等条件的限制下，对利得和成本进行感知，推导出价值，并进一步根据得到的感知价值做出购买与否的决策。这一阶段，工厂的能力和客户的感知价值之间建立了一种平衡。

随着时代的发展和技术的进步，一方面客户的收入水平不断提高，另一方面客户通过互联网获取信息也越来越方便，由此他们改变了对一些传统的利得和成本的认识，产品的定制化需求在客户感知的利得中所占的比例与重要性日益提升，并且他们对于一些传统的渠道成本和物流成本，哪怕再低，也难以认可，甚至完全不予认可。由于客户感知价值发生了这些变化，原有的市场均衡被打破，所以企业必须要按照客户认同的感知价值来组织生产，提供相应的产品和服务——这就是工业4.0产生的一种由来。

近年来，中国市场上出现了一股消费者到企业（Consumer to Business，C2B）的思潮。它试图改变原有的企业和消费者的关系，是一种消费者贡献价值（Create Value），企业消费价值（Consume Value）的过程。按照C2B的理想，真正的C2B

应该先有消费者需求而后有企业生产，即先由消费者提出需求，后由生产企业按需求组织生产。通常情况为消费者根据自身需求定制产品和价格，或主动参与产品设计、生产和定价，产品、价格等彰显消费者的个性化需求，而生产企业进行定制化生产。在C2B的模式下，渠道不掌握定价权，同时产品的价格构成必须合理。

目前在国外学术界和产业界，被普遍接受的提法是所谓的"定制"（Customization），本书也采用这一提法。

应该说，人人都不会拒绝定制化的需求。那么，为什么客户的定制化需求会在今天"逼出"工业4.0呢？

1.2.2 产品多样化给企业的经营带来了巨大的挑战

众所周知，为了满足客户的定制化需求，就必然提高产品的多样化水平，但由此带来的另一个问题是，这会给企业的经营带来巨大的挑战。

实际上，制造企业一直面临着各种挑战。其中，最常见的挑战包括两类：一类是企业自身的生产要素，如产品、业务流程、供应商构成的网络等日益复杂，企业之间的竞争也日益激烈；另一类是企业外部来自客户的需求日益提高，包括成本、质量、交货速度、产品满足需求的程度也在不断变化和日益苛刻。这两类挑战就像跷跷板的两端，如果一端翘起来，例如要降低成本，本能的做法就是把产品做得简单一些，流程尽可能稳定和标准化，只有这样才能把跷跷板的另一端压下去。但现在的问题是，这种妥协总是有限度的。如果到了两边都压不下去的时候，企业要怎么办？

近年来，几乎在每个行业里，企业提供给市场的产品多样性都在急剧增加。图1-8展示了汽车、化工、机械、快速消费品（Fast Moving Consumer Goods，FMCG）、药品五类产品在过去十几年里的变化趋势。我们发现，在1997～2012年的15年里，这些产品的多样性以及复杂性有了很大的提高。相比1997年，在2012年可销售的产品种类增加了120%，产品的生命周期缩短到76%。与此同时，原材料和零部件的种类也增加了85%。最后这个数字要略低于同期可销售产品种类的增长，这说明一些行业中（特别是汽车工业和快速消费品）的产品标准化和模块化的工作起到了一定的作用。事实上，不但是这五类产品有这种趋势，几乎所有的产品在过去的这些年里都在发生同样的变化。

造成这一现象的原因有好几种。

第一，无论是在消费品市场还是生产资料市场，很多企业都面临着投放到市场上的新产品的生命周期不断缩短的现象。当然，缩短的产品生命周期又会导致更多的新产品上市。但是，同类型产品的商业生命周期不应该和其物理生命周期混淆起来，后者甚至有延长的可能。因此，在一段时间里，在市场保有的产品类型中，增加的那一部分主要是来自新上市的产品。

第二，在成熟市场上不断升温的竞争导致了对狭小细分市场的不断挖掘，从而产生更多小众的产品类型。

第三，对于企业来说，增加产品种类是一种提高客户满意度的好办法。一般的想法是，客户总是希望买到真正符合自己心意的产品，能够为客户提供大量选择的企业总是能够讨得更多客户的欢心。

在以上三种原因的共同作用下，导致了所谓的大规模定制（Mass Customization）的出现，即根据客户的个性化需求，以大批量生产的低成本、高质量和高效率提供定制的产品和服务。

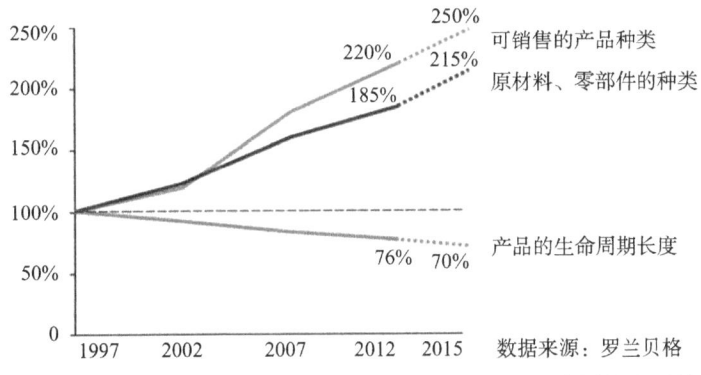

图1-8 汽车、化工、机械、快速消费品、药品的产品多样性发展趋势

但是，工厂总是被设计成提供有限种类的产品类型。当然，一些手工作坊式的工厂确实能够生产大量种类的产品，然而他们遇到的难题是如何将客户对交货速度、成本和质量的要求结合起来。直至今天，对生产系统的设计出发点都是在产量和品种都相对稳定的前提下，根据产品类型来设计加工工艺。只有在产品类型与工艺路线不是经常改变的前提下，通过学习进行持续改进，才有可能提高生产效率和产品质量。

处理多样性的困难不止工厂有，实际上所有的业务流程都需要某种程度上的稳定性。无限制的多样化和无节制的变动，对于质量控制、效率以及流程的通过时间都会造成威胁。也就是说，产品多样性会给几乎所有的业务流程带来严重的影响。在这里，我们选择了一些业务流程进行分析，包括产品开发、制造、营销、订单获取、交付和售后服务等。如图1-9所示，在整条价值链上，产品多样性都会给企业带来更大的成本，其中最普遍的是：

- 增加了库存管理的困难。
- 更强烈的客户需求的差异性。
- 由更碎片化的产品组合带来的需求的易变性。
- 在全局供应链上的更高的复杂性（供应商、客户）。

- 由更复杂的计划带来的处理成本。
- 由更短的产品生命周期带来的更频繁的产品导入和退出。

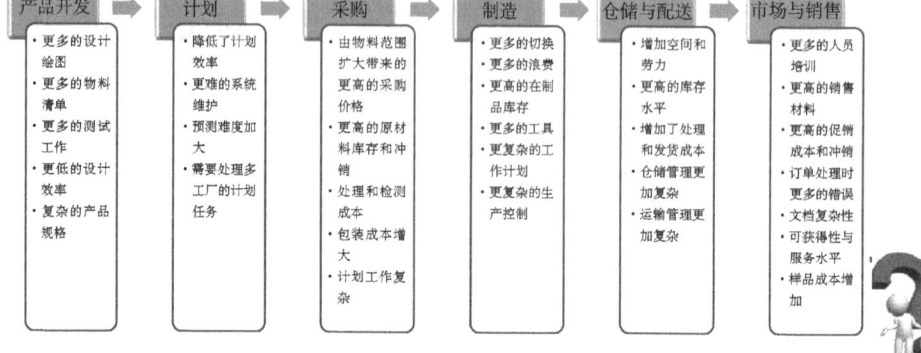

图 1-9　产品多样性的增加对业务流程复杂性造成的影响

产品多样性对企业带来的影响可以从两个方面来看。如图 1-10 所示，一方面是增加了企业的运营成本和风险；另一方面则是给企业带来了更多的价值。产品多样性是企业在市场竞争中的关键差异性武器，可以锁定更多的潜在消费客户。福特汽车创始人亨利·福特曾说过，"你可以选择任何一种颜色，只要它是黑色的（You can paint it any colors, as long as it's black）"，其出发点就是运营成本最低。而《长尾理论》一书的作者克里斯·安德森则写道"无限的选择创造无尽的需求（Endless choice is creating unlimited demand）"，这则是从产品多样性可以带来的价值的角度做出的论断。

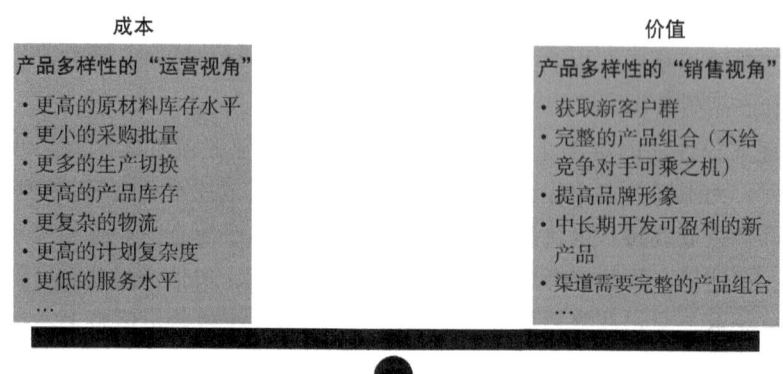

图 1-10　产品多样性对企业带来的影响

讲了这么多关于产品多样性的不同方面，工业 4.0 的到来究竟对产品多样性或定制造成了什么影响呢？

1.2.3 大规模生产和大规模定制的变迁

大规模定制出现在工业3.0时代。在此之前，是大规模生产流行的阶段。大规模生产这种模式之所以能够稳定运行至今，是因为它有着自己特定的反馈循环圈（见图1-11）。

在这个反馈循环圈中，新产品在大规模生产方式下制造，生产成本低、质量稳定、面向统一市场提供尽可能标准的产品，进而形成较为稳定的需求和较长的产品生产周期，从而允许新产品的开发周期同步延长。此外，企业通过忽略细分市场、调节市场库存、开展促销等调控方式，加强稳定性，以保证生产过程的高效率和低成本，从而通过大规模生产与定制产品价格上的差异进一步推动需求向同类大规模生产产品集中。通过这种不断加强的反馈循环，大规模生产越来越向少数品种的生产集中，表现为产能不断加大直至过剩。目前市场上过剩的是大规模生产的能力，而不是定制生产的能力。

而在大规模定制的反馈循环圈中（见图1-12），通过大规模定制过程，生产出低成本、高质量的定制产品，为多元化的细分市场提供足够丰富的产品，并进一步推动客户的需求分化。不断分化的客户需求造成产品的生命周期日益缩短，从而推动企业以更短的产品开发周期开发新的产品。

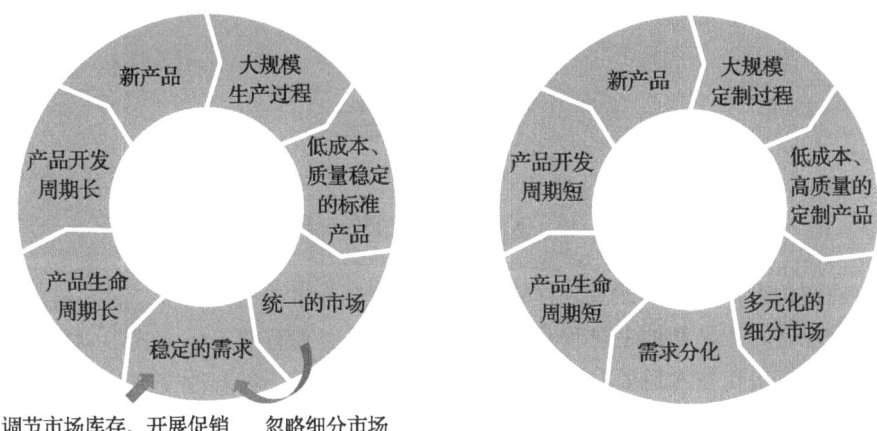

图1-11 大规模生产的反馈循环圈　　图1-12 大规模定制的反馈循环圈

显然，要实现反馈循环圈从大规模生产向大规模定制的转变，关键在于是否能够通过大规模定制的制造过程，在低成本的前提下生产出高质量的定制产品，高水平地满足客户的个性化需求。总的来说，大规模定制针对细分市场，通过充分满足客户的个性化需求来取得更高的利润。随着细分市场越来越小，从而不断逼近个性化定制。尽管不少产业开始了从大规模生产到大规模定制的转变，但低水平的大规模定制难以保证足够的盈利，实现可盈利的高水平的个性化定制已经变得迫在眉睫。

从理论上说，实现大规模定制的主要方法有三种（见图1-13），它们对于个性化定制或大规模定制的贡献程度是逐步提高的。

第一种方法是提高企业的响应灵活性，加快它的响应速度：通过在供应链上设置多个耦合点，加强供应链上的信息共享，用最经济的推拉结合的手段快速满足客户的定制化需求㊀。

第二种方法是由产品模块化带来的规模性和灵活性的结合：用标准化和模块化的零部件实现规模经济，零部件可以按照多种方式进行组合，形成多种产品，从而实现灵活性。具体的手段包括零部件共享（Sharing）、零部件交换（Swapping）、分割适应（Cut-to-Fit）、材料混合（Mix）、平台（Platform）、可组合（Sectional）等手段。由于篇幅所限，在这里不做进一步介绍。

第三种方法是柔性化生产，通过引进柔性化的加工设备和物流设备，在加工过程中实现柔性化的加工工艺。

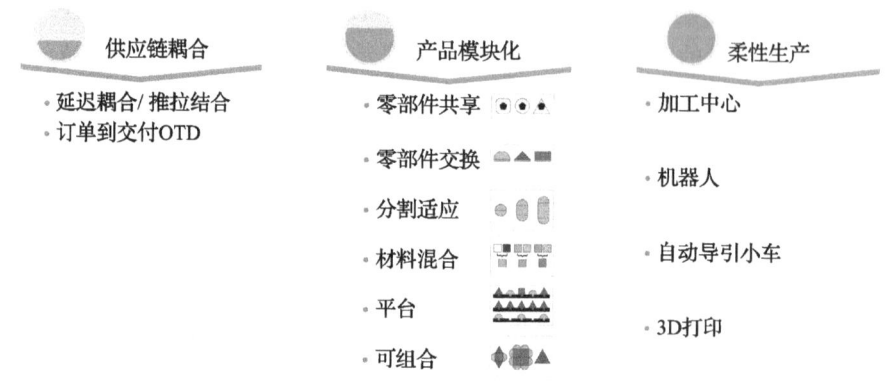

图1-13 实现大规模定制的三种方法

前两种方法在目前的大规模定制过程中是最为常见的。其中，供应链耦合技术对于现有的产品和加工过程几乎没有改变，是对现有的工作方式影响最小的做法。产品模块化技术需要对现有的产品设计进行改变，需要改变产品的结构和组装方式。这两种方法都是工业3.0时代实现大规模定制的主要技术，但是它们对于深度的个性化定制来说，仍显得力不从心。在工业3.0时代，工艺过程的灵活性没有得到很好的解决，因此未能充分发挥柔性化生产的潜能。而实际上，加工环节的灵活性对于大规模定制和个性化定制的实现，是最为直接和有效的方式。

在国内外的很多行业中，早已经出现了一批能为客户提供定制化产品的企业。图1-14以最能体现客户定制化需求的鞋服消费品等行业为例，总结了目前国外出现的一些提供定制化产品的企业的情况。实际上，这种前台通过电商平台进

㊀ 关于这部分的内容，请参见《汽车行业整车订单交付系统——建立需求驱动的汽车供应网络》一书，该书也由彭俊松编写。

行交互式配置，后台进行产品定制化生产交付的业务模式，在国外的消费品行业里早已屡见不鲜。早在 1993 年，Levis 牛仔裤就已经开始了这方面的尝试。除了常见的鞋服之外，手袋、婴儿用品、化妆用品、珠宝、手表、食品等均已出现了定制化的商业模式。可以这么说，在工业 3.0 时代，通过图 1-13 中的第一、第二种方法，一些行业已经实现了大规模定制。

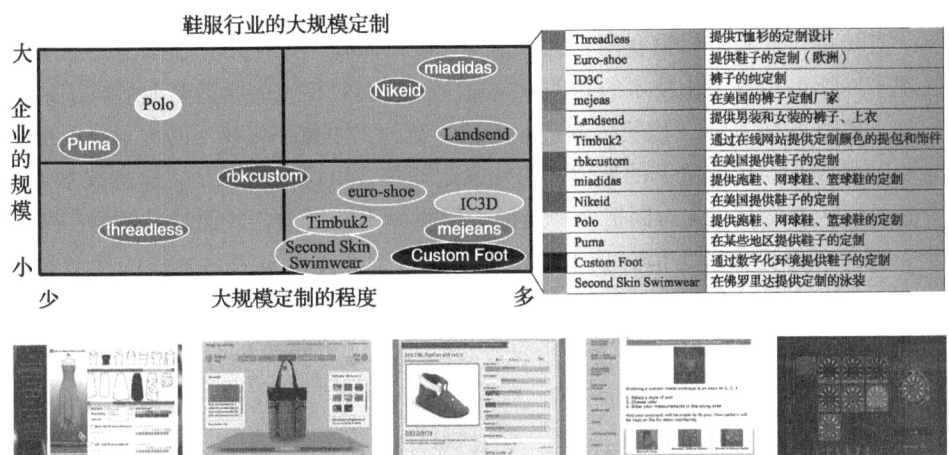

图 1-14　以国外的鞋服消费品行业为例，在工业 3.0 时代就已经出现了一批提供客户定制化产品的企业

应该说，定制化产品是每个行业与生俱来的能力。那么，既然工业 3.0 已经能够实现产品的定制化交付，那么工业 4.0 出现的意义又在哪里？如图 1-15 所示，以汽车工业为例，从工业 1.0 时代的手工定制（几乎 100% 满足客户的个性化需求）

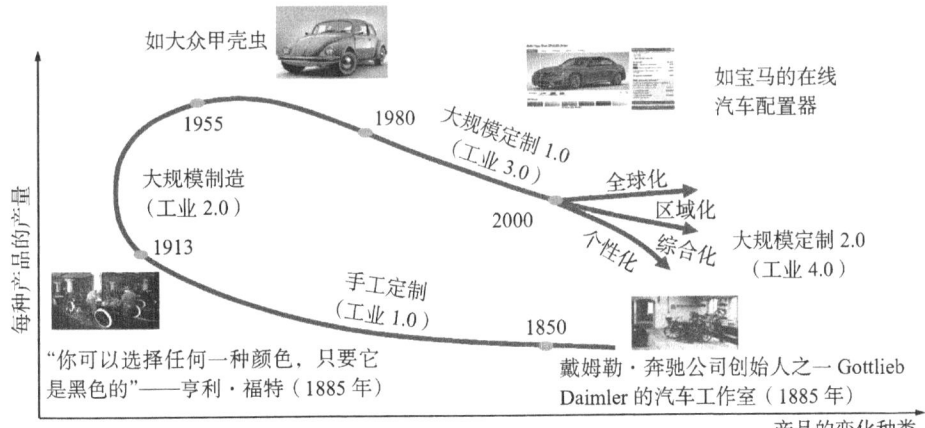

图 1-15　很多行业都经历了从手工制造到大规模制造，再到大规模定制 1.0 的螺旋上升过程，我们期待工业 4.0 驱动的大规模定制 2.0 的到来

到工业 2.0 时代的大规模制造，再到工业 3.0 时代的大规模定制 1.0，我们需要的是需求更加细化、产品变化种类更多、成本更低的工业 4.0 下的大规模定制 2.0。而实现这一大幅度提升的利器，就是我们将在下一章详细介绍的网络物理系统（CPS）。

1.3　内因之二：传统制造业向数字化商业模式的转变

近年来，伴随着以物联网、大数据为代表的新技术的应用，在很多行业里都出现了一批采用数字化技术的新的竞争对手，它们对传统的制造企业形成了强烈竞争。如图 1-16 所示，以德国制造业为例，新的采用数字化技术的竞争对手正在对德国制造业在价值链上的地位和份额发起竞争，可能的情况是，信息技术（而不是传统的制造技术）对制造业产品的价值贡献不断增加，从而让传统的制造企业失去竞争力；或者是信息技术让传统的制造企业逐渐失去对客户的接触和把握——无论是哪一种，都是德国的制造企业所不愿意看到的。据分析，在最不利的场景中，德国制造业在 2025 年将会为此损失 2200 亿欧元的收入。

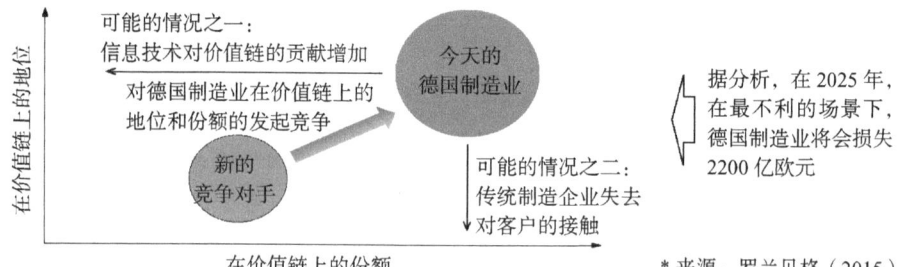

图 1-16　随着近年来以物联网、大数据为代表的一批新技术的诞生，出现了一批新的采用数字化技术的竞争对手，它们与德国的传统制造业展开了激烈竞争

应该说，一直以来，德国的制造业通过与客户在产品使用和业务流程中实现深入、直接的集成，并凭借其丰富的各项制造能力，维持了其在制造业中的领先地位。然而，随着近年来以物联网、大数据为代表的一批新技术的诞生，出现了新的将制造行业进行数字化转型的趋势。通过这种数字化转型，一批新的竞争对手另辟捷径，在与客户交互的接触点上直接与客户进行沟通，提供增值服务，从而创造出从产品向服务转型的新的商业模式，对传统的制造厂商造成了不可忽视的威胁。

如图 1-17 所示，近年来在不少制造行业里出现了一大批这样的例子，它们给传统的商业模式带来了新的思路和冲击，例如：

- "以压缩空气作为服务"：压缩空气设备制造商将原有的销售设备的商业模式，转变为销售"压缩空气"给客户，按照客户使用压缩空气的体积、压力等指标对客户进行收费。

- "以精密加工能力作为服务"：机床制造商将已出售给客户的精密加工机床进行联网，将客户的富余加工时间或能力进行出租或出售，帮助客户按照加工时间或加工精度进行收费。
- "以咖啡作为服务"：咖啡机生产厂家将咖啡机加以联网，进行远程监控和维护，厂家由此可以掌握何时应该上门补充咖啡豆原料或修理机器的信息，并派人上门补充咖啡豆或进行设备维护。
- "轮胎数据服务"：轮胎制造商通过在轮胎上安装联网的传感器，实时收集轮胎使用数据，帮助物流车队对轮胎使用进行管理和优化。

图 1-17　在很多传统制造业中都出现了数字化的转型示例

近年来，这种从产品向服务转型的商业模式出现在不少行业中。转型之后的企业的核心竞争力，从过去传统的"制造能力"变成了"制造能力"+"数字化能力"。而对于最终交付的产品的价值增值部分，也从过去的只是"通过制造增值"变成了"通过制造增值"+"通过信息技术增值"。如图 1-18 所示，不仅是德国，如果将视野扩展到整个欧洲，假设欧洲在这场转型竞争中失利，未来可能会在价值增值上损失 6050 亿欧元的份额。

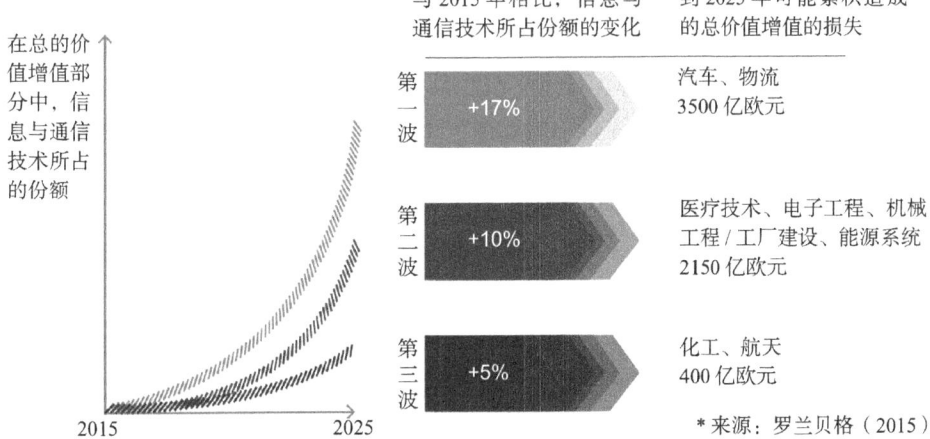

图 1-18　新的数字化商业模式可能会给欧洲的制造业在产品增值上造成损失

这一转变给制造企业带来的冲击不容小觑。由于信息技术往往与客户的接触点相关,谁在信息技术上占领了制高点,谁就能够主导与客户的接触。如图1-19所示,以高科技行业的手机制造为例,企业如果既没有主导与客户的接触,也不具备大规模生产的优势,就会对利润造成巨大压力——导致HTC与黑莓处于困境的原因就在于此。

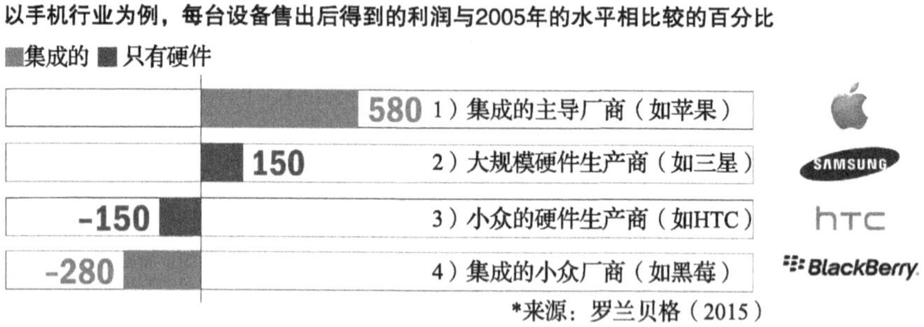

以手机行业为例,每台设备售出后得到的利润与2005年的水平相比较的百分比
■集成的 ■只有硬件

580	1)集成的主导厂商(如苹果)
150	2)大规模硬件生产商(如三星)
-150	3)小众的硬件生产商(如HTC)
-280	4)集成的小众厂商(如黑莓)

*来源:罗兰贝格(2015)

图1-19 只有把握与客户的接触,并具备大规模生产的优势,才能在产业竞争中取得领导地位

受这种新商业模式影响的,不仅是诸如压缩机、机床这一类工业用品,哪怕是像汽车这样的大众应用的工业商品,其传统的商业模式也正在逐步受到冲击。

今天的汽车工业依然停留在"制造驱动的产品"的商业模式下,基本上都是以"个人购车+个人驾驶"为主要特征。消费者在购车的时候,考虑的是个人拥有车辆的价值,如品牌、技术、价格和个性化的彰显,很多人愿意为了追求品牌而购买价格更贵的汽车。而今天,在以谷歌为代表的无人驾驶技术和以优步为代表的城市大众拼车的潮流影响下,一种"数字驱动的服务"雏形正在逐渐形成。运营的核心转向了数据,包括车辆数据、道路数据、环境数据和个人出行需求,而非产品。未来随着智能交通技术的出现和普及,人们期望的是随叫随停的出行方式,追求便利、安全、舒适和绿色,而汽车厂商则会向社会交通工具运营商的方向发展。这时,汽车品牌、技术等现在的竞争要点会弱化,这对以豪华品牌和"高技术+豪华品牌→产品溢价"的德国汽车工业来说,将会带来巨大的挑战(见图1-20)。汽车工业如此,其他制造业也面临着类似的挑战。

实际上,德国汽车的最大竞争对手——丰田汽车,早已经开始研究下一代汽车技术,其愿景就是实现"智能出行社会",其核心技术包括下一代的车联网、智能交通系统、下一代城市交通系统和能源管理(见图1-21)。

如图1-22所示为丰田在法国Grenoble市试运行的i-Road城市示范项目,通过车联网/物联网和大数据技术,实现多模式的智能混合出行,减少车辆拥堵,实现绿色交通。丰田为Grenoble市提供了数百辆超级紧凑型电动车i-Road。使用这项服务的用户可以通过智能手机上的应用程序,选择出发地和目的地的服务站。如果有满足条件且可供使用的车辆，系统会为用户指定充电量最多的车辆。这套系统背后的核心是一套基于云端数据库的智能计算机控制系统。该系统允许用户自行查看当前的交通状况是否有拥堵，甚至能够根据当前的天气和时间来规划出行路程。而随着注册使用该系统的用户越来越多，系统提供的参考方案也会越加精确。

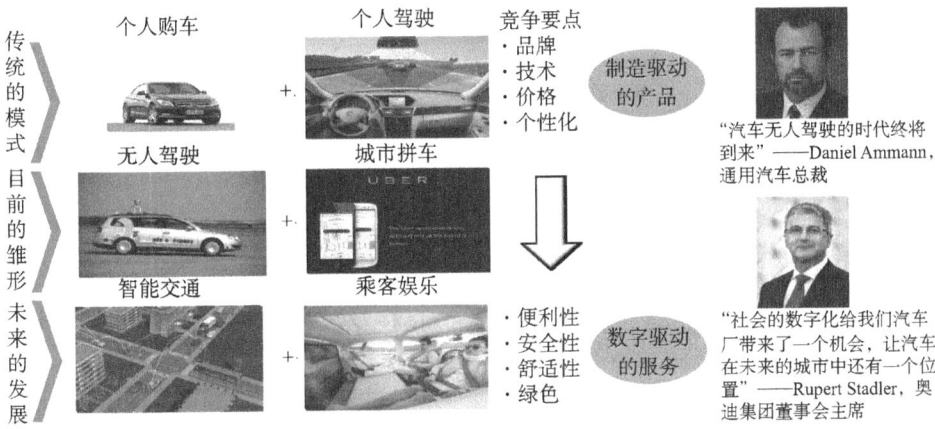

图 1-20　即便是德国制造业最为自豪的汽车工业，其传统的商业模式也正在逐步受到冲击

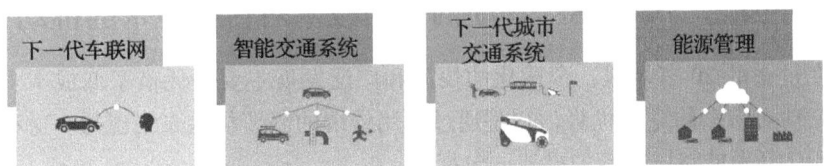

图 1-21　丰田下一代汽车技术的研究内容

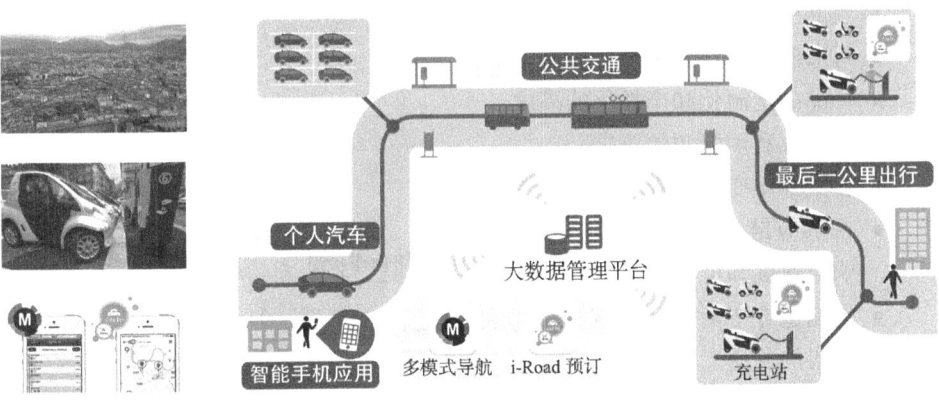

图 1-22　丰田在 Grenoble 市试运行的 i-Road 城市示范项目

不仅是汽车行业，媒体、制造、零售、健康、金融等其他行业在国外也都出现了基于数字化架构的以数据驱动为特征的业务模型，向用户提供各种类型的服务（见图 1-23）。它们具有以下几个共同的特点：

- 用户处于核心：这些业务模式所提供的服务均将用户作为核心，无论用户是以消费者、员工还是市民的身份出现。
- 所提供的的服务是随时、随需的，其背后是智能数据的支持。
- 所提供的服务是跨行业的，体现了不同行业的融合。

图 1-23　数字驱动的业务模型出现在多个行业当中

1.4　外因之一：CPS、物联网等新技术对传统技术的推动

在过去的 20 多年里，全球化的快速和广泛发展主要是凭借了低成本、低技能的劳动力带来的竞争优势，它是通过使用传统的制造技术来实现的。这种方法在今天已经不能够应对新的挑战，包括：
- 近年来数字化技术的发展。
- 发展中地区的劳动力波动。
- 可靠制造（Assured Manufacturing）的需要。
- 产品的定制化和个性化的需求。
- 对高效利用能源的要求。
- 在成本不变的前提下缩短交货提前期。
- 在供应链的端到端提高敏捷性、响应速度和可恢复弹性。
- 在制造业中对信息系统的使用和集成的驱动。

为了解决这些问题，出现了一大批新的技术。正是由于这些技术的诞生和日益成熟，推动了工业 4.0 的出现。如图 1-24 所示，从信息技术的角度来看，在工业 4.0 的背后，有八个主要的

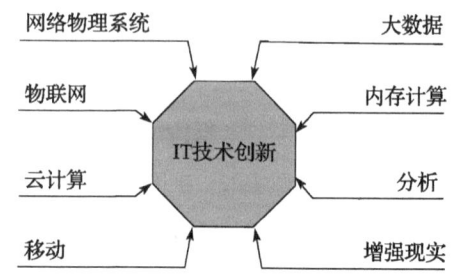

图 1-24　从信息技术的角度来看，工业 4.0 的背后有八个主要的技术

技术①支撑。它们分别是：网络物理系统、物联网、云计算、移动、大数据、内存计算、分析、增强现实。其中，最具有代表性的技术是网络物理系统和物联网这两个技术，而这两个技术之间还存在一定的联系和交叉。

1.4.1 网络物理系统

网络物理系统（Cyber Physical System，CPS）是工业 4.0 的标志性技术。很多人第一次是从 2013 年发布的德国工业 4.0 报告中看到 CPS②这个名词的。但实际上，CPS 这个概念的出现要早于工业 4.0 的提出。Cyber 这个词来自 1948 年 Norbert Wiener 在《Cybernetics：or Control and Communication in the Animal and the Machine》一书中提出的"Cybernetics（控制论）"。"Cyber Physical System"可以看成是由"Cyber System"+"Physical System"构成的组合词③，也就是我们经常提到的所谓"虚拟世界"和"物理世界"。"Cyber"是计算系统、通信系统和控制系统的集成；"Physical"是自然形成的或人工打造的系统，它一直处于物理规范和物理功能的管理和控制之下。在"Cyber Physical System"中，"Cyber System"和"Physical System"在各个阶段和方面紧密地结合在一起。

到了 2004 年，美国国家科学基金（National Foundation Science，NSF）的 Helen Gill 女士，在一个关于高可信软件和系统（High Confidence Software and Systems，HCSS）的研讨会上提出了 CPS 的概念。从 2006 年开始，CPS 被 NSF 列为重点支持的研究课题，2007 年更被美国总统科学技术顾问委员会（President's Council of Advisor on Science and Technology，PCAST）的一份报告列为八大关键的信息技术之首，成为美国政府、研究机构和企业的热点研究问题。

如图 1-25 所示是 CPS 的诞生路径。应该说，CPS 的出现有两个来源：一是来自于人类对人工智能的不断探索；二是来自于网络技术的日益成熟。

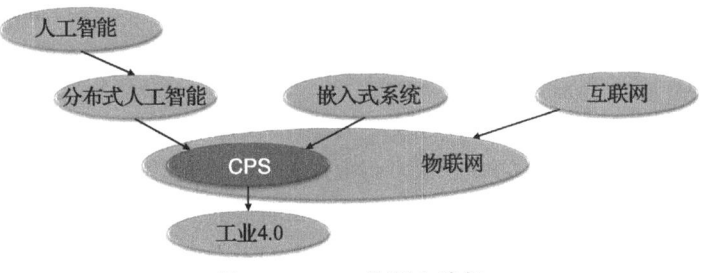

图 1-25　CPS 的诞生路径

---

① 实际上，推动工业 4.0 出现的技术不止是信息技术，还包括以机器人、3D 打印为代表的新型制造加工技术。

② 关于 CPS 的翻译，有一些不同的版本，例如"信息物理融合系统"等。这些不同的版本其实更能反映出 CPS 的本质。但是考虑到 CPS 的原意，本书还是选择了"网络物理系统"的直译方式。

③ 从这种意义上，CPS 其实应该缩写为 CS&PS，并翻译为"网络系统与物理系统的一体化系统"。

人工智能技术在诞生之初,就是人类对存在于大脑和自然界中的智能的研究、模仿和探索。面对实际问题,人类很自然地会从自身和自然界中寻求答案。其中有两个现象引起了很多科学家的注意。一个是人类大脑的工作机制。另一个是自然界里一些简单生物通过协作来完成复杂工作的方式。对以上两个问题的研究,推动了人工智能,特别是分布式人工智能学科的出现。

网络技术的不断发展,特别是互联网和物联网,对于 CPS 的出现,起到了至关重要的推动作用。在工业 4.0 的最终报告中,是这么谈论 CPS 和网络的:"强大的、自主的微型计算机(内嵌系统)以无线联网的方式进行互联和连入互联网,这一趋势正在不断加快。这导致了在物理世界和虚拟世界(网络空间)中都出现了 CPS。随着 IPv6 在 2012 年的启用,已经有足够多的地址来确保在互联网上将这些智能的对象连接起来。这意味着在人类的历史上首次可以将资源、信息、对象和人都联网起来,从而建立一个事物和服务的互联网(Internet of Things and Services)。"

综上所述,CPS 的出现是人工智能和网络技术发展的共同结果,如图 1-26 所示。

德国工业4.0报告中是这么定义CPS的:强大的、自主的微型计算机(内嵌系统)以无线联网的方式进行互联和连入互联网,这一趋势正在不断加快。这导致了在物理世界和虚拟世界(网络空间)中都出现了CPS。随着IPv6在2012年的启用,已经有足够多的地址来确保在互联网上将这些智能的对象连接起来。这意味着在人类的历史上首次可以将资源、信息、对象和人都联网起来,建立一个事物和服务的互联网。

实际上,美国很早就开始了对CPS的研究

Cyber来自1948年Norbert-Wiener提出的Cybernetics(控制论) | 早期的CPS概念主要应用于嵌入式系统,典型的应用是机器人控制 | 2004年,美国国家自然科学基金的Helen Gill女士,首次提出了CPS的概念 | 2007年CPS被美国总统科学技术顾问委员会定义为八大关键的信息技术之首

图 1-26　CPS 的出现是人工智能和网络技术发展的共同结果

按照 Wikipedia 的定义[○],CPS 是一个用来控制物理实体的由协同计算元素构成的系统。早先一代的 CPS 在很多行业中都得到了应用,例如航天、汽车、化工、土建、能源、卫生、制造、运输、娱乐和消费品。这一代的 CPS 也常常被称为嵌入式系统(Embedded System),例如工业自动化中的工业控制系统,甚至人们日常生活中的家电控制功能。在嵌入式系统中,强调的是计算元素的一面,而对于计算元素和物理元素之间密切的联系,则强调得很少。其原因是这些控制系统基本上都是封闭系统,即便其中一些工业控制网络具有联网和通信的功能,但此网络大都使用的是工控总线,网络内部各个独立的子系统或设备之间难以通

○ http://en.wikipedia.org/wiki/Cyber-physical_system。

过开放总线或者通过互联网进行互联，并且通信的功能也比较弱。这一阶段，最典型的是汽车产品。

与传统的嵌入式系统不同，接下来一代的 CPS 概念强调的是一个网络，它是由相互作用的具有物理输入和输出的元素构成的网络，而不是独立的设备。这一概念与在机器人和传感器网络中，将计算智能用于指引行走道路的智能机械有关。实际上，典型的 CPS 就是机器人。这一阶段的 CPS 把通信放在与计算和控制同等的地位上。在后续的研究中，逐步给 CPS 加入了适应、自治、效率、功能、可靠、安全、可用等特性。这些特性都扩展了 CPS 在机器人应用领域的潜在用途，包括：干涉（如碰撞避免）、精度（如机器人手术、纳米级制造）、危险和无法进入的环境中的操作（如搜索和营救、救火、深海考察）、协作（如空中交通控制）、效率（如零能源建筑）、人力增强（如医疗监控）等方面。

在工业 4.0 中，CPS 更多指的是包括计算机、实时作用的传感器与执行机构的把虚拟和现实连接起来的系统。这种技术推动了分布式的自动化流程，构成了一张协同网络。CPS 能够适应动态的需求，因此是自优化的。除了在机器协同方面的改进之外，CPS 还可以推动熟练工人与机器系统的结合，实现更加灵活的生产流程。最后，需要特别指出的是——人——在配备了联网设备之后，也被纳入了 CPS 中。工业 4.0 不等于无人工厂。

关于 CPS 在工业 4.0 中的应用，我们将在下一章详细介绍。

1.4.2 物联网

对于物联网（Internet of Things，IoT），国外普遍公认的是由 MIT Auto-ID 中心主任 Kevin Ashton 教授 1999 年在研究无线射频识别（Radio Frequency Identification，RFID）的时候提出来的。在后来的发展中，物联网的定义和范围已经发生了变化，覆盖范围也有了较大的拓展，不再只是指基于 RFID 技术的物联网。

顾名思义，物联网就是物物相连的互联网。这个定义有两层意思：其一，物联网的核心和基础仍然是互联网，是在互联网基础上的延伸、扩展的网络。其二，其用户端延伸、扩展到了任何物品与物品之间，能进行信息交换和通信，也就是物物相连。如图 1-27 所示，从早期的将网页等内容通过互联网加以连接，到后来人与人、企业与企业之间的社交网络、企业与消费者（Business-to-Customer，B2C）、企业与企业（Business-to-Business，B2B）的连接，再到万物的互联。物联网通过智能感知、识别技术与普适计算等通信感知技术，广泛地应用于网络的融合中，也因此被称为继计算机、互联网之后世界信息产业发展的第三次浪潮。近年来，连接设备数量的指数级增长和相关硬件价格的快速跌落，为物联网的广泛普及和应用奠定了基础。

根据 IDC 在 2015 年的一份报告，IoT 将会很快地在制造行业中发展成熟起来。制造企业将在互联设备、产品和物料等领域加大投资，从提高生产现场的生产流程自动化、自我调整水平中获取效率和收益。

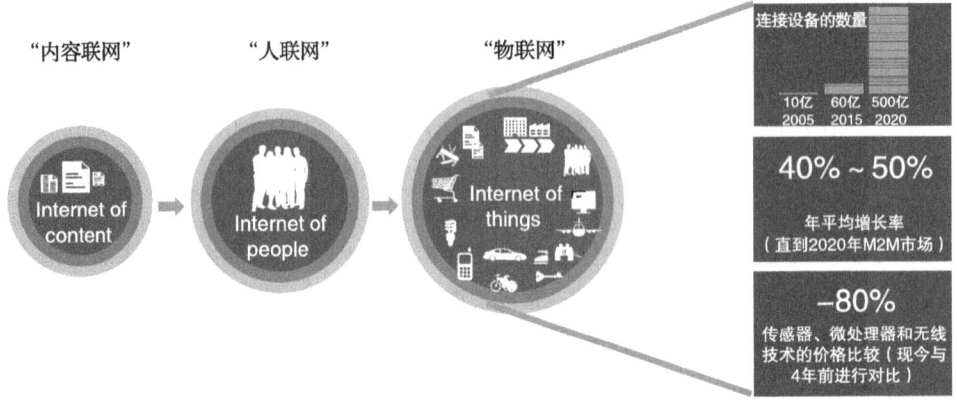

图 1-27　万物互联催生了物联网

CPS 与物联网之间的关系也是一个经常被讨论的问题。应该说，物联网是在互联网的基础上，利用 RFID、传感器、GPS、无线数据通信等技术，把世界上万物万事连接起来，从而进行智能化的识别、定位、跟踪、监控。实际上，在很多应用中，物联网所擅长的基于 RFID 的连接，对于 CPS 来说太过简单。此外，CPS 对接入网络的设备的计算能力的要求也远非 RFID 可比。以基于 CPS 的智能交通系统为例，虽然目前人们驾驶的汽车里都嵌入了各种电子系统，但这些嵌入式系统的计算能力还远未达到智能交通系统对汽车之间的协同能力的要求。实际上，满足 CPS 要求的汽车电子系统的计算能力通常都是海量计算。海量计算往往是很多 CPS 接入设备的特征，因此，接入设备通常具有强大的计算能力。因此，我们可以认为，物联网可以看作是 CPS 的简化版，或者说是一种更宽泛的 CPS。而物联网的概念也超越了工业 4.0，具体如图 1-28 所示。

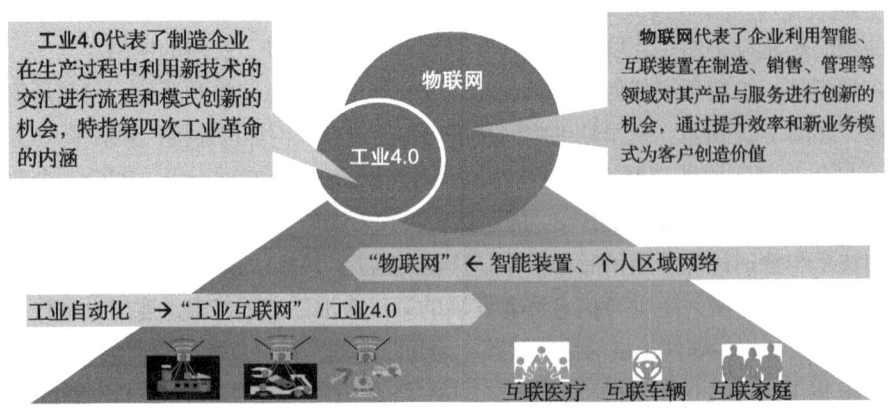

图 1-28　物联网的概念超越了工业 4.0

1.5 外因之二：提高制造业竞争力的国家竞争战略的需要

与前三次工业革命相比，对于第四次工业革命，各个国家政府都有积极参与和鼓励。无论是德国政府还是美国政府，都在不遗余力地直接站在台前大力推动和宣传。应该说，这一次工业 4.0 能够在如此之短的时间里得到大量的关注，与政府的推动有着密切的关系。

1.5.1 德国和欧盟对工业 4.0 的推动

对于像德国这样高度工业化的国家，制造业占据了其经济总量的 22% 之多（以 2013 年为例）。多年以来，德国不仅凭借一批制造业巨头称雄于世界，典型的例子莫过于汽车工业里的宝马、戴姆勒和大众，并且还拥有一大批在各个细分市场里稳居全球前三名的被喻为"隐形冠军"的中等规模的制造企业。这些以制造业为代表的实体经济，对于德国国家竞争战略来讲发挥着重要的作用。继续保持在制造业里的领先地位，是德国乃至整个欧洲的重要战略。欧盟在 2012 年提出一项计划，希望在 2020 年以前，将其制造业在经济总量中的比例由 16% 提升到 20%。但是面对新技术和新趋势的来临，这些目标和计划的实现正在面临挑战。

如图 1-29 所示，从 2007 年开始，以机械设备领域为例，中国的销售额已经超过了德国，并快速接近整个欧盟的水平。在此基础上，2012 年，中国的机械设备取得了 6870 亿欧元的销售额，超过欧盟 27 国，位居全球第一。同期德国机械设备销售额为 2500 亿欧元，位居第四。

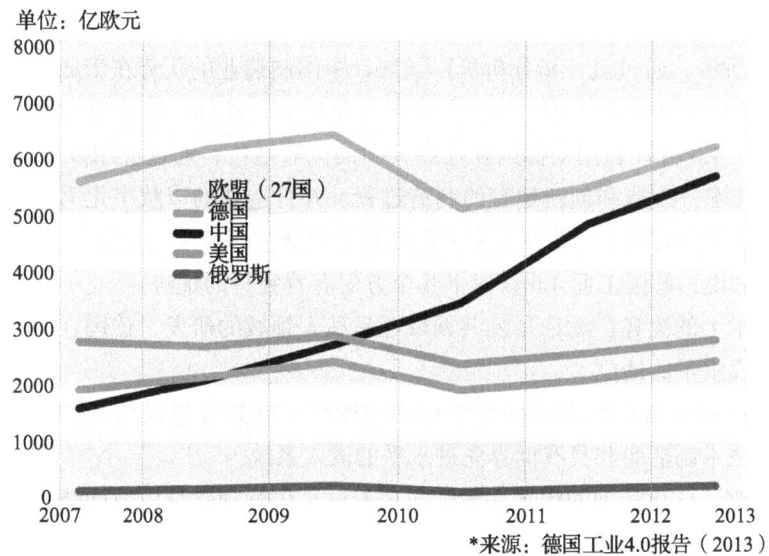

图 1-29 德国从 2007 年开始，在其最强的机械设备制造领域，其销售额就已经开始落后于中国，并且差距还在不断拉大

在销售额背后，其实是各个国家制造业竞争力的较量。根据德勤在 2013 年编制的全球制造业竞争力指数模型，在未来的 5 年里，各个国家的制造业竞争力指数排名还会发生变动。德国、英国、法国等老牌欧洲制造强国的排名将会持续下降。中国制造业的竞争力预期将在未来数年继续维持第一名的领先地位，这主要受益于劳动力及原料成本优势、政府大力投资制造行业，以及完善的供应商网络（见图 1-30）。而良好的政策环境——鼓励或直接投资科技、雇员教育和基础设施建设，均有利于提升中国的竞争力。

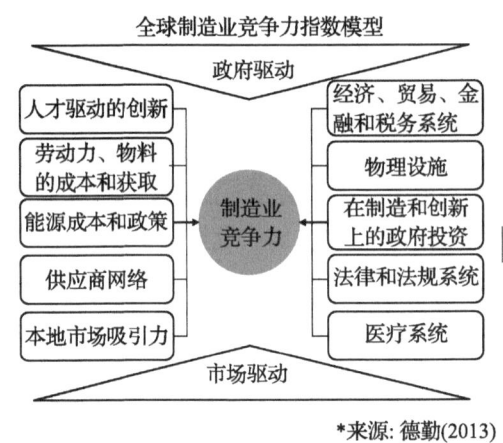

图 1-30　中国的制造业竞争力指数已经稳居全球第一，而德 / 日 / 美均处于下降通道

这一趋势对于德国这样的以制造业为核心竞争力的国家来说是不能接受的。如图 1-31 所示，通过进一步分析可以发现，中国制造业的优势在于成本、市场和政府；而德国制造业在人才、经济与贸易、供应商、法律、医疗等方面依旧具有优势。工业 4.0 恰好利用了德国在这些方面的优势地位，通过应用以 CPS 为代表的一批新技术，改造和创新现有的制造过程，并打造新的以数字化为核心的商业模式，以让德国的制造企业在未来的市场竞争中继续保持领先地位。

具体来说，德国工业 4.0 在以下几个方面有着独特的优势。

- 技术上的优势：无论是公共领域还是私人领域的研发，德国在国际上都处于高水平的地位。
- 高端制造和 CPS 技术的优势：德国拥有一批具有超强创新能力的高端生产技术制造商和具有世界先进水平的嵌入系统。
- 企业信息化管理的优势：德国在企业信息化管理软件以及网络安全技术上居于全球领先地位。
- 体制和人才方面的优势：德国具有一个高效率的国家和区域的创新系统及人才优势，可以源源不断地进行创新。

竞争力要素	德国	美国	日本	中国	巴西	印度
人才驱动的创新	9.47	8.94	8.14	5.89	4.28	5.82
经济、贸易、金融和税务系统	7.12	6.83	6.19	5.87	4.84	4.01
劳动力、物料的成本和获取	3.29	3.97	2.59	10.00	6.70	9.41
供应商网络	8.96	8.64	8.03	8.25	4.95	4.82
法律和法规系统	9.06	8.46	7.93	3.09	3.80	2.75
物理设施	9.82	9.15	9.07	6.47	4.23	1.78
能源成本和政策	4.81	6.03	4.21	7.16	5.88	5.31
本地市场吸引力	7.26	7.60	5.72	8.16	6.28	5.90
医疗系统	9.28	7.07	8.56	2.18	3.33	1.00
在制造和创新上的政府投资	7.57	6.34	6.80	8.42	4.93	5.09

富有竞争力　　　　　　　　　　　缺乏竞争力
*来源：德勤(2013)

图 1-31　各国制造业竞争力要素的比较

1.5.2　美国政府提出的先进制造业计划

除了德国，美国也开始重振其在全球制造业的领导职位。在 20 世纪第二次世界大战之后的 50 多年里，美国一直保持着世界制造强国的地位。但是从 21 世纪初开始，由于受到虚拟经济的发展、制造业成本上升、全球经济一体化等因素的影响和冲击，美国制造业出现了长达 10 年的衰退。经过 2008 年的金融危机，美国再次认识到制造业对于美国经济发展和保持强大综合国力的重要意义。美国政府于 2009 年提出了制造业振兴计划，并在 2012 年开始筹建数十个国家制造中心。

根据目前国内引用最多的波士顿顾问公司在 2011 年发布的报告，揭示了两个值得我们注意的趋势：一是高附加值、高技术含量的科技产业将向美国回流；二是劳动密集型产业将从中国转移至其他成本更低的发展中国家。由于中国近年来制造成本的快速上升，已经无法用生产率的提高来抵消，使得在中国生产的综合成本已经和美国部分州非常接近。

作为振兴制造业战略的重点，美国非常重视先进制造业的布局和产业发展，并在整体规划和政策措施方面积极探讨对策。在 2014 年推出的《振兴美国先进制造业》2.0 版本中，确立优先发展的三大技术领域的战略，包括先进传感器、控制和制造平台技术（Advanced Sensing, Control and Platforms for Manufacturing，ASCPM）、可视化、信息化和数字化的制造技术（Visualization, Informatics and Digital Manufacturing，VIDM），以及先进材料制造技术（AMM）。其中，前两者与德国工业 4.0 的核心技术具有高度的相似性和相关性。

- 先进传感器、控制和制造平台技术：这是新一代的基于网络的信息技术。随着新的产品和制造方法的出现，它创造了新的使用数据和信息的方法。这些技术实现了网络资产（Cyber Asset）和物理资产（Physical Asset）之间的无缝交互。这项技术关注嵌入式的传感器、测量和控制系统,以及可扩展的 IT 平台等方面。
- 可视化、信息化和数字化的制造技术:它涵盖了从数字化设计,到原材料的计划、采购和交付,直至定制化产品制造的整个过程。该技术一方面涉足供应链效率,另一方面涉足产品设计、制造和上市的速度。这项技术关注嵌入到物料中的传感、测量和控制系统及技术。如果实现了强力的连接,可以达到提高生产率、加强产品和流程的敏捷性、增强环境的可持续性,并能改善能源和原材料的使用,取得更加安全的绩效和更好的经济效果。

关于 ASCPM 和 VIDM 的相关内容,将在本书的第 14 章加以介绍。

1.6 案例分析:德国奥迪的智能工厂愿景⊖

对于未来工业 4.0 下的生产,奥迪有着自己的诠释。奥迪认为,迈向未来工厂的步伐——智能的系统、创新的技术、高效的结构,已经开始。现在是时候从一个全新的视角来看待和动手的时候了。
2030 年,汽车还是会有 4 个轮子,这一点我们非常确定。但是,汽车的生产方式将会发生巨大的变化。图 1-32 所示是奥迪对 2030 年的智能工厂的诠释——传统的生产流水线已经不存在了,零部件通过无人机在车间里传递,客户通过三维扫描获得身体尺寸以定制座椅,工人与机器人协同工作,车身零部件由 3D 打印机打印,汽车以自动驾驶的方式驶离装配线……在打造智能工厂的过程中,无论是对当前生产流程的智能化程度,还是对未来几年将发生的飞跃性技术创新,奥迪都有着清晰的认识和规划。

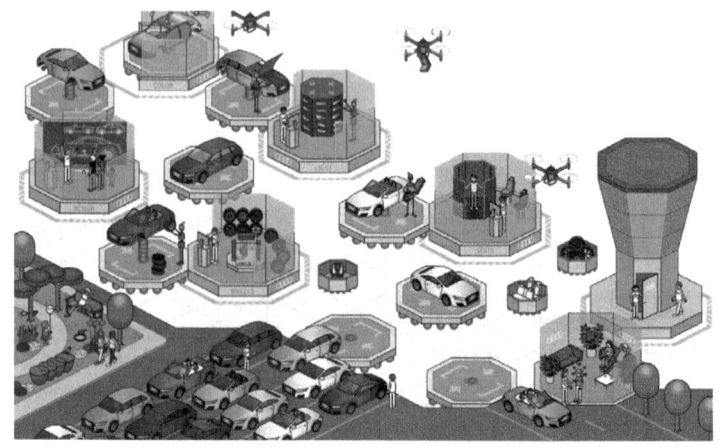

图 1-32 奥迪对 2030 年智能工厂的诠释

⊖ 参考了奥迪媒体中心 2015 的线上资料。

伴随着奥迪产品系列的不断扩充和车型个性化程度的持续提升，工厂的生产流程也将变得越来越复杂。"在未来，人们现今所熟悉的汽车生产流程将不复存在，它将变得更加互联、智能和高效"，奥迪公司负责生产的管理董事会成员胡伯特·瓦特博士表示。"未来，我们的员工仍将是维护工厂稳定运行的重要推动力。同时，我们也将引进更多的新领域专家加入汽车生产过程，例如网络工程师，他们将运用IT技术设置机械，配合工人的智能化管理和操作，完美协调所有流程。"

目前，奥迪在生产的许多方面都已经达到了"智能工厂"的要求。例如，通过增强现实工具"世界之窗"（Window to the World）系统，预生产中心的员工能够将虚拟3D零部件投影到汽车上，从而实现虚拟世界与现实世界的汽车开发精确结合。在奥迪模具部门，先进的3D打印设备能够生产出复杂的金属零部件，其智能工具可以通过准确的高压分配对金属板材进行冲压，精确度高达百分之一毫米。在英戈尔斯塔特工厂的装配车间，机器人与员工在生产线上并肩工作，机器人以适当的速度和符合人体工学的位置向员工传送零部件。

这些变化不是天方夜谭，它们都是目前正在或即将在工厂里发生的改变。

第 2 章 Chapter2

基于 CPS 的工业 4.0

如第 1 章所述，随着市场需求的改变和制造技术的进步，传统的大批量按库存生产的方式逐步被淘汰，取而代之的是更加个性化或定制化的生产，例如按订单生产或者大规模定制。这意味着，即便是最小批量的生产（批量大小为 1），从经济的角度上来看也应该有利可图。为了实现这一目标，在工业 3.0 时代，其解决方案是建立在模块化的产品和标准化的工艺基础之上，通过互联网将供应链上的各个成员和物流环节连接起来，从而推动整个生产和供应链的精确运行，这也就是第 1 章提到的大规模定制 1.0。

而工业 4.0 最大的创新在于，引入了的新技术——CPS，它可以大幅度提升大规模定制的个性化水平和经济性指标，即大规模定制 2.0 的水平。此外，CPS 的应用不只限于大规模定制，它是整个工业 4.0 最重要的理论基础，可以被应用在其他许多场景中。本章主要介绍 CPS 理论和技术的背景、定义、研究进展，以及在实践中如何应用 CPS，特别是在制造业中的应用——基于 CPS 的网络物理生产系统（CPPS）。最后，还扼要介绍了 CPS 技术在智能电网、智能交通和智能医疗等领域中的应用。

2.1 CPS 的产生背景

2.1.1 从工业 3.0 时代的控制论到工业 4.0 时代的分布式人工智能

在谈及历次工业革命的时候，人们的目光常常被一些耀眼的技术所吸引，会不自觉地将工业革命与技术革命等同在一起。但实际上，在技术革命的背后，一定有着科学革命的支撑。往往是科学的理论、概念、规范，或者说是范式或模式的突破，推动了技术革命。

系统论、信息论、控制论（三论）是第二次世界大战后诞生的一组新兴学科，为第三次工业革命提供了新思路和新方法。而这一次关于工业 4.0 的第四次工业革命在其背后同样可以找到这三论的影子。

多年以来，系统论一直是我们管理和经营企业时所遵循的方法论，它将世间万物分为三种系统：

- 简单系统：特点是元素数目特别少，因此可以用较少的变量来描述。简单系统又是可以控制的、可以预见的、可以组成的。在管理学中，这种组织一般出现在组织的初期，比如一个团队，抱着同样的目的，有同样的背景，组成了一个简单系统；又如，排成一列的买票的长队也是一个简单系统。
- 随机系统：特点是元素和变量数很多，但其间的耦合是微弱的或随机的，即只能用统计的方法去分析。热力学研究的对象一般就是这样的系统。这样的系统在社会中不多见，但是彩票就是随机系统的一个很好的例子。
- 复杂系统：特点是元素数目很多，且其间存在着强烈的耦合作用。复杂系统由各种小的系统组成，例如生态系统就是由各个种群、各种生物组成的。生态系统是复杂系统的一个最好的例子。管理学中，经常把一个公司看作复杂系统，它兼有简单系统和随机系统的各种特征。如图 2-1 所示，复杂系统往往具有复杂的网络和结构。制造企业及其所处的市场，无疑就是一个典型的复杂系统。

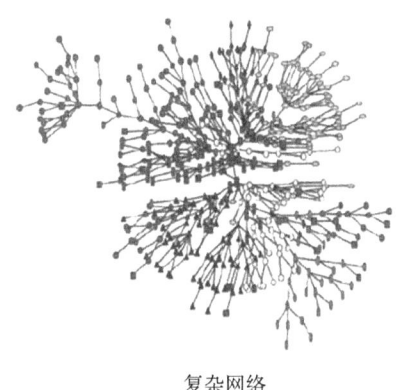
复杂网络

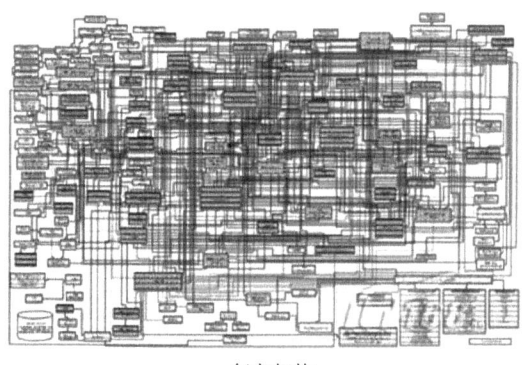
复杂架构

图 2-1　复杂系统往往具有复杂的网络和结构

复杂科学是研究复杂性和复杂系统的科学，是近年来系统科学发展的新阶段。复杂系统是一个很难定义的系统，但可以这样试着去定义它，它具有两个主要的特点：

- 智能性和自适应性：这意味着复杂系统内的元素或主体的行为遵循一定的规则，根据"环境"和接收信息来调整自身的状态与行为，并且主体通常有能力根据各种信息调整规则，产生以前从未有过的新规则。通过系统主体的相对低等的智能行为，系统在整体上显现出更高层次、更加复杂、更加协调职能的有序性。
- 局部信息，没有中央控制：在复杂系统中，没有哪个主体能够知道其他所有主体的状态和行为，每个主体只可以从个体集合中的一个相对较小的集合里获取信息，处理"局部信息"，做出相应的决策。系统的整体行为是通过个体之间的相互竞争、协作等局部相互作用而涌现出来的。最新研究表明，在一个蚂蚁王国中，每一个蚂蚁并不是根据"国王"的命令来统一行动，而是根据同伴的行为以及环境调整自身行为，从而实现一个有机的群体行为。

另外，复杂系统还具有突现性、不稳性、非线性、不确定性、不可预测性等特征。

工业 4.0 所面对的一系列复杂的商业问题（如第 1 章提到的大规模定制）无疑是一个复杂系统。随着对复杂系统的深入研究，使得人们相信系统是可以自组织的，一个系统可以自行调整到最佳状态，就像人体可以自己调控。在很多领域，这种理论对于自上而下式的设计原则来说是个很大的打击。

传统的制造行业解决方案总是试图将制造企业定义为一个简单系统，进行集中控制，这也是传统的控制论的主要思路，它具备 4 个特征（见图 2-2）：

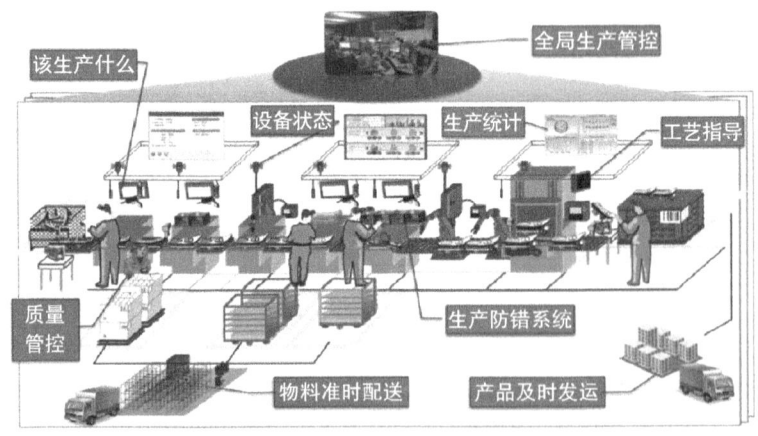

图 2-2　传统的基于控制论设计的制造过程管理

- 要有一个预定的稳定状态或平衡状态，如生产节拍。
- 从外部环境到系统内部有一种信息的传递机制，例如对设备状态的监控。

- 具有一种专门设计来校正行动的装置，例如对设备的调整。
- 这种系统为了在不断变化的环境中维持自身的稳定，内部都具有自动调节的机制，例如全局生产管控。

这样一种基于传统控制论的制造过程管理方式，在工业 3.0 的时代，配合计算机技术和网络技术，已经发展到了顶峰。在设计工厂和业务的时候，人们总是"尽可能详尽地预先定义所有的流程"，包括正常运行的流程，也包括意外处理的流程，从而让所谓的"中央业务处理流程"变得极为复杂，也极不稳定。面对日益复杂的制造需求和一些经常充满矛盾的业务需求，这一制造过程管理方式经常显得力不从心，其优化提高的空间已经十分有限。

工业 4.0 与工业 3.0 相比，其背后的理论技术是分布式人工智能领域的 CPS 技术。近年来，随着分布式人工智能研究的深入和应用，CPS 成为研究应用的热点。按照 CPS 的理论，"权力的分散和自我组织的程度与系统的复杂性呈正相关性"，也就是说系统越复杂，就越需要通过权利分散和自我组织的分布式控制系统来实现（见图 2-3）。通过这种自组织的分布式控制，可以大幅度地对现有的制造过程进行优化。

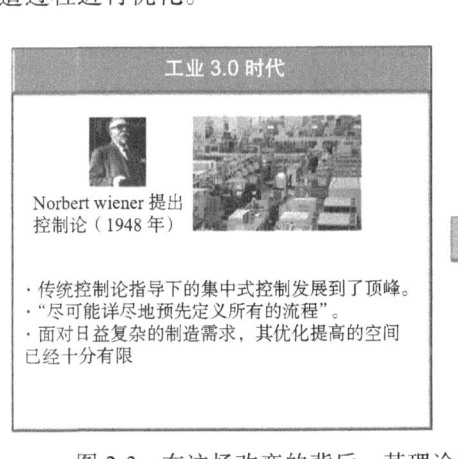

图 2-3　在这场改变的背后，其理论支撑是脱胎于分布式人工智能的 CPS，通过 CPS 实现分布式控制，可满足工业 4.0 复杂的制造系统要求

CPS 在企业中的应用不仅仅局限在车间中。将来，企业将建立全球化的网络，并将它们的机器、仓储系统和生产设施都纳入 CPS 中。在这样一个新的制造环境中，这些 CPS（包括了智能的机器、仓储系统和生产设施）相互之间可以进行信息交换，独立地触发相应的动作和控制。这种做法可以给企业的工业流程，如制造、工程、材料使用、供应链、生命周期管理等带来根本性的改进。

显然，CPS 的理论与人工智能的研究密不可分，而机器人则是最能代表人工智能研究和应用水平的标志。事实上，随着工业 4.0 浪潮的兴起，人们发现，机器人成为受到最多关注的产业版块。实际上，机器人的研究与 CPS 的确有着密切的联系。

2.1.2 人工智能与机器人的研究进展

人工智能（Artificial Intelligence，AI）就是对人的意识、思维过程的模拟。人们对于人工智能的应用很容易联系到人工智能机器人身上去。事实上，机器人一直以来都是科幻小说的热门话题。在这里，不得不提到艾萨克·阿西莫夫（Isaac Asimov）这位伟大的科幻小说家，他在小说中描绘了一个又一个机器人的帝国，而那时机器人还远未诞生。《星球大战》甚至《阿凡达》的创作都从他的作品中汲取了灵感。1942 年，阿西莫夫在书中提出了著名的"机器人三定律"（见图 2-4），即：

- 第一法则：机器人不得伤害人类，或坐视人类受到伤害。
- 第二法则：除非违背第一法则，机器人必须服从人类的命令。
- 第三法则：在不违背第一及第二法则下，机器人必须保护自己。

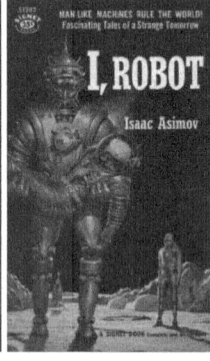

图 2-4　艾萨克·阿西莫夫及其机器人小说和机器人三定律

1956 年夏季，在美国的达特莫斯大学，由达特莫斯大学助教麦卡锡、哈佛大学明斯基、贝尔实验室香农等发起，卡内基·梅隆大学纽厄尔和赫伯特·西蒙、IBM 公司塞缪尔等参加，举行了为期两个月的"如何用机器模拟人的智能"的学术研讨会上，首次提出了人工智能"AI"的术语。这些与会者成为最早的一批研究者，而这一事件也被广泛承认为"AI"诞生的标志。

1959 年，美国的发明家英格伯格和德沃尔两人制造出世界上第一台工业机器人，宣告机器人从科学幻想变为现实。随后，他们成立了世界上第一家机器人制造工厂——Unimation 公司。由于英格伯格对于工业机器人的研发和宣传，他也被称为"工业机器人之父"。

机器人在迈向工业 4.0 应用之前，走过了一段漫长的发展道路。目前人们普遍认为，机器人有三个发展阶段。

第一阶段叫作示教再现型机器人，又称为可编程机器人。它其实就是一台通过计算机来控制多自由度的机械，即通过事前的示教或编程，存储相应的程序和信息，工作的时候再把信息读取出来，并转化为指挥机械运动的指令，这样的话，机器人就可以重复地根据之前示教的结果，再现出这种动作（见图2-5）。最常见的就是汽车生产过程中的点焊机器人，只要把这个点焊的过程示教完成之后，它就会一直重复这一工作，它对于外界的环境是没有感知的。被焊接的车身是否存在、焊接得是好是坏，它都不知道。这一代机器人从20世纪60年代后半期开始投入使用，在各界得到了广泛的采用。

图2-5 机器人发展的第一阶段：示教再现型机器人及其应用

鉴于第一代机器人存在的缺点，出现了第二阶段的机器人，即感知机器人或自适应机器人。这种带感觉的机器人模仿和实现了人在某种功能上的感觉，比如说力觉、触觉、滑觉、视觉、听觉，与人进行类比，相当于有了各种各样的感觉。比方说在机器人抓一个物体的时候，它实际上能感觉出力的大小，并能够通过视觉去感受和识别物体的形状、大小、颜色。1965年，约翰·霍普金斯大学应用物理实验室研制出Beast机器人（见图2-6）。Beast已经能通过声纳系统、光电管等装置，根据环境校正自己的位置。图2-6右侧部分是用于物料搬运的机器人，它可以通过二维和三维视觉制导高效、准确地将产品从一个位置移动到另一个位置。即便是产品的摆放位置各不相同，机器人也可以识别出来，并用正确的姿势进行拾取、搬运与摆放。

目前，对机器人的应用研究发展到了第三阶段，即智能机器人。对于智能机器人来说，只需要告诉它做什么，不用告诉它怎么去做，它就能完成动作。无疑，这是最理想的机器人，它目前正处在研究当中，而一些适应特定场景的智能机器人已经研制出来了。如图2-7左边所示，1999年，日本索尼公司推出犬型机器人爱宝（AIBO），它具有简单的智力，不仅能够听懂简单的英文，还能通过身上的传感器对主人"察言观色",不仅可以走动,还能像真的小狗一样玩耍。如图 2-7 右边所示,2002 年美国 iRobot 公司推出了吸尘器机器人 Roomba,它能避开障碍,自动设计行进路线,还能在电量不足时,自动驶向充电座。Roomba 是目前世界上销量较大的家用机器人。

图 2-6　机器人发展的第二阶段:感知机器人及其应用

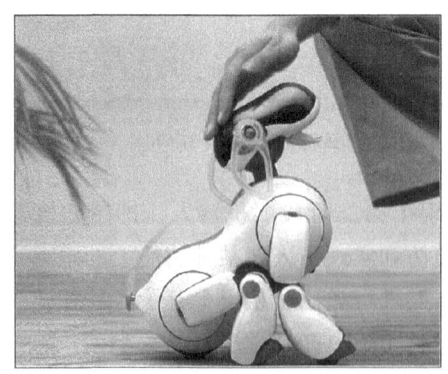 

图 2-7　机器人发展的第三阶段:智能机器人的一些特定应用

在制造行业,对机器人的应用除了前面提到的单个应用场景下(如焊接、搬运等)的单个机器人,还开始向多机器人系统的智能协同方向发展,希望能够让一组机器人自主地或者是与员工一同完成一些不同的或者是精巧的/繁重的/耗时的工作。这时,既要研究一台机器人的行为,如图 2-8 所示的机器人主体,还要研究多台机器人(包括人在内)的相互通信与沟通,如图 2-8 中所示的机器人组。它们构成了一个机器人多智能主体系统,同时相互之间通过高速的网络进行连接和数据交换,这就是后文介绍的 CPS 的前身——智能主体研究中的多智能主体的应用。目前,在一些行业里,这种协同机器人已经开始得到应用。例如梅赛德斯 - 奔驰的车间里已经实现了多达 15 台机器人共同工作的协同工作组。人们预计在未来的白车身焊装车间里,将会出现由 8~12 台机器人组成的单元,它们可以相互配合工作,对车身进行搬运、传递和焊接。

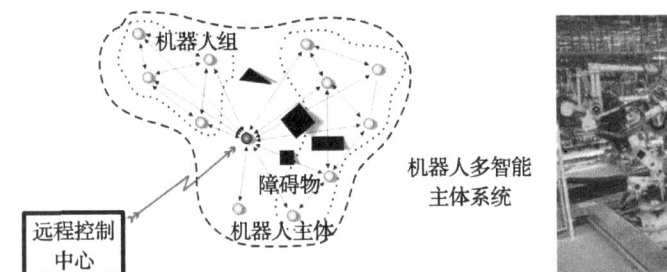

图 2-8 机器人多智能主体系统

此外,通过人-机器人协同(Human Robot Cooperation,HRC),人和机器人之间可以建立一种相辅相成的关系,机器人可以被更好地训练成人类的得力助手,与此同时,人也在操控机器人的过程中掌握了有价值的科技技能,可以实现更高柔性的、更有效率和质量的生产(见图 2-9)。

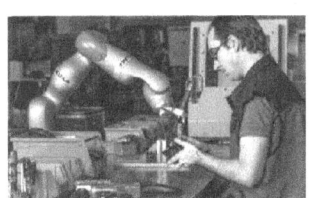

通过 HRC 实现简单和稳定的生产　　　　与标准的机器人集成的 HRC

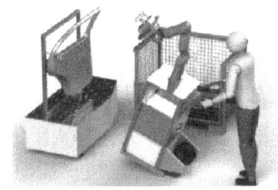

可调整适应的自动化　　　　与工人之间的直观交互

图 2-9 通过人-机器人系统可以完成很多种复杂的工作

2.1.3 CPS 研究的前身——智能主体

在人工智能的研究过程中,智能主体(Agent)是研究热点,它也是 CPS 研究的前身之一。智能主体又称为智能软件主体,是一种自治的软件系统。这种自治的主体是一种系统,它处在一定的环境中,同时又是环境的一部分。它能够持续地按照自己的进程,感知环境并作用于环境,从而影响其以后对环境的感知(如图 2-10 所示,它颇像一台机器人)。

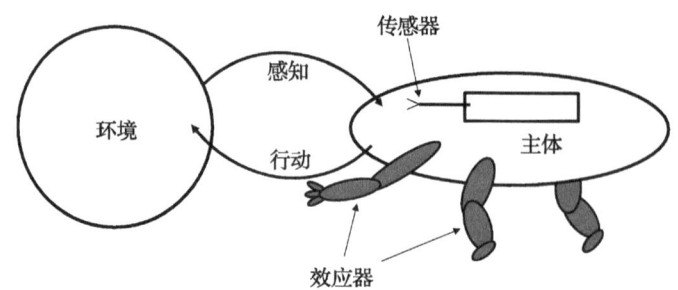

图 2-10 智能主体示意

从这个定义来看，自治主体至少应该具备以下 4 种属性：
- 反应能力（Reactive）：能够感知环境变化，并做出实时的反应。
- 自治能力（Autonomous）：运行时不直接由人或者其他物体控制，而是自己对自己的行为和内部状态有一定的控制权。
- 面向目标的自发行为能力（Goal-oriented Proactive）：不仅可以对环境的变化被动地做出反应，而且能够根据自己的目标，自发地产生行为。
- 持续性（Temporally Continuous）：能够在相当长的时间里持续地工作，尽管它有的时候会进入休眠状态，但是依然会保持对环境的反应能力并保存各种内部状态。

顾名思义，多智能主体系统（Multi-Agent System，MAS）是由多个智能主体构成的松散网络，正如上文提到的机器人组。其中，这些主体相互作用，从而解决由于单个主体能力或知识上的不足而导致的无法解决的问题。显然，MAS 的最大挑战在于如何让所有的主体在高度不确定且动态变化的环境中协调一致地工作，因此，协调是多智能主体系统的核心问题。

从本质上讲，协调是一种行为过程，目的是避免 MAS 中的单个主体的冲突，并使它们通过合作完成整体任务，提高系统工作效率。总的来说，MAS 中的协调方案可以大致分为以下几类：
- 组织型协调：通过预先制订的组织结构，间接地规定了不同主体的责任、能力以及它们之间的连接方式和控制流程，从而给主体提供相互作用的框架。通常，系统的结构是层次状的，全局控制主体将问题细化并分给下一级的主体，然后问题又被一级级地分解细化，最终的结果则一级级地向上汇总。
- 契约型协调：采用类似于市场竞标的机制，管理者将问题进行分解，并寻求理想的契约方来完成。契约方既可以自己完成任务，也可以将问题进一步分解，然后分配给其他的契约者。
- 多主体规划型协调：每个主体进行单独的规划，然后将结果提交给一个仲裁者协调或通过相互交流，以避免各自计划的冲突或优化各自的计划。

- 社会制度型协调：通过制定所有主体都遵循的规则来协调主体的行为，就如同城市通过制定交通规则来管制交通一样。
- 谈判型协调：这是一种模仿人类通过谈判来实现协调的方法。谈判是一群主体为了就某事达成相互都可以接受的协议而进行交流的过程。

这些协调方案在基于 CPS 的系统中都会有类似的应用。

2.2 CPS 的基本理论

2.2.1 CPS 的定义

从理论发展路线来看，CPS 无疑是分布式人工智能中对智能主体，特别是多智能主体研究的现实落地。从结构来看，CPS 由以下几个部分组成，它们和上面介绍过的智能主体的构成十分类似：

- 传感器：用于感知物理世界的信息。
- 控制器或执行器：用于执行对物理实体的操作。
- 计算部件：可以是集中式的，也可能是分布式的，能够根据物理世界的信息做出恰当的处理与分析，并制定控制和执行策略。
- 通信网络：用于连接以上各个单元以及相关的信息、对象、事件和人。

在实践中，CPS 是带有嵌入式软件的系统（可以是设备、建筑、运输工具、运输路线、生产系统、医疗过程、物流过程、管理过程的一部分），它可以：

- 使用传感器直接记录物理数据，通过执行器影响物理流程。
- 评价和保存已记录的数据，主动或被动地与物理世界或数字世界进行交互。
- 在全球网络中，通过数字化通信设施（无线或有线，局域网或广域网）相互连接。
- 使用全局可获得的数据和服务。
- 具有一套专门的、多种模式的人机界面。

图 2-11 给出了一个典型的 CPS 的结构。我们可以把 CPS 抽象为"感""联""知""控"4 个字。其中，"感"是指多传感器协同感知物理世界的状态；"联"是指连接虚拟世界与物理世界的各种对象；"知"是指通过对感知数据的认知和推理，正确、深入地认知物理世界；"控"是指根据认知结果，确定控制策略，发送控制指令，指挥各执行器协同控制物理世界。

CPS 在实际中的应用已经形成了一定的范式，为工业 4.0 在制造业的应用奠定了基础。如图 2-12 所示，以制造业的工厂为例，"物理世界"中的设备或产品被附上了多种传感器，它们将搜集到的数据发送到云端。在云端建立起设备或产品的"虚拟世界"（又称为"数字世界"或"网络世界"），对设备和产品进行模拟、预测等运算。由于传感器发来的数据量通常很大，无疑属于大数据的范畴。当然，在云端可以利用的数据往往不止局限于这些传感器数据，同时也要与设备或产品的"交易数据"混合起来，形成所谓的"智能大数据"，据此再做出更加全面、及时的决策，并由此对设备或产品发出动作指令。与此同时，这种搜集数据不止局限于工厂内部，在工厂的上下游也都会搜集数据，发出指令，从而推动整个工厂及其上下游的运行。

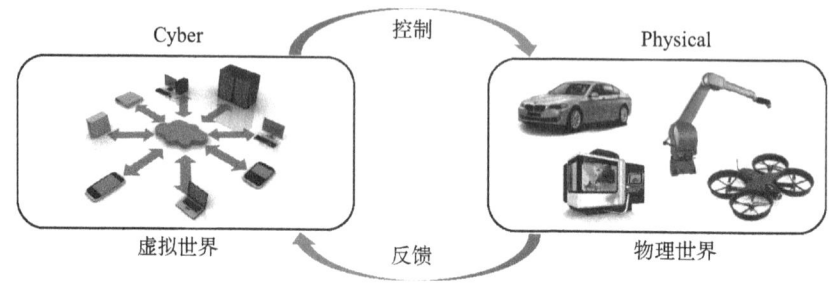

图 2-11　CPS 打通了物理世界与虚拟世界的交互

图 2-12　CPS 的应用，使工业 4.0 为制造业的数字化转型提供新的创新范式

从技术发展路线来看，CPS 是在嵌入式系统、传感器技术和网络技术的基础上发展起来的。简单地说，CPS 就是开放的嵌入式系统加上网络和控制功能。与物联网、传感器网相比，后者所擅长的是无线连接，主要实现的是感知。感知对于 CPS 来说还不够，CPS 还要实现控制，即感控。CPS 网络的主要目的也是为了实现控制。CPS 的最终目标是实现虚拟世界和物理世界的完全融合，构建一个可控、可信、可扩展且安全高效的 CPS 网络。

应该说，CPS 在目前还有很多的研究领域尚待完善，例如在物理世界中的标识问题、虚拟世界中的语义问题等。目前这一领域给人的感觉是物理世界这一端很热闹，有很多可以看得见摸得着的技术和设备。但是在虚拟世界这一端，由于其更加开放，所以从控制和预测的角度看实际上难度更高。

物理世界和虚拟世界的融合难题如图 2-13 所示。

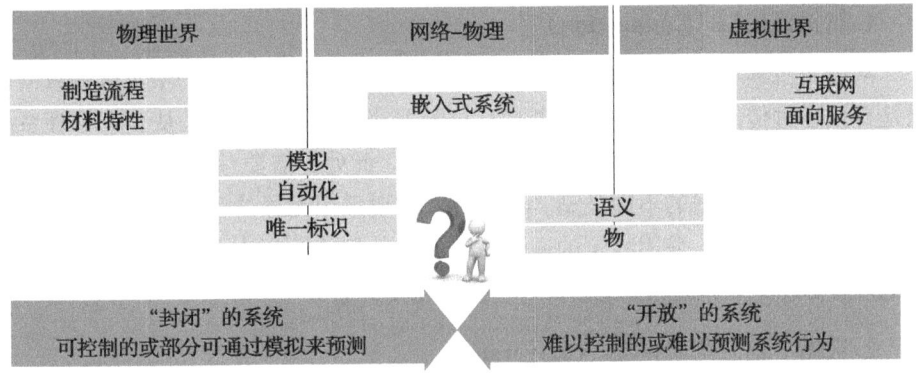

图 2-13 物理世界和虚拟世界的融合难题

CPS 的应用领域十分广阔，包括智能工厂、智能交通、能源节省、环境监控、航空航天、水和电等基础设施、节能建筑等。在本章最后，会给出 CPS 在智能电网、智能交通和智能医疗中的应用分析。

2.2.2　CPS 的五层次结构

一般来说，CPS 包括了两个主要的功能组件：
- 高级的互联功能，确保能够实时地从物理世界获取数据，以及从虚拟世界中获得信息反馈。
- 智能的数据管理、分析和计算能力，从而构建出一个网络空间。

但是，这样的定义仍然非常抽象，在实现过程中缺乏针对性和指导性。CPS 的五层次结构则提供了一种逐步渐进的在制造行业中开发和部署 CPS 的指南（见图 2-14）。

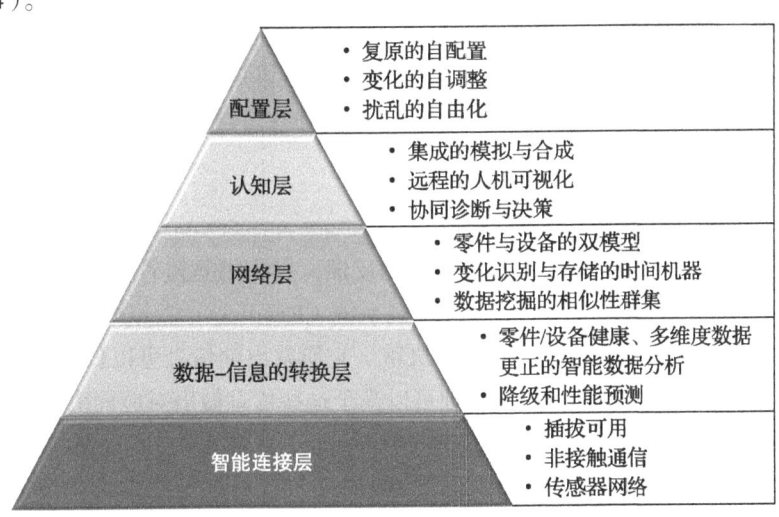

图 2-14　CPS 的五层次结构

1. 智能连接层（Connection）

从设备及其零部件中获取准确可靠的数据是开发 CPS 的第一步。这些数据可以是直接通过传感器测量的，或者是从控制器获得的，又或者是从企业管理系统（如 ERP、MES、SCM、CRM 等）中获得数据。此处，需要考虑两个重要的因素。首先，需要考虑数据的不同类型。在这里，需要采用无缝的和无障碍的方法来管理数据获取的过程，采用特定的通信协议，将数据传输到中央服务器。其次，合适的传感器（类型和规格）也是需要考虑的重要因素。

2. 数据–信息的转换层（Conversion）

必须从数据中获得有意义的信息。目前，在数据–信息的转换层上已经有不少种可供使用的工具和方法。近年来，人们关注的焦点转向了开发预测算法，通过计算，可给设备带来"自感知（Self-Awareness）"的能力。

3. 网络层（Cyber）

网络层在这个结构中起着中央信息连接的作用。信息从每一台连接的设备中向它推送，从而构成了设备网络。在搜集了大量的信息之后，必须要使用特定的分析技术来从中抽取出有用的信息，从而对每一台设备的状态获得更好的洞察。这些分析技术让设备具有了"自比较（Self-Comparison）"的能力，从而让每一台设备都可以与其他设备进行性能上的比较。在另一方面，当前设备的性能和之前设备（历史信息）之间的相似性可以被度量，以预测出设备未来的行为。

4. 认知层（Cognition）

在这个层面上实施 CPS 会对被监控的系统产生完整的知识。通过将获取的知识正确地展示给专家，以支持他们做正确的决策。由于每一台设备的状态和比较信息都可以获得，所以可以在此基础上对所执行的流程做出进行优化的决策。在这个层面上，需要通过正确的信息–图形，将所获取的知识完整地传递给用户。

5. 配置层（Configuration）

配置层是来自网络空间对物理空间的反馈，其作用是监管控制，让设备做出自配置和自适应。这一层扮演着复原控制系统（Resilience Control System，RCS）的角色，执行正确的和具有预防性的决策。它所发出的信息可以作为供给业务管理系统的反馈。操作人员和工厂经理可以基于这些信息做出对应的决策。

如图 2-15 所示，CPS 的五层次架构适用于工业体系中的不同层次——零部件、机器、车间、企业。每一层进行不同的分析，从原始数据中生成有用的知识，然后向上进行传递。

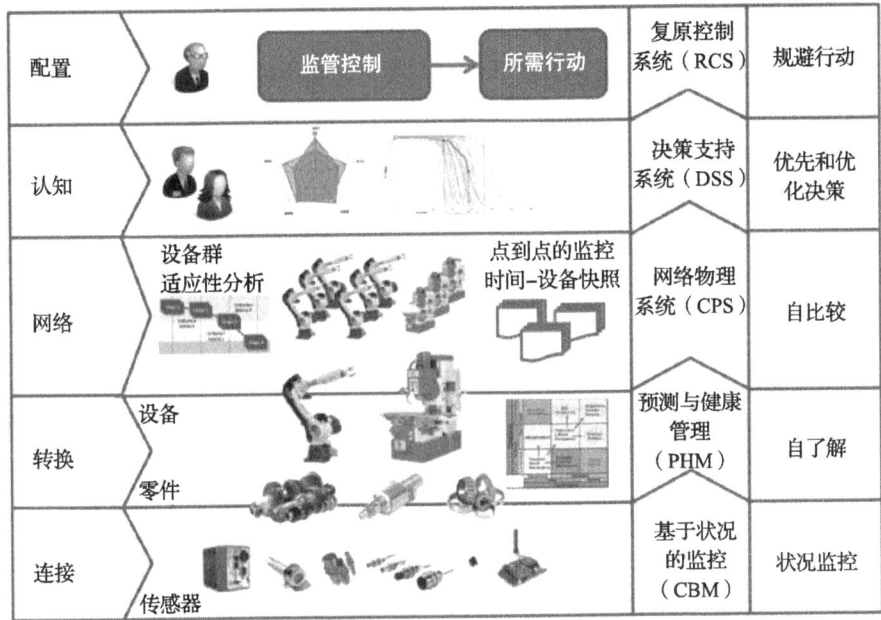

图 2-15 CPS 的五层次结构适用于工业体系中的不同层次——零部件、机器、车间、企业

从多智能主体的视角来看，CPS 其实就是一组架设在一个传感器网络上的、基于不同的本体论和语义服务的、基于一套分布式决策算法的多智能主体（见图 2-16）。在这里，本体论（Ontonology）是人工智能界经常用到的概念，是指构成相关领域词汇的基本术语和关系，以及由这些术语和关系构成的、规定这些词汇外延的规则与定义。简单地说，可以理解为不同的设备有不同的语言及语法规则。这些都需要由本体论和语义服务来进行翻译和解释。

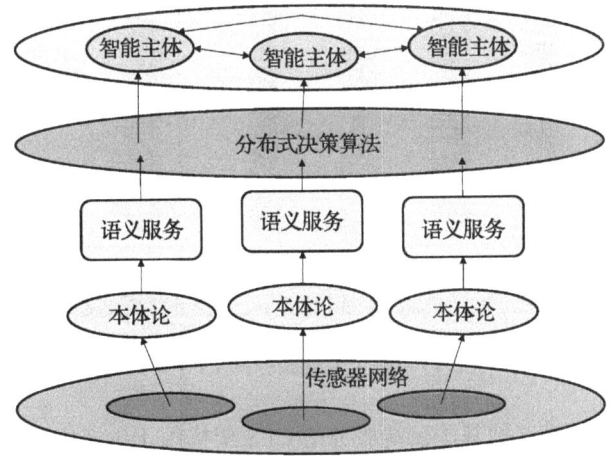

图 2-16 CPS 可以抽象为一组架设在一个传感器网络上的、基于不同的本体论和语义服务的、基于一套分布式决策算法的多智能主体

2.2.3 基于服务和支持实时运行的 CPS

CPS 无疑是一个分布式的系统，它通过基于 CPS 的实时联网，实现对物理世界的数据搜集和感知，然后在虚拟世界中进行分析，从而对物理世界进行控制。在这里，物理世界和虚拟世界之间究竟应该是一种什么样的关系呢？

CPS 理论使用的是一种类似于市场经济中的契约方式来定义物理世界和虚拟世界之间的关系，换个名词说，就是服务。通俗地说，就是买卖双方签订一份合同，然后买方向卖方提供信息输入，卖方根据合同规定的内容向买方提供服务。

沿着 IT 从业者的视角来看，这是一种典型的面向服务的架构（Service-Oriented Architecture，SOA）。提供服务的一方和接受服务的一方是一种松耦合的体系结构。如图 2-17 所示，虚拟世界由一系列驻留在云中的业务对象构成，通过联网向外提供服务，即所谓的服务联网。物理世界的实体通过实时联网，在云中建立类似于"双胞胎"的业务对象，持续地向云端传递相关的数据和信息，而虚拟世界中的业务对象则向物理世界中的实体提供服务。

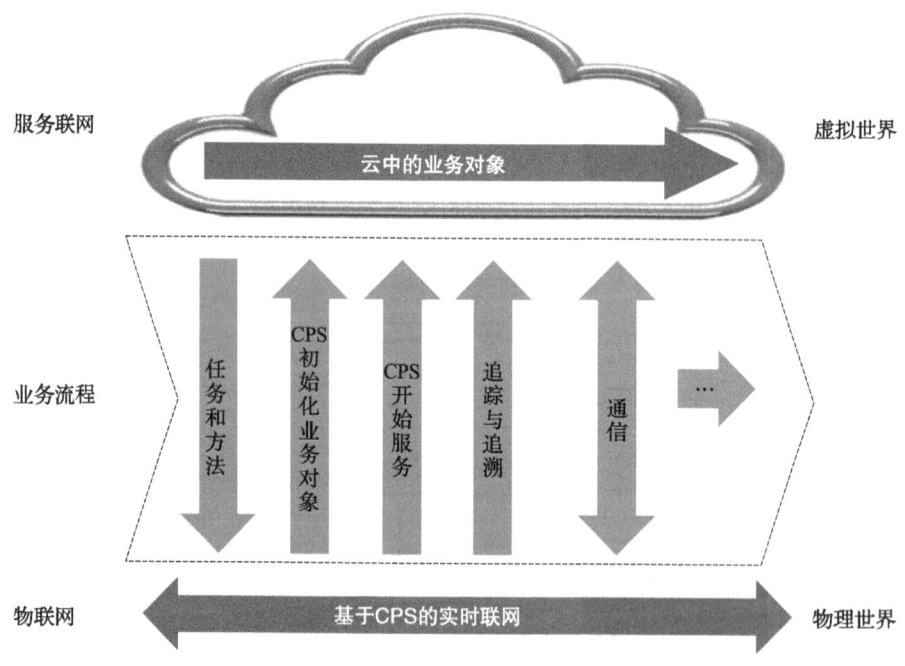

图 2-17 基于云端服务的 CPS 架构

实际上，如果将这种基于云端服务的 CPS 架构用于生产中，则意味着需要将现今生产线上的各类嵌入式控制软件全部"服务化"，并置于云端（见图 2-18）。这其实也就是基于 CPS 的网络物理生产系统（CPPS）的雏形。

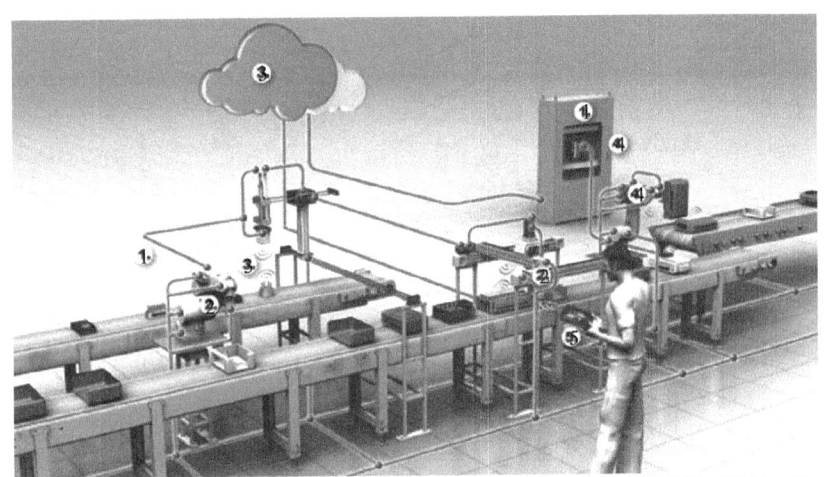

来源：Weidmuller

图 2-18　基于云端服务的 CPS 架构在生产现场中的应用

2.3　基于 CPS 的网络物理生产系统

2.3.1　从大规模定制 1.0 到大规模定制 2.0

　　如前文所描述的，工业 4.0 认为，权力分散和自我组织的程度与系统的复杂性呈正相关性。而在工业 4.0 的愿景中，人们面临着更加复杂的制造系统。按照传统的做法，解决复杂系统的做法是建立流程，对流程进行梳理并使之标准化。大量的管理技术是建立在这个主导思想下的。这种统一化和标准化的做法相当于是对未来事件进行预测的尝试，其目的是在这件事情真的发生时，能够用标准化的行为模式来应对它们。而这种统一化和标准化无疑反映了集中式控制的思想，即对一个事件的应对逻辑或者流程的流动去向，最好都在事前进行精密的勾画，并放在一台服务器和一套系统中。

　　然而在工业 4.0 时代，随着要求和标准的提高，必须要处理更加个性化的客户需求、更加灵活的生产工艺、更加精密和敏感的机器设备、更加多变的环境变化，其背后是更多的数据，以及更多的预测和判断。由于预测和判断结果的组合与信息量一样呈指数增长，人们已经无法完备地穷尽所有的可能，因此得到了这样一条原理："越详尽地预先定义一个流程，这个流程越不可能按照之前计划好的形式和预计时间出现"。在工业 4.0 的环境中，对业务流程的控制将不再是基于事先完备的定义，而必须要通过自组织的分布式决策系统来实现。

　　我们以汽车的生产为例来说明这一问题。如图 2-19 所示，现今的汽车生产组织依旧沿袭了福特制流水线的做法，所能实现的大规模定制是一种对传统的流水线生产方式的增强——我们把它称为"大规模定制 1.0"。

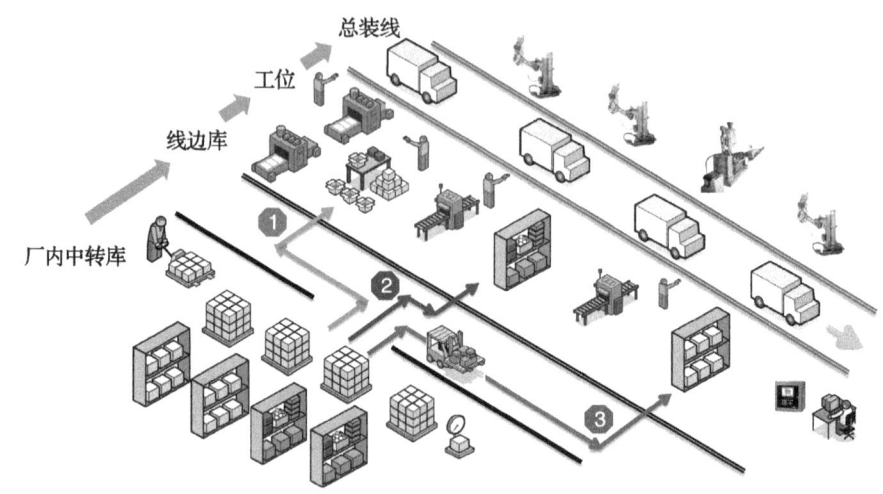

图 2-19 传统的福特制汽车生产流水线

对于这种大规模定制 1.0，打个形象的比喻，它就像一个由能工巧匠制作的八音盒，在一个金属圆柱体表面上，十分精密地打上凸起的小孔。然后让圆柱体按照恒定的转速，在精确的时间和位置上拨动音叉，发出美妙的声音。这种发音的方式整齐划一、可重复，但实现一套曲目的过程同时也很僵化和漫长。八音盒的原理其实和目前大规模定制 1.0 下的汽车生产如出一辙。如图 2-20 所示，客户可以在订单中配置自己想要的车辆，每一张订单对应一个客户的定制车辆。这些订单在生产之前要进行精密的排序，然后在生产线上按照排好的顺序依次移动，而反映客户定制要求的零部件也会按照订单的顺序，提前运到生产线，然后被依次装到车辆上，其顺序与事先安排的一模一样。

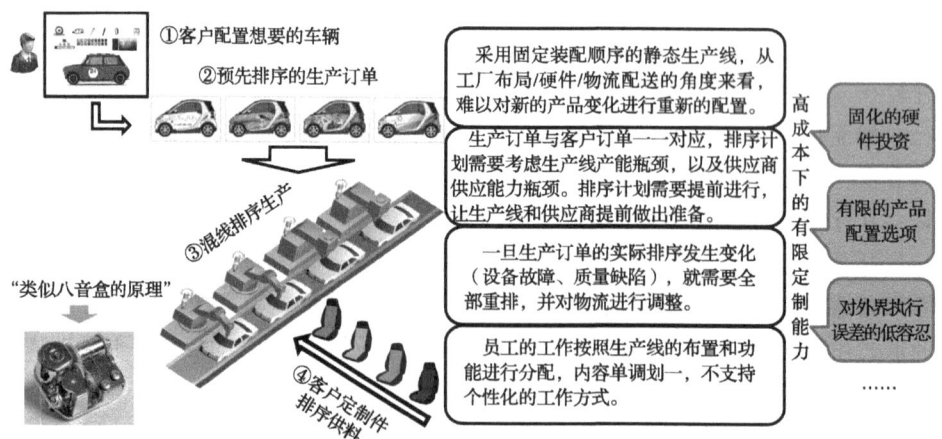

图 2-20 工业 3.0 时代的大规模定制 1.0 是对福特制流水线生产的增强，其特点是"预先排序的生产订单"+"混线排序生产"+"客户定制件排序供料"

这种生产方式存在明显的缺陷，例如：

- 生产线上各道工序的布置是固定的，车辆必须在这些工序之间依次移动。如果客户的定制化车辆需要有特殊的工序，则难以对生产线进行调整加以满足。
- 生产订单和客户订单是一一对应的关系，其排序需要考虑生产线的节拍平衡，以及供应商的供货能力。关于排序计划需要提前与供应商进行沟通。一旦生产订单的实际顺序发生异常变化，就需要有一定的缓冲时间和库存来调整。
- 员工的工作内容单一，缺乏参与和创造力。

总的来说，大规模定制 1.0 带来的是高成本下的有限定制能力（固化的硬件投资、有限的产品配置选项、对外界执行误差的低容忍）。到目前为止，制造工艺，包括加工顺序和路线、工作中心分配等，始终作为固化的前提条件，限制了大规模定制生产进一步提高柔性和降低成本的可能。

为了解决这些问题，按照工业 4.0 的理论，办法是分散的智能主体相互协同。也就是说，分散、委托责任及建立自主的主体是绝对必要的。

图 2-21 形象地展示了智能工厂中使用 CPS 技术后的全新生产方法。在这里，被加工的产品可以看作是一种 CPS（称为"智能产品"），它可以被唯一地标识，也可以在任何时间和地点被定位，并像一个具有"智能"的人一样，知道自己的历史、当前的状态，以及为了实现目标可以准备备选的加工路线。工厂里的嵌入式制造系统也可以被看作是一种 CPS（称为"智能设备"），它不仅在企业内部实现垂直的网络连接，而且还在跨企业的价值网络之间实现水平的连接，从而实现实时的管理——从下订单的那一刻起，一直到对外交付。通过智能产品与智能设备、智能设备与智能设备之间的协商，动态地确定出一条加工路线。这种基于 CPS 理论的生产系统称为网络物理生产系统（Cyber Physical Production System，CPPS）。

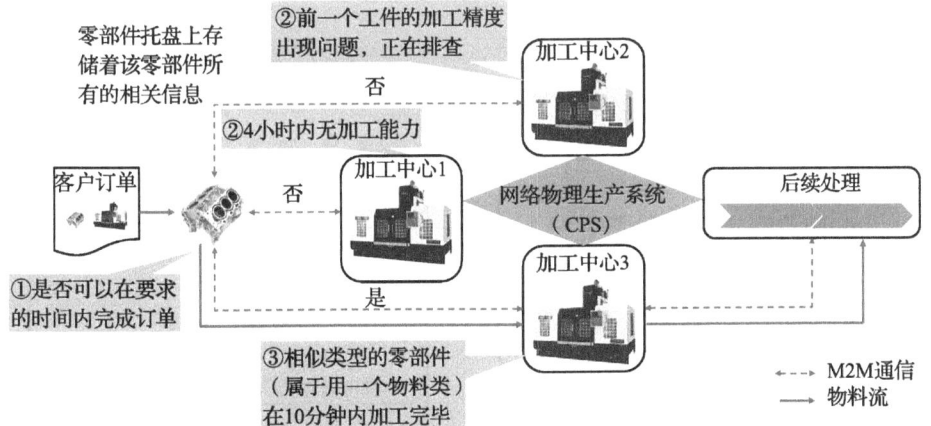

图 2-21　在工业 4.0 的环境中，通过产品与设备、设备与设备之间的"协商"，动态地形成一条最优的加工路线

显然，在 CPPS 中，如果要让生产线更加柔性化，加工中心不仅要"智能"，还需要更加"万能"。实际上，这也正是机器人可以扮演的角色。如图 2-22 所示，机器人目前就是一种具有实现柔性化工艺的实现手段。如果配以人–机互动，则可以在柔性化的水平上更上一个台阶。

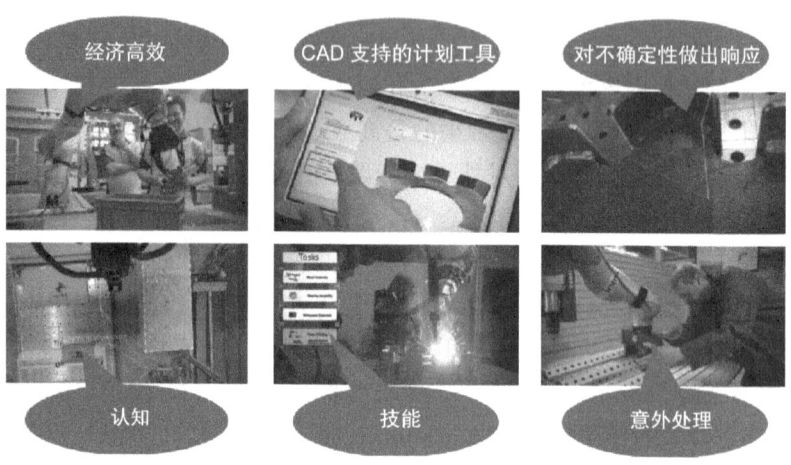

图 2-22　机器人目前承担了实现柔性化工艺的实现手段

如图 2-23 所示，也就是在德国工业 4.0 报告中阐述的基于 CPS 技术建立的自适应网状柔性生产线在汽车生产上的应用。传统的工业 2.0/3.0 的生产线是刚性的，具有固定的生产节拍、固定的生产工艺，产品的任何变化都需要适应现有的生产工艺。在工业 4.0 中，产品–机器、机器–机器、人–机器都可以作为 CPS 进行分布式控制的场景，从而可以实现自适应网状柔性的生产线。

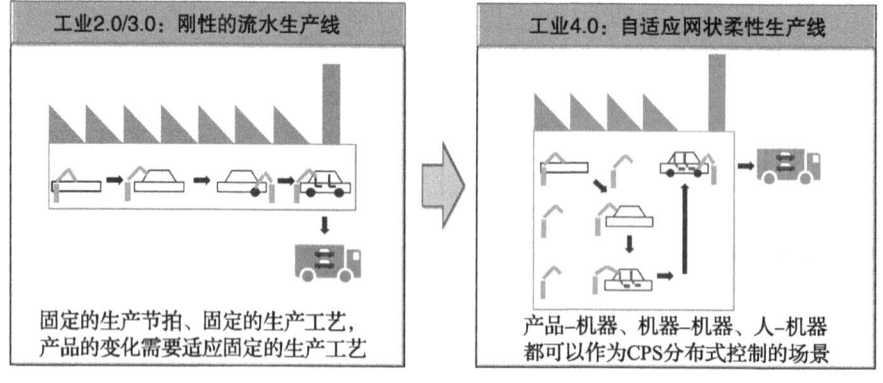

图 2-23　大规模定制 2.0 中的 CPS 主要体现在生产过程中，其核心意味着"刚性的流水生产线"向"自适应网状柔性生产线"改造和升级

实际上，在德国工业4.0的报告中，有这样一段描述："智能产品能够理解它们被制造的细节以及将如何使用，它们积极协助生产过程，回答诸如'我是什么时候被制造的''应该用哪组参数处理我''我应该被传送到里？'等问题"。在这里，会很自然地产生一个问题：在生产过程中，只要生产系统知道产品的这些信息就可以了，为什么要让产品本身也知道呢？事实上，智能产品的这些信息是放在生产系统的计算机（或云）中的，它是系统数据库中的一个"对象"。所谓"产品知道"，是系统能够通过解析"对象"的内容而得之，而产品位置和生产工序的变化都被记录在这个"对象"中了。

无疑，在工业4.0下的大规模定制2.0具有巨大的潜力，包括提高柔性（提高产品的定制化水平、缩小生产批量直至一个流、加快交货速度），以及提高生产效率、降低生产成本等。如图2-24所示，它能够使个体客户的需求得到满足，这意味着厂商即使是一次性地生产产品也能够获利。

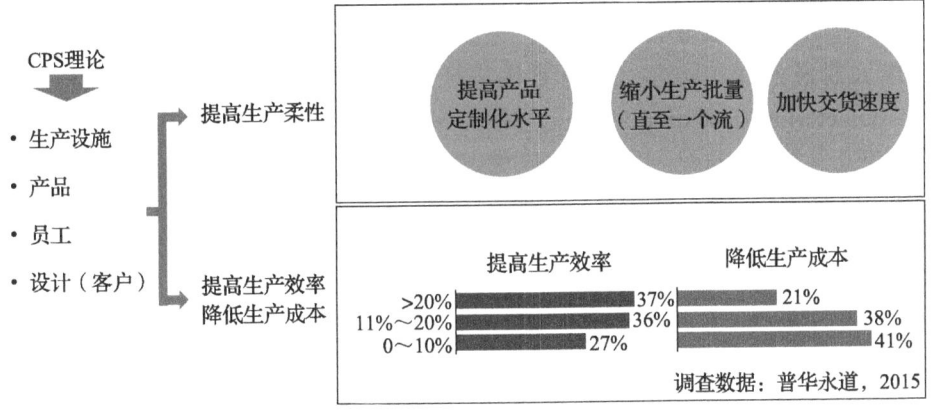

图2-24　在CPS理论的指导下，借助产品－机器、机器－机器、人－机器之间的交互和智能，实现更加高效率的柔性生产过程——大规模定制2.0

实际上，为了支持"让产品自己决定下一步的生产"，需要在很多新技术上取得突破。如图2-25所示，这种大规模定制2.0有很多新的特点，例如：
- 订单的生产顺序可以由产品和设备自行决定。
- 每一张订单的生产路线可以灵活、智能地进行调整。
- 相应的原材料和零部件的供应需要实时适应生产的变化。
- 物流不再遵循固定的路线，需要灵活地调整，并具备一定的智能。

为此，需要有很多新的技术来配合，包括在线半成品辨识、生产订单数据抽取与工艺转换、动态调整生产顺序和路线组合、生产零部件的动态供应、动态生产物流、在线产品质量检测等。这些技术在工业4.0的研究中都是重要的课题。

图 2-25　由于大规模定制 2.0 在生产阶段的主要特征是"产品自己决定下一步的生产"，因此它需要一系列新的前沿技术来支撑

2.3.2　CPPS 下的新系统架构

如前所述，在工业 3.0 时代，采用的是对福特制固定流水线的增强来实现大规模的汽车定制。与这种固定流水线的结构对应，其制造执行系统（Manufacturing Execution System，MES）也是按照生产线的布局和硬件的配备实现的静态系统——这是一种典型的"集中式生产自动化金字塔"，如图 2-26 所示。

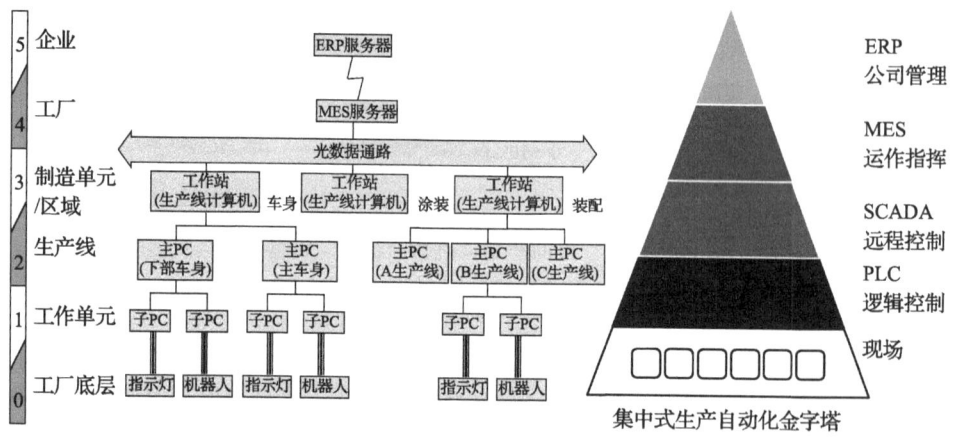

图 2-26　与大规模定制 1.0 对应的 IT 架构是一种"集中式生产自动化金字塔"，它是固定工艺的流水线生产方式在 IT 系统中的映射

在这种金字塔的架构下，信息流沿着自上而下的方向进行流动：
- 上层：总是发起通信（作为客户端）。
- 下层：应答（作为服务器）。
- 数据传输依赖于多道转换，从"电气信号"到"数据"，再到"功能"，最后到"服务"。

应该说，这种金字塔型的集中控制架构是 2000 年左右工业 3.0 时代的产物。实际上，从 20 世纪 70 年代开始，计算机技术和通信技术在制造企业中的应用就被分为两条主线——信息技术（Information Technology，IT）和操作技术（Operation Technology，OT）。IT 的发展经过了主机应用、ERP 诞生和 ERP 各个模块成熟、互联网等阶段；OT 的发展经过了直接数字控制（Direct Digit Control，DDC）、远程 I/O、现场总线协议等阶段。这一时期的 IT/OT 架构被称为 IT/OT 分散的架构。到了 2000 年左右，出现了 IT 与 OT 的集成架构——金字塔型的分层架构。在这个架构中，上下层之间实现了数据的交换、传递和集成。这种集成架构从 2000 年左右成型发展到现今，围绕着 ERP 又出现了一系列业务条线（Line of Business，LoB）产品，如产品生命周期管理（Product Lifecycle Management，PLM）、供应商关系管理（Supplier Relationship Management，SRM）、客户关系管理（Customer Relationship Mnagement，CRM）等。但是，随着 CPS 的引入，特别是前文提到的基于服务和支持实时运行的 CPS 平台架构的出现，传统的金字塔模型将会逐渐解体，如图 2-27 所示。

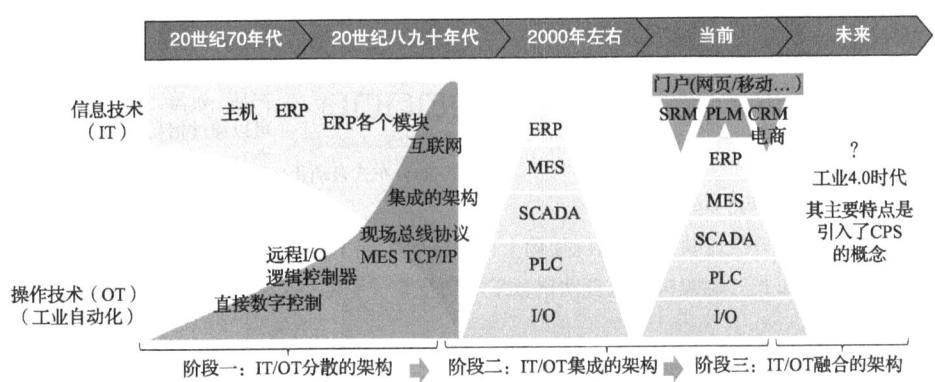

图 2-27　金字塔型的集中控制架构作为工业 3.0 的代表，在 2000 年左右已经定型，在步入工业 4.0 时代，随着技术的进步，将会发生改变

在迈向工业 4.0 的过程中，ERP 与 MES 系统之间的界限会在工业 4.0 的环境下不断地淡化和融合，企业层的功能及应用会不断地被整合到车间的生产管理中，而车间层的功能及应用也会不断地被整合到企业层中。换句话说，IT 与 OT 从上一时期的集成架构，将会走向 IT/OT 融合架构。MES 系统中的一些典型功能将在 ERP 系统中执行，传统的 ERP 系统的计划任务也可以转移到 MES 系统的详细计划中执行。

总的来说，在工业 4.0 的环境中：
- 设备会变得更加智能。
- ERP 和 MES 之间的边界会更加模糊，ERP 和 MES 都有可能直接访问设备。

- 整个架构会变成一个智能系统的网络。
- 以"服务到服务"的方式进行协作。

自动化金字塔固定等级划分的消失不意味着各个层面上的系统会变成多余，它更多的是让不同的层面实现无缝连接，以达到工业 4.0 所提出的要求。实际上，不仅是 ERP 与 MES 之间的界限会更加模糊，在 IT/OT 融合的大背景下，ERP、MES、SCADA 和 PLC 之间的界限也会逐渐模糊（例如在第 3 章的案例分析中，还可以看到传感器厂家实现从传感器到 SAP 直接连接的例子）。最终，这些系统的功能会形成云端的多个服务节点，相互之间也可以更加灵活地组合、通信和交互，再配合前面提到的大规模定制 2.0 下的动态生产路线，进而实现更加灵活的制造流程（见图 2-28）。

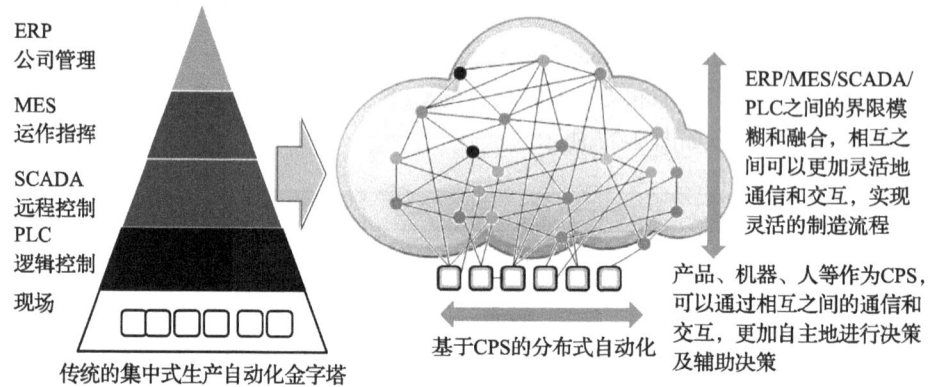

图 2-28　这种升级反映到 IT 系统架构上，意味着实现了从传统的集中式分层架构到分布式云端架构、从自动化金字塔到企业控制网络的转变

在实现过程中，ERP、MES、SCM 等应用作为商品化软件仍将会存在很长一段时间。因此，一个比较现实的方案是在私有云或公有云的平台上搭建虚拟世界中的智能工厂系统，将 ERP、MES、SCM 等软件提供的功能，按照服务的颗粒度进行组合，并通过统一的制造服务总线，供物理世界中的设备和人员接入。这就是如图 2-29 所示的 CPPS 平台架构。

总的来说，CPPS 包含机器、产品、对象、仓储系统和生产设施，它们相互之间可以自主地交换信息，独立地触发动作和实现相互之间的控制，其特点是端到端的垂直集成，涉及从入厂物流、计划到生产、营销、出厂物流和服务各环节。从广义上讲，CPPS 的应用不局限于制造领域，也可以应用在其他场合。根据"供应链管理世界——MESA 国际"的调查，从 156 个意见中，评选出了 5 个最有可能的用例：

- 生产跟踪和远程工厂监控。
- 跨供应链的跟踪和追溯。

- 通过机器 – 机器之间的通信，实现扩展的工厂自动化。
- 实时的绩效管理资产。
- 电力与能源管理。

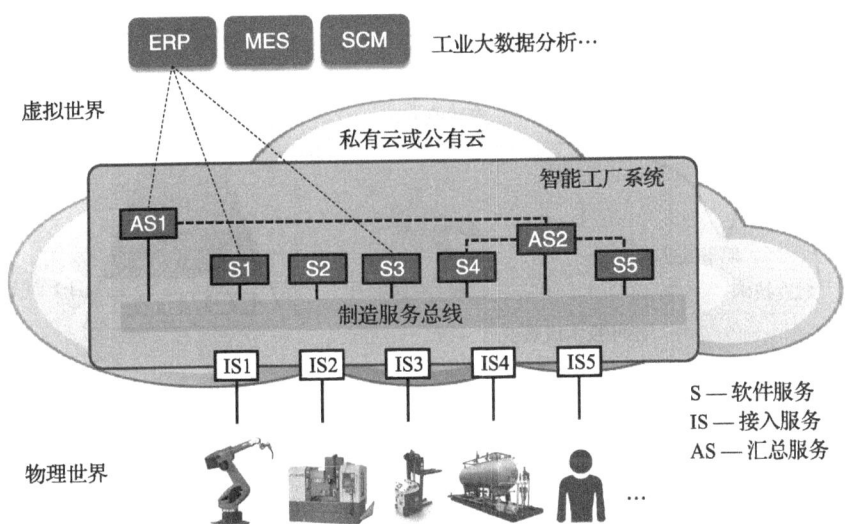

图 2-29　基于 ERP、MES、SCM 等商品化软件的 CPPS 平台架构

它们具有一些共同的特点，包括：
- 能够通过集成的传感器和通信系统，实时地搜集数据。
- 为了建模和分析的目的进行数据的保存和评估。
- 通过物理世界 / 人与数字世界之间的数据交换进行协作。
- 相互之间通过数字化通信装置进行连接，并接入物联网中。

2.3.3　CPPS 的实现道路

IT/OT 从分散走向集成，再到融合，不仅涉及技术和系统的升级，也包括对应的产品、设备、工艺、流程和业务的改造。目前大部分企业的现状距离 CPPS 的理想状态还有很长一段道路要走。

对于任何一个新技术来说，其在前期都会面临一个相对尴尬的情况——人们对其期望的高速膨胀，而技术的发展则仍处于相对不成熟的阶段。"集中式生产自动化金字塔"从建立到打破，再到建立分布式云端结构，需要仔细考虑其中的技术路线和策略——"自上而下"，还是"自下而上"，或是两者兼备，如图 2-30 所示。

目前对于大多数处于起步阶段的企业，其现状类似于一个"幼儿"的状态——既没有建立起完善的 ERP 系统（不发达的大脑），ERP 与生产现场的 MES 之间也没有建立起充分集成的联系（不通畅的神经连接），这造成了完全依靠

MES 而不是 ERP 来进行生产和物流管理（类似于依靠神经末端反射来适应变化）的状况。

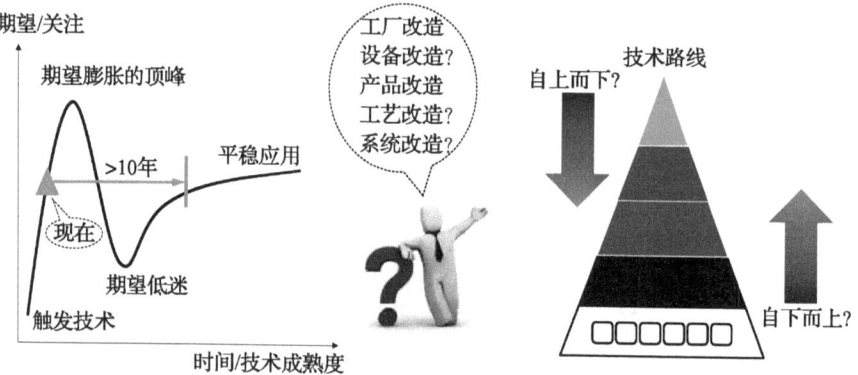

图 2-30　实现 CPPS 的技术路线需要经过仔细的考虑

按照 CPPS 的理论，理想的目标状态应该是一个"青年"的水平——他既有通观全局的智慧大脑（位于云端的各种服务），也有一整套有感知、智能、可自主的手脚（制造现场的智能设备和高素质的员工），还有连接大脑和手脚的四通八达的神经（IT 与 OT 的充分融合）。

从"幼儿"到"青年"，是一个逐次渐近的成长过程。其中间状态——"少年"，表现为 ERP 和 MES 充分集成并进行协同管理，具体可以描绘为有聪明的大脑、通常的神经连接和有感知与自主的手脚。CPPS 的发展之路如图 2-31 所示。

图 2-31　从"幼儿"到"少年"，再到"青年"的 CPPS 发展之路

2.4　应用分析：CPS 在智能电网、智能交通和智能医疗中的应用

CPS 的应用领域十分广泛。不仅是在制造业，在其他行业中也有着广泛的应

用。下面就以智能电网、智能交通和智能医疗为例，介绍 CPS 的应用。

2.4.1 智能电网

对于像德国和欧洲这样的国家和地区，能源的消耗也正处于一场巨变当中。长期以来，人们都认为，能源可以从传统的发电企业（煤炭发电、燃气发电、核能发电等）逐渐被可再生能源所替代。

但是，风能和太阳能并不总是可以随时获得的——它们依赖于天气和一天里不同的时间。这种波动的和分布式的能源会根据季节与地区对消费产生不同的影响。然而，从稳定的能源供应角度来看，电网的供应总是要多于需求。因此，对于分布式的能源及其波动供应需要进行更多的管理。为了实现这一目标，可以进行能源转换（例如能源的存储、气能转换），能源的价格也可以根据供应进行灵活的设计。但是，这就需要广泛的信息管理，不断地记录消费者数据、建立消费预测，并对设备进行管理。为了在未来确保能源的可靠供应，要求电网必须做到智能。无论是能源生产企业、能源存储设施、电网管理者还是能源消费者，相互之间都需要连接起来。这实际上就是要建立一个"能源互联网"或"智能电网"（见图 2-32），这也是德国政府从 2007 年以来就开始推动的项目。而 CPS 则是这一项目的基础技术。

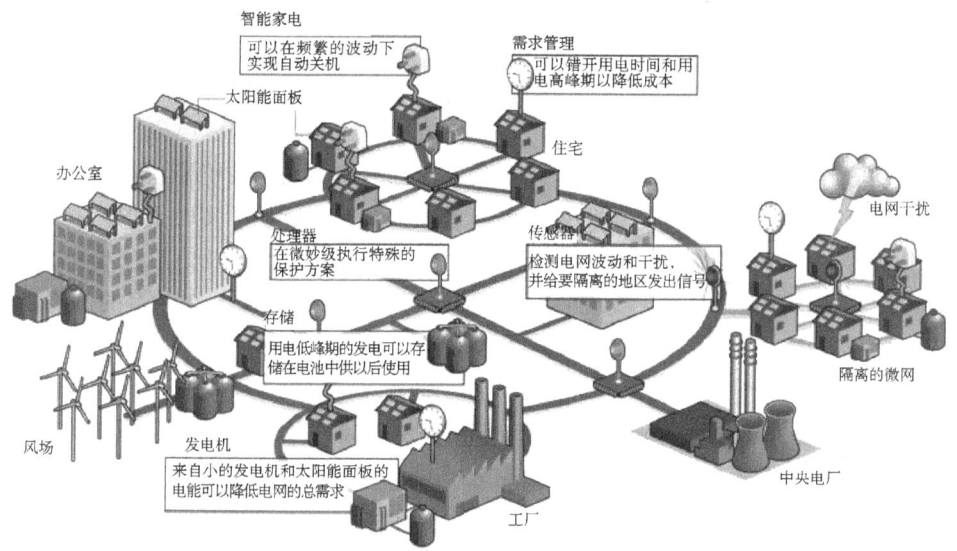

图 2-32　智能电网的原理和应用

智能电网（Smart Grid）是包括各种发电设备、输配电网络、用电设备和储能设备在内的，以物理电网为基础，将现代化的先进传感测量技术、网络技术、通信技术、计算技术、自动化和智能控制技术等与物理电网进行高度集成而形成的新型电网。它是一个完全自动化的供电网络，其中每一台发电设备、每一个输配电设备乃至用电设备和每一个节点都得到了实时监控，并保障从发电厂到用户端电器之间的每一点上的电流与信息的双向流动。

从上述定义中可以发现，智能电网的目标和 CPS 有着很多相似点，CPS 为解决智能电网的问题提供了一种新的途径。智能电网里有很多的网络（Cyber）单元（例如：信息网络、传感器、执行器、控制器、控制软件等）以及物理（Physical）单元（例如：转换器、发电机）等。表 2-1 所示是智能电网中的传感器和控制器。

表 2-1 智能电网中的传感器和控制器

位置	传感器/控制器名称	功能
储能装置	交流互感器	测量交流频率波动
	功率传感器	显示当前的能量存储情况
	充放电控制器	控制电能的存储和释放
输电线	阻抗传感器	检测电力线路损坏情况
	变频控制器	控制交流电的通/断
风力发电机	气压/风速传感器	显示风力发电机的发电能力
	风力发电机叶片控制器	检测到设备硬件故障时停机
	风力发电机控制器	控制风力发电机
太阳能板	太阳能光伏电压传感器	显示发电能力
	太阳能光伏控制器	控制光伏发电和并网
MG/PG 接口	开关控制器	控制孤岛运行和并网运行之间的切换
发电机	温度/振动传感器	显示发电机的运行状态

智能电网可以给相关方（发电厂、供电方、客户）提供关于电力应用优化的预测性信息和有关建议。它可以获得有关需求的响应、动态的价格调整、实时和在线的设备监控与测量、自愈保护、分布式发电和可选能源、实时模拟、紧急状况分析等。很显然，智能电网可以看成是"系统的系统"，涉及信息技术和电力系统的运营和管理。显然，实现一个这样的复杂的 CPS，需要面对大量的挑战。

2.4.2 智能交通

智能交通系统（Intelligent Transportation System，ITS）是未来交通系统的发展方向，它是将先进的信息技术、数据通信传输技术、电子传感技术、控制技术及计算机技术等有效地集成起来，并运用于整个地面交通管理系统而建立起来的一种在大范围内、全方位发挥作用的、实时、准确、高效的综合交通运输管理系统。在智能交通领域，只有使用 CPS 技术，才能实现这样一张由不同的交通方式构成的大范围的网络。CPS 作用于每一台车辆和每一位使用道路的用户，也包括整个交通基础设施。通过这张使用 CPS 的网络，可以创造避免交通事故、关注有限的能源和减少环境污染的新方法。

特别是在电动汽车领域,CPS 扮演着一个重要的角色,作为提供能源、电池和充电管理的基础。但是,CPS 的潜力还不仅于此。例如,CPS 可以作为进行分布式交通管理的计划和协调工具,并且可以在出现交通堵塞等未预见情况的时候做出响应。这需要所有的单独系统能够不断地交换信息,例如实时的天气信息或交通状况信息、故障或其他可选的交通方法和路线。图 2-33 给出了一个通过分布式交通管理实现的智能交通示例。

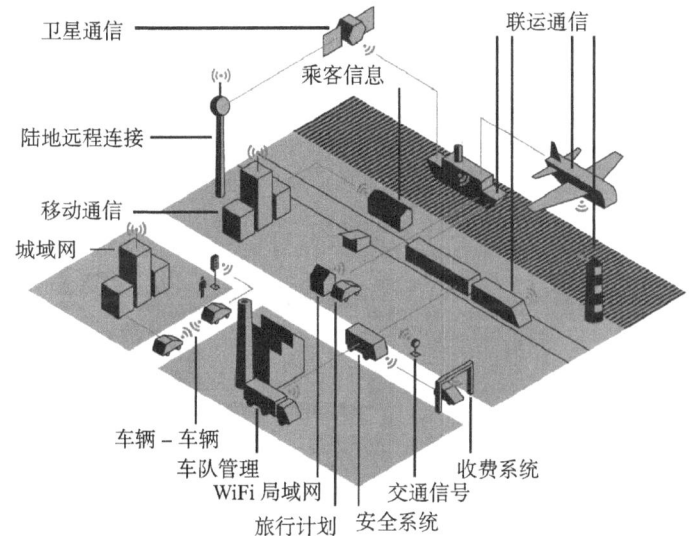

图 2-33　通过分布式交通管理实现的智能交通

对于网络运输管理来说,CPS 可以带来的增值包括:
- 提高了运输安全性,例如辨识风险和障碍(包括与其他道路使用者之间进行信息交换)、优化运输管理,以及由此带来的避免交通拥堵。
- 对于每一个道路使用者来说,提高了舒适程度,例如通过智能辅助工具可以节省时间。
- 由于提高了交通管理水平,使得燃料消耗更少,从而降低了二氧化碳排放,进而减少了环境污染,改善了生态平衡。
- 基于所提供的更好的信息和更多的服务,能更好地利用运输方式与运输基础,以及避免了交通事故、损坏,从而改善经济。

2.4.3　智能医疗

信息技术和通信技术的快速发展也为医疗行业带来了好处。未来社会里的医疗愿景就是基于病人和医生的广泛联网,以及在现代智能医疗系统的帮助下实现健康监控。通过适合的传感器,获取医疗数据,并进行实时处理和评估,使得患慢性病的病人可以获得个性化的医学资料。在智能医疗系统中，可以实现个性化的医疗需求，而越来越多的老人也可以得到更好的照顾。

在 CPS 的帮助下，老年人可以在家里继续独立地生活，且无需被迫放弃综合医学资料。例如，对于带着心脏起搏器的病人的监控服务，可以用传感器记录关键的医学参数，当参数偏离正常状态一定程度的时候，就会发出报警。如果合适的话，这项服务可以自动发出紧急呼叫，并附带病人的地点信息。基于来自传感器的数据、来自病人和医学人员的信息，有助于实现精确的医学治疗，以及对紧急状况的识别，如图 2-34 所示。

图 2-34　智能医疗可以进行人体数据的远程连接和监控

CPS 对智能医疗的增值在于：
- 无需对病人的生活状况进行限制就可以实现广泛的医学治疗。
- 可以对医学紧急状况提供更好的支持，例如在旅行中。
- CPS 是远程医疗和远程医学诊断的基本前提条件。
- 与传统单纯的信息论坛相比，CPS 健康门户可以针对医学问题提供更广泛的咨询和支持。

随着人口的变化，CPS 可以帮助老人更长时间主动和独立地照顾自己，并且可以确保他们继续参加社会活动。这大大提高了他们的生活质量，并且可以显著地减少护理成本。

Chapter3 第 3 章

工业 4.0 理论的提出和要点

"工业 4.0"这一名词首先是于 2011 年在德国举行的汉诺威工业博览会上被提出的。来自德国人工智能研究中心的 Wolfgang Wahlster 教授在开幕典礼上，首次提出了通过媒体来对物联网进行宣传，以推动工业 4.0 的进程，提高制造业发展水平的观点。随后，德国政府启动了"2020 高科技战略"，将工业 4.0 作为未来十大项目之一，拨 2 亿欧元专款进行研究。2013 年，同样还是在汉诺威工业博览会上，正式发布了由德国国家科学与工程学院院长孔翰宁（Henning Kagermann）博士教授⊖等人主笔的最终研究报告"把握德国制造业的未来——实施'工业 4.0'战略的建议"，这宣告着工业 4.0 的正式发布和启动。

本章主要介绍工业 4.0 的概念、目标和实现战略，以及工业 4.0 标志性的智能工厂，并对工业 4.0 的最新进展——智能服务进行介绍。在案例分析环节，介绍德国传感器厂家 IFM 如何实现传感器到 SAP 的透明连接。

3.1 工业 4.0 的概念和目标

在德国工业 4.0 的报告中，有两段关键的话，它们定义了工业 4.0 的概念，以及工业 4.0 的目标。这两段话中的每一个字都值得我们反复推敲和学习。

- 什么是工业 4.0：在一个"智能的、网络化的世界"中，物联网（Internet of Things，IoT）和服务联网（Internet of Services，IoS）会无处不在。在

⊖ 孔翰宁（Henning Kagermann）博士教授，1947 年生于德国，1982 年加入德国 SAP 公司，1998 ~ 2003 年担任 SAP 公司执行董事会的联合主席兼联合首席执行官。2009 年起担任德国国家科学和工程院院长，被称为"工业 4.0 教父"，誉为"德国工业创新驱动力之一"。

制造环境中，由不断增加的智能的产品和系统构成的垂直网络、端到端的工程、跨越整条价值网络的水平集成开启了第四次工业革命——"工业4.0"。

- 工业4.0的目标：工业4.0的目标是创造智能的产品、方法和流程。智能工厂是工业4.0的关键特征。智能产品具备了解自己如何被生产和使用的智能。通过这种由集中式控制向分散式增强型控制的基本模式转变，目标是建立一个高度灵活的个性化和数字化的产品与服务的生产模式。

德国工业4.0报告认为，物联网和服务联网已经来到制造业中。从本质上讲，工业4.0包括CPS通过技术集成的方式应用到制造和物流当中，以及将物联网和服务联网应用到工业流程中，这将对价值创造、业务模式、下游的服务和工作组织等产生影响。

3.1.1 物联网和服务联网是实现工业4.0的两大基础和前提

物联网和服务联网是实现工业4.0的两大基础和前提。通过过去十几年的发展，信息和通信技术（Information and Communication Technologies，ICT）在制造业中得到了普遍的应用。在德国，90%的工业制造过程正在通过ICT来支撑运行。从个人计算机到智能设备的不断演进中，出现了越来越多的功能强大且自主的计算机、移动智能设备和嵌入式系统，它们相互之间或与互联网之间也越来越多地以有线或无线的方式实现互联（见图3-1）。这意味着有史以来第一次，我们可以将资源、信息、物品和人进行互联，从而造就物联网和服务联网。将这种进步应用到制造领域当中，会直接推动工业4.0的实现。

计算机设备的日益小型化、智能化

设备互联的日益普及化和云计算的普及

图3-1 互联是实现工业4.0的基础和前提

在物联网被广泛提及的同时，服务联网在有的时候却没有得到足够的重视。在第2章关于CPPS系统架构的介绍中，与物理世界中广泛互联的产品、设备、人对应的是虚拟世界中的服务，它们是云端的基于云计算的各种应用，通过与物理世界的通信获得大数据并进行处理和分析，进而与物理世界中的产品、设备和人实现控制和互动（见图3-2）。显然，仅有物联网而无服务联网，就好像有了神经但却没有大脑一样。

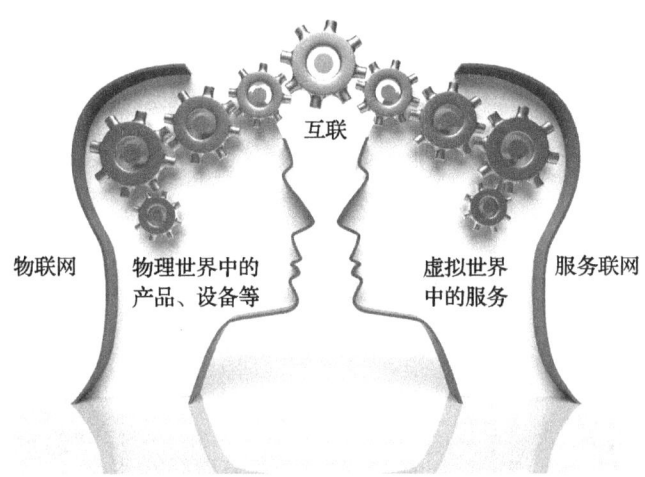

图 3-2 物理世界中的产品、设备和虚拟世界中的服务

3.1.2 CPS 是实现工业 4.0 的核心技术

如第 1 章所述，推动工业 4.0 出现的技术有很多种。其中 CPS 是工业 4.0 的标志性技术，也是其核心技术，这一点被明确地写到了德国工业 4.0 的报告中。

CPS 将虚拟世界和物理世界联系起来，在架构上实现了从集中式控制向分布式控制的转变，并将物联网、大数据、云计算、移动等技术纳入实现 CPS 的各个环节。因此我们说，CPS 不仅是工业 4.0 的标志性技术，也是其核心技术。

CPS 在工业 4.0 中的核心地位的形成不是偶然的。事实上，计算机一经出现，就被应用在两个领域中。一个领域是人们比较关注和经常看到的，例如用计算机上网浏览、编辑文档，或者用计算机进行企业管理、处理业务。另一个领域则是人们通常看不到的，就是将计算机用在工业产品和工业设备中，例如轿车里的发动机、刹车装置、安全带、气囊等。在微波炉、洗衣机、电冰箱里也都有计算机。这些计算机运行在工厂里，运行在电厂里，运行在交通灯系统中，运行在手机和基站里，甚至运行在玩具里。我们将这些计算机称为嵌入式系统（见图 3-3），其对应的软件称为嵌入式软件。

尽管这些嵌入式系统的数量极为庞大（试想一下，你家里可能只有两台台式计算机或笔记本电脑，但用到嵌入式系统的产品，像冰箱、彩电、空调、洗碗机、汽车等，加起来恐怕有几十个计算机芯片）。但是长期以来，这些嵌入式系统并没有受到重视，原因是它们的设计原则就是要能够在有限的资源下（小体积、低功耗、有限的内存、较低的运算速度等）完成工作，所以它们自然没有像摆在桌子上的计算机那样能引起人们的关注和被频繁升级更换。

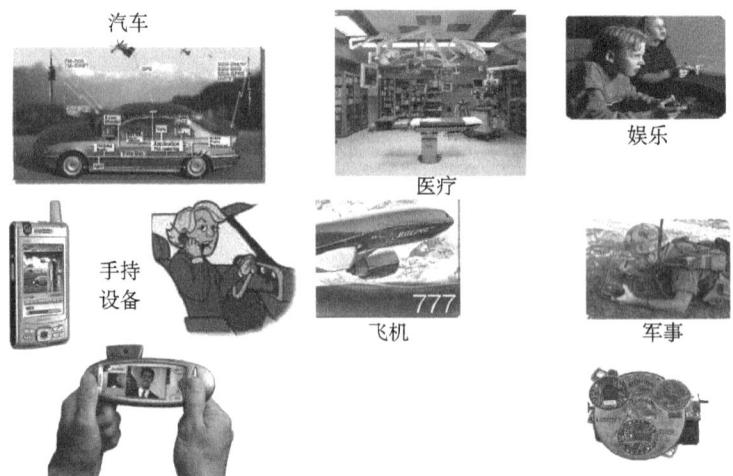

图 3-3　一些嵌入式系统的例子

直到近年来，随着摩尔定律的预言不断被印证，这些嵌入式系统的升级速度越来越快，而价格也越来越便宜，其数量也呈指数级增长，加之网络技术的普及，这时嵌入式系统才开始得到学术界的关注。而在这个时候，人们也开始意识到对于嵌入式系统来说，其关键已经不再是资源的限制，而是这些嵌入式系统与物理流程之间的交互行为。这时，美国的海伦－吉尔首先提出了 CPS 的概念（见图 3-4）。在 CPS 里，嵌入式的系统和网络对物理流程进行监视和控制，两者之间同时也构成了一个闭环，物理流程反过来也会影响嵌入式系统的计算。

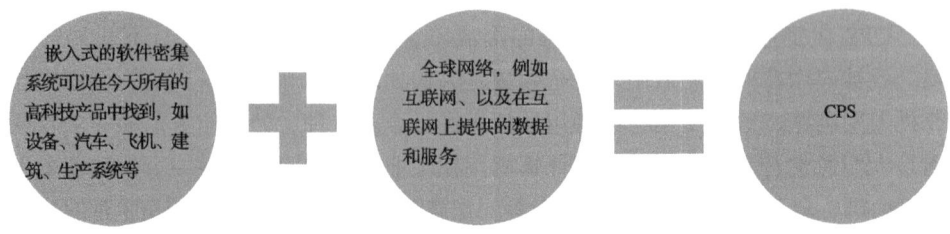

图 3-4　CPS 可以简单地理解为嵌入式系统和互联网的结合

实际上，CPS 是一个非常前沿的理论，目前国外有很多这方面的研究。例如，既然 CPS 需要与物理流程进行交互，那么仅仅追求让 CPS 计算出正确的结果是不够的，它还需要快到能跟得上物理流程。在物理世界中，很多流程都是同时进行的，但是软件设计还是深深地根植在顺序执行的范式里。这其实也是 CPS 与物联网之间的差别。后者虽然应用广泛，但不适用于两个世界之间的紧密互动，特别是对于需要实时控制和涉及安全的系统。以飞机为例，飞机里面有大量的传感器和控制装置，这是一个典型的 CPS。由于飞机的特殊性，在计算能力上每增加

1公斤[⊖]的设施,就需要有4公斤的其他设施来支撑,涉及复杂的电力、成本、维护。在洛克希德·马丁公司,其 CPS 系统中就有 41 个处理器,41 个软件模块,以及约 150 个实时任务,以及约 1.4 万个模块交互。

在制造业的工厂里,存在大量的传感器和执行器,流程的并发进行也十分常见,数据量极大,CPS 正好可以发挥重要的作用,也只有它才能够担负起工业 4.0 的划时代技术的重任。

在工业 4.0 中,CPS 将会以 CPS 平台的方式出现,它可以支持与智能工厂和智能产品生命周期相关协同的工业业务流程,以及与之相联系的商业网络。通过 CPS 平台,将能提供服务和应用,将人、对象和系统联系起来(见图 3-5),并具有以下一些特征:

- 灵活性,可以提供快速且简单的服务和应用的组合,包括基于 CPS 的软件。
- 在应用软件商店的模式下,简单地实现业务流程的调配和部署。
- 实现整个业务流程全面、安全和可靠的备份。
- 提供从传感器到用户界面的所有环节的安全、保密和可靠的系统。
- 支持移动端设备。
- 支持商业网络中的协同制造、服务、分析和预测流程。

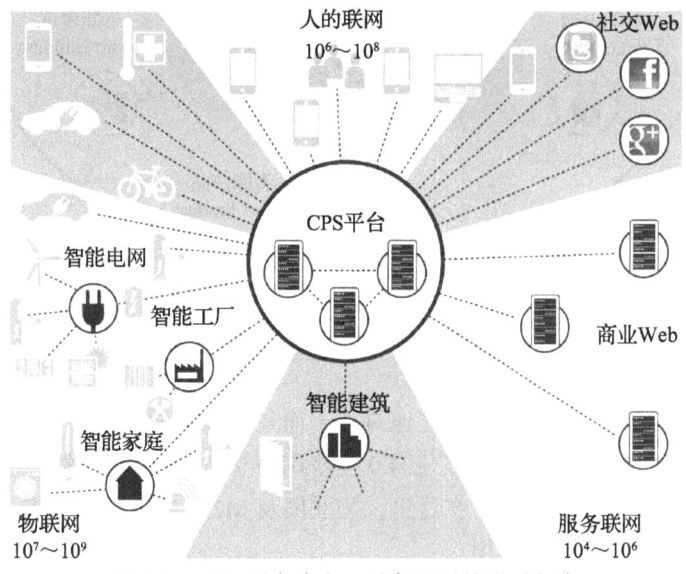

图 3-5 CPS 平台将人、对象和系统联系起来

在商业网络中,对于 IT 开发工作来说,有一种特别需要满足的需求,就是将服务和应用通过 CPS 平台来加以共享。很明显,无论是在一个工厂中,还是在相互协作的企业间与商业网络中,都应该建立起这种共享的服务和应用。

⊖ 1 公斤 =1kg。——编辑注

3.1.3 工业 4.0 不会孤立存在，而是作为智能、网络化世界的一部分

工业 4.0 的重点是创造智能的产品、方法和流程。其中，智能工厂构成了工业 4.0 的关键特征。智能工厂能够实现复杂管理，不容易受到干扰，还能够更加有效地制造产品。在智能工厂里，人、机器和资源如同在一个社交网络中一样，可以很自然地相互沟通和协作。这些智能产品知道自己将如何被制造和如何被使用的细节。它们可以主动地支持制造过程，回答诸如"我是什么时候被制造的""应该用哪组参数处理我""我应该被传送到哪里"等一系列的问题。包含智能产品的智能工厂与智能机动、智能物流、智能建筑、智能电网之间的对接，使得智能工厂成为未来智能基础设施的一个关键组成部分（见图 3-6）。这将导致传统价值链的转变和新的业务模式出现。

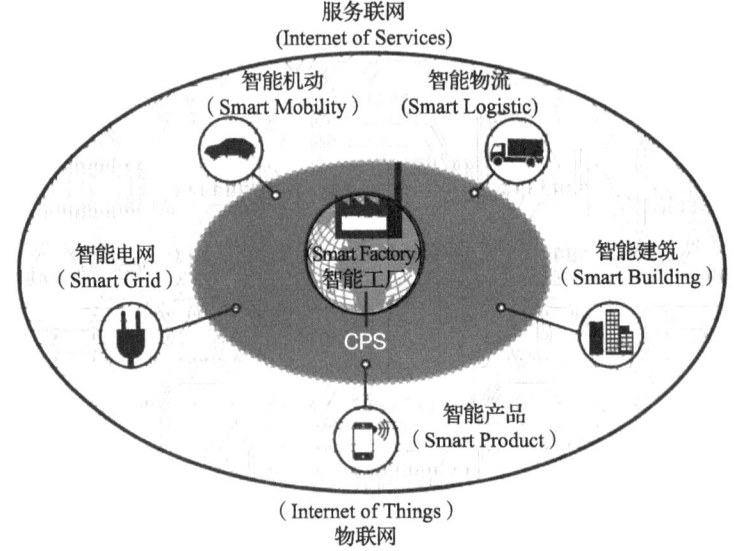

图 3-6 工业 4.0 和智能工厂将作为整个物联网和服务联网的一部分

因此，工业 4.0 不应该被孤立地对待，而是应该被看作是一系列需要采取行动的关键领域中的一个。对于工业 4.0 应该用跨学科的方法来对待，并使它与其他关键领域开展密切的合作。在这里，物联网及 M2M 这一对技术将会在工业 4.0 和其他学科中得到广泛的应用。

如图 3-7 所示，物联网将各式各样的终端连接起来，并汇入云端的骨干系统。这些终端也就是第 2 章谈到的智能主体。简单来讲，物联网传输的是数据，物联网的应用开始于云端的数据，新的业务模式来自于云端的数据分析，特别是大数据的分析。这种模式的创新在智能电网、智能机动、智能物流和智能建筑等领域十分常见。

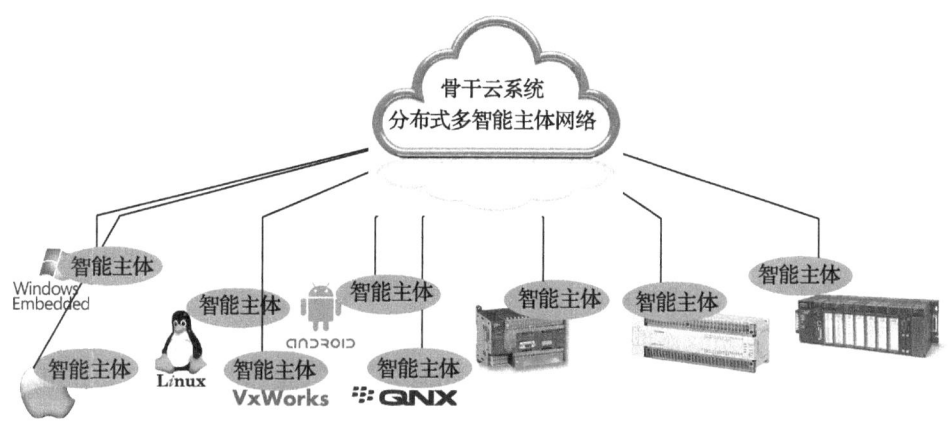

图 3-7　物联网将智能主体互联在一起，形成了分布式智能主体的网络

而对于 CPS 来说，设备会变得更加智能，且存在各种类型的"服务"（见图 3-8），数据传输变成了"服务到服务（Service to Service）"，云也变成了一个服务的选择。由此，它对信息和网络系统的要求也更高，体现在：

- 水平和垂直的集成（将在后面讲到）。
- "随时"发现服务。
- 对信息模型进行建模。
- 可扩展：从传感器到设备，再到云。
- 独立于操作系统和语言。
- 提供了严格的安全机制和手段，包括认证、登录、加密等。

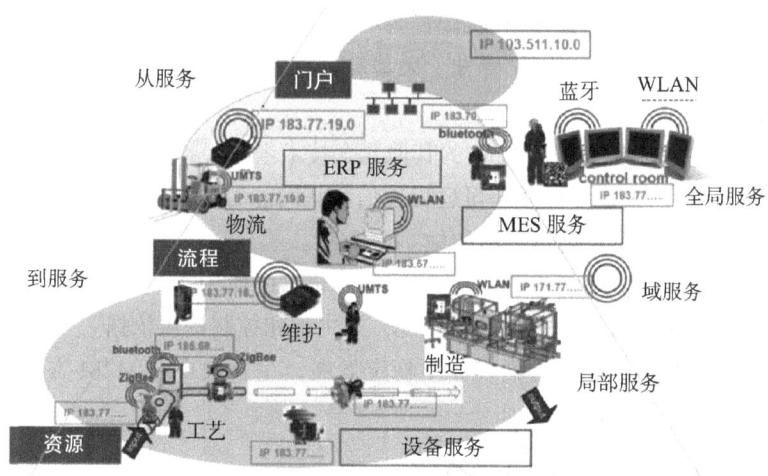

图 3-8　基于 CPS 的各类服务

3.1.4 作为物联网的一个子集，M2M 在工业 4.0 中扮演着重要的角色

与物联网在一个开放的大环境中实现互联不同，M2M 工作在一个相对封闭的小环境中，因此可以认为 M2M 是物联网的子集。

M2M 是机器对机器（Machine-to-Machine）通信的简称。对于传统的机器和设备，除了计算机和其他一些 IT 类设备之外，大部分的普通机器设备几乎不具备联网和通信能力。M2M 的理念在 20 世纪 90 年代就已经出现了，即让所有的机器设备都具备联网和通信能力，但是在那个年代这只停留在理论阶段。2000 年以后，随着移动通信技术的发展，特别是 3G 移动通信网络的商用，使得以移动通信技术实现机器设备的联网成为可能。2002 年左右，M2M 业务就开始在市场上出现，并在随后的几年里得到快速发展。

M2M 虽然是机器对机器的通信，也有人将其理解为人对机器（Man-to-Machine）的通信、机器对人（Machine-to-Man）的通信等，旨在通过通信技术来实现人、机器和系统三者之间的智能化、交互式的无缝连接。应该说，M2M 与物联网的核心理念是一致的，不同之处在于物联网的概念、所采用的技术及应用场景更加宽泛。M2M 则聚焦在无线通信网络应用上，可以看作是物联网应用的一种方式。在工业 4.0 中，M2M 扮演着重要的角色。

M2M 涉及 5 个重要的技术部分：智能化机器、M2M 硬件、通信网络、中间件和应用。

智能化机器使机器能够"开口说话"，让机器具备信息感知和信息加工的能力，这是实现 M2M 的第一步。其中的关键部件是传感器。传感器可以分为普通传感器和智能传感器两种。智能传感器（Smart Sensor）是指具有感知能力、计算能力和通信能力的微型传感器。由智能传感器组成的传感器网络（Sensor Network）是 M2M 技术的重要组成部分。一组具备通信能力的智能传感器以临时的特别方式构成无线网络，协作感知、采集和处理网络所覆盖地理区域中对象的信息，并发布给观察者。

除了智能化的机器之外，M2M 的其他几个技术组成包括：

- M2M 硬件：它是使机器获得远程通信和联网能力的部件。
- 通信网络：将信息传送到目的地。
- 中间件：在通信网络和 IT 系统之间起到桥梁的作用。
- 应用：对获得的数据进行加工分析，为决策和控制提供依据。

目前，物联网应用在过去的几年里稳定发展，主要表现在 M2M 方面，并且已经逐步在工业中得到应用。

3.1.5 工业 4.0 的五大核心特征

按照德国工业 4.0 报告中的总结，工业 4.0 有以下几个核心的特征。

第一个特征是智能工厂。工业4.0将制造中涉及的所有参与者和资源的交互提升到一个新的社会-技术互动的水平（a New Level of Social-Technical Interaction）。它将推动制造资源形成一个可以循环的网络（包括生产设备、机器人、传送带、仓储系统和生产设施）。该网络具有自主性、可根据不同的状况进行自我调控与自配置、基于知识、配备了传感器、分散分布，并包含相关的计划和管理系统。应该说，这里描述的就是智能工厂的特点，也是工业4.0愿景的核心部分。它不局限于企业内部，还被植入到企业之间的价值网络中，其特点是包括制造流程和制造产品的端到端的工程，实现了数字世界和物理世界的无缝融合。智能工厂将会让不断复杂化的制造过程可以为工作人员所管理，并同时确保生产具有持续吸引力，可以在城市环境中具有可持续性，并能够盈利。

第二个特征是智能产品。工业4.0中的智能产品具有独特的可识别性，可以在任何时间被识别出来。甚至当它们还在被制造的时候，它们就知道自己在整个制造过程中的细节。这意味着，在某些领域里，智能产品能够半自主地控制自身在生产中的各个阶段。不仅如此，它们还可以确保当变成产成品之后能够按照何种产品参数最优地发挥作用，并且还可以在整个生命周期内了解自身的磨损和消耗程度。这些信息可以被汇集起来，从而让智能工厂能够在物流、部署和维护等方面采取相应的对策，达到最优的运行状态，也可以用于业务管理应用系统之间的集成。

第三个特征是大规模定制。在未来，工业4.0有可能将单个客户和单个产品的特定需求直接纳入产品的设计、配置、订货、计划、生产、运营和回收的各个阶段。甚至有可能在生产就要开始或者就在生产过程当中，将最后一分钟的变化需求纳入进来。这将使得即使制造一次性的产品或者小批量的产品，也仍然能够做到有利可图。

第四个特征是员工的工作。工业4.0的实施将使得企业员工可以根据对形势和环境敏感的目标判断，采取对应的行动来控制、调节、配置智能制造资源网络和生产步骤。员工的工作将从例行的任务中解脱出来，从而使他们能够专注在有创新性的、高附加值的活动上。结果是，他们将专注在关键的角色上，特别是质量保证方面。与此同时，通过提供灵活的工作条件，员工的工作和个人需求之间可实现更好的协调。

第五个特征是网络基础。工业4.0的实施需要通过服务水平协议，进一步拓展和提升现有的网络基础设施及网络服务质量的规格。这将使得满足高带宽需求的数据密集型的应用变为可能，对于服务提供商来说，也可以为具有严格时间要求的应用提供运行上的保证。

目前，4G移动网络已经进入快速普及的阶段，而5G标准也开始崭露头角，并预计在2020年左右投入大规模商用。目前，5G技术目标可以总结为以下几个数字：1000 倍的容量提升、1000 亿的连接支持、10GB/s 的最高速度和 1ms 以下的延迟。这对于工业 4.0 所需的网络基础来说，无疑是非常大的支持。

3.1.6 工业 4.0 可以带来新的商业机会和模式

工业 4.0 将导致新的商业模式和合作伙伴模式的出现，并向满足个性化的、随时变化的客户需求的方向发展。这些业务模式也可以让中小企业使用得起那些按照现今的许可证方式和商业模式而无力负担的服务与软件系统。

实际上，新的商业模式和合作伙伴模式的创新，往往是在价值网络的扩展过程中突破了原有的工厂边界而形成的。这种创新在之前工业 3.0 的时代里以工厂为核心的体系中是不多见的。通过这种突破，工业 4.0 从水平的角度推动了价值网络的建立（见图 3-9）。

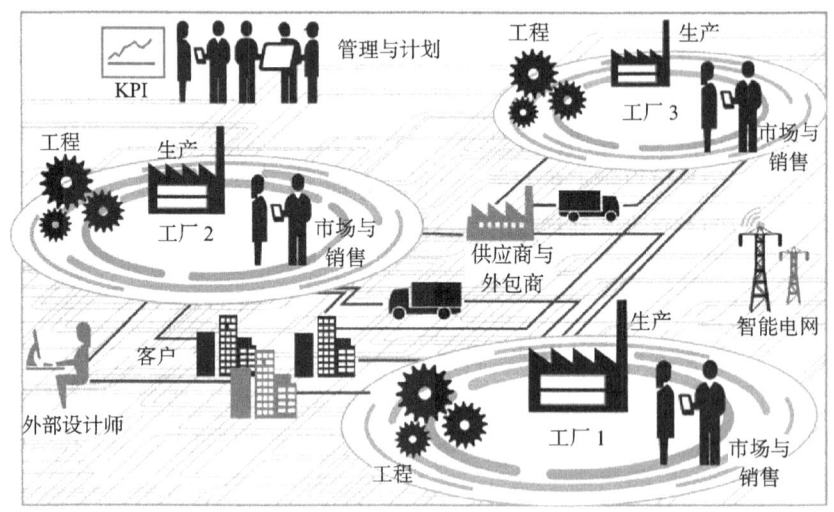

图 3-9　工业 4.0 从水平的角度推动了价值网络的建立

众所周知，德国除了有一批大型企业之外，还有一群相对非常低调但更成功的企业，它们被称为隐形冠军（Hidden Champion）。它们或许规模较小，收入也可能不到 30 亿欧元，但它们都是所在领域的全球领袖。因此，德国的经济发展不完全是依靠大企业的兼并，而更加希望围绕着一个个产品领域，建立起有竞争力的价值网络，把德国社会中不同规模的企业都纳入进来，甚至包括一些初创的中小企业，因为它们当中也有可能诞生出一批新的隐形冠军。

工业 4.0 有助于建立起新的商业模式，在商业合作伙伴之间进行联网和协作的背景下，为考虑客户和竞争对手状况的动态定价提供解决方案，或者是为服务水平协议（Service Level Agreement，SLA）的质量相关问题提供解决方案。也就是说，这种商业模式可以确保潜在的商业收益在整个价值链上的所有利益相关方之间公平地共享，包括那些新加入者。如图 3-10 所示，这种新的商业模式最终可能形成一个面向某一产业的数字化平台，它连接着遍布全球的机器、设备和产品，在它的上面可以创造出许多新的业务模式（例如对设备生产能力和制造数据的交易、设备的远程监控和维护、各种捆绑服务的商业模式等），也可以吸收各方面的资源（包括大企业、中小企业甚至自由职业工作者）。实际上，德国面临的最大挑战之一就是工程师的短缺。中国目前年产 30 万工程师，而德国只有 3 万，因此这种最大限度发挥社会资源效率的业务模式创新，对德国工业 4.0 的成功至关重要。

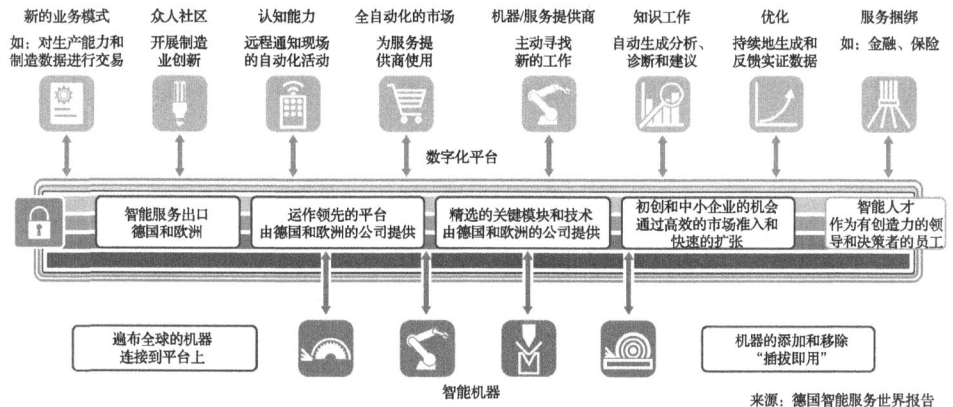

图 3-10　通过数字化平台打造产业竞争力

3.2　工业 4.0 的双重战略

在德国工业 4.0 报告中，供应商领先战略和市场领先战略是相互配合的双重战略，它们都是从改善德国制造业的生产效率，进而做强德国制造业的角度出发进行考虑和设计的。

所谓的工业 4.0 双重战略是指：

- 供应商领先战略：供应商领先战略是从设备供应商的角度来挖掘工业 4.0 的潜力。如果德国的设备供应商要继续为全球制造企业提供领先的技术解决方案，就必须在工业 4.0 产品的开发、生产和市场中保持全球领先。而实现的关键是在制造业中装备 CPS，以让德国的装备供应商保持领先。
- 市场领先战略：德国制造业的优势一定程度上表现为工业系统中大量的中小企业和少量的大型企业之间的结构平衡。在工业 4.0 时代，更加需要将这些企业紧密地结合起来，将全球化运作的大型企业和在地区范围内运行的中小企业集成到新的价值链网络中。为此，需要对处于价值链不同阶段的、产品生命周期不同阶段的、不同产品的、不同的制造系统之间进行逻辑的、端到端的数字化集成。

显然，上述双重战略交互协调，可互为补充和加强。

这一双重战略包含了四大特点：
- 通过水平集成，建立跨公司的价值链和网络。
- 跨越产品和相关制造系统的整个价值链的数字化端到端的开发。
- 柔性的、可配置的制造系统的搭建、实施和垂直集成。
- 通过员工2.0，实现更多的人机互动，更有力地推动由员工驱动的创新性活动。

如图3-11所示，这些特点与双重战略之间有着紧密的联系。例如，水平集成和端到端开发也是实现市场领先战略所需要的。但是从另一个角度来看，这四大特点对于任何一家想要实施工业4.0的企业来说，也是不可缺少的实现目标。

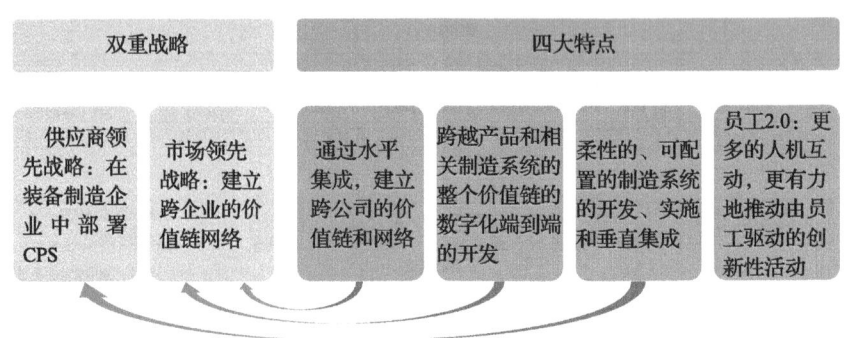

图3-11　工业4.0的双重战略及其四个特点

3.2.1　水平集成

在生产、自动化工程和IT领域，水平集成（Horizontal Integration）是指将应用在制造和业务计划不同阶段的各种IT系统集成起来，这其中包括在一个公司内部和不同公司之间（即所谓的"价值网络"）的物料、能源和信息的交换（例如入厂物流、生产、出厂物流、营销等），如图3-12所示。集成的目的是提供端到端的解决方案。

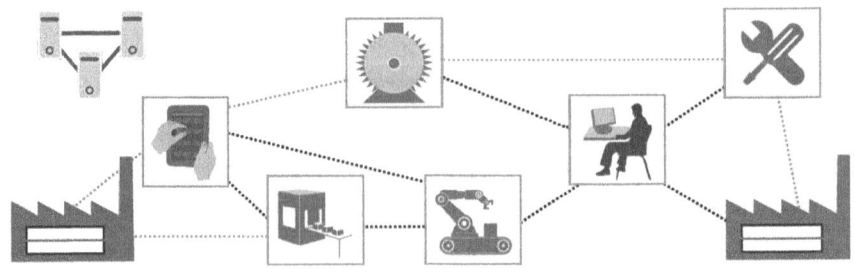

图3-12　通过水平集成，建立跨公司的价值链和网络

3.2.2 垂直集成

在生产、自动化工程和 IT 领域，垂直集成（Vertical Integration）是指为了提供一种端到端的解决方案，将不同水平层面上的 IT 系统集成在一起（例如执行器和传感器、控制系统、生产管理、制造和执行，以及企业计划等不同层面），其目标是建立灵活的、可配置的制造系统（见图 3-13）。

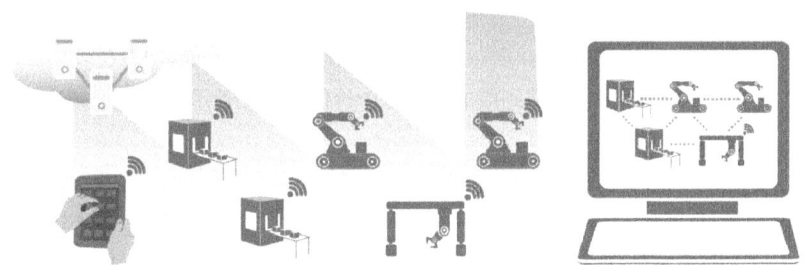

图 3-13 垂直集成和网络制造系统

在未来的智能工厂里，制造结构将不再是固定的和预定义的。与之相反，一组 IT 配置规则将被定义，它们可以针对每一个状况，就事论事地自动建立起特定的结构（拓扑），包括所有相关的模型、数据、通信和算法。

为了实现垂直集成，有必要确保执行设备和传感器信号在不同层面上，一直到 ERP 的端到端数字集成。同时，也有必要开发模块化和重用战略，以配合实现随时搭建网络和制造系统的再配置能力，以及合适的智能系统的能力。

3.2.3 端到端的开发

今天的价值链——从客户需求到产品架构和生产，在多年以前就已经基本定型。IT 支持系统通过不同的接口交换得来的信息，也只能供用户在特定的场合下使用，而没有一个全局的视角可以反映被制造的产品的各个方面。其结果是，客户不能够任意地选择产品的功能和特征（尽管这么做从技术上讲有可能是可行的）。例如，旅行车后窗上的雨刮器不能用在同一家车厂生产的豪华轿车上。

通过应用 CPS 实现的基于模型的开发，可以实现端到端、模型化和数字方法论，涵盖从客户需求到产品结构和产成品制造的每一个方面。它可以在端到端的研发中让所有相互依存的方面都得到辨识和描述。制造系统以同样的方式同步开展设计，这意味着可以与产品开发同步进行。其结果是，它让制造个性化的产品变得可行。

在这里，建模在管理复杂度不断增加的技术系统方面起着关键作用。我们应该部署合适的 IT 系统，以对整条价值链提供端到端的支持，从产品开发到制造系统工程、生产和服务。在这里需要考虑的是完整的系统工程的方法，它跨越了几个不同的技术学科。端到端的跨越整个价值链的工程示意如图 3-14 所示。

图 3-14　端到端的跨越整个价值链的工程示意

3.2.4　员工 2.0

在德国工业 4.0 的研究中，首先是关于"人的因素"的主题，然后才是关于"人与技术"的主题。它们都围绕着即将随之到来的人与技术、人与环境互动关系的改变，以及由此推动的工厂内的分工合作新形式展开深入的研究。

即便是工业 4.0 时代的智能工厂，也不可能没有人的参与。员工如何认知及适应因流程的复杂、设备工具技术含量高而多变的工作环境，也成为需要详细讨论的话题。

例如，由于控制流程自动化水平的提高，以及控制方式从集中式转向分布式（"半成品"自带后续流程信息并自主地与加工工具及生产线进行信息交流），生产过程将变得更加自动化和智能化，而员工所起的作用也更加重要。通过工业 4.0 建立起来的是一种人机互动的范式上的变化，也就是机器要适应人的需求，而不是人来适应机器。与之配套的是新的员工工作责任，这需要提高员工的参与度和促进他们的主人翁责任感。CPS 需要一个新的覆盖整个价值网络的工作组织结构，以激发员工的工作效率，并提供可支持个人终身发展的组织架构（见图 3-15）。

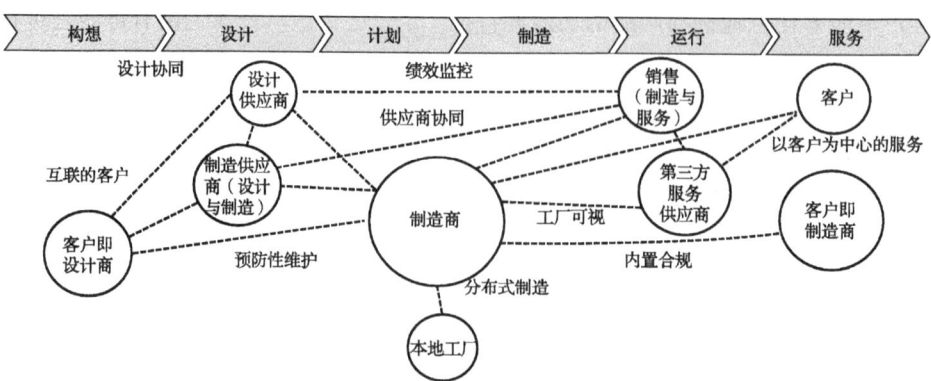

图 3-15　工业 4.0 下的员工将工作在一个新的覆盖整个价值网络的工作组织结构中

3.3 工业 4.0 下的智能工厂

智能工厂是工业 4.0 战略的展开方向之一，也是 CPPS 理论的重要应用。

基于 CPPS 理论下的智能工厂应该包括建立智能的流程、产品、设备，并让员工在这样的环境中工作，这也是其重点。所有的构成要素（人、机器、产品和对象）在内置的传感器的作用下，应该像人们在社交网络中一样轻松地相互通信，并且没有旁人的干扰。随着现今传感器技术变得日益便宜且易于获得，几乎所有的流程都可以加以测量。如图 3-16 所示是智能工厂的一些特点，下面我们将依次加以介绍。

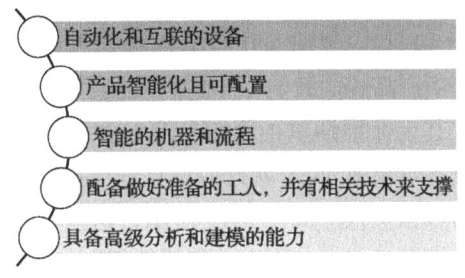

图 3-16　基于 CPPS 理论下的智能工厂的特点

3.3.1 自动化和互联的设备

实现智能工厂的重要前提之一是增加可以用自动化手段进行数据采集，从而取代手工数据录入的设备数量。机器设备可以通过传感器或 RFID 标签不停地收集数据，并进行数据交换。但是，一台"智能的"设备不仅可以接收和处理信息，而且还可以在不需要人参与的情况下就做出决策。例如，一台设备有产能富余，而另一台没有，这两台设备可以相互识别出这一状况并开展相互帮助。

当然，"智能的"设备有的时候指的是机器的智能服务和维护。技师通常会定期对机器、工厂和其他资产进行检查和保养，或者在机器出现问题的时候进行维修。一些事前没有预计到的问题或机器停机会导致生产延迟和很高的维修成本。

如图 3-17 所示的是自动化和互联的设备在智能工厂环境下需要具备的基本功能——"询问/被询问""通报/被通报"，这也是智能服务的基本功能。

 询问/被询问  通报/被通报

- 可以被询问设备状态及其工装状态是否能用来生产下一张订单。
- 可以被询问调整工装所需的时间。
- 可以向各类系统（例如生产系统）发出关于生产订单、物料信息或维护保养细节的询问。
......

- 通报设备状态（例如处于生产状态或是待机状态等）
- 通报诸如水面高度、油量等信息。如果发生异常，可以将这些信息发给负责人（移动设备）或者维修系统。
- 通报该设备将按计划停机，这样，计划员或计划系统就不会对这台设备进行排产或发布订单。
- 对加工过程中工装的偏离进行自我追踪，如果偏离超过了一定的上限，就发出更换工装的信号。
......

图 3-17　智能设备的"询问/被询问"和"通报/被通报"的功能

3.3.2 产品智能化且可配置

在智能工厂的环境中，所有的系统、设备和产品都是互联的，因此生产变得更加有柔性，能在较短的通知提前期下进行调整和修改。这就可以让生产定制化的、高度可配置的产品的成本比肩大规模制造，这是工业 4.0 在未来的关键竞争要素。

显然，工业 4.0 的实现有赖于生产过程中产品的"智能"。最基本的智能产品拥有其生命周期里的全部信息，并且可以与设备系统或 MES 就这些信息进行持续不断的数据交换。如图 3-18 所示，这些数据被存储在云端，又称为"智能数据"。为了让产品实现智能，需要给产品提供：

- 唯一的产品标识。
- 通信能力。
- 感知能力，可以感知自己或周围环境的情况。

图 3-18　智能的产品首先应该具有产品标识、通信和感知能力

产品的标识保存在 MES 中，它可以与其他系统通信，这些标识通过查询产品上的条码、RFID 标签或传感器而获得。

通过图 3-18 中驻留在云端的"智能数据"，智能产品可以在生产过程中通过提供相应的细节信息，并将这些信息与其他系统进行共享，来进行更好的计划、提高生产效率和资料利用率。这些细节信息的例子包括：

- 产品在哪里？
- 下一步的生产步骤是什么？
- 需要安装什么零部件？
- 生产时使用什么参数？
- 产品应该用什么样的包装？
- 产品应该发送到哪里去？
- 之前的生产历史信息在哪里（包括上述问题中的零部件的安装历史、生产参数的使用等）。

在智能产品或盛载产品的托盘上的条码、RFID 标签或内嵌的传感器可以与 MES 持续地交换信息，从而让设备知道这个产品是什么、应该如何生产，如图 3-19 所示。由于产品上有标识信息，MES 可以"读取"该产品当前的位置、当前的状态、下一步的生产流程，并且可以"写入"完工的信息、测量结果以及其他生产数据。通过 MES 里内置的生产规则，结合从产品中"读取"的信息，可以推动整个生产的进行。实际上，现今的 MES 已经可以指导产品在车间里的生产步骤，确保制造过程的正确执行。

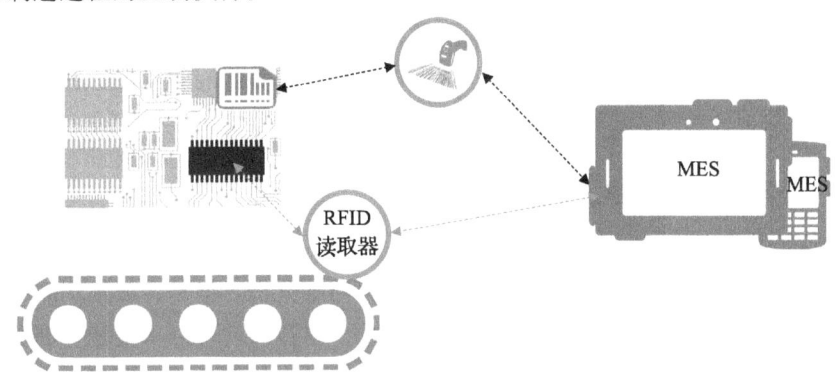

图 3-19　智能产品与 MES 之间的信息交换

在制造的整个环节中，产品数据既可以存放在 ERP 中，也可以存放在 MES 或其他系统中。但是，一旦产品离开了车间，就需要用一种可能的方式将数据"写入"产品中，这样就可以在离开了生产环境之外，也可以对产品进行追踪。这意味着在工业 4.0 的环境下，需要提高企业对产品，特别是对复杂的、可配置的产品的数据管理水平和相关流程的支持力度。

在未来，无论是制造企业里的资产还是产品，都可以借助物联网的技术来承载自己的信息（例如具有存储能力的 RFID 芯片或其他嵌入式设备），并进行互相通信。这种通信不仅在两个对象之间进行，还可以跨越车间、工厂、企业，穿越不同的业务系统和供应网络的各个层次。如图 3-20 所示，所有与产品相关的计划、生产、仓储、维护等信息都存储在云端，便于其他产品或系统进行持续访问。这样的模式称为"云端制造"或"云端服务"，它开辟了一种新的实践方式，例如远程工作或远程服务。在传统意义上，无论是制造还是服务，都是一种需要到现场的体力劳动，而现在可以变成"在家中工作"。当然，在这里还有很多的研究工作需要完成，例如产品或设备的互操作性（Interoperability），包括标准化、协议、数据和信息模型等。

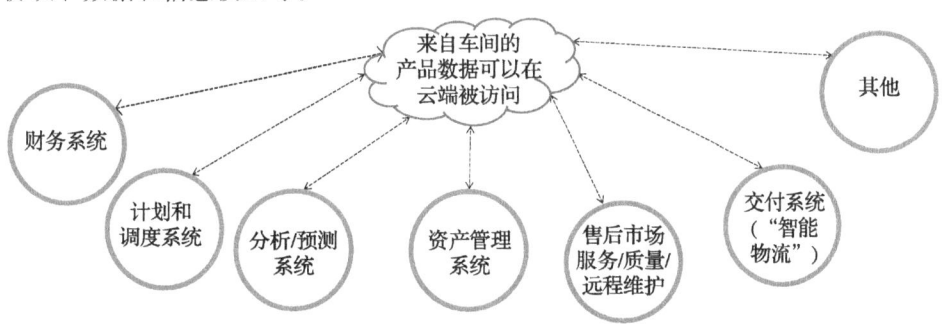

图 3-20　一个"制造云"系统的构成

除了产品的智能化之外，可配置性也是工业 4.0 智能产品的重要特性。它可以帮助改变目前实现智能产品目标的手段，并让其更加有效率。此外，新的产品还将通过应用先进的材料和零部件，更多地加入互联和智能的功能。在这里由于篇幅的关系不再赘述。

3.3.3 智能的机器和流程

现在，要工厂针对一个单独的产品获取关于资源利用的信息是不可能的。典型的情况是，工厂只能对平均值进行搜集、存储和分析。但是，如果产品有自己的存储能力（例如 RFID 芯片或支持云的存储），制造商就可以采集和存储关于该产品在哪里、在何种条件下被生产的信息，以及做出如何使用资源来生产这一特定的产品的决策。

在现今的技术条件下，这样的场景在集中式的 IT 系统下是不可能实现的。工业 4.0 所能够给我们带来的一个变化就是从集中式的控制变为灵活的自控制流程下的分布式控制。通过 CPS 技术的应用，可以实现：

- 监控并透明地管理流程。
- 提供智能的支持。
- 配置自治的生产设施。

工业 4.0 的主要目标之一就是通过更广泛和更深入的计算机集成来改进生产控制。另一个目标是导入生产设施的自我优化系统和分布式控制。整个系统应该是开放和模块化的，每一个部分都可以作为一个智能主体，将信息传递到对应生产实体的网络上去。

根据欧盟委员会发布的"未来工厂"的相关内容，在生产类型和数量快速变化的背景下，如果可以让设备、单元和工厂的升级更加容易，并且易于配置，这对于实现灵活和能及时响应的制造流程来说是很重要的。

因此，制造系统应该成为智能的、可交换的机械电子模块的组合，通过机电设备和内置的带有学习功能的控制器，让系统的行为更加能适应变化的环境。这意味着：

- 需要在非结构化的车间环境开发支持设备和机器人的嵌入式的认知功能。
- 对于机器和机器人来说，需要更加先进的传感和感知，加上在不可预知的变化下依旧保持稳健的行为，从而在不断增加的不确定性下很好地工作。
- 自我监控和自我恢复的能力。

如图 3-21 所示，工厂、设备、工装、产品、数据库和人互联在一起，持续地进行信息的交换，并通过"设备云"加以连接。设备可以进一步地与电子设备或网络，通过不同的协议，如蓝牙、HTTP、OPC、NFC、WiFi、3G/4G 等进行连接。进一步来说，机械不仅可以相互连接，还可以与供应链上的各种系统进行通信，获取关于客户、供应商、零部件、工具、产品、维修计划等方面的必要信息。每个系统都能够辨识自己的状况，发布相关的信息，如此便可以让相互可操作的设备采取立即和必要的行动。

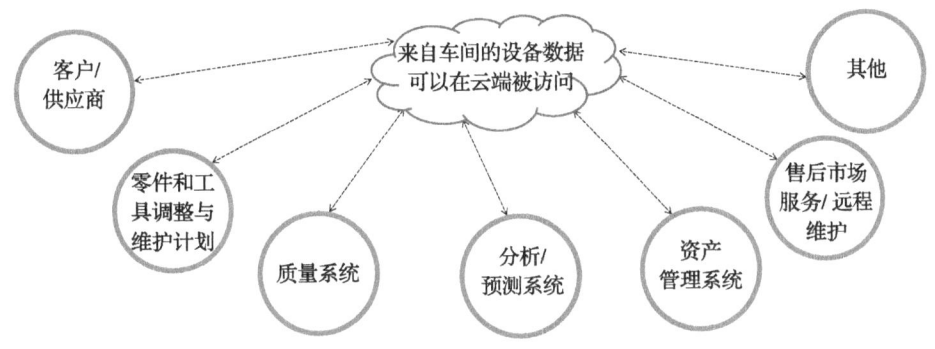

图 3-21 一个"设备云"系统的构成

在工业 4.0 的环境中，系统可以做到足够智能，不仅可以操控和监控生产执行流程，搜集生产数据，还能够基于采集的数据进行实时的分析，给工人提供实时的帮助。例如：

- 供工人使用的人机界面：基于下一个生产步骤或者被扫描的产品/订单，动态刷新用户界面（User Interface，UI），从而避免工人手工进行交互。
- 面向流程的模拟和可视化：显示可视化的辅助信息（三维图像），让工人可以更快、更好地理解工艺、变更和指令。通过与软件之间的交互工作，例如通过 Kinect（手势控制或语音控制）来查看工作指令。
- 动态的工作指令：根据被生产的产品或被查看的工作站，动态地改变工作指令。
- 工厂中新的以人为中心的工作环境：基于安全和舒适的原则重新进行工作设计（例如在某种场合下，甚至可以用脚来操纵鼠标）。
- 动态的信息挑选、过滤和显示：基于工人的要求提供所需的信息，这样可以限制工人必须要应对的信息量。工人的请求可以通过声音发出命令。
- 提前通知：在生产步骤、生产工作或产品发生改变的时候提前给工人发出通知，这样可以消除对工人的打扰，节省返工或维护的时间。
- 动态的生产服务分配：包括注册、监控和重新调度。

3.3.4 配备做好准备的工人，并有相关技术来支撑

复杂的制造系统依赖人和自动化的联合来实现制造目标。传统的、静态的设计和运行制造系统的手段已经不够用，需要被可适应的、动态变化的系统所替代。制造任务需要在人和自动化设备之间进行优化分配，保证在某一时间点上人

或设备之间有一个可以更好地执行任务。今天的物理或机械自动化的水平已经很高了，它们还可以通过先进的信息通信技术来进一步提高认知自动化水平（进行自动化的决策）。产品的高度易变、定制化的压力和特别脆弱的供应链，也需要实现以人为中心的自动化。与此同时，还需要围绕操作的人来提高自动化水平，使用先进的传感器和精密的设备来发挥人类的认知能力。研究工作应该聚焦在如何取得和设定正确的自动化水平，在为全球市场生产定制化产品的时候，保持员工的灵活性、敏捷性和竞争力。系统需要进行动态的调整，以适应工人在年龄、经验、技巧、语言方面的不足。

智能的加工环境可以将做好精力准备的和技术准备的工人与最好的技术能力结合起来，在动态变化、充满不确定性和风险的环境中，做出最好的响应。在这个智能的环境中，人具有以下特点：

- 有知识，受过良好的培训。
- 支持手势控制。
- 互联的（通过各种网络工具）。
- 可以适应系统的性能，或根据系统的性能进行改进。
- 受到很好的保护（机器人可以帮助人来监督它们的工作，它们不会伤害人类或做错事）。

智能的产品、设备、流程以及智能的辅助系统（见图3-22）可以将人从重复的工作中解脱出来，让他们关注在有创造性和增值的活动上。智能的辅助系统还可以延长年老的工人的工作年限，使他们在更长的时间里保持生产力。

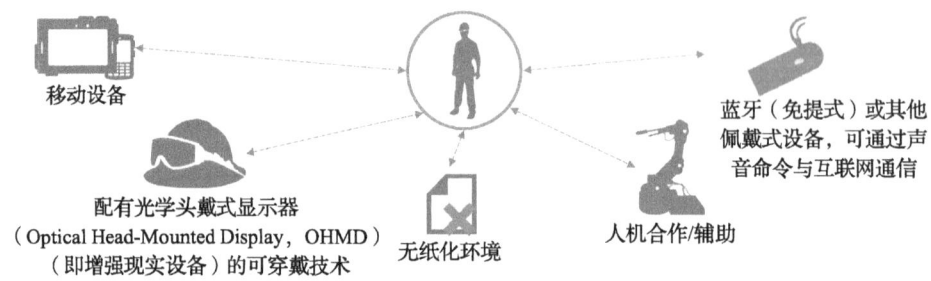

图3-22　工业4.0为在现场工作的人提供了智能的辅助系统

在工业4.0的环境中，有一个新的机会，就是获取工人和客户的知识，以提高流程的执行效率与产品的设计水平。这可能会带来不同的收益，例如：

- 增强产品计划：通过对系统的观察和更近的监控，可以让工人基于之前的知识、经验提供详细的反馈，从而加强生产计划并改进系统能力。
- 客户交互：利用所有可能的获取知识的机会，例如获得对产品开发的反馈、"失去的"产品特征和用户体验。

在未来，工厂将需要"以人为中心"（Human-Centricity），提高柔性、敏捷性和竞争力。工厂里的工人——未来的"知识工人"（Knowledge Worker）将会通过新颖的知识学习和获取机制，被给予更多的机会以持续地开发自身的技能和能力。未来的企业可以更好地把技能传递给新一代的工人，并且可以通过更好的信息技术和通信技术，在支持年长的、有身体障碍或多文化背景的工人方面做得更加有效率。未来的制造企业将使用交互式的电子学习工具帮助学生、学徒和新的工人获取先进的制造技术方面的知识。

一直以来所期望的知识工人和机器人（也包括其他先进的自动化设备）之间的广泛合作，对于以人为中心的制造来说是至关重要的。智能辅助有助于通过分布式的控制方法实现标准的例行决策。这些例行的任务，以及繁重的手工劳动将会被机器或CPS所取代，而复杂的、基于经验的任务和决策仍然会留给人来完成。

如图3-23所示，今天的机器人已经不用再锁到笼子里了，它们可以相互合作或者与人开展合作。例如，正在加工的产品可以直接从机器人传到工人的手中。机器人可以对各种握姿进行评价，找出最合适的握姿，将产品交到工人的手上。

传统的机器人安全实施   新一代的协作机器人

图3-23 人与机器人之间协作的演进

3.3.5 高级的分析和建模能力

在工业4.0的环境中，分析技术和商业智能（Business Intelligence，BI）技术对提高生产率、质量和柔性具有特别重要的意义。为了快速有效地解决问题和改进流程，需要快速地做出正确的决策。通过传感器等技术，可以搜集大量的数据以进行分析。异质和复杂的工业环境需要非常专业的知识，以进行有意义和有用的数据分析。BI分析图表代表了分析流程的专家知识。这些知识可以在结构层面主动地加以建模，在实例层面加以使用。

传统的生产系统擅长生产大批量少品种的产品，而工业4.0下的智能工厂则被要求生产大量的具有多种配置的个性化产品（即大规模定制）。由此带来的在大数据基础上的快速决策给企业带来了新的挑战。

由于可以连续地获得数据，软件系统允许企业可以实时地分析大量的数据，生成关于生产状态和能源消耗的综合性报告。高级的分析和建模可以帮助决策者评估不同的备选方案、风险和约束。在需要的时候只有相关的信息才会被显示，智能的系统甚至可以自动地进行一些决策——包括提高响应速度，限制人的干预。

应该说，传统的做法是通过联机事务处理（OLTP）来进行业务数据的自动处理，通过联机分析处理（OLAP）进行数据的自动分析。但是在工业 4.0 的环境下，还需要更多的半自动化的人机交互式分析。因为篇幅的关系，在这里我们不对这个话题进行展开。

3.4　工业 4.0 的最新进展——智能服务

工业 4.0 的最终工作报告在 2013 年 4 月发布，重点主要放在制造和物流领域，其目标是通过应用智能制造技术，建立产品与机器、机器与机器、人与机器之间的智能化交互，实现工厂内外部的水平集成和垂直集成，提高生产效率和柔性。按照报告的估计，工业 4.0 可以为德国企业带来每年约 6%～8% 的制造效率的提升。

而在 2015 年 3 月同样由孔翰宁博士教授领衔发布的工作报告中，则进一步提出了智能服务的概念（见图 3-24）。这是一个更加宽泛的概念，它涵盖了产品的全生命周期，其目标是在工业 4.0 生产出来的智能产品的基础上，通过物联网技术，将产品连接到互联网上，并应用大数据和其他 IT 技术，将企业的商业模式从产品驱动转变为数据驱动，从销售产品转变为销售服务或产出，从而实现业务模式的革新甚至革命。这一部分的预期效益，据估计到 2025 年可以为德国企业在生产率上带来 30% 的提升。

智能服务（2015年的最终工作报告）
在工业4.0生产出来的智能产品的基础上，通过物联网技术，将产品连接到互联网上，并应用大数据和其他IT技术，将企业的商业模式从产品驱动转变成数据驱动，从销售产品转变为销售服务或者产出，从而实现业务模式的革新甚至革命。
预期效益：到2025年，为德国企业带来30%的生产率的提升。

工业4.0（2013年的最终工作报告）
通过应用智能制造技术，建立产品与机器、机器与机器、人与机器之间的智能化交互，实现工厂内外部的水平集成和垂直集成，提高生产效率的和柔性化。
预期效益：为德国企业带来每年6%～8%的制造效率提升。

图 3-24　智能服务是工业 4.0 研究的最新进展，工业 4.0 的九大技术

根据德国的智能服务世界（Smart Service Welt）报告，智能服务是一项颠覆性的技术。它完全是以用户为中心，根据用户的喜好和需求，从消费者、职员、

市民、患者、旅游者的角度来设计。它是在数字化的生态系统中，在灵活的网络化、高度的自动协同基础上建立的新的数据驱动的商业模式。

报告中还提出，智能服务将会通过"服务平台"来实现。该平台的搭建，是基于如图 3-25 所示的数字化架构的层次模型。

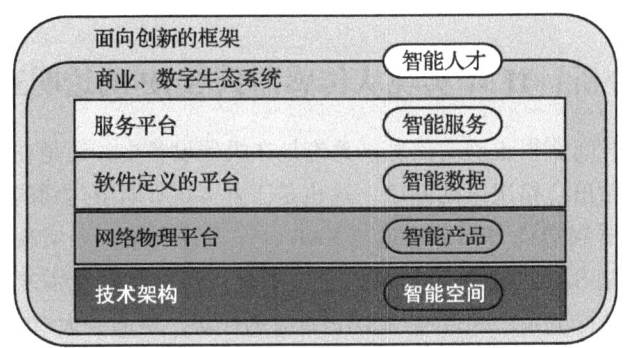

图 3-25　数字化架构的层次模型

"智能空间"（Smart Space）是一个智能的环境。在这里，智能的、由互联网支持的对象、设备和机器（智能产品）相互连接起来。它们以高性能的"技术架构"（Technological Infrastructure）作为基础。除了广泛讨论的通信网络升级之外，未来 5G 技术的应用将是确保实时的数据分析和相关的智能服务交付的关键。

智能产品可以是指实际的生产机器，也可以包括其虚拟代表。这些产品之所以被描述为"智能"，是因为它们知道自己的制造历史和使用历史，同时可以独自做出行动。它们之间通过"技术架构"被连接起来，构成"网络物理平台"（Networked Physical Platform）。

再往上，"网络物理平台"上生成的数据将会在"软件定义的平台"（Software-defined Platform）上加以整合和处理。通过使用复杂的算法，可以对数据进行搜集、合并和分析。"软件定义的平台"将这些处理过的数据提供给智能服务提供商。通过虚拟化技术，使得服务平台不再被捆绑在一个特定的制造厂家的智能产品的物理对象上。因此，"软件定义的平台"构成了异质的物理系统和服务的技术集成层。

与全面的服务工程（即系统地开发新服务）相同，数据最后在"服务平台"（Smart Service）上进行提炼，以创建智能服务。智能服务提供商通过服务平台相互联系起来，构成"数字化的生态系统"（Digital Ecosystem）。由服务平台构成的业务集成层在不同的参与方之间提供无缝的、高度自动的、符合法律要求的协作基础，从而可以共享知识，并针对信息、货物和服务进行交易。

在这里，"软件定义的平台"和"服务平台"的建立，以及在其基础之上的在线集市和应用商店，加上相关的生态系统，将会成为企业乃至国家在全球市场上取得竞争胜利的关键。

但是，成功的新的业务模型，只有在复杂的智能产品和智能服务被结合在一起，并且由受过良好训练的员工（即智能人才（Smart Talent））来操纵，才能取得成功。

3.5 案例分析：IFM 实现从传感器到 SAP 的透明连接

在正确的时间获得正确的信息，无论是在机器设备上，还是在管理层上，都是做出合格决策的基础。这也是工业 4.0 所期望达到的目标。一家传感器制造商 IFM，通过与 SAP 合作，找到了一条实现直接"从传感器到 SAP"连接的简单方法：来自机器的数据无需复杂的安装就可以进行记录，并传递给 SAP 对应的模块，从而大大增强了设备与系统之间的互联。

3.5.1 企业概述

IFM 成立于 1969 年，它的两位创始人——Robert Buck 和 Gerd Marhofer，以 efector 为名研制出了感应传感器。到今天，这个家族企业在全球 70 个国家有 5200 名员工，在工业自动化领域从事传感器、控制器、控制系统的开发、生产和销售，其总部位于德国埃森（见图 3-26）。

图 3-26　IFM 公司总部和 1969 年推出的第一代传感器

3.5.2 从传感器到 ERP

1. 背景

研究表明，到 2022 年，全世界将会有 140 亿台设备使用它们自己的 IP 地址加以联网。以今天机床上的传感器为例，它们每年产生的数据量就已经可以达到 20～30TB，这些数据可以用于各种用途，例如能耗和工况监控、正常运行时间确定或质量管理。具体的应用例如可以将能源等成本精确地分摊到产品或设备上。每一位生产经理所追求的目标都是一样的:"生产必须要进行,产品的质量必须要达到要求,生产效率必须要达到最高"。

如果能够在可获得的数据上做到透明,就能够让对应负责的人采取正确的行动。如果有必要的话,则需要确保业务流程和加工过程按照要求进行。

在传感器层面、自动化层面之下,传感器对机器和被加工产品进行信息与状况的检测,可以在很大程度上影响机器的加工进程。如果能够随时掌握下一次停机会在什么时间发生,或者磨损预留量还剩下多少,无疑是一件很好的事情。如果要确保生产取得最好的产品质量,需要设置什么样的工艺参数?当产品加工完成之后,能源究竟被消耗了多少?如果加工误差超出了标准,工人可以被立即通知到。如果能够实现这些,这样的透明性就几乎是完美的了。

可以完成这些任务的传感器如今已经变得越来越强大,可以搜集足够的信息。但是对于要完成的任务来说,传统的控制器都已经力不从心了。例如,通过振动传感器或图像传感器产生的数据量已经不能够由现场的控制器来处理,而需要由更加强大的软件来接手。显然,这一现状会打破目前传统的工业控制金字塔的结构。工业 4.0 的期望是要让这些传感器或执行器提供的全面信息直接交由虚拟世界中的应用软件来处理。

将控制器或传感器连接起来的好处有很多,但是其成本很高。数据存储的成本也十分巨大。有哪一个网络可以足够稳定和高效来将所有的这些数据都上传到中央服务器中?如图 3-27 所示,根据 IFM 的估算,鉴于今天的设备已经可以产生海量的数据,以及 SAP 在德国设备工业中的广泛应用,IFM 认为 SAP 与设备集成的市场的背后,是 1.2 万亿欧元的经济总量。

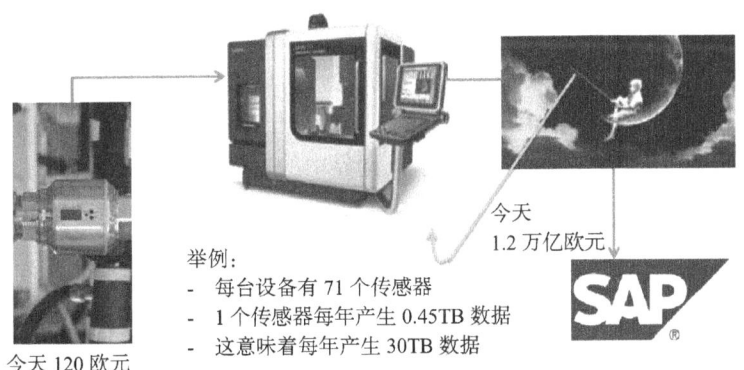

图 3-27 对于 84% 的德国制造企业来说,建立机器与 SAP 之间的联系十分重要

2. 从传感器到 SAP

通过与 SAP 合作,IFM 找到了一条实现直接"从传感器到 SAP"连接的简

单方法：来自机器的数据无需复杂的安装就可以进行记录，并传递给 SAP 对应的模块（见图 3-28）。这意味着目前在机器和商业世界之间有一条简单且经济高效的连接。

其结果是建立机器和被加工产品的一致性和透明性。对生产状态的了解有助于每天工作的开展。对 Excel 表格的依赖以及数据之间的不一致性已经成为过去。传感器和 SAP 之间的连接是步入未来的一步，它让工业 4.0 成为现实。

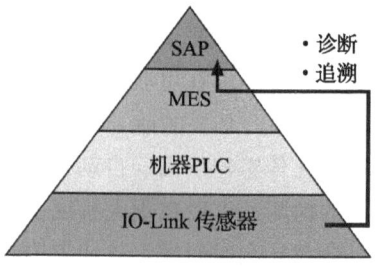

图 3-28　IFM 实现了直接从传感器向 SAP 的连接

3. 自动化和 IT 世界走到了一起

诸如"工业 4.0"和"物联网"的这一类关键词清楚地表明：关于机器和 IT 世界的连接，有很明确的需要采取行动的需求。SAP 与 IFM 之间的合作成果是一个软件产品：LR Agent CP，它可以直接从控制器或传感器将信息传递给 SAP。来自 IFM 的"LR Agent"与 SAP PCo——工厂连接（Plant Connection）加起来构成了互联端口（Connectivity Port，CP）。这个虚拟插件产生的信息不仅能在 SAP 中被使用和过滤，也能使用于运行在 Linux 或 Windows 设备上的工控机（Industrial Personal Computer，IPC）中，这样就不需要将所有的数据都通过网络传送出去。挑战在于，如果需要的话，所有的数据都可以被采集到，但并不是总要把所有的数据都通过网络传输出去。因此每年 30TB 的数据量会被减少到每年 300MB。在这种情况下，IFM 开发了 LR SmartObserver，以对数据进行过滤。从长期的角度来看，是将关键的对管理来说重要的数据区分出来；从短期的角度来看，是把对设备操作人员重要的数据区分出来。在这里，一个很重要的进行区分的前提条件是易于用户修改。否则，在车间层增加一个传感器或在管理层增加一条对新数据的需求，都会增加编程的复杂性，实现的代价和最开始的设备连接一样昂贵。除此之外，SmartObserver 可以直接在机器的仪表板上显示所有的测量值，其配置与其 Web 界面就像智能手机世界中的一样简单，易于上手。

4. 简单和低成本的设备制造中的工业 4.0

LR Agent CP、LR SmartObserver 和 IPC 构成了在设备和软件之间建立连接的简单和低成本的解决方案。由于 Agent 已经与许多控制器集成，因此只需要配置与控制器的连接即可。

在为工业 4.0 提供机器设备的大背景中，已经考虑了很多给客户提供方便的设备连接和通过软件给客户带来增值的手段。如果设备配有 LR Agent CP，那么它可以为企业带来真实的增值：为客户带来与 SAP 系统的连接，从而不再需要客户进行特定的编程，设备本身已经"准备好 SAP"了。与此同时，IPC 可以为使用设备的用户编写额外的应用，例如通过 LR SmartObserver 实现能源与状况监控。

如图 3-29 所示，IFM 的案例证明了，通过 SAP 工厂连接，可具备与基于 SAP HANA(High-Performance Analytic Applicance) 的 SAP 制造集成和智能（MII）、SAP 制造执行（ME）、SAP 扩展的仓库管理（EWM）、SAP ERP 连接的能力，SAP 的客户可以在单一平台上，变成生产控制、生产运营和业务运营管理一体化的实时企业。

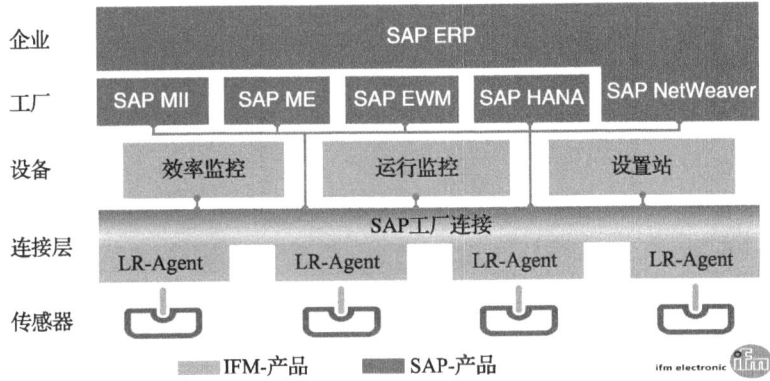

图 3-29　基于 SAP 工厂连接的生产控制、生产运营和业务运营管理一体化的实时企业

第 4 章 Chapter 4

工业 4.0 时代下制造业价值网络的数字化转型

大量的业内案例告诉我们，数字化转型是提高生产率，从整体上带动、实现价值创造的关键杠杆。要取得数字化转型的成功，仅仅将目光关注在企业内部是远远不够的，需要将眼光扩展到上游和下游的网络身上。也就是在所谓的"价值网络"上，通过与合作伙伴、客户的密切合作，为提高企业绩效提供巨大潜力。这一点与工业 4.0 强调的通过水平集成开发跨公司的价值链、网络，以及跨越产品、相关制造系统的整个价值链的数字化端到端的开发观点是高度一致的。

如本书前言所述，来自工业 4.0 的推动是本轮数字化转型最重要的动力。本章主要介绍数字化转型的基本概念，并对数字化转型带来的三种重塑机会（重塑商业模型、重塑业务流程和重塑工作）进行了详细的介绍。接下来，再介绍制造行业以重塑业务流程和商业模式为代表的数字化转型。最后，还以 DHL 为例，介绍这家全球物流供应商在公路运输和相关领域的数字化转型。

4.1 数字化转型的基本概念

按照 2011 年美国麻省理工斯隆管理学院和凯捷咨询联合发布的研究报告，数字化转型（Digital Transformation，DT）是指使用数字化技术从根本上提高企业的绩效或提高企业绩效可以达到的高度。但事实上，数字化转型是一个不断发展的概念。在半个多世纪之前，数字化的概念就已经出现了。1957 年，数字设备公司（Digital Equipment Corporation，DEC）就已经成立。按照维基百科的定义，狭义的数字化转型指的是"无纸化（Going Paperless）"。从广义上讲，数字化转型既会影响到个人，如每个人的数字化竞争力（获取、理解、处理数字化信息和使用数字化设备的能力），也会影响到社会的各个行业和分支，如政府、大众传媒、艺术、医药和科学。在今天，数字化转型特指那些可以用来在某一领域里实现新的创新和创造的数字化技术，而不是简单地通过数字化增强和支持的传统技术。

在前面提到的研究报告中，通过对 50 家大型传统企业的 157 名高管的调查，得出了以下几点结论：

- 不同的企业都面临来自客户、员工和竞争对手的压力，因此纷纷开始加快数字化转型的进程。但是，不同的企业迈向数字化的步伐不同，结果也不一样。
- 成功的数字化转型不只是应用了新的技术，而是利用了新技术提供的潜力，对组织进行转型。数字化转型的主要动力来自对客户体验、运营流程、合作伙伴协同和商业模式的重新设想与塑造。企业需要改变旧的运作方式，重新定义功能之间如何交互，并推动企业边界的演进。
- 成功的数字化转型不可能是自底向上发生的，它必须是自上而下推动的。
- 企业应该关注"如何"而不是"什么"。最成功的转型来自于对变更细节的关注。一个激动人心的转型愿景，加上相关的工作、治理和 KPI，可以让企业里的所有员工找到新的"什么"来满足和扩展转型的愿景。
- 成功的数字化转型不是靠创立一个新的组织就可以实现的，而是需要对目前的组织进行重塑，用新的方式来使用已经存在的有价值的战略资产。

根据研究和实践，可以将数字化转型划分为四个领域，即客户体验、运营流程、合作伙伴协同和业务模型。在每个领域里，分别有三个方向。这样就一共就有 12 个进行数字化转型的领域，构成了数字化转型的各种可能（见图 4-1）。当然，随着技术和实践的发展，将会有更多的数字化转型领域出现。

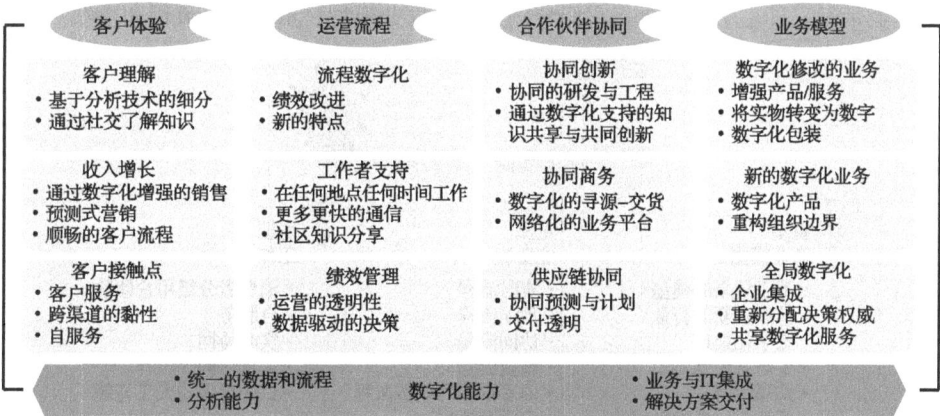

图 4-1　数字化转型的 12 大领域

4.2 数字化转型带来的三种重塑机会

从历史上来看，数字化技术的出现为企业带来了变革和转型的机会。在前两次数字化转型的浪潮中，第一波浪潮来自电子商务与媒体领域，主要通过流程自动化、用 B2B2C 来消除渠道中介、将媒体与用户生成的内容进行数字化等手段来实现数字化的转型。第二波浪潮则来自商业与社交网络领域，主要通过 B2B、自动咨询系统和 C2B 等技术手段来实现数字化转型的目标。2015 年左右进入第三波浪潮，也就是数字经济时代。在这个时代里，数字化转型的力度更强更大，各行各业对新的行业结构进行重建，包括流程与价值的再设计、新的 B2C/B2B 商业模型，如图 4-2 所示。

图 4-2 颠覆性数字化变革的浪潮，每一轮的速度都在加快

在新的数字经济时代，通过数字化转型，将为企业提供近乎无限的机遇。在一个互联的世界里，每一家公司都变成了技术公司，智能的制造、产品和服务重新定义了企业的核心业务，融合了不同行业的分界线。如图 4-3 所示，数字化转型可以为企业带来三种重塑的机会，它们分别是重塑商业模型、重塑业务流程和重塑工作。

重塑商业模型
- 基于结果的模型
- 扩展到新的行业
- 数字化渠道
- 生态系统即竞争
- 共享经济
- 产品或服务的数字化

重塑业务流程
- 实时流程
- 预测流程
- 协同流程
- 精益流程
- 内容丰富的业务流程
- 自学习流程

重塑工作
- 消费者分级用户体验
- 自服务
- 实时协同
- 人机协同
- 认知世界与人工智能

图 4-3 数字化转型为客户和利益相关者提供了新的价值定位

4.2.1 重塑商业模型

大多数企业只有在竞争对手或新进入者改变了游戏规则的时候才会改变自己的业务模型，这种情况是不可避免的。

在这里，我们特别选择了六种业务模型做详细的介绍。

1. 基于结果的模型

所谓基于结果的模型（Outcome Based Business Model）是企业从销售产品转向交付可衡量的业务结果，其特点是：

- 提供新的服务种类，可以帮助客户快速获得价值、降低总体拥有成本（Total Cost of Ownership，TCO）和按照期望进行交付。
- 按照产出对客户进行收费，而不是按照传统方式，以产品或服务来进行收费（例如冲洗设备制造商按照冲洗店冲洗出来的照片收费，而不是按照冲洗设备收费）。
- 其特点是机器和产品都是互联的，可以进行远程管理和收费。

下面是业内的几个例子。

美国的农业企业孟山都（Monsanto）收购了一家卫星公司，可以扫描农场土地，采集关于土壤成分、湿度、温度和其他相关的有价值信息。通过他们所掌握的关于农场和作物管理的科学知识，孟山都可以帮助农场主制定正确的决策，提高10%~20%的农作物产量。这一新的价值定位会影响整个农业的业务，给竞争对手带来明显的压力。

日本的工程机械企业小松（Komatsu）针对大型的采矿业客户，改变了其商业模式。这家公司开始按照客户开采量的吨数来收费。采矿设备的所有权属于小松自己，通过卫星与小松进行数字连接，并进行远程设备监控。小松还通过预测工具来帮助客户进行设备的维护和保养，确保设备随时可以为矿山使用。矿业企业很喜欢这种商业模式，因为它可以帮助企业降低资本支出，并理顺了生产和成本开销之间的关系。小松希望通过这种技术来获得更多的利润，加强风险管理，并维系客户的忠诚度。

英国的罗尔斯·罗伊斯航空发动机公司（Rolls Royce）除了传统的销售飞机发动机业务之外，还提出了一种新的商业模式，就是按照飞行时间向航空公司收费，与此同时罗尔斯·罗伊斯负责对发动机进行保养和维修。在这里，罗尔斯·罗伊斯的利润来自其一流的工程技术，降低发动机的总体拥有成本，并提高发动机的可靠性。罗尔斯·罗伊斯在发动机上安装了传感器，用来搜集发动机数据，以进行预测性维护和改进产品设计。通过战略性地使用大数据解决方案，可以帮助工程师们进行发动机诊断并给出修理建议,也能帮助罗尔斯·罗伊斯更好地管理配件。

综上所述,无论是孟山都,还是小松或罗尔斯·罗伊斯,如果要转向这种新的商业模式,它们需要:

- 给客户提供一套复杂的报价模型,这背后是对产出的清晰定义和所创造的价值的准确评估。
- 建立基于云的架构来搜集传感器数据,并编制预测和优化算法,建立反馈循环,将获得的结果用于产品和服务。
- 在订单到现金、财务会计和风险管理流程上进行创新,适应基于结果的模型的要求。
- 建立一个平台来管理新的流程和数据流,以轻松地部署客户不同级别的应用,扩展核心功能。

2. 扩展到新的行业

所谓扩展到新的行业(Expand to New Industries)是指企业从原来所从事的行业扩展到其他行业。典型的情况是这种扩展是基于自然吻合的规律的,并且企业有能力在其他行业的市场中驱动颠覆性的创新。常见的例子包括电信企业扩展到医疗和零售、技术公司通过产品的数字化(图书、音乐等)扩张到新的行业、新的企业(天生具有数字化背景)进入传统行业并改变原有的秩序(如 Uber、Airbnb)。

下面是业内的几个例子。

意大利国家电力公司(Enel)管理着超过 200 万公里长度的电力传输电缆。通过在现有电力基础设施的基础上增加光纤传输,Enel 可以对外提供高速的通信基础设施,支持不断增长的互联网流量的需求(视频、物联网等)。由于这些设施本来就存在,Enel 可以用非常低的成本提供通信带宽。

谷歌(Google)凭借其搜索引擎而闻名于世。但随着时间的推移,谷歌已经将业务扩展到了很多其他的行业,例如 Google Nest 扩展到了家庭自动化行业、Youtube 成为电视频道的大竞争对手、自动驾驶正在成为汽车工业的革命性技术、谷歌的机器人和人工智能技术可能会改变许多行业的格局(军工供应商、智能家居、物流供应商,甚至围棋等)。

亚马逊(Amazon)在过去的许多年里已经证明了自己在很多行业里的颠覆性成功(图书、音乐、零售等)。通过亚马逊云服务(Amazon Web Service,AWS),亚马逊正在运用自己的技术平台,通过弹性的云交付能力改变 IT 行业。由 AWS

开拓的市场已经成为一个有数十亿美元规模的市场，其盈利水平和发展空间都很吸引人。

对于想要扩展到新的行业的企业来说，它们需要：
- 实施新行业的解决方案，并在其内核上进行扩展（订单到现金、供应链等）。
- 吸引新的人才来服务于新的行业。
- 打造新的合作伙伴来服务客户。
- 重新思考后台的业务流程，如收入模型、计划、预算等，以适应新的行业需要。

3. 数字化渠道

所谓的数字化渠道（Digital Channel & Business Platform）是指企业可以：
- 成为其他合作伙伴销售产品或服务的渠道。
- 给消费者和企业提供进行信息交换、产品与服务销售的平台。
- 这种模式的成功取决于是否可以利用好"网络效应"。

下面是业内的几个例子。

美国的运动装备企业安德玛（Under Armor）通过收购健康 APP 公司 Endomondo 和食品跟踪 APP 公司 MyFitnessPal，成功地进入运动社交社区领域。现在安德玛的这个社区有 1.4 亿用户，其规模还在快速发展，并且已经成为安德玛的差异化竞争力。首先，社区可以开放给很多其他的公司进行广告宣传和产品销售。其次，通过连接嵌入在安德玛产品中的传感器，可以给社区成员提供实时的状况，甚至包括健康和饮食习惯，从而可以有针对性地开展市场营销活动，以创造更多的商机。

"脸书"（Facebook）是一个美国的社交网站，便于人们与家人、朋友在线上进行连接和内容分享。人们使用 Facebook 是为了与朋友进行接触、上传照片、分享链接和交换其他信息。Facebook 是一个平台，它聚集了一批基于共同的兴趣形成的社区。Facebook 还提供了一个商业化的平台，可以发布广告，进行产品促销。

Powershop 是新西兰的一家电力零售电商，它可以让消费者在网站上对列出的不同电力品牌进行选择。用户只需要用鼠标单击一下，就可以在这些品牌之间进行切换。用户也可以让系统自动地从最便宜的电力供应商中进行选择，或者定期登录查看是否有特别的促销活动。

为了从数字化渠道和业务平台中抽取出价值，企业需要：
- 有一个强健的核心软件系统来管理商业网络，同时跨越不同的设备，给客户提供不同层次的体验。

- 具备大数据分析的能力,能揭示正在发生的趋势,并提供实时的可行动的智能。
- 具有强壮、灵活的订单管理系统,以及流畅的开票和付款机制。
- 领先于目前水平的网络安全标准,以确保数据和信息的安全。

4. 生态系统即竞争

所谓的生态系统即竞争(Compete as an Ecosystem),是指企业利用其他企业的知识、资产、数据和市场准入来提高自己对当前客户和新客户的价值定位。这么做的好处有两点。首先是可以将关注集中在核心竞争力上,并借助生态系统扩展自身的能力。其次,可以将非核心的业务外包出去,给那些在这些领域里具有专家水平的、可以高质量、低成本做同样工作的企业。

下面是业内的几个例子。

美国的电动车生产商特斯拉(Tesla)与Mobileys进行合作,推出了无人驾驶汽车。通过使用复杂的视觉算法,Mobileye的碰撞避免技术可以实时地对驾驶场景进行"解读",并根据分析结果立即给驾驶员提供评价。汽车厂家现在正在采用这项技术,用以丰富汽车上称为高级驾驶员辅助系统(Advanced Driver Assistance Systems,ADAS)的安全应用。

美国的咖啡连锁店星巴克(Starbucks)通过全美7000家门店和1000万会员的"我的星巴克"奖励会员忠诚度计划,与Spotify的超过6000万用户联系在一起,提供一流的音乐生态系统,建立起持续多年的联系。这种互联可以让星巴克的MSR会员在Spotify上访问星巴克音乐,从而有能力影响店内播放音乐的曲目,并提供赚取"星货币(Stars as Currency)"的机会。

日本电信企业docomo建立了dmenu门户,涵盖媒体内容、个人云、服饰、旅行、导航、本地信息、基于近场通信(Near Field Communication,NFC)的钱包和信息服务、信用卡、基于网络运营商计费的付费、翻译应用、健康服务,甚至还包括交货服务。截至目前,该门户已经有2000万月付用户和3000家内容提供商。

企业如果要迈向"生态系统即竞争"的商业模式,就需要:
- 与新的商业伙伴进行实时协同。
- 具备强壮、透明的质量标准,确保产品和服务的质量。
- 雇佣新的人才管理不同类型的合作伙伴——供应链合作伙伴、收入共享合作伙伴、外包合作伙伴、市场合作伙伴等。
- 新的会计模型和财务能力,能有效地管理新业务的收入模型。

5. 共享经济

所谓的共享经济（Sharing Economy），是指基于对等的方式共享对商品和服务的使用（通过社区共享的在线服务进行协调）。对于企业来说，并不需要拥有资产，但是可以通过数字化平台进行访问和汇集。为了实现这一点，企业需要建立一种环境或平台，让其他的参与方来提供服务。共享经济包括由不同的人或组织分享的商品和服务创建、生产、分配、贸易、消费等不同方式。

下面是业内的几个例子。

全球即时用车软件优步（Uber）重新定义了运输和物流服务。它的司机数量已经超过了UPS，在全球飞速地扩张。优步只有很少的物理资产。从招募一位驾驶人员到产生销售收入之间的时间可以不到24小时。优步现在希望将其服务从出租车业务扩展到食品快递、自驾车辆等。

旅行房屋租赁社区（Airbnb）正在成为全球最大的提供住宿的公司，但它不拥有任何资产。它在190个国家和地区提供2.4万多处公寓、城堡或别墅等物业。Airbnb在其网站上已经有6000万客户和超过200万套住所。

LendingClub是在美国上市的P2P平台借贷公司。它运行着一个在线的借贷平台，可以让借款人获得贷款。如果借款出现坏账，损失将由投资人自己承担，但如果是借款欺诈，则由LendingClub负责回购。截至2015年年中，该平台已经促成了111亿美元的贷款。

企业如果希望从事这种共享经济业务，就需要：
- 建立可扩展、敏捷的云及APP架构，支持获取新的提供商和用户，并帮助交易顺利地完成。
- 建立一个强健的合规架构，加强对本地法规的遵守，以避免在进行全球扩张的时候造成风险。
- 触摸不到的订单到现金管理系统（意指使用者几乎感觉不到）。
- 强大的后台系统以支持自动化的开票、收入共享和在利益相关者之间进行付款。

6. 产品或服务的数字化

所谓的产品或服务的数字化（Digitalization of Product & Service），是指企业与其为了销售物理产品而在制造、物流、仓储等方面耗费成本，还不如：
- 对整个产品进行数字化（书籍、报纸、音乐、视频等）。
- 打造产品的数字化DNA，使用创新的技术（如3D打印），在需要的时间和地点生产出物理产品。

- 提供无限的产品、服务的目录和出众的服务水平。

下面是业内的几个例子。

美国的苹果（Apple）公司是物理资产（音乐、视频、图书、游戏等）数字化的领导者。iWatch 被人们赋予期望，希望能为其他很多行业（健康、保健等）带来一场革命。苹果以数字化的格式交付大多数的软件和客户服务。通过这种方式，苹果获得了高利润和可伸缩的商业模式。现在，苹果又通过 ApplePay 来对货币进行数字化的变革。

美国的物流企业 UPS 通过收购，获得了一项 3D 打印的业务。在这项业务里，UPS 不运输产品，而是使用数字化的产品信息来加快关键设备配件的制造和交付。UPS 没有等着这个行业被颠覆，而是在领导这场变革。

荷兰的建筑公司 Heymans 使用 3D 打印技术在阿姆斯特丹打印出了第一座桥，它期望在未来能够用一种更便宜的方法来建造和维护公共设施。作为建筑的一种手段，3D 打印在已经非常拥挤的城市里是一种对日常生活影响较小的建筑方法，并且也符合可持续性发展的特点，原因是 3D 打印采用的增量式制造（Additive Manufacturing）使用的材料与传统的减量式制造（Subtractive Manufacturing）相比要更少。

为了实现产品和服务的数字化，企业需要：
- 建立云的基础架构，实现可伸缩性和敏捷性。
- 提供超过网络安全标准的安全水平，以确保数字化防盗。
- 3D 可视化和打印技术。
- 获取新的人才进行开发、营销和销售新的数字化产品与服务。

4.2.2　重塑业务流程

与传统的做法不同，在数字化转型当中，常常是通过在一个平台上把分析数据和交易数据实时地融合在一起，以推动业务流程发生前所未有的改变。

在这里，我们特别选择了六种业务流程做详细的介绍。

1. 实时流程

实时流程可以在高强度运行大量交易的同时对业务进行优化，其特点是：
- 企业可以对整条供应链有实时的了解和掌握（例如库存水平、运输提前期等）。
- 通过相互连接的供应链和财务系统进行实时的利润分析。
- 对个体用户的个性化提供实时的、基于上下文的数据。
- 在同一个平台上进行交易和分析，实现实时的交易分析。

- 在一秒钟之内对海量的数据进行内存计算和处理。

下面是业内的几个例子。

美国的摩托车制造商哈雷·戴维森（Harley Davison）通过使用 SAP 的互联制造解决方案，实现了对产品需求的感知和生产现场物联网数据的集成，将其生产的 25% 的个性化定制摩托车的交货提前期从 21 天缩短到了只有 6 个小时。

德国啤酒厂商 Weissbeerger 通过互联酒吧解决方案，给啤酒商和酒吧提供了一个实时理解市场的手段，以优化酒类的定价和库存管理，以及最重要的是，创造了一个针对消费者个人的体验。通过在啤酒瓶盖上安装传感器并联网，提供啤酒的售罄、质量数据等方面的信息。

德国的港口汉堡港（Hamburg Port Authority）能够优化货物流，将交通拥堵程度降低到最小，并缩短驾驶员的等待时间——这些都是通过创新的互联物流解决方案的设计，将业务网络与位于港口的公司、合作伙伴和客户紧密地连接起来取得的。其结果是汉堡港提高了 187% 的货物吞吐能力。

业内普遍认为，通过建立实时的流程，可以为企业带来：
- 缩短 50%～90% 的业务流程处理时间。
- 提高 20%～30% 的资产使用率。
- 通过对客户更好的洞察，提高 2%～10% 的销售收入。
- 提高 10%～15% 的利润率。
- 更快地关账，进行实时的风险分析，优化供应链。

2. 预测流程

预测流程与交易系统集成起来，可以帮助企业做出智能的决策，其特点是：
- 企业使用来自传感器、社交、天气等数据，推动智能的设备启动业务流程，不需要或很少需要人的干预。
- 客户的需求信号被获取和分析，用于实时营销。
- 企业能够从被动响应转为主动的预测行动（例如对资源和库存自动地进行调配）。
- 完美的洞察 + 完美的交易 = 完美的业务。

下面是业内的几个例子包括。

德国的凯撒（Kaeser）压缩机公司使用 SAP 的预测性维护解决方案，对其压缩空气站进行监控，从以销售产品的业务模式转为按照产出收费的业务模式。其结果是实现了主动的资产管理，提高了性能，降低了总体拥有成本。

英国的沃达丰（Vodafone）公司使用 SAP 的 Infinite Insight 软件对预付费客户的流失率进行建模和关联分析与预测。它还使用预测模型来匹配客户和服务包（例如找出那些热衷于冬季运行的客户，确定谁会对那些在山区里更加容易使用的电话产品感兴趣）。

阿根廷首都布宜诺斯艾利斯城（Buenos Aires Ciudad）市政公司管理着超过70万处资产，包括街道和路灯、公园、车站、排水道、建筑和桥梁。通过 SAP 的预测分析解决方案，在 2014 年，该公司可以对这些基础设施发生的问题的 80% 做出响应，这个百分比在 2009 年只有 1%。

业内普遍认为，通过实现预测流程，可以为企业带来：
- 通过将例行性的维修改为预测性维修，可提高资产利用率 20% ~ 30%。
- 通过及时和有针对性的报价，带动市场份额和销售收入增长 2% ~ 10%。
- 通过对气象数据和网络上的潜在问题进行监控，可更加有效地应对灾害。

3. 协同流程

通过协同流程，可以将人力、供应商和商业网络，以一种无缝方式更好地服务客户。常见的协同流程的例子包括：
- 多个员工同时使用来自不同源头的数据进行协同。
- 通过让生态系统实时地协同，消除了流程中不必要的步骤。
- 消除了需要将文件从一个部门移动到另一个部门的情况。

下面是业内的几个例子。

Al-Futtain 汽车集团部署了 Ariba 的采购寻源解决方案，实现了开支透明，鼓励通过在线招标进行竞价，每年节省 1600 万美元。

Dole 食品在其拉丁美洲公司使用 Ariba 的"采购 – 到 – 付款"解决方案，将花在采购订单上的时间从 16 天压缩到只有几个小时。

罗氏（Roche）使用物联网和健康跟踪器来改进糖尿病病人的家庭护理。这一家庭护理套件能够让医生对病人进行远程监控。

业内普遍认为，通过实现协同流程，可以为企业带来：
- 通过更好的来自供应商的价格和可视度的提高，能降低 10% ~ 30% 的采购成本。
- 减少了 50% ~ 90% 的需要手工创建采购订单（Purchase Order，PO）和内部订单（Internal Order，IO）的情况。
- 通过更短的周期和更好的协同，降低产品的设计成本。
- 通过对响应进行快速的审视，便于对销售方进行检查，提高生产率。

4. 精益流程

精益流程（Lean Process）是一种基于流程的系统化管理方法，通过构建层级式和端到端的流程型组织，使组织的战略、绩效、指标体系和 IT 系统与流程相关联，形成系统和动态的管理循环。在这里，精益流程可以通过完全的自动化或显著地减少流程中的步骤，带动业务的优化。常见的手段包括：

- 通过工作流和相互链接的交易系统，实现流程步骤的自动化。
- 通过机器 – 机器的环境，消除掉一些不必要的流程步骤。
- 通过机器来做人的工作。

下面是业内的几个例子。

通过一套数字化解决方案，GAF 可以做到不用人工干预就能将电子发票匹配到目录、采购订单和合同上。这么做的好处包括减少欺诈损失、提高合同价格的合规性以及更低的成本。80% 的维护、维修与运行（Maintenance, Repair and Operations，MRO）过程开始实现自动化。

T-Mobile 使用一个基于云的解决方案 AribaPay 将"采购 – 到 – 付款"的流程数字化。T-Mobile 实现了一个无纸化的流程，让办公室后台业务更加流畅，并通过 AribaPay 实现了对超过 1000 家供应商的 80 亿美元的付款。

Codelco 从传统的采矿模型转向实时的采矿模型——采用高度自动化的流程和远程控制的机器。在智利它有四个矿山，都实现了自动化开采：卡车自动驾驶、操作是远程控制的、信息是实时共享的。

业内普遍认为，通过实现精益流程，可以为企业带来明显的收益，例如：

- 客户通过 Ariba 网络与供应商进行交互，收到数字化电子发票，发票由系统接收或拒绝，直接由付款系统进行付款。
- 应付部门可以将精力集中在例外事件的处理上，减少 50% 的用人规模。
- 通过改进自动化的评分和分配流程，增加销售线索数量。

5. 内容丰富的业务流程

内容丰富的业务流程使用来自多个源头的数据和上下文信息以自动化、优化业务流程，其特点是：

- 这些内容不是从标准的 ERP 系统中获得的，而是需要从外部输入或加载。
- 系统使用开放的 API 来导入内容，让流程变得更加符合上下文、具有相关性。
- 内容来自购买的目录、三维可视化、航空、酒店、第三方等。

下面是业内的几个例子。

SWAROVSKI

对于奥地利的水晶制造商施华洛世奇（Swarovski）来说，传统的营销材料已经不能够展示出水晶产品的多样性和吸引力。通过在 SAP 移动平台上打造水晶收藏应用，从而可以在手机屏幕上将施华洛世奇所有的水晶展品展示在客户的面前。

通过访问和整合来自不同州机构的数据、落地的数据源、社交媒体数据，南非开普敦的警察局和其他紧急服务可以更快、更有效、及时且主动地对威胁和事故做出响应。

EDF 能源通过第三方的数据，如态度数据、生活方式数据和人口学数据，可以更加个性化地给客户提供产品和服务。这有助于 EDF 有效地控制住客户流失，每年增加 3000 万美元的销售额。

业内普遍认为，通过实现内容丰富的业务流程，可以为企业带来：

- 通过交互式的和丰富的客户体验，减少客户流失。
- 大幅降低管理工作量，例如使用 Concur⊖ 自动进行成本报告归档。
- 通过使用三维可视化能力，缩短产品设计周期。
- 将销售线索创建速度提高 40%。
- 通过给客户提供更加相关的报价带来更多的与顾客交谈的机会。

6. 自学习流程

自学习流程通过不断地采集和分析数据，借助机器的能力，将系统变得更加聪明。这一流程可以用在：

- 对客户的行为模式进行分析，自动生成给客户的报价。
- 每季度对员工的工作模式进行识别，对超出例外上限的员工给出下一步的建议。
- 实现新一代的网络安全，可以通过对异常行为的自动报警，辨识出潜在的系统风险，并建议如何中止和处理。

下面是业内的几个例子。

 Google

美国纪念斯隆·凯特琳中心（Memorial Sloan Kettering）的医生和分析师使用一个认知计算解决方案来分析癌症患者的临床信息，借用专家数十年的经验和研究，找出个性化的、基于证据的治疗方案。

⊖ Concur 是 SAP 旗下为企业提供差旅和费用管理解决方案的市场领导者，致力于帮助企业及其员工轻松管理差旅和费用报销。

美国的谷歌将机器学习技术用在建造超级智能服务器群的项目中，以从过往的表现中进行学习，通过分析服务器内外部在任何一个时间点上的空气温度及相关数据，提高它们在未来的能耗表现。

Woodside 的工程师搜集他们在管理液化石油气设施中 30 多年的经验，对机器进行培训，让其"学习"不同的方案。这套系统可以为员工提供建议服务，帮助他们更快地解决问题，改进业务流程和取得更好的运作产出。

业内普遍认为，通过实现自学习流程，可以为企业带来：
- 通过消除流程中不必要的步骤，缩短工作周期。
- 通过自学习的机器对数据进行保护。
- 通过模拟能力和优化决策能力来最大化利润。
- 通过实时地动态定价，提高跟上变化的市场状况和调整产品成本的能力，来帮助企业增加利润。

4.2.3 重塑工作

数字化的技术可以让人们的工作方式发生根本性的变化。今天的人们已经对移动设备产生了越来越高的依赖性。工作中的数字化趋势也开始变得愈发明显，例如：

- 通过将手工的工作数字化，消除不必要的工作（例如发票和付款处理）。
- 通过让员工在任何设备上都能够在正确的时间访问到正确的信息，提高企业的生产率和利润。
- 使用预测和自学习软件，加强机器 – 机器的协作，优化业务决策。
- 使用交互式技术，改善用户体验，包括使用声音识别、可视化和游戏等技术。

事实上，在数字化的时代，人是比机器和技术更加重要的因素。企业如果要想在数字化世界中取得成功，所面临的挑战不是通过简单地使用越来越多的技术就能够解决的。企业必须要把人的因素带动起来——包括消费者、员工和生态环境中的合作伙伴。企业也必须要建立一种新的企业文化，把技术看作一种让人不断地适应和学习、持续地创造新的解决方案、带动变化和打破现状的手段。

自动化设备的应用不仅在制造企业中司空见惯，在服务业中也得到了应用。例如，在新加坡的 Timbre 餐馆，为了节省人力，应对服务员"用工荒"，已经在尝试"自助无人操控飞行托盘"的新技术（见图 4-4）。服务

图 4-4　新加坡的 Timbre 餐馆使用无人机

生只要预先输入桌号，把食物放在托盘上，托盘就会自动飞到客人附近。除了有防撞设置，它还能以卫星导航、红外线等科技交替操作，从而能够快速安全地将重达两千克的食物送到顾客的座位上。

这种智能自动化应用，从表面上看起来只是简单地将人工作业改为机器作业，但是如果仔细研究一下，智能自动化的真正强大之处在于它彻底改变传统工作方式的能力。这些机器所提供的力量和能力（幅度、速度、应对复杂环境的能力）是人类所不能及的，但更重要的是，它们是人类技能的补充。其不断提高的机动性对工作场所来说是一个激励，提高了人类工作的适应性。这些数字化的"工作伙伴（Co-Worker）"可以和人一起，用不同的方式做同样的事情，甚至做不同的事情。

在工业4.0的智能工厂里，从表面上看是机器取代了人的一些工作。但是从本质上看，这是向自组织工厂目标的迈进。机器可以在很大程度上进行自我组织，供应链可以自动地将上下游联系起来，订单可以直接转换为指导生产工艺的制造信息。这些都将帮助企业生产出更加个性化的产品。但是，这一切并不意味着工业4.0的智能工厂里就不需要人了。他们只是改变了角色，从体力劳动者变为关注于编程、监控和设备维护的技术工作者。

智能自动化可以被应用到很多行业以创造新的价值，它具有以下一些能力和特点：

- 自然语言处理（Natural Language Processing，NLP）：金融企业使用NLP对电子通信进行监控，辨识出不同线索之间的关系，加强合规管理，防止欺诈。
- 计算机视觉：执法部门使用计算机视觉技术进行人脸识别，通过数字化图像或视频来进行身份确定或验证。
- 知识表示：医疗供应商使用系统对海量数据进行分析，以获得有用的细节，包括医生姓名、症状数量等，从而确立一种简单明了的方法，找出诊疗效果变化的根本原因。
- 推理和计划：自动的计划和调度，典型的应用是从仓库到零售商店，再到家庭的自治机器人和无人驾驶车辆。

4.2.4 重塑背后的技术创造价值方式的改变

在这三种重塑机会（重塑商业模型、重塑业务流程、重塑工作）的背后，企业利用技术来创造价值的方式正在发生改变（见图4-5）。

在数字经济时代之前，企业利用技术的目的是：通过技术的手段，对某一既定的战略、业务、流程进行标准化实施，从而达到提高和改善效率的目标。在这一时代，虽然也有数字内容，但是无论从深度、广度、流量、内涵上来讲，都不能和数字经济时代相提并论。

图 4-5　在这三种重塑机会的背后,企业利用技术来创造价值的方式正在发生改变

在数字经济时代,正如导读里提到的那样,由于人、物、企业之间的高度互联和智能化,数字成为控制物理世界的虚拟世界中的"血液"。在这一时代,标准化已经不再是人们关注的重点。在数字的海洋和世界中,人们关注的是如何通过简化和创新来获取企业的竞争优势。

在这一过程中,企业取得成功的战略也在发生改变。在数字经济时代的早期,流行的是以摩尔定律为代表的规模经济,即通过最大规模的基础设施,提高购买议价能力和影响力,从而实现成本优势。到后来,以集成的创新战略为代表的范围经济开始占据主导地位。

所谓范围经济(Economies of scope),是指由厂商的范围而非规模带来的经济,即,当同时生产两种产品的费用低于分别生产每种产品所需成本的总和时,所存在的状况就被称为范围经济。只要把两种或更多的产品合并在一起生产比分开生产的成本要低,就会存在范围经济,常用的手段包括通过产品模块化和垂直集成,来实现成本与价值优势。

近年来,数字化转型的价值诉求开始转向以梅特卡夫定律为代表的网络效应,即通过专有的生态系统和标准的覆盖规模,提高收益和创造价值。图 4-6 中的苹果公司就综合了上述三种战略,在智能手机市场取得了空前的成功。这些趋势对于广大的制造企业来说,值得深思和借鉴。

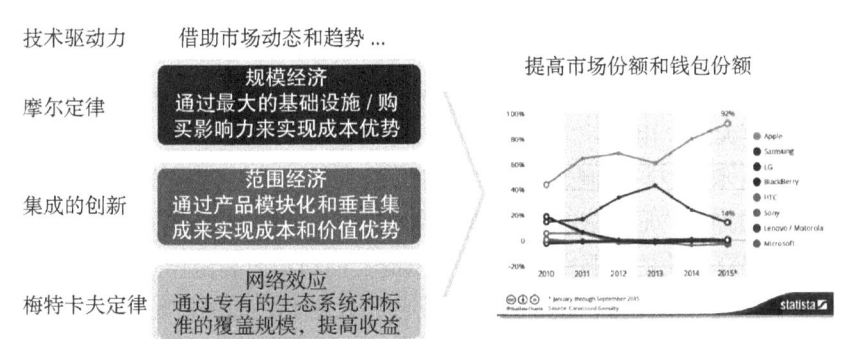

图 4-6　"赢者通吃"——新技术驱动下的市场力量

4.3 以重塑业务流程为代表的制造业数字化转型

4.3.1 工业 4.0 为制造业的数字化转型提供了数字化创新机遇

多年以来,制造业无论是在迎接数字化技术的到来,还是在用数字化技术影响行业价值链和运作模型方面一直比较被动。尽管有一些制造企业已经从数字化转型中取得了快速的进步,但是这一比例在庞大的制造业企业数量中仍然较小。如图 4-7 所示,以美国的制造业为例,在工业 3.0 兴起了 30 年之后,制造企业在生产率的年增长率指标上遇到了进一步提高的瓶颈。换句话说,工业 3.0 时代的"红利"在进入 2010 年之后已经被"释放"殆尽,由此带来了新一轮的数字化转型的业务驱动力。这些驱动力主要还是来自企业一直面对的改进领域,包括改善成本效益、以客户为中心、提高生产率和加快上市速度。

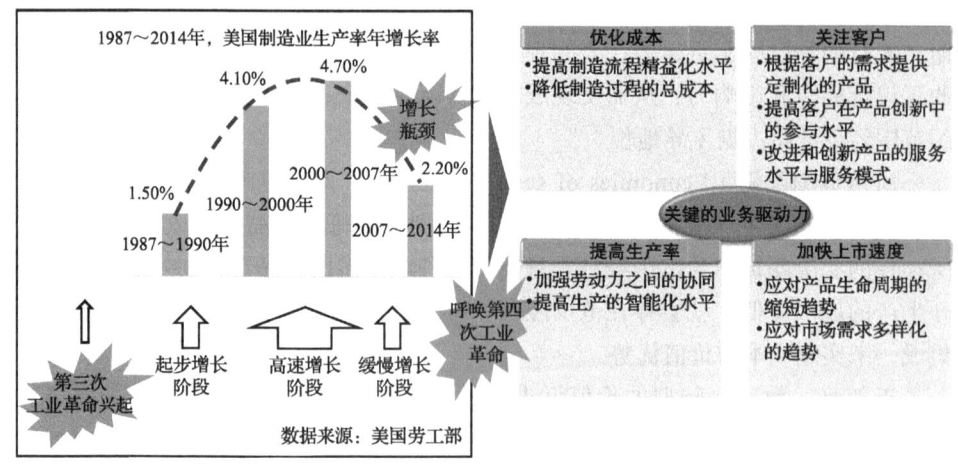

图 4-7 在工业 3.0 兴起了 30 年之后,美国制造企业在业务增长和改进上普遍遇到了瓶颈,由此带来了新的一轮数字化转型的业务驱动力

无疑,数字化转型或数字化创新对于提供上图中的关键的业务驱动力和创造新的价值方面起到了至关重要的作用。特别是在工业 4.0 的背景下,数字化技术将会发挥到更大的作用。

数字化技术可以帮助制造企业快速地交换大量的数据,对数据进行集中式的几乎无限制的存储,通过嵌入在软件中的"数字化的专家知识"来加强流程,从大数据中获得有价值的"洞察",并在价值链上推动沟通和协作。在工业 4.0 的背景下,数字化技术不仅可以实现产品、设备和人三者之间的广泛互联,还可以通过水平集成和垂直集成,将原有的以集中式控制为基本结构的金字塔式的企业应用软件分层架构,转变为以分布式控制为基本结构的基于云端的企业制造服务架构。这些新的数字化的能力，将原有的对应到集中式控制的线形传统价值链，转变为集成的价值环，以在每个环节实现数字化的创新和改进，并带来更为紧密的集成、自动化和内部运营的加速，如图4-8所示。

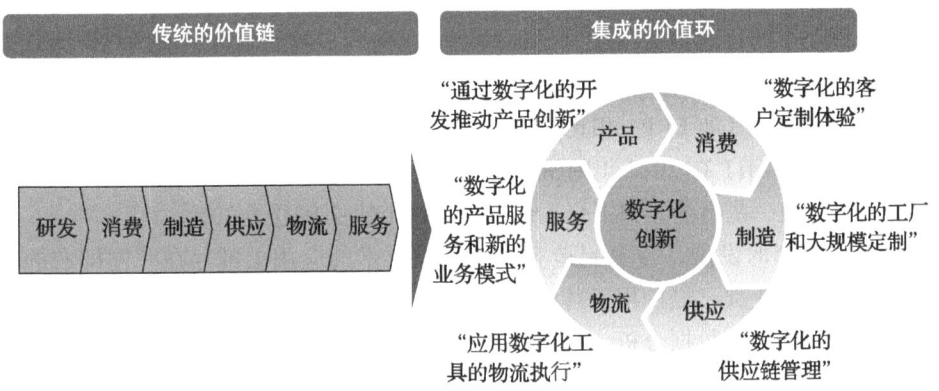

图4-8　工业4.0为制造业的数字化转型提供了数字化创新机遇

4.3.2　目前的制造业对于数字化技术的应用存在不足

在数字化技术的冲击下，即便是在制造行业里，不同的子行业的数字化成熟度，以及数字化功能的覆盖度也是不同的（见图4-9）。在不同的子行业中，企业需要关注价值环上不同的环节。例如，对于偏向B2B的子行业，如装备制造业和航空业，无疑更加关注研发、制造和供应。而汽车和高科技则还会关注销售领域的创新。

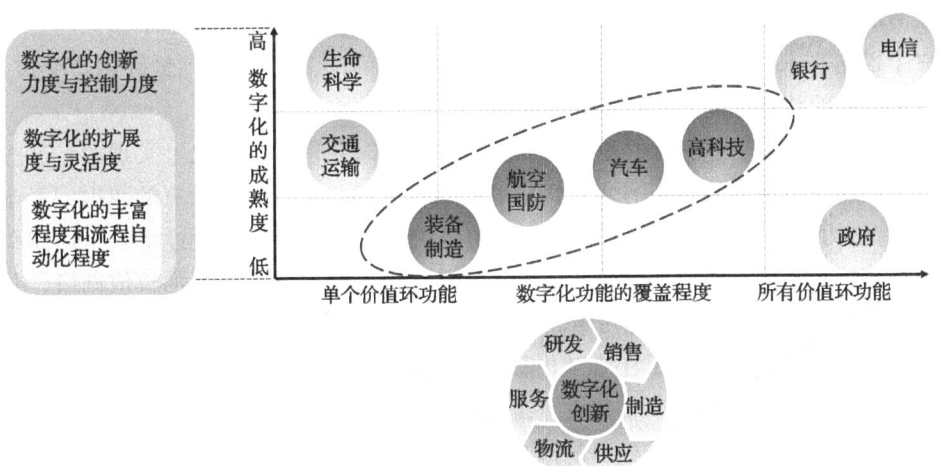

图4-9　在不同的制造业中，数字化的成熟度和数字化功能的覆盖程度是不同的

制造企业一直以来都是一些信息技术的早期使用者，如 ERP 和生产计划系统。除此之外，制造企业还常常购买和使用与物流相关的系统，如仓储管理，以及与机器设备相关的系统，如 CNC 或 DNC 软件。但是，制造企业常常面临的挑战是，大多数这些项目或系统都是以孤岛形式被实施的。在不同的时间，针对不同的流程被不同程度地数字化，导致的结果就是大多数的制造企业没有在运营流程上获得完整集成的信息流。

与传统技术（如 ERP）相比，制造企业在采用较新的数字化技术的步伐上相对较慢。根据 MIT 在 2012 年的研究，只有 12% 的制造企业在真正利用数字化技术。而在其他一些行业，如银行、保险等，这个比例超过了 30%。

经过多年的发展，很多制造企业在信息技术的应用上都存在非左即右的情况。大多数企业都已经使用了传统的信息技术，但是在最新的信息技术的应用上却裹足不前，如大数据分析、实时订单确认、Web-EDI 等。同时，企业由于在不同的领域或部门使用的信息技术深浅不一，有的时候反而会在互联上造成更加巨大的鸿沟。数字化技术被认为是可以帮助制造企业消除这些鸿沟的重要手段。一些研究和实践表明，通过应用数字化技术，制造企业可以在节省资产成本、人力成本等方面取得降低 30% 成本的效果。

数字化技术能够帮助制造企业在制造运营过程中实现卓越。但是，这需要一套结构化的方法、技术和步骤。工业 4.0 时代的到来，为制造业的数字化转型提供了新的机会。

4.3.3　工业 4.0 对制造企业价值链的重构

工业 4.0 代表的是第四次工业革命，它意味着人们在一个新的水平上对产品生命周期的整个价值链进行组织和控制。它的整个业务循环是基于不断提高的客户个性化需求，覆盖了从概念、设计、订单生成和执行、产品到最终用户交付，直至回收的整个过程，以及相关的服务。

工业 4.0 是基于所有的相关信息都可以在实时获得的基础之上实现的。这些数据是将价值链涉及的所有实物进行联网后搜集而得的。根据已有的数据，工业 4.0 有能力在每一个时间点上做出对价值链而言的优化决策。通过将人、物体和系统相连接，进行实时的优化和自组织，从而可以建立针对企业的价值网络，并根据成本、交货能力和资源使用等条件进行优化。

为了实现这一转变，工业 4.0 需要对原有的生产结构和组织形式进行改变。上面提到的水平集成、垂直集成、端到端的开发、员工 2.0 等，就是从不同的维度，对现有的流程和模式做出的改变（见图 4-10）。在本书的第三篇里，将会对制造行业在产品、营销、制造、供应、物流、服务领域的在工业 4.0 下的数字化转型，结合 SAP 的解决方案，进行详细的介绍。

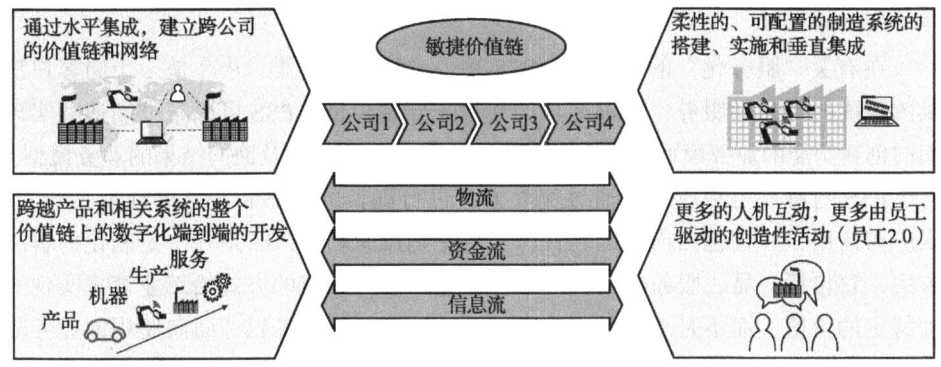

图 4-10　从实现工业 4.0 的角度，制造企业必须要实现四大核心特征——水平集成、垂直集成、端到端的开发、员工 2.0

4.4　以重塑商业模式为代表的制造业数字化转型

在以重塑商业模式为代表的制造业数字化转型中，最具有代表性和潜力的，就是智能服务，它也是德国工业 4.0 特别强调和重视的领域。所谓的"智能服务"，简单地说，就是一种"为单个人 / 单个企业配置的产品和服务的捆绑"（Individually Configured Bundles of Products and Services）。

现今，"不断增加的数字化连接"和"虚拟世界与真实世界的融合"已经变成了当前社会和经济的主要议程。人们认为，工业与信息技术的融合（Convergence of Industry and IT）已经不可避免，数字化技术是转变经济每一个方面的关键创新。智能服务对于消费者来说具有太大的吸引力，其影响是如此深远，其带来的质量和资源效率也是如此之大，因此，我们必须要拥抱智能服务。

4.4.1　智能服务的前身——产品服务系统

智能服务的提出最早可以追溯到工业产品服务系统（Industrial Product-Service System，IPSS）或产品服务系统（Product-Service System，PSS）。PSS 的出现也是前面谈到的客户定制化需求意识的另外一种表现。有些时候，客户对所获得产品的功能或能力更加感兴趣，而非直接采购或拥有产品。如果能够在客户获得产品的功能或能力方面取得提高，对于制造商和客户来说都会从中获益。在这一背景下，制造商可以通过在报价中提供服务来增加自身的价值，这一转变被定义为一个通用的名词——"服务化"（servitization）。做出这种转变的必要原因是，无论是客户对缺乏吸引力的产品的需求，还是制造商销售这些产品获得的利润，两者都在下降。在工业领域，提供服务的主要优点是可以在长期的关系中锁定这些客户，通过让制造商来承担产品使用过程中的风险和不确定性，为客户提供足够的信心。这种做法有很多类似的名称，例如"功能销售""集成的解决方案"

或"软产品"等。

在有关"服务化"的实践中，PSS 是一个特殊的种类。PSS 是一个向客户提供的集成的产品和服务，通过客户的使用来实现价值。PSS 可以帮助制造商实现面向创新功能的业务模型、面向可获得性的业务模型，以及面向结果的业务模型。

PSS 的特点是集成的、通过交互方式进行确认的产品和服务的计划、开发、供应与使用，并且包括内置的软件。换一个角度来看，PSS 是一个定制化的解决方案，它包括产品、服务和内置的软件，并以一种集成的方式给工业客户实现一种特定的价值，而不是单纯的功能。因此，PSS 的目标是以"面向使用的业务战略"来取代"以产品为中心的业务战略"。因此，对于 PSS 的物理或非物理的组件，都需要考虑彼此之间的相关性，要一起进行计划、开发和运行。

最早的 PSS 实践案例甚至可以追溯到第一次工业革命，也就是由瓦特在 1775 年发明的蒸汽机。除了销售蒸汽机之外，瓦特还免费进行蒸汽机的安装和维护，并且从客户下一年比上一年通过蒸汽机节省的费用中获取利润。要知道，对于效率低的蒸汽机，其燃煤消耗量非常高，这直接带动了成本的上扬。

而在研究文献中，向产品 - 服务集成模式迁移的研究是由 Vandermerwe 和 Rada 在 1988 年提出的制造业的服务化（Servitization of Manufacturing）所引发的。他们两人将"服务化"的概念描述为"以客户为中心的商品、服务、支持、自服务、知识的捆绑"。在接下来的二十年里，有关制造商向服务商转型的研究得到了大量的重视，从而出现了很多类似的概念和实践。

4.4.2　以 IPSS 为代表的面向使用或结果的制造业商业模式

随着技术设施的发展，产品变得更加智能化。制造商通过友好的物理界面和软件界面的有效结合，不断地向产品中加入面向客户的交互功能。一个智能的产品通常会专注于某一特定类型的数据处理与功能，它的使用过程通常是交互式的。其易于使用的特性和对消费者的吸引力是基于对用户的理解，以及将用户纳入设计流程的结果，包括工业设计和软件设计。智能产品内在的技术能力为扩展产品的核心价值、挖掘潜在商机打开了一道门。也就是说，它可以为企业带来潜在的业务收入。这一目标的实现是通过在产品的核心外建立一层服务框架（Service Framework）来实现的——我们通常将它比喻为"服务业务的冰山模型"（见图 4-11）。

这里的服务需要关于产品使用的知识，并将产品使用的数据转换为相关的信息，使其具有以下特点：

- 合适性：对所处的场景的正确辨识和处理。
- 个性化：针对客户的需求。
- 适应性：根据客户的响应和行为做出变化。

- 主动性：可预测客户的计划和意图。
- 业务性：考虑业务和法律的限制。
- 网络化：可以进行通信、连接和同步。

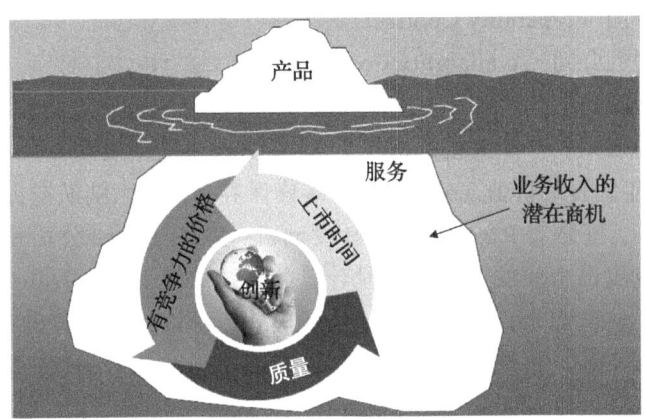

图 4-11 服务业务的冰山模型

如图 4-12 所示，在数字化时代，推动制造企业从纯产品的商业模式向纯服务的商业模式进行转型，一共经历了三个阶段：

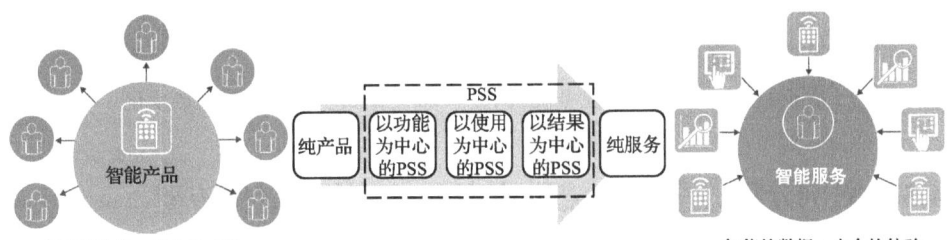

图 4-12 从以产品为中心到以用户为中心的商业模式

- 以功能为中心的服务：该服务系统中有较多的产品内容和较少的服务内容。典型情况包括面向产品的服务，它涵盖了产品的整个生命周期，例如维护和保修。
- 以使用为中心的服务：该服务系统中的产品内容和服务内容旗鼓相当。典型的情况是产品被租赁、出租或共享，客户为服务付费，而服务提供商对产品有所有权。
- 以结果为导向的服务：该服务系统中的产品内容较少，主要是服务内容。服务是客户不拥有产品，只是消费产品的产出，服务是按使用付费的服务（Pay-per-use）。

在实践中，上述这些以服务为中心的制造业商业模型可以有很多不同的表现形式，例如：
- 按小时（Power by Hour）。
- 全面关怀（Total Care）。
- 能力合同（Capability Contract）。
- 可获得性合同（Availability Contract）。

这些概念的关键是消费者不需要拥有一个特定的产品，而是在寻找这些产品或服务提供的效用。一个典型的例子是 Rolls-Royce 航空发动机公司与大陆航空公司于 2001 年签署的价值 3.6 亿美元的维修保养合同。大陆航空拥有 41 架波音 757-200s 飞机，安装着 RB211-535E4B 发动机。Rolls-Royce 公司承诺在 10 年里为这些发动机提供全面的以飞行小时计算的维护服务。通过提供一种服务而不是实物来满足这些需求，由于改变了业务模式，所以供需双方的追求点从相互冲突转为相互一致，这使得双方只需用更少的材料和能源消耗，就可以达到既定的目标。如图 4-13 所示。

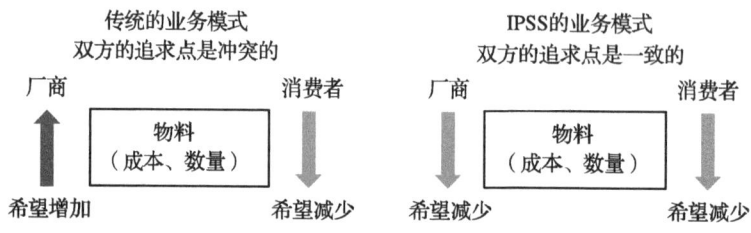

图 4-13　IPSS 和传统业务模式下，厂商与消费者之间的追求点变化

4.5　案例分析：全球物流供应商 DHL 的数字化转型

4.5.1　DHL 简介

DHL 这个名称来自 3 个公司创始人姓氏的首字母，他们是 Adrian Dalsey、Larry Hillblom 和 Robert Lynn。公司成立于 1969 年，最开始，DHL 从事的是国际航空快递业
务——搭乘飞机在旧金山和檀香山之间传递货物单证，这样在货物到达之前就可以进行货物清关，从而显著地缩短货物在港口的等待时间。随后，快递业务从文件扩展到货物，其网络也扩大到远东和环太平洋地区、中东、非洲和欧洲。2002 年年底，德国邮政成为 DHL 的主要股东直至 100% 拥有。2003 年，德国邮政进一步将其下属的所有快递和物流业务整合至 DHL 这个单一品牌上。

目前，DHL 仍隶属于德国邮政，包含的事业单位有 DHL 快递（Express）、DHL 包裹（Parcel）、DHL 电子商务（e-Commerce）、DHL 全球货代（Global Forwarding）、DHL 运输（Freight）和 DHL 供应链（Supply Chain）。DHL 在全球 220 多

个国家和地区开展业务，拥有超过48万名员工。2014年，整个集团收入为560亿欧元。

该案例前半部分以DHL集团下属从事道路运输的DHL公路运输部门为例，介绍该部门所开启的数字化转型的旅程。通过对业务模型、流程、角色和IT架构进行全新的审视，DHL公路运输部门获得了新的迎接未来的思路。在该案例的后半部分，介绍了DHL在工业4.0时代下DHL的物联网探索。

4.5.2 案例背景

从业务本质上讲，公路运输（Road Freight）是一种典型的分布式管理的业务，其决策过程分布在各个角落。但是作为一家企业，DHL需要让自己与全球客户和全球经济不断增长的需求保持一致。通过数字化转型的思考，DHL公路运输部门设计了一套战略，树立了对公司进行转型的愿景和指导方向。这套战略使用新的技术作为新的产品和全球流程的基础。

DHL其实是一家由德国邮政通过历史上的多次收购形成的企业。DHL公路运输部门提供各种公路运输物流服务，包括零担运输（Less Than Truckload，LTL）、分担运输（Part Truckload，PTL）和整车运输（Full Truckload，FTL）、多式联运、定制服务等，还包括一些特殊服务，例如商品交易会和活动的物流。

直到2007年，DHL公路运输部门都还在经历着一系列内部的集成和拆分。这些持续不断的流程和组织的重新定义以及整合和分拆，分散了管理层对内部事务的注意力，并且妨碍了管理层用更加结构化的方式进行决策。在2007年之后，随着DHL公路运输部门变成DHL内部一家自我管理和独立的部门，管理层的工作重点开始回到企业的发展和对员工的投入上。在DHL公路运输部门理顺了自己作为物流供应商、雇主的地位，针对自己做出的选择进行投资，其业务开始得到稳定的发展。

4.5.3 公路货代的业务特点和面临的挑战

物流业务可能是世界上最古老的行业之一。它让人类的一些最伟大的举动，例如在埃及建造金字塔，成为可能。在一些国家里，多个世纪以来，它也构成了发展军事或贸易的基础。例如，在17世纪，荷兰东印度公司雇佣了5万人将250万吨亚洲货物送到了欧洲。

公路运输无疑是最老的物流种类。尽管后来出现了空运和海运集装箱，但是陆地运输始终是全球物流业务的主要部分。至少每一段旅途的最开始和最后的一公里，都是在公路上进行的，而很多货物则从生产源头到目的地市场一直都是陆地。

公路货代的业务模式也非常直接。客户有货物，物流供应商有运输车辆。客户关注自己的核心业务，并委托公路运输公司将货物从现在的任何一个地点运到需要的任何一个地点。通过将许多客户的运输量整合在一起，公路货代可以为参与各方建立一种双赢的状况——客户以低成本的代价将货物运送到目的地，其原因是由于货代公司的代理行为，使得客户的货物运费被分摊，而物流供应商则避免了不是满车运输的风险。这个行当的差别在于利润的构成。通常情况下，货代的利润非常薄，但是从资本回报的角度上来看则很丰厚。公路货代行业的艺术在于用一种聪明的方式创造利润，包括供应链网络的优化、最大化装载，以及联合运输（例如公路和铁路）。这种商业模式成功的关键是：以分布式的手段确保收入与成本紧密地加以匹配和管理。

但是整个世界在过去的几十年里发生了巨大的变化，主要是国际化的分工、全球化、数字化带来的转变。企业使用先进的技术改善业务流程，以更快、更有效地制造出更加复杂的产品，同时可以从全球各地进行采购。因此，物流业务也就随之变得更加复杂，并随之被要求重新思考其业务模式。下面就是这个行业所面临的一些挑战：

- 生产率和效率：物流业务是一项复杂的任务。它需要大量的数据——一方面是内部运作流程的需要，另一方面也是客户和监管者的需要（例如海关报关）。当系统之间不是无缝交互的时候，就必须手工输入数据。这些内部成本不会立即给客户带来价值，因此也不会反映到报价里。最大的三块成本是：人力资源、运输和仓储设备，以及燃料。由于这些资源变得越来越稀少，所以整个物流行业需要重新思考业务模型，进一步提高生产效率。
- 可靠性和质量期望：由于客户的需求在快速变化，所以产品的生命周期也变得越来越短。对于很多企业来说，目前的趋势是通过减少库存甚至取消仓库来压缩营运资金，也就是说直接将货物送达客户，并且这一趋势给物流商带来的压力越来越大。其结果是，对于运输的速度要求很高，但是，更重要的是，对于物流的可靠性和质量的要求也随之水涨船高。通常的情况是，更快的速度和更高的可靠性意味着更高的成本。
- 可视性和透明度：目前物流企业必须面对的一个事实是，由于物流的整个链条涉及和包含了大量的数据，所以很难做到在正确的时间给正确的人以访问正确的信息的途径。但是从客户的角度来看，他们希望随时了解货物的位置，并且希望能主动立即地解决任何意外和问题。在数据领域，物流业务的发展状况并不理想，不像有些客户已经迈入了数字化的世界。
- 波动：2008～2009年的金融危机，以及近年来发生的自然灾害（如冰岛的火山、日本的海啸等）给人们敲响了警钟，让大家意识到企业对于这类事件的敏感性和脆弱性，而无论这个企业处于哪个行业——银行业、制造业还是服务业。与之相比，与业务相关的各种事件的发生概率则更高，并且影响面越来越大，这一趋势几乎不可能停止。物流公司尤其需要能够对各种事件立即做出有效的响应。如果没有做到,则可能会对收入造成严重的影响。尤其是货代企业,响应时间必须要很短,并需要对收入和成本进行仔细的平衡。上述的这些能力对于物流企业来说已经不是优势能力了,而已经是必备的能力了。

- 以客户为中心:很多行业都有这样一个趋势,商业模式已经在向提供通用型商品的方向发展。市场上的天平在向客户端倾斜,客户越来越容易接触到相关的信息,并能轻易地在不同的供应商之间进行比较和选择。一旦客户察觉到可以很方便地更换某一家供应商,那么该供应商的成长和利润将难免会面临下滑。只有那些通过持续创新,让自己的产品和服务与众不同的企业,才能够取得持续的成功。研究表明,在客户的眼中,所有的物流提供商提供的服务都大同小异。这种感觉会将物流供应商与客户之间的关系变成简单的价格谈判,而不考虑质量。为了打造客户的忠诚度,所需要的不仅是一个以客户为中心的企业,也需要有相应的设施来提供更好的服务。

此外,货代业本身的分布式业务模式的特征也造成了公司的碎片化结构,这一结构使企业更难应对上述挑战。这种不同工作方式的特点是:

- 通常根植于本地的历史遗留下来的组织和系统环境当中。
- 造成了大量的复杂性和成本,并且不会给客户立即带来任何价值。
- 阻碍了交付上下一致的运营和服务质量。
- 让员工变得消极,干扰了员工做到以客户为中心。

这些问题对于货代企业来说并不是新的问题,而且企业很清楚,如果不对整个企业进行变革,就没有办法取得具体的改进和优化。

4.5.4 DHL 的数字化业务变革准备

在进行业务变革之前,一个重要的前提条件是对企业的发展目标,以及当前和未来的竞争优势有一个清晰的认识。未来的产品组合可以从这个愿景中延伸出来。遍布整个企业的业务流程必须要融洽和标准,以确保一贯的产品和服务质量,并取得高度一致的客户满意度。按照这个逻辑,DHL 货代启动了一个结构清晰的项目,为企业的业务转型做准备。这个项目包括以下几个步骤:

- 必须要有一个清晰的愿景、共同的目标和共享的价值定位。
- 下一个目标是一个唯一的、统一的产品组合。
- 需要在企业里建立一个融洽的、标准的流程和规范,从而能够交付一致的产品质量和客户体验。
- 需要一个唯一的、最新水平的 IT 平台。
- 所有这些必须要通过一个与之匹配的有着清晰的分布式的角色和职责的组织来提供。

1. 定义愿景、共同的目标和价值定位

为了成功地实施一项转型，关键的一点是，要让在企业里的每一个人都可以分享同一个关于公司的目标、针对客户的增值以及未来公司将是什么样子的视图。对于多数公司而言，要么是没有很好地定义这个视图，要么是没有充分地将其记录下来。如果针对这些问题询问管理层，可以从董事会成员那里得到很多不同的答案。如果是在这种情况下进行数字化转型，就显得没有意义。即便是对那些有着强大的品牌和文化的公司，针对未来的愿景、共同的目标和价值定位等问题达成一致意见也是一项巨大的挑战。因此，为了能够让 DHL 货代的转型之旅走在正确的轨道上，他们使用了数字化能力框架来制定未来的愿景。

2. 建立统一的产品组合

为了让转型的收益得以落实，需要对业务进行一定程度上的标准化，并使其得到接受和实现。特别是在从事服务业务和进行本地管理的公司里，存在一种风险——在不同地点销售给客户的产品和服务互不相同。甚至即便是有同样的标签，服务看起来完全一样，但在实践过程中依然存在很大的区别。这种情况时有发生，其原因常常是：企业相信如果能够按照本地市场进行针对性的调整，可以让公司变得更加灵活，更能适应特定客户的需求。例如，看看管理质量水平的困难性，就可以理解从客户服务的角度为什么要这么做。缺乏标准化可能在一段时间里不会表现什么问题，但是如果企业需要向着某一目标转型的话，就会暴露出真正的问题。

3. 实现整个公司的流程和标准的一致

标准化的产品和和服务是以一致的流程为基础的。一个普遍存在的诱惑是仅从某一职能的视角出发设计自己的流程，而这会割裂整个公司流程的统一性。大多数流程在某种程度上与其他职能都是相互连接的。相应的解决方案是定义关键的确定业务模型的端到端的流程。其中，有一些流程很明显，且在每一种业务中都是非常相似的——典型的是财务流程和人力资源流程。能让一家企业表现得独特的，往往是其核心的业务流程。在 DHL 货代业务中，也就是其运作流程。

尽管不可能一次性就将所有的业务流程在细颗粒的级别上加以定义，这应该是进行 IT 部署的时候才开始的任务，但是对于业务转型来说，一开始就将流程定义得太细也是没有必要的。通常的做法是一开始先在高层次的流程上进行映射。然后在接下来的阶段中，会对业务流程进行更加细致的定义。

找出企业存在哪些痛点是很重要的。接着就是定义如何在未来的业务中实现创新。所有的想法和建议都需要与前面谈到过的愿景、共同的目标和价值定位加以对照。转型需要花一段时间。如果没有足够多的创新和面向未来的思考，最后达到的效果就会是对原有业务的同类替换，这基本上没有增加新的价值。在这种情况下，需要精心准备一份商业案例（Business Case），以判断伴随着业务转型而来的投资和风险是否值得投入和承担。因此，需要尽可能清晰地定义出业务收益并将其数字化，这样就可以与业务转型的成本进行比较。

4. 设计未来的 IT 架构

这里的工作是考虑如何用 IT 架构来支持未来的产品和服务的组合。其目标是尽量简化和缩小系统布局，以避免重复和冗余。DHL 货代多年以来收购了数家公司，这些公司使用的都是历史遗留的系统。由于它们对当地的需求采取了优先处理的策略，所以产生了大量的对核心应用的各种定制开发。当它们进行业务转型的时候，就迎来了一个很好的对 IT 平台进行标准化的机会，从而消除公司里阻碍通过标准化的流程对产品和服务进行统一的障碍。

同样，在业务转型的早期，没有必要对整个布局的迁移道路细节进行精确的描述。但是，基于最初的视角，对变更成本进行一个大致的估计应该是可能和有必要的。

5. 在组织中就角色和责任达成一致

最后但并非最不重要的是，企业在业务转型的要求下需要进行一场彻底的检查。标准的业务流程需要标准的角色和责任。流程蓝图里隐含着一些角色，而工作流则意味着对这些角色进行组织。在大多数企业里，每一个部门的组织方式都与其他部门的有所不同。为了使它们有效地在一起工作，很多的不同都需要被熨平，但是这种熨平的举动也不能开展得太快，原因是可能一下子找不到所需要的员工，并且过快的变化有时也会影响工作的开展。

4.5.5 工业 4.0 时代下 DHL 的物联网探索

在工业 4.0 时代，物流成为影响和制约企业效率与柔性的关键流程。对于每天都有成千上万的发运、车辆、设备、人处于移动与被跟踪的物流企业而言，非常适合使用物联网的应用。在物流领域，物联网可以将供应链上的不同资产都连接起来，对这些连接中产生的数据进行分析，获得新的洞察。通过这种手段，物联网可以让物流提供商开启进一步提高运营效率的大门，并给客户提供定制化的、动态的、自动化的服务。鉴于越来越便宜的设备元器件（传感器、执行器、半导体等）、更快的无线网络、更强的数据处理能力，以及背后的商业价值，物联网成为了物流行业在接下来十年里突破性的发展趋势。这一点对于 DHL 也不例外。

随着物联网的广泛应用，DHL 也开始了物联网的应用尝试。接下来我们就以仓库运作为例来说明。

仓库在供应链中始终是作为货物流动的虚拟中心而存在的。但是在今天的经济气候下，仓库也变成了为物流服务商带来竞争优势的源头。而要实现这一点，其实并不容易。今天的仓库平均要存放数千种不同类型、样式的货物，仓库的每一平方米都需要被优化，用以确保能用最优的方式进行收货、处理和交付。从托盘和叉车，一直到仓库的基础设施，这些都是现代化仓库的"黑色资产"，它们可以通过物联网加以连接和优化。

在仓库里，托盘和单件货物层面上的标记，即低成本的识别设备——RFID，为实现物联网驱动的智能仓储管理开辟了道路。

现假设一个在仓库里应用物联网的场景。一开始，无线采集器从通过入库通道的托盘上获取传输数据。这里的数据可以包括货物的信息，如数量和尺寸，然后将数据汇总并发给 WMS 进行处理。这一功能避免了执行耗时的手工点数和尺寸测量的任务。并且，安装在通道门上的摄像头可用来对托盘进行损伤检测。

一旦托盘被移动到正确的位置，RFID 标签就会给 WMS 发送信号，以给仓储层提供实时的可视，从而避免造成高昂代价的缺货状态。如果任何一件货物被放错了位置，那么传感器就能给仓库管理人员发出警告，这样他就可以追踪货物的实际位置，并采取正确的行动。对于质量管理，传感器可以监控货物的状态，当温度或湿度将要超出阈值之外的时候，给仓库管理员发出警告。

在发货的时候，通过出库通道对托盘的扫描，可以确保正确的货物在正确的订单中交付。WMS 中的库存水平也会自动地更新，以实现准确的库存控制。

除了存储在仓库中的货物之外，物联网也可以驱动资产利用率优化。通过将资产（设备和车辆）连接到一个中央系统，物联网可以让仓库管理人员实时监测所有的资产。当资产被过度利用或闲置的资产应部署到执行其他任务的时候，系统可以自动通知仓库管理人员。例如，可以在仓库的分拣系统中部署各种传感器，以对资产的使用频率进行监控（如输送带何时在使用中，何时闲置）。通过对传感器收集上来的数据进行分析，可以确定资产的最佳产能和任务。与此相关的一项创新是 Swisslog 的"SmartLIFT"技术。该解决方案将定向条形码放在仓库的屋顶上，加上叉车上的传感器，以及 WMS 数据，创建了一个室内的 GPS 系统，给叉车司机提供托盘的准确定位信息。它还给管理人员提供了观察所有叉车司机的实时速度、位置和生产力，以及库存准确性的可视化仪表板（见图 4-14）。美国的工程机械企业山猫（Bobcat）在其仓库中部署了这一解决方案，其托盘每小时无库存错误的比例增加了 30%。

这样的解决方案，在将来可以对已经自动化的流程进行效率诊断。例如，对于一台自动导引小车（AGV），其自动托盘移动器在没有人工干预将它分配给另一任务的情况下，总是在重复地完成被交代的任务。通过对它的能力和模式进行分析，管理人员可能会发现，在周末，最好的选择是在仓库的另一个位置使用它。这一结论将帮助管理人员采取对应的纠正措施。

图 4-14　叉车应用物联网技术

通过将仓库资产连接起来，也使得预测性维护技术可以用到仓库运输系统上。现举一例，将传感器放在分拣设备上，可以测量设备的吞吐量或机器温度，检测物理压力的水平，甚至也可以使用摄像机来检测包装损坏或相互碰撞情况。所有的这些数据都可以被收集起来，作为预测性维护分析的输入数据，帮助企业安排维护预约，并在其当前使用水平的基础上计算设备的预期寿命。

物联网还可以通过劳动力和车辆之间的连接，推动实现更高水平的工人健康和安全。根据工业卡车协会（ITA）和美国职业健康安全管理局的统计，仅仅在美国就有大约 85 万辆叉车在运行，这些叉车估计每年会造成 10 万起事故和 9 万人受伤。几乎 80% 的叉车事故会涉及一个行人。如果将这一数字放大到全球范围内，表明改善仓库安全的潜在规模和效益会非常大。

通过将传感器、执行器与雷达或相机结合起来附加到叉车上，可以允许叉车之间相互通信，对隐藏对象的环境进行扫描，避免可能会导致冲突的情况。另外，对叉车还可以进行编程，让其在十字路口监测到有另外一台叉车或有行人通过的时候，自动放缓速度。

其实许多事故都是由于工人装载托盘不正确造成的。这可以通过使用压力传感器来检测负载是否过于沉重或者叉车的负荷不均衡来避免。Ravas 正在开发智能叉车技术，当负载能力超过限度或有不均匀负荷的时候，提醒司机多考虑安全而不是一味地多干。

用物联网技术还能够避免托盘和产品坠落的事故。通过将传感器和摄像头组合起来，可以监测是否有不合适的存放，并计算托盘或货物从货架上坠落的可能性。一旦发现这个可能，就将警告发给仓库管理人员，让其采取立即行动，以避免对工人造成伤害，以及可能的货物损伤。此外，无论在什么时间，摄像头也都可以起到监控和防盗的作用。

在不远的将来，通过智能手机、扫描仪、可穿戴设备等，仓库的工作人员会融入物联网当中。事实上，智能眼镜和其他可穿戴设备有可能将设备－人之间的互动推到一个新的水平，这一部分的内容会在第11章的增强现实部分中加以介绍。

传感器还可以集成到仓库基础设施中。在一个普通的仓库里，灯光照明占到了整个能源消耗的70%。智能的仓库能源管理系统通过将HVAC与电力网络连接在一起，包括对LED光源的连接，可以对能源的消耗进行优化。此外，系统还可以根据仓库里的活动，自动地对仓库的照明自动化进行调节，也可以调节通风、温度、加热等。通过这些手段可以降低仓库的能耗。

上述关于物联网在仓库中的应用，都是DHL在其趋势研究报告中做出的展望。我们可以预见，这些技术在不久的将来，会出现在DHL越来越多的仓库中，改变着传统的仓库作业。

第二篇

SAP 的物联网和工业 4.0 战略概览

"在今天,制造业中的业务流程仍然是静态的,并一直在使用一些非常不灵活的软件系统。然而,这些系统不可能在一夜之间就被面向服务的系统所取代。因此,如何确保新的技术被集成到老的技术中(或相反),就显得特别重要。老的系统一定要被新的支持实时的系统所替换。"

——德国工业 4.0 报告

第 5 章 Chapter 5

以 S/4 HANA 为数字化核心的 SAP 工业 4.0 系统架构

在这场风起云涌的工业 4.0 浪潮中，SAP 公司扮演着发起人、推动者和供应商的多重角色。在工业 4.0 的研究和发起阶段，SAP 不仅是参与其中的唯一一家企业管理软件公司，更制定了全面的工业 4.0 及物联网产品战略，提升和改造原有产品，不断推出新的方案，力争成为全面的工业 4.0 软件供应商。事实上，德国工业 4.0 工作组的联合主席孔翰宁博士曾在 SAP 工作超过 20 年，直至担任 SAP 执行董事会主席和 CEO。此外，SAP 还积极参与工业 4.0 的跨国推广，在中德政府交流过程中，做了很多的工作，如图 5-1 所示。

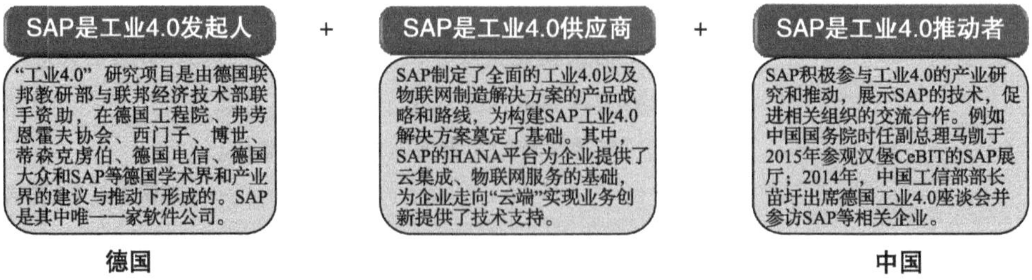

SAP是工业4.0发起人	+	SAP是工业4.0供应商	+	SAP是工业4.0推动者
"工业4.0" 研究项目是由德国联邦教研部与联邦经济技术部联手资助，在德国工程院、弗劳恩霍夫协会、西门子、博世、蒂森克虏伯、德国电信、德国大众和SAP等德国学术界和产业界的建议与推动下形成的。SAP是其中唯一一家软件公司。		SAP制定了全面的工业4.0以及物联网制造解决方案的产品战略和路线，为构建SAP工业4.0解决方案奠定了基础。其中，SAP的HANA平台为企业提供了云集成、物联网服务的基础，为企业走向"云端"实现业务创新提供了技术支持。		SAP积极参与工业4.0的产业研究和推动，展示SAP的技术，促进相关组织的交流合作。例如中国国务院时任副总理马凯于2015年参观汉堡CeBIT的SAP展厅；2014年，中国工信部部长苗圩出席德国工业4.0座谈会并参访SAP等相关企业。
德国				中国

图 5-1 SAP 作为工业 4.0/智能服务发起组织中唯一的软件厂商，承担了相关管理软件的开发和推广工作，并积极与中国政府进行交流

为了应用工业 4.0 的发展，企业需要搭建与以往不同的系统架构。本章结合 SAP 的产品和技术发展历程，特别是 HANA 技术、移动技术、云计算技术和 S/4HANA 技术，介绍如何利用 SAP 的系统搭建面向工业 4.0 的企业新一代数字

化平台。最后，以美国 CenterPoint 公司为例，介绍它应用 SAP HANA 技术进行大数据分析，提高客户管理水平和智能电网负荷分析能力，推动智能电网 IT/OT 融合的案例。

5.1 以 SAP S/4 HANA 为数字核心的工业 4.0 系统架构

在德国政府发布的关于工业 4.0 和智能服务的两份最终工作报告中，相继提出了工业 4.0 和基于工业 4.0 打造智能服务世界的愿景。在智能工厂中，由每一张单独的客户订单来决定制造流程和相应的供应链。智能工厂生产出来的产品是智能产品，它们是智能的、联网的对象。不仅是智能产品，所有生产智能产品的机器、工厂也都被互联网连接到一个数字化平台上，且在这个数字化平台上被"虚拟地"代表。其运作数据可以从任何一个地方访问。这个数字化平台既可以被制造工厂访问，也可以被服务提供商访问。在这个数字化平台上，各方可以提供各种智能服务，也可以得到各种智能服务，例如可以有专门的服务商来对设备通过平台提供的数据，基于自己的知识和协作能力，提供维修服务；也可以是另外的服务商为复杂的加工件提供加工参数和加工程序；或者是在运输车辆联网的数字化平台上为每台车辆提供运输调度信息等。

SAP 认为，这些智能服务体现了在工业 4.0 和智能服务环节上的效率提升和业务模式上的创新，其背后的数字化平台应该从水平和垂直两个维度，涵盖整条价值链上下游的各个水平环节，以及从传感器、设备一直向上到企业管理的各个层次，进行充分的集成。能否打造出这样一个数字化平台，关系到工业 4.0 和智能服务的战略能否成功落地。如图 5-2 所示，SAP 的战略是在这一架构中，在价值链的各个环节，把重点放在设备管理层，以及在其之上的数字化平台的建设中。

SAP 重点发展的这个平台，是一个基于大数据和混合云计算的应用服务平台，它体现了"数据/流程/平台"的集中与统一。首先，平台需要能够对整条价值链上的各个环节进行大数据采集和处理；其次，所采集的大数据不能仅仅用于进行事后的产品和质量分析，更重要的是能够实时地驱动业务流程，指导每位员工的工作；再者，该平台是一个对合作伙伴开放的平台，相关方都可以在平台上进行开发和部署；最后，鉴于现实 IT 环境的复杂性，它应该是一个可以支持独立部署和云端部署的灵活的混合云计算平台。

这个数字化平台与传统的系统架构有着明显的区别。如图 5-3 所示，传统的架构可以被看作是一种固化的二维静态系统。它有着固定的边界和接口，主要处理的是内部的数据，其组织结构和流程也是相对静止和固化的。此外，传统的架构不是一个面向服务的架构，其用户是相对固定的个体用户。而 SAP 提倡的数字化平台的架构应该是一个网络化的三维动态系统，它需要处理大量的内外部数据，其用户可以是虚拟的团队，其流程需要伴随着相应的协作生态系统而调整，而最重要的是它还需要与不同的客户和设备互动交流。在未来，这个平台的使用者，不只是人类用户，还包括机器人"用户"和设备"用户"。如第 2 章所述，工业 4.0 将会打破传统的分层式工业金字塔结构，转向网络化的更加灵活的结构，它也要求 SAP 能够做出相应的改变。

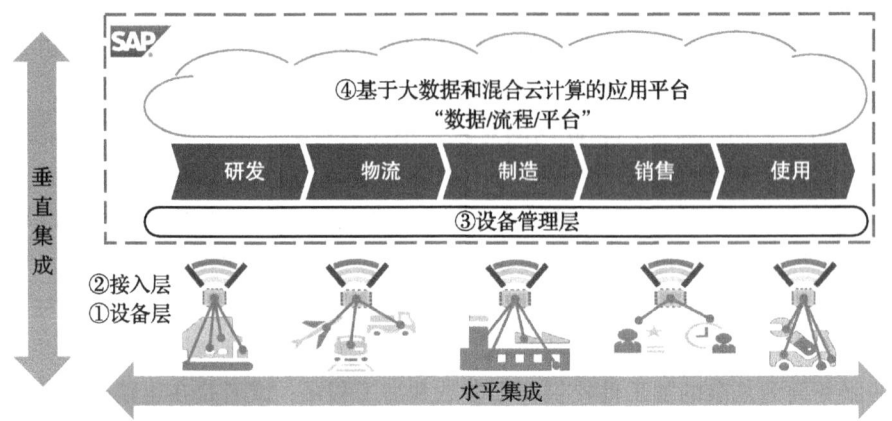

图 5-2　SAP 在工业 4.0 和智能服务领域，建立开放/连接/安全的数字化平台，在水平和垂直两个维度上，全面推动企业的数字化

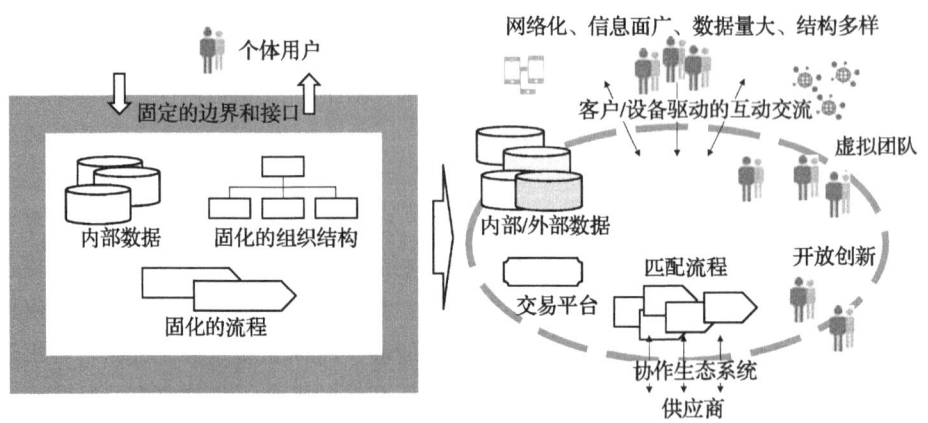

图 5-3　在未来，支撑工业 4.0 和智能服务的系统架构将会从一套固化的二维静态系统，转变为网络化的三维动态系统

面对这样的需求，过去的以 ERP 为骨干的、基于多个传统型数据库的、信息技术与操作技术分离的商业套件型的架构，显然已经不能满足要求（见图 5-4）。在工业 4.0 和智能服务的环境中，数字化的深度和数据量得到了大幅提升，对于

系统之间的数据集成能力也提出了更高的要求。如果说以前提到的集成还只是在订单或工单层面上的大颗粒离线非实时集成，现在要求的，是对于每一次产品状态发生改变所带来的产品和设备传感数据的小颗粒在线实时集成。大数据、内存计算、云平台，乃至友好的用户界面等都无疑是对新的架构提出的要求。

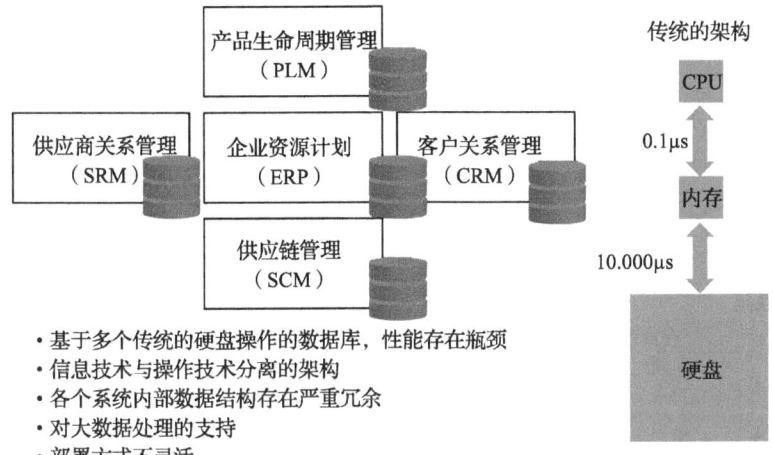

图 5-4　过去我们基于商业套件的传统架构开始变得难以适应新的工业 4.0 的要求

总的来说，这样一套新的架构需要具备以下的特点和功能：
- 高性能：可以做到实时搜集信息，实时处理。
- 高集成性：大颗粒离线非实时集成➡小颗粒在线实时集成。
- 支持大数据处理。
- 支持多种部署方式，包括独立部署、云部署和混合部署。
- 简单化：简化系统架构，重新划分原有系统的边界，重新设计原有系统的数据结构。
- 可以支持友好、灵活的用户界面。
- 可以支持多种移动设备。

为了满足这些新的要求，SAP 需要对原有的赖以成功的 SAP ERP 产品进行一场颠覆性的彻底改造，其最终的产物就是本章将要介绍的这一划时代的产品——SAP S/4HANA。

5.2　SAP 迈向工业 4.0 的产品升级改造历程

SAP 作为全球最大的管理软件企业，拥有足够强的技术储备、经验和能力，并把围绕着大数据和云计算的创新作为自己的战略使命。如图 5-5 所示，SAP 不仅可以提供对应的内存计算、云计算和分析技术等平台，也可以在应用上提供涵盖制造业各个环节的系统，并且还建立了一个全球商业网络，实现企业之间的商业交易，通过交易过程的大数据，在交流、展示、互动和分享的过程中，创造更大的商业价值，这其实也是一个更大的以企业为节点的全球采购"物联网"。SAP 一直致力于将这些技术不断地带到中国市场，并不断地进行本地化和创新。

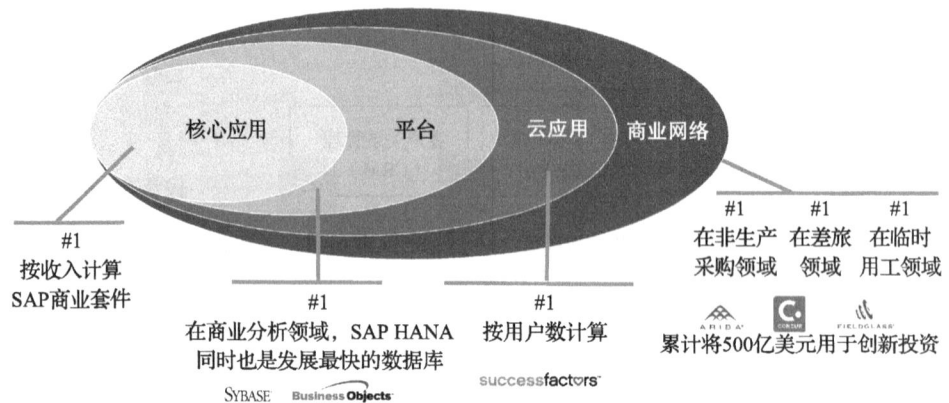

图 5-5　自 2010 年以来，SAP 开始扩充产品线，为搭建新的面向工业 4.0 和智能服务的系统架构提供了实现空间。目前 SAP 已经形成了一整套应用／平台／云计算／商业网络

在 2015 年，SAP 推出了新一代的商业套件——SAP Business Suite 4 SAP HANA，又称为 SAP S/4 HANA，可以满足工业 4.0 和智能服务所需的数字化平台的核心要求（见图 5-6）。这套系统建立在一个开放的 SAP HANA 平台上，能

图 5-6　SAP 全新推出的 S/4 HANA 集合了目前为止诸多产品优势，为企业打造了一个全新的面向工业 4.0 的数字化平台

支持各种接入和使用方式，包括人、移动设备，也能满足物联网、社交媒体、商业网络和大数据的各类应用，其使用的 HANA 平台实现了内存计算的功能，支持联机分析处理（On-Line Analytical Processing，OLAP）和联机事务处理（On-Line Transaction Processing，OLTP），以及提供适用于各种设备和用户角色的界面与体验。更加重要的是，它可以选择不同的部署方式：自行独立部署、云部署，甚至混合部署方式。

SAP 的 S/4HANA 将成为 SAP 为客户提供的面向工业 4.0 和智能服务的数字化平台的核心。围绕着这个核心，SAP 将不断地扩展各种业务条线应用和行业应用，实现整个价值链的数字化，并将其打造成为企业创新和迈向工业 4.0 与智能服务的平台。目前，围绕着这个数字化核心，SAP 提供了六大核心应用系统和四大支撑应用云（见图 5-7），它们分别是：

- 六大核心应用系统：互联产品、互联制造、互联供应、互联物流、互联服务和互联营销。
- 四大支撑应用云：商业网络云、实时供应链云、全渠道商务云、人力资源云。

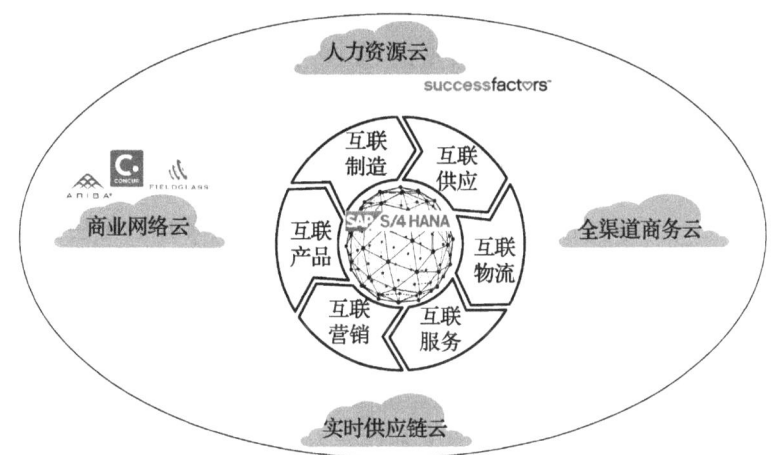

图 5-7　以 SAP S/4HANA 为数字化核心，以六大核心应用系统和四大支撑应用云为主体的工业 4.0 方案

通过这些应用，SAP 为企业迈向工业 4.0 和智能服务提供了不断壮大的应用基础和选择。类似于以往 SAP ERP 的主干系统（Backbone）的定位，SAP S/4 HANA 将成为新的企业 IT 架构中的数字核心（Digital Core），继续发挥重要的作用。

接下来，让我们分四条技术主线，回顾一下 SAP 近些年来的产品发展历程，这样就能对这些新产品的主要功能和特点有一个较为简单而有清晰的了解：

- HANA 技术:"内存计算→大数据→云计算平台"的变迁。
- 移动技术:"移动平台→物联网"的扩展。
- 云计算技术:对 Ariba、SuccessFactors、Fieldglass、Consur 的收购与整合。
- S/4 HANA:商务套件的 HANA 和云迁移、集大成的 S/4 HANA。

5.3 技术发展主线一:HANA 技术

5.3.1 支持内存计算的 HANA

经过数十年的发展,企业的 IT 系统架构经历了从大型机到"客户 – 服务器"的演进,形成了"数据库层 + 业务程序层"的传统解决方案:

- 数据库层:数据库管理系统(Database Management System,DBMS)的设计主要是为了优化配有有限内存的硬件的性能,整个系统的主要瓶颈是低速的输入/输出设备。因此,DBMS 需要优化磁盘访问,例如最大限度地减少在处理查询的时候读入到内存中的磁盘页数。
- 业务程序层:主要供商务软件进行在线交易处理,从数据库中获取数据表,再一行一行地处理,并将结果保存回数据库中。

显然,这种两层方式是一种典型的 OLTP 系统的架构。它需要高度规范化的数据运行,并需要加快插入、更新和删除记录的速度。这种高度标准化的数据运行的缺点是,当涉及数据查询时,由于可能需要联接多个表,所以将严重影响性能。

而对于 OLAP 系统的数据分析和数据报表场景,OLTP 无法胜任,需要 OLAP 系统利用专门的数据结构,优化读取性能,实现对复杂数据的快速分析处理。通常的做法是将数据从 OLTP 系统迁至 OLAP 系统,为预定义的报表做分析准备。

随着技术的不断发展,近年来计算机体系结构发生了较大的变化。多核以及多 CPU 服务器可以通过内存或共享高速缓存,来实现内核中的高速通信。内存已经不再是一种有限的资源。从 2012 年开始,出现了内存超过 2TB 的服务器。

这种更加现代化的计算机体系结构创造了新的可能性,但也带来了新的挑战。由于所有相关的数据都保存在内存中,所以访问磁盘不再是性能上的一个限制因素。2012 年的服务器处理器就已经达到了 80 个内核,在不久的将来甚至会达到 128 个内核乃至更多。随着内核数的增多,CPU 将可以在每个时间间隔里处理更多的数据,这意味着性能瓶颈存在于 CPU 的高速缓存和内存之间(见图 5-8)。数据库的优化技术应着眼于优化存储器的处理核心访问。对缓存内存数据的简单磁盘访问优化,已无法产生性能上的突破。

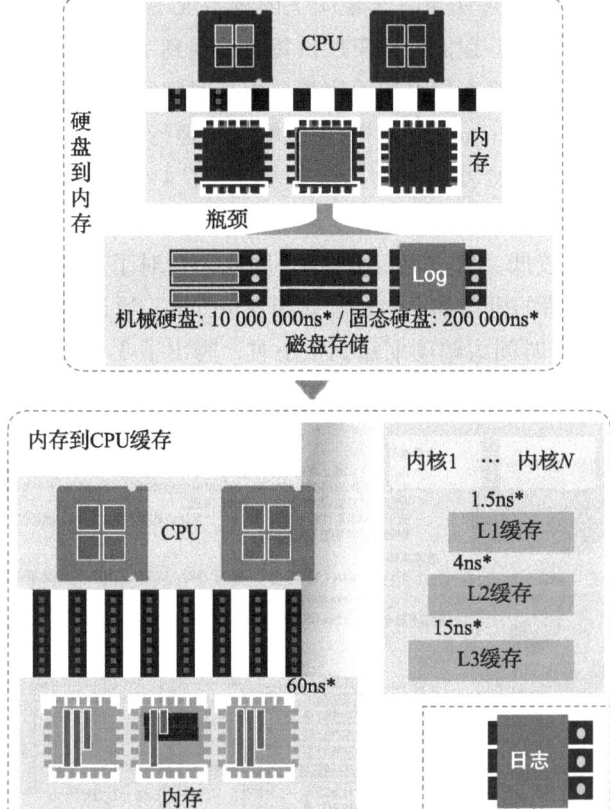

图 5-8 当前的和过去的性能瓶颈

因为传统业务的解决方案非常依赖于 OLTP 数据库,它们无法有效地使用现有的硬件。由于性能瓶颈存在于内存和 CPU 之间,所以简单地将内存缓存驻留在传统数据库中已经不再是一个好的解决方案。一半的 CPU 执行时间将会被浪费在阻塞上,其原因是需要等待数据从主内存加载至 CPU 缓存中,造成的事实是顺序处理的业务应用程序不能正确地使用增长的处理内核。随着新的计算机体系架构的出现,需要发展一种新的计算模式,以能集中利用 CPU 高速缓存和大规模并行多核处理的能力。

2010 年,SAP 推出了高性能分析工具软件 HANA,它成为 SAP 历史上用户增长速度最为迅猛的产品之一。HANA 是一个软硬件结合体,它充分发挥了内存数据处理的威力,使分析应用软件获得了前所未有的效能,并由此开启了一个全新的应用软件类别。简单地说,HANA 用大内存提供内存数据库,并在内存数据库里采用列式存储,从而可以将更多的数据装进内存(列式存储更适合数据压缩)。

在这里以法国标致雪铁龙汽车集团下的佛吉亚（Faurecia）为例。佛吉亚作为一家汽车零部件企业，在面向整车厂供货时，遇到了在交货截止期前4小时才能获得整车厂总装线最终客户订单的挑战。由于时间紧急，需要其物料需求计划（Material Requirement Planning，MRP）能够加快运行。然而，按照传统的技术，MRP的运行需要21～22小时，这显然大大超出了4小时提前期的需要，不利于在满足客户订单的同时降低库存、减少呆滞件的目标。此外，由于汽车零部件企业的利润水平普遍较低，佛吉亚仅为5%，因此公司对于任何一种可以帮助企业提高盈利、降低浪费的机会都不错过。如图5-9所示，通过实施SAP HANA，佛吉亚将MRP的运行时间大幅度缩短到1小时，腾出了3个小时的业务处理应对时间，达到了每年降低数百万欧元资金的目标。

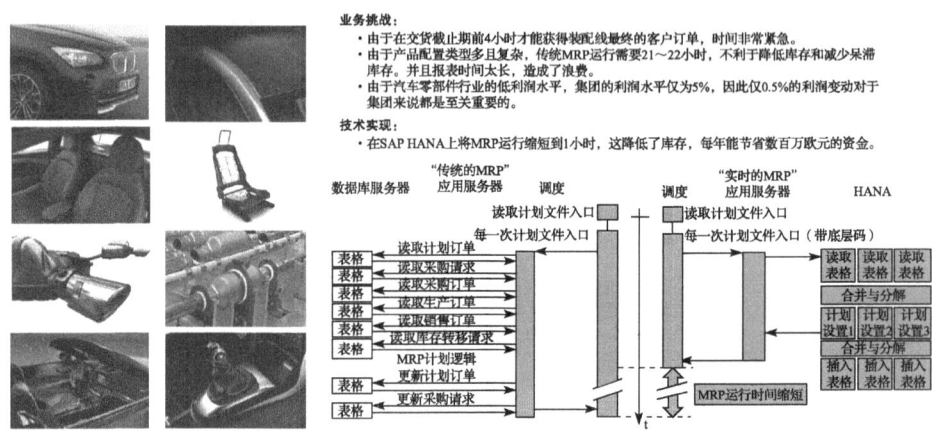

图 5-9　佛吉亚使用 SAP HANA 加快了 MRP 的运行速度

5.3.2　支持大数据的 HANA

大数据（Big Data）或称巨量资料，指的是所涉及的资料量规模巨大到无法通过目前的主流软件工具，在合理的时间内得到撷取、管理、处理并整理，从而不能帮助企业制定正确的经营决策。美国互联网数据中心指出，互联网上的数据每年会增长50%，每两年便将翻一番，其中90%以上的数据是最近几年才产生的。此外，这里所说的大数据并非单纯地指人们在互联网上发布的信息。全世界的工业设备、汽车、电表上有着无数的数字传感器，它们随时都在测量和传递着有关位置、运动、振动、温度、湿度乃至空气中化学物质的变化，也产生了海量的数据信息。

显然，大数据技术的战略意义不在于掌握庞大的数据信息，而在于对这些含有意义的数据进行专业化处理。换而言之，如果把大数据比作一种产业，那么这种产业实现盈利的关键在于提高对数据的"加工能力"，通过"加工"实现数据的"增值"。

长期以来，人们通过传统的 OLAP 技术来从海量数据中找出有价值的信息。受 OLAP 工具性能方面的限制，一般需要先对数据做预处理，之后才能做数据展示。如果预处理的数据是按照销售的产品种类去汇总，那么未来显示的信息也就只能按照这种方式展示。如要选择按照其他汇总，则要重新花时间做预处理。总而言之，基于传统的 OLAP 的数据挖掘先期准备时间过长，无法迅速处理当下瞬息万变的海量数据，难以应对为解决决策者对信息进行"实时"分析的强需求。这就需要一种新的方法和工具，要求从"实时"的数据中提取有用的信息。

内存计算相比传统的 OLAP 方法的优势是，内存计算可对大规模海量的数据做实时分析和运算，不需要事先进行数据预处理和数据建模。例如，可以用任何维度去分析数据，实时建立模型，实时完成分析处理，上亿条数据的处理时间可能从几天缩短为几秒钟。

2015 年，SAP 进一步推出了 SAP HANA Vora，它能够将 HANA 基于内存计算处理大数据的能力扩展到 Hadoop 等技术平台上，这进一步扩大了 SAP HANA 的大数据应用范围。

如图 5-10 所示的是将 SAP HANA Vora 和 Hadoop 联合起来，为车联网进行大数据分析的方案架构。该方案主要可以用于三个方面：

- 预防性维修：分析来自互联车辆的流数据，在零部件失效级别上进行失效监控和预测分析，并给出预防性维护建议，以避免保修费用和潜在的召回风险。
- 供产品改进的数据挖掘：通过对驾驶员的驾驶习惯进行分析，并将其与车辆性能、维修保养记录等数据联系起来，从而给产品开发工程师提供如何对产品进行进一步优化的方向。
- 制造质量的改进：获取制造过程中的传感器数据并加以存储，实时地进行包括历史数据在内的分析，以找出产品质量问题和造成质量问题背后的原因，降低今后召回产品的风险。

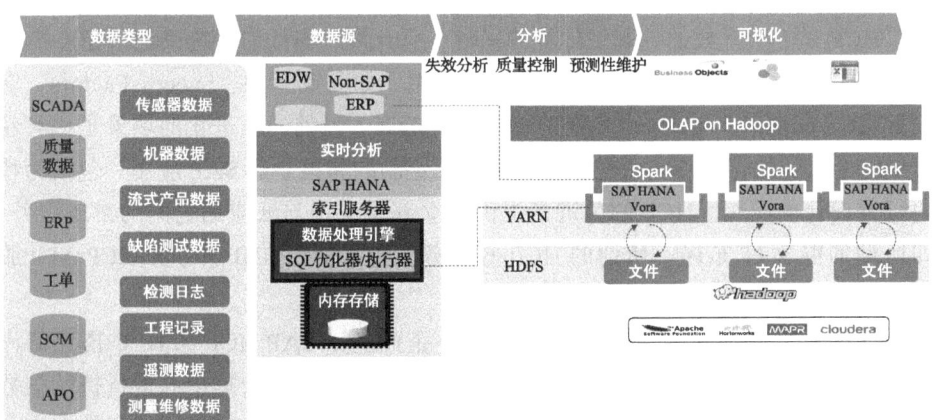

图 5-10　基于 SAP HANA Vora + Hadoop 对车联网环境下的大数据进行分析

5.3.3 支持云计算的 HANA 云平台

除了在内存计算和大数据应用领域大展拳脚之外,SAP 在 2014 年推出了 HANA 的云平台。无论是初创的软件企业、独立软件开发商(Independent Software Vendors,ISV),还是客户,都可以在云端构建自己的以内存计算为中心的基础架构、数据库和应用服务。HANA 的云平台分为两种类型:HANA 企业云(HANA Enterprise Cloud,HEC)和 HANA 云平台(HANA Cloud Platform,HCP)。

1. HANA 企业云

SAP 的 HEC 可以被看作是一种"基础架构即服务"(Infrastructure-as-a-Service,IaaS)加上 SAP 软件的管理服务(Managed Service)。在这里,SAP 软件包括定制的 HANA 应用,以及 SAP 许可的有选择性的第三方的应用。SAP 通过全球的数据中心,以自建或合建的方式,向外提供 HEC。SAP 将持续地在市场上建立新的数据中心。有了 HEC,按照 SAP 的说法是"我们为客户卸掉了管理 SAP 应用足迹(Footprint)的负担"。HEC 的客户一开始要通过由 SAP 提供的评估服务,然后完成将应用上线并转换到云架构上,接下来获得持续提供的应用管理和支持服务。

HEC 的管理服务包括备份、补丁、开通、升级、恢复、架构监控和事件检测——这些都是在私有云环境中进行的。客户可以将自己的 SAP 软件(已购买许可证)带入 HEC 中,或者是转向 SAP 的基于订阅的价格模式。

HEC 与传统的主机托管方式之间有什么区别?根据 SAP 的说法,HEC 的主要特点是:它是一个完全的管理服务,SAP 提供了基础架构、部署和应用管理。

2. HANA 云平台

SAP 的 HCP 可以被看作是"平台即服务"(Platform-as-a-Service,PaaS),可以让客户和合作伙伴扩展现有的应用(云应用或独立部署应用),创建可以提供新功能的应用。

HCP 是一个开放的、基于标准的平台,它允许"与任何系统或记录相连接"。在 HCP 上,客户可以从任何一个 SAP 的应用,如商业套件、SuccessFactors、客户云(Cloud for Customer,C4C)等,进行扩展。另外一个进化的场景是:有超过 100 个合作伙伴(ISV)使用 HCP 来开发定制的和独立的 SAP 应用,包括为特定行业设计的应用。HCP 的关键是提供独立部署应用与云应用之间的集成服务,即所谓的混合 IT 布局。所谓的 HCP 的服务,包括 HCP DB 服务和 HCP APP 服务两种类型。

如图 5-11 所示的是德国某汽车零部件企业基于 SAP HCP 和 HEC 搭建的汽车远程与诊断服务。通过将置于汽车中的计算单元与远程数据中心进行持续的数据交换,可以获得这台汽车及其主要零部件的相关大数据。这里的远程数据中心是一个基于云架构的内存计算平台,可以实时地对车辆当前的故障和可能需要的维修服务进行诊断与建议。在这里,该企业使用了 HCP 和 HEC 混合的模式,将最基础的分析功能放在 HCP 上,而将与客户交互的部分放在 HEC 上,从而实现了非常灵活的、可扩展的 IT 架构。

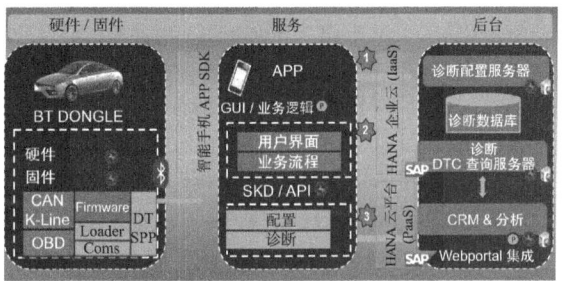

图 5-11　基于 SAPHCP 和 HEC 提供汽车远程与诊断服务

5.4　技术发展主线二:移动技术

SAP 的移动技术有两个发展的方向。首先,它是作为移动应用的开发和部署平台。其次,对于目前蓬勃兴起的物联网技术,SAP 提供了一个移动接入平台(后者将在 6.4.2 节加以介绍)。

图 5-12 是一张从整体的角度看到的 SAP 移动解决方案。

首先,SAP 支持目前所有流行的移动平台和形状参数(智能手机和平板电脑),在各类平台上运行的应用,以及功能手机[○]。

其次,SAP 支持快速移动部署,通过 SAP 移动应用合作伙伴计划,SAP 商店(store.sap.com/mobile)提供来自 SAP 和合作伙伴的移动应用,供数十万个客户进行查看、购买和部署。对于合作伙伴开发的应用,SAP 负责测试和认证,然后上架到 SAP 商店,保证给客户提供货真价实的应用。这些合作伙伴的应用涵盖了所有行业的业务,有些甚至可以和 SAP 的解决方案进行竞争——SAP 认可这种做法,因为最后的目标都是给客户提供最好的应用。

○ 虽然智能手机已经得到了广泛应用,但是在特定的地区功能手机依旧发挥着巨大的作用。以南非为例,有很大比例的人从来没见过银行。当地的银行在 SAP 的帮助下开发了移动应用,让银行工作人员使用 iPad 上的应用程序,为客户在几分钟之内开户。然后客户就可以使用功能手机上的短消息功能进行银行交易。这背后的支撑技术就是 SAP 的移动平台。

图 5-12 SAP 拥有最广泛的、端到端的移动解决方案

在中间件层，SAP 提供了以下解决方案：
- SAP 移动平台，它提供了认证、连接和管理的功能。
- SAP 移动平台开发工具，它可以实现更快的应用开发，并使用最新的技术，如三维可视化和应用内嵌分析。SAP 的移动平台是一个开放的平台，这意味着客户可以使用他们选择的集成开发环境（根据他们的技能和经验选择），以及第三方的 SDK 进行开发。
- SAP 的企业级移动管理（Enterprise Mobility Management，EMM）套件，这是 SAP 的移动和安全管理套件，用来完成移动平台上的安全管理、软件分发、内容管理等功能。
- 这里的 M2M 平台是 SAP 与合作伙伴联合开发的，用来处理 M2M 数据的汇总、分析和相关的一些解决方案。

5.5 技术发展主线三：云计算技术

5.5.1 云计算平台

按照维基百科的定义，云计算（Cloud Computing）是一种基于互联网的计算方式，通过这种方式，共享的软硬件资源和信息可以按需求提供给计算机和其他设备。云计算是继 20 世纪 80 年代大型计算机到客户端－服务器的大转变之后的又一种巨变。用户不再需要了解"云"中基础设施的细节，不必具有相应的专业知识，也无需直接进行控制。云计算提供了一种基于互联网的新的 IT 服务增加、使用和交付模式，通常涉及通过互联网来提供动态易扩展而且经常是虚拟化的资源。简单来说，云是根据用户需求将 IT 技术转化为服务的一系列规则、技术及业务模式。

按照目前最常用的定义，云计算有两种部署模型：

- 公有云（Public Cloud）：通常指第三方提供商为用户提供的能够使用的云。公有云一般可通过互联网使用，可能是免费或低成本的。最典型的例子就是 Google 搜索服务与网络地图、Youtube 视频或社交网站 Facebook 等。它们的共同特色就是将个人数据从私人计算机移到公开式的云计算系统上，且免费开放给任何人使用。这些网络数据由提供公有云的供应商负责维护与保护，让网络客户可以随时随地使用计算机、手机、笔记本或 PDA 等上网工具，轻松地取得与分享数据。
- 私有云（Private Cloud）：是供一个企业客户单独使用而构建的，因而可以提供对数据、安全性和服务质量的最有效控制。该企业拥有基础设施，并可以控制在此基础设施上部署应用程序的方式。私有云可以部署在企业数据中心的防火墙内，也可以部署在一个安全的主机托管场所。
- 混合云（Hybrid Cloud）：混合云是公有云和私有云的混合。混合云有助于提供外部供应所需的扩展。例如，在私有云里实现存储利用、数据库和服务处理，同时，在无须购买额外硬件的情况下，在需求高峰期充分利用公有云来满足数据处理需求。同时，混合云也为其他目的的弹性需求提供了一个很好的基础，比如，灾难恢复。这意味着私有云把公有云作为灾难转移的平台，并在需要的时候使用它。这是一个极具成本效应的理念。另一个好的理念是，将公有云作为一个选择性的平台，同时选择其他的公有云作为灾难转移平台。

按照云计算提供的服务内容，通常可以用"X 即服务"（X as a Service）的名称来命名。X 可以是 Desktop（桌面）、Security（安全）、Data（数据）、Software（软件）、Platform（平台）、Infrastructure（基础架构）、IT（信息技术）、Testing（测试）、Hardware（硬件）、Computing（计算）、Database（数据库）和 Storage（存储）等。其中最常见的是：

- Software as a Service，软件即服务，简称 SaaS，其作用是将应用作为服务提供给客户。
- Platform as a Service，平台即服务，简称 PaaS，其作用是将一个开发平台作为服务提供给用户。
- Infrastructure as a Service，基础设施即服务，简称 IaaS，其作用是将虚拟机或者其他资源作为服务提供给用户。

现今，一些企业已经在某些企业应用和分析应用上使用基于云计算的软件。在工业 4.0 下，更多的与生产相关的企业将需要跨越不同的地点和公司边界以提高数据共享。与此同时，云技术的性能将会得到改善，达到几个毫秒的响应速度。其结果是，机器数据和功能将更多地被部署到云端，为生产系统实现更多的数据驱动的服务，甚至那些进行监控和控制的流程也会变成以云端为基础。

5.5.2 SAP 在 SaaS 软件上的进展

近年来，SAP 不断通过收购市场上的 SaaS 软件企业，来丰富和加强自身的 SaaS 软件的覆盖面和功能。

1. 收购 Ariba

Ariba 是一家位于美国的成立于 1996 年的老牌云端电子采购软件及服务商，在 1997 年推出了全球第一个采购自动化解决方案，1998 年推出了全球第一个电子寻源解决方案。福布斯 100 排行榜中的 94 家企业及超过 20 万家其他企业都在使用 Ariba 公司的 SaaS 解决方案来管理它们的开支和商务活动。

2012 年，SAP 以 43 亿美元的价格收购了 Ariba。通过这次收购，SAP 可以提供行业领先的端到端的云端采购解决方案，并且在企业之间基于云的商业网络在这一快速成长的领域中成为领导者。

在这里，端到端的云端采购解决方案是这次收购的核心。通过 SAP 与 Ariba 的联手，无论是在云端部署、客户处部署，还是两者结合部署，新的解决方案都可以帮助企业实现从询价到支付的完整采购环节（见图 5-13）。

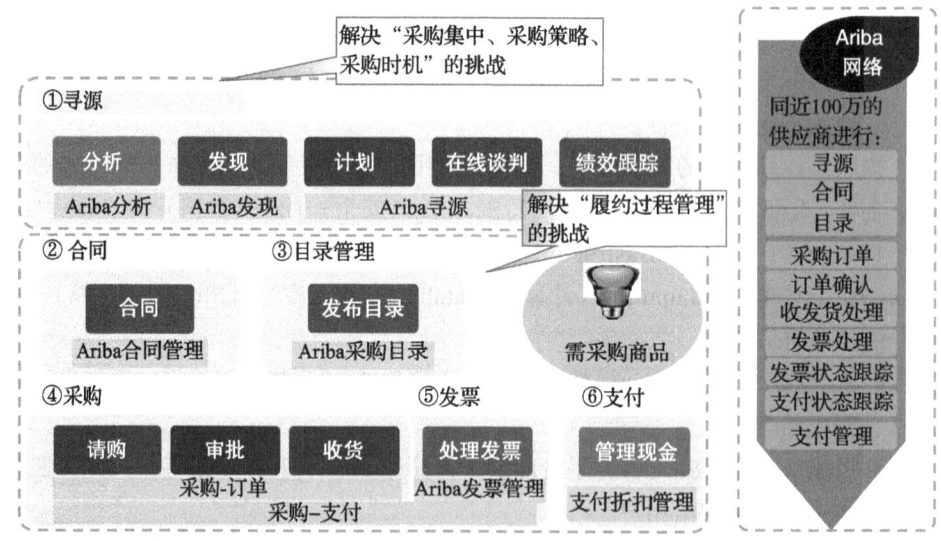

图 5-13　Ariba 商业云概览

实际上，SAP 收购 Ariba 更主要的目的是打造一个商业网络（Business Network），如图 5-14 所示。通过商业网络，SAP 可以给客户提供一个基于云的商业网络平台，在这个平台上，企业可以相互关联起来，形成特定流程下的连接，并通过这种连接进行数据的交换，同时对何种流程类型和连接下可以共享的内容进行控制，从而最终形成商业合作伙伴的社区。

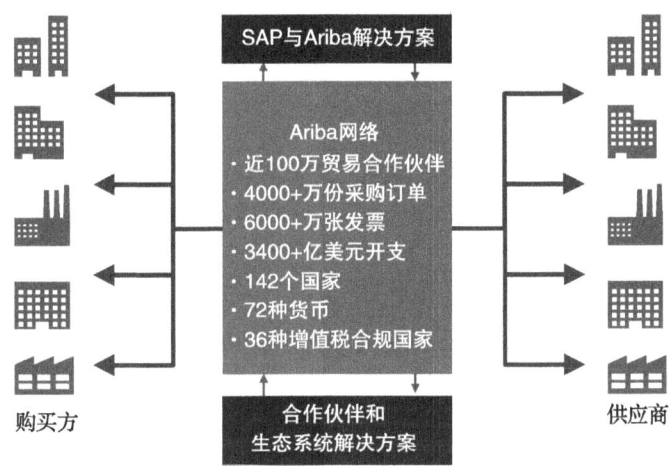

图 5-14　基于 Ariba 网络搭建的商业网络

商业网络明显要比任何一家实体企业更加强大。当前，很多的企业解决方案都是用来服务于一家企业，对企业内部的流程进行优化。通过将来自 Ariba 和 SAP 的商业网络和采购解决方案组合在一起，可以给企业提供对其支出的 360°的洞察。实际上，SAP 接下来对一些云端软件的收购都是遵循这一目标，从而不断扩大商业网络的功能。

2. 购 SuccessFactors

SuccessFactors 是一家位于美国的人力资源 SaaS 软件商。每天，全球 177 个国家和地区的 2900 万用户都在使用 SuccessFactors 解决方案。每天 SuccessFactors 平均处理的事务量超过 1.41 亿。

2011 年，SAP 宣布以 34 亿美元的价格收购了 SuccessFactors 公司。

SuccessFactors 能够为不同行业和规模的公司提供一整套价格经济、可按需选用的绩效与人才管理套件，涵盖从招聘到绩效考核、从薪酬制定到确定继任者等所有企业人力资源工作的方方面面（见图 5-15）。SuccessFactors 认为绩效管理不是单纯地为了企业短期绩效，更应该从企业战略角度，通过某种方式和机制，使企业战略能够有效执行，投资获得更好回报。

2014 年 8 月，SAP 宣布与中国电信旗下中国通信服务股份有限公司（简称中国通信服务）联手建立的中国数据中心正式启动运营，面向中国用户提供 SuccessFactors 公有云解决方案。该数据中心部署在中国电信上海分公司，由 SAP 与中国通信服务成立的合资企业中数通信息有限公司托管运营。

图 5-15　SAP SuccessFactors 提供了端到端的员工全生命周期管理套件

3. 收购 Fieldglass

2014 年，SAP 宣布收购聘请和管理临时雇员与服务的技术供应商 Fieldglass。Fieldglass 公司成立于 1999 年，其产品主要是基于云计算的供应商管理系统（Vendor Management System，VMS），可以使雇主能够更好地管理他们的灵活劳动力，包括临时雇员、工作项目状况、独立承包商以及专业人才库，还可以迅速地激励雇员并使他们尽快入职，以快速满足业务和客户的需求。这些功能与传统的 VMS 相比，具有明显的差异化竞争力（见图 5-16）。

图 5-16　SAP Fieldglass 的特点

并购后，Fieldglass 将与上面介绍的在线商务软件 Ariba、人力资源软件 SuccessFactors 进行整合。Fieldglass 市场领先的 VMS 解决方案与 SAP 整合之后，可望改变劳动力管理市场。它将有助于 SAP 提供一套更加灵活而全面的解决方案，帮助雇主管理整个员工队伍，并为他们提供全雇佣周期的人才管理服务，包含招聘、入职、发展、绩效管理、人才保留以及退休。

4. 收购 Concur

Concur 是一家企业差旅开支 T&E（Travel & Expense）管理软件供应商，其产品是一套基于云的解决方案，在 150 个国家有 3 万家客户和 2700 万用户（见图 5-17）。在 2014 年，该公司被 SAP 用 83 亿美元收购。

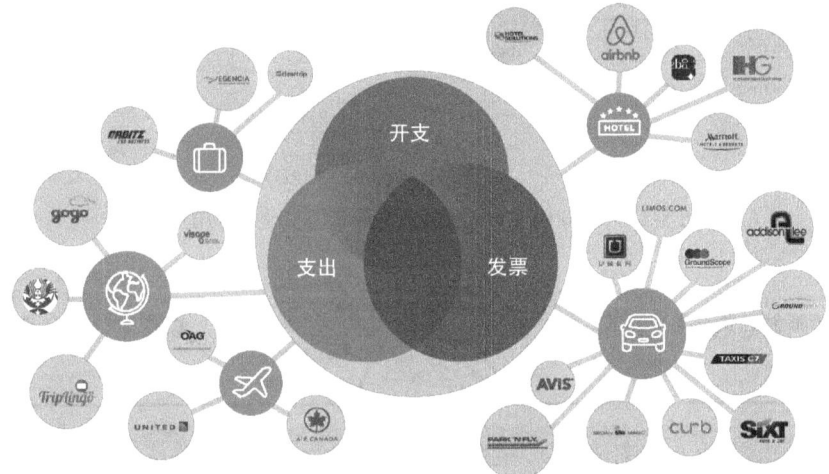

图 5-17　Concur 的生态系统

T&E 针对的是一个 1.2 万亿美元的企业差旅市场，里面有差旅购买者以及全球差旅生态系统，后者包括供应商、差旅管理公司、在线差旅代理、全球分销系统和各种 APP 的开发商。Concur 的收购扩展了 SAP 已有的商业网络。通过将 Concur 与 Ariba、Fieldglass 商业网络合并，可以加强、补充 SAP 商业网络在这一市场中的地位。

通过针对 Ariba 等公司的这一系列收购，SAP 基本上完成了对不同支出类型的全覆盖。也就是说，SAP 商业网络可以涵盖各种类型的支出。图 5-18 是对全球前 2000 家大企业的资本和运营支出的分析，按照差旅支出、生产性物料与供应链、非生产性物料与维护 / 维修 / 运行（MRO）、临时用工与临时服务等四大类进行统计，其比例分别为 7%、26%、21% 和 46%。

通过 SAP 先后收购的云端产品——Ariba、SuccessFactors、Fieldglass、Concur，以及 SAP 的 S/4 HANA 产品（将在后文加以介绍），SAP 可以帮助企业搭建一个完整的采购和供应商协同网络，覆盖各类支出，并与供应商进行实时协同。更加重要的是，在这个网络上，已经有 160 万家企业，每年的交易额达到 6000 亿美元（见图 5-19）。

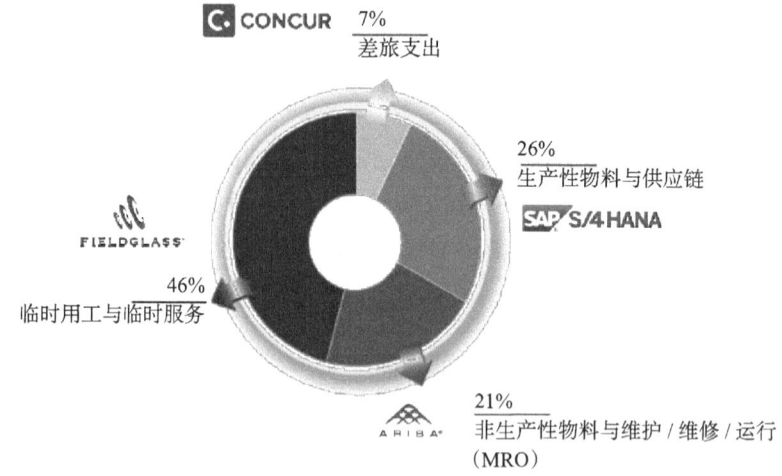

图 5-18　全球前 2000 家大企业的资本和运营支出分析

图 5-19　SAP 搭建了全球最大的商业网络

5.6　技术发展主线四：S/4 HANA

SAP 的下一代商业套件——SAP Business Suite 4 SAP HANA，又称为 SAP S/4 HANA，是一个支持创新的平台。它让有远见的商业领袖为他们的企业释放真正的业务创新的力量，并且能够主动地重新构想和塑造企业的未来。

那么，什么是 SAP S/4 HANA 呢？SAP S/4 HANA 是 SAP 的下一代商业套件。这是一个完全建立在 SAP HANA 平台上的全新产品，使用 SAP Fiori 用户体验进行设计。SAP S/4 HANA 实现了大量的简化（数据模型、用户体验、决策和商业流程）和创新（可用于 IoT、大数据、业务网络、移动优先），帮助企业实现对业务的重新改造。SAP S/4HANA 将为客户带来新一轮的创新热潮，就像当年从 SAP R/2 向 R/3 转变一样。如图 5-20 所示，SAP 从 1972 年发布 R/1 以来，一直使用的是基于传统的关系型数据库，直到 2012 年，SAP 的商务套件可以支持包括 SAP HANA DB 在内的各种数据库。从 2013 年开始直至 2015 年推出的 S/4 HANA，完全运行在 SAP HANA 数据库上，并从企业内部部署逐渐过渡到云端部署。

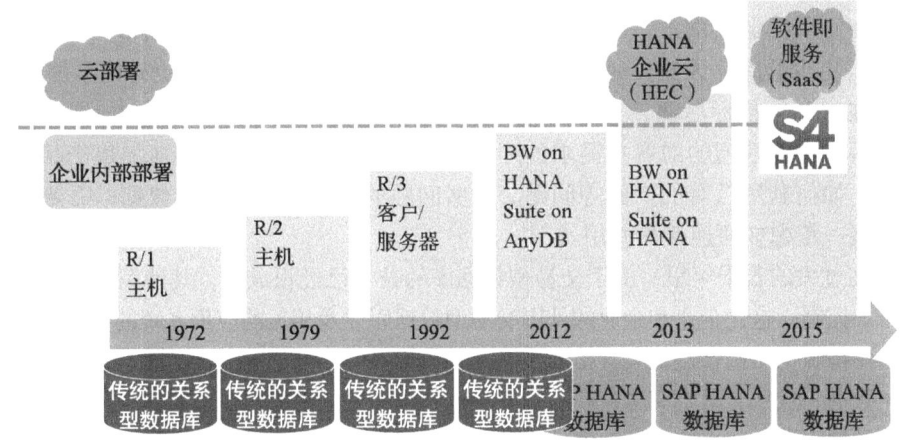

图 5-20　S/4 HANA 是 SAP 系统的又一次革命

从业务的角度来看，SAP S/4 HANA 的价值主张是：SAP S/4 HANA 为企业提供独特的机会以重塑业务模型，驱动新的收入。

- 让与人、设备、商业网络之间的联系更加简单，从而为客户提供新的价值——让物联网和大数据可以被其他任何业务容易地访问到。
- 极大地简化客户的业务流程，并将其按照需求进行改造，以达到一个新的效率境界——不再需要任何的批次概念。
- 业务用户可以实时地从任何地方的任何数据中获取洞察：计划、执行、预测、模拟——所有的这些都可以在一瞬间之内完成，以便迅速地对业务发挥作用。

从 IT 的角度来看，SAP S/4 HANA 的价值主张是：SAP S/4 HANA 为企业提供独特的机会以简化 IT 布局。

- 通过一个系统中的更大数据集，可以明显地减少数据"占地"和相关的工作——这样可以节省硬件成本、运作成本和时间。
- 在一个开放的平台上，创新变得更为简单，从而实现高级的应用——包括文本、地理空间数据，并保护现有的投资。
- 基于现代设计的原则，实现简单的和基于角色的用户体验，降低培训的工作量，并提高生产率。
- 可以选择不同的部署方式：独立部署、云部署，甚至混合方式，为用户带来更加方便的使用。

S/4 HANA 究竟会为不同的行业带来什么业务价值？下面让我们以汽车行业为例来加以说明。

目前，汽车工业作为一个在全球发展相对成熟的行业，已经形成了相对固定的竞争格局。一些表现优秀的企业，在以下三个指标上表现得较为优异：

- 更快的产品上市时间：通过与更大范围的产品设计和工程团队建立实时的协作。
- 更低的制造成本：消除制造浪费，并实现物流与生产之间的同步。
- 更少的库存天数：通过集成多层级的全球供应网络，实现更好的掌握。

在这三个指标后面，有很多的相关问题。例如以更快的产品上市时间为例，其背后就有一系列的对客户需求的理解、对全球经济的把握、如何加快产品开发周期、如何利用已有的产能等问题。这些问题的背后，是大量的数据，需要汽车企业逐一考虑如何连接和使用。

在过去的若干年里，由于交易型数据库的技术已经很成熟，其使用较为随意并且未加控制，这让企业和企业的外围交易型数据库以及相关的应用系统的数量不断增长，使得数据结构日益复杂。由于数据源和数据量的不断增加，会导致严重的延迟问题。数据一旦从交易中产生，就会被复制到几个不同的地方供生成报表来使用。这种不断的抽取和处理，造成了数据的大量繁殖，不可避免地导致了数据更新的延迟，延缓了响应速度。而来自不同源头的数据被同时推给用户，也会造成使用上的问题。

目前的局面，对于 IT 来讲，正好处于一个有利支点，可推动创新业务的发展。目前，在业务中实际上已经逐步形成了一些以数据为导向的新的业务模式或业务创新的共识，它们大多与大数据、移动等新技术相关。但是限于现实中碎片化的数据结构和数据存储，对于不同的业务创新点，需要使用不同的数据存储和分析处理技术。在目前各种业务紧密联系在一起的现状下，这更加增大了复杂性。即便 IT 提出了一些局部的改进和优化，也无法实现对业务的实时支持（见图 5-21）。S/4 的出现无疑给企业提供了一种新的解决思路。

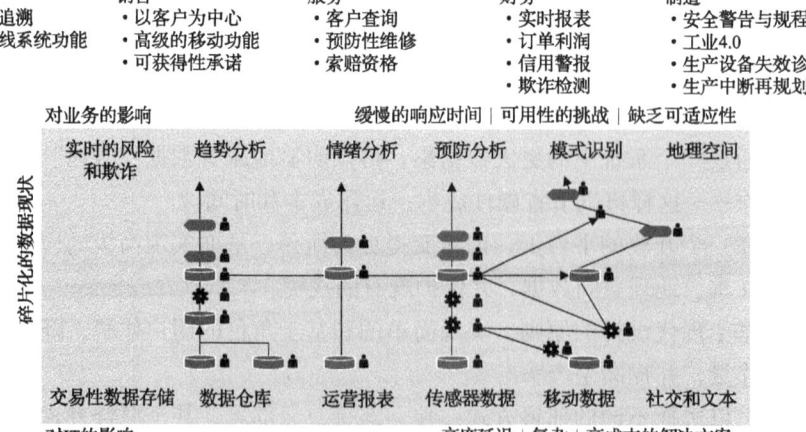

图 5-21　碎片化的数据现状对业务和 IT 造成了负面的影响

5.7 快速搭建面向工业 4.0 的企业的新一代数字化平台

当所有的人都在教育客户如何搭建数字化框架的时候，SAP 基于成熟的解决方案和可信赖的合作伙伴，构造了一个实用的框架。通过大量的创新和收购，SAP 将这一全面的数字化平台展示在客户的面前。

这个平台以 S/4HANA 为数字化核心，延展出四大支柱，包括基于 SAP Fieldglass 和 SuccessFactors 的工作交流，基于 SAP Fieldglass、Concur 和 Ariba 的供应商协同与商业网络，基于 SAP HANA 云平台的大数据与物联网、基于 SAP C4C 和 Hybris 的客户体验与全渠道。

每一家企业都能够通过这里的四大支柱实现数字化战略：
- 基于产出的客户体验。
- 重新构筑核心商业流程的平台，将业务流程与分析实时地结合起来，让其更加智能、快捷和简单。
- 在所有的员工和合同工中实现更加聪明、交流更加紧密的工作方式。
- 通过供应商的协作来加快成长和创新。
- 使用物联网和大数据来驱动实时的洞察与新的业务模型。

在 SAP 的以 S/4HANA 为数字化核心的支持下，可以很快地搭建出实现目前数字经济里常见场景的完整方案，例如包括基于 HANA 的物联网设备接入、基于全渠道商务的客户体验、基于商业网络的供应商协同，以及基于 S/4HANA 套件的各类财务、仓储、预测性洞察等应用。S/4HANA 作为整个系统的核心，起到了接收和处理大数据、与外部云系统和自建电商系统对接、完成内部业务流程、适配 PC/手机/平板等多种界面的功能。由于所有的这些系统都建立在 SAP 的 HANA 平台上，所以可以最大限度确保系统之间的无缝对接和快速响应。SAP 的数字化业务框架如图 5-22 所示。

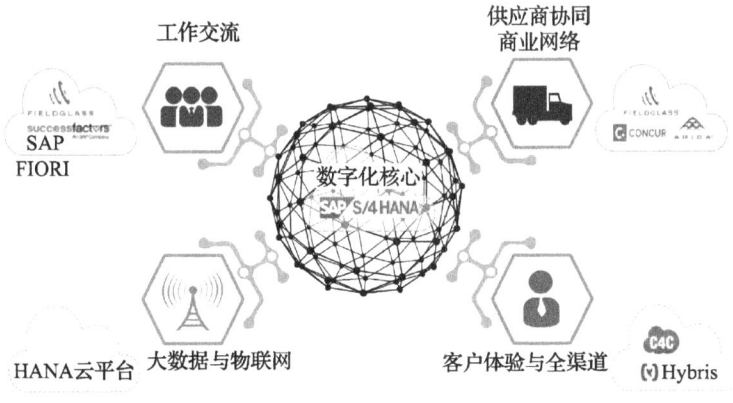

图 5-22　SAP 的数字化业务框架

如图 5-23 所示是一个车联网环境下的应用场景。今天的汽车机油更换采取的是一种典型的预防性维修的做法，无论机油的状况如何，一律要求在固定的时间或固定的里程后更换。而厂家从安全和售后服务收入的角度来考虑，也倾向于采取保守的时间或里程间隔。实际上这对于客户来说必然存在浪费和价值损失。按照预测性维修的要求，应该能够预测出合适的时间点进行保养。假设汽车厂商在车辆上安装传感器，可以实时地测量机油数据，并不断地将数据发送给原厂以进行预测性分析计算。在等到接近更换机油的最佳时间点，给客户推送提醒消息，并进行交叉销售。等客户进行网上订购和支付后，启动物流，运输相关的油品和配件，并配合客户在网点进行维修，最后给客户发来累积消费积分的消息。这样一个包含"传感器"+"物联网"+"电子商务"+"线下执行"+"客户忠诚度"等功能点的流程，按照传统的方案，需要比较复杂的构架和较长的开发周期。

图 5-23　一个车联网环境下的"传感器"+"物联网"+"电子商务"+"线下执行"+"客户忠诚度"的例子

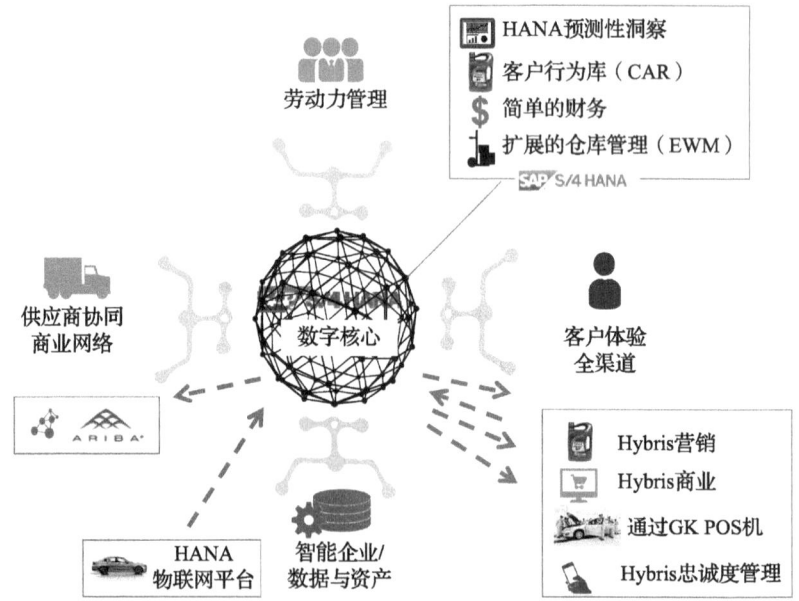

图 5-24　以 SAP S/4HANA 为核心，快速打造新的数字化平台

如图 5-24 所示，在 SAP 的以 S/4HANA 为代表的一整套方案的支持下，可以很快搭建出满足图 5-23 中一连串场景的完整方案，包括基于 HANA 的物联网设备接入、基于全渠道商务的客户体验、基于商业网络的供应商协同，以及基于 S/4HANA 套件的各类财务、仓储、预测性洞察等应用。S/4HANA 作为整个系统的核心，起到了接收和处理大数据、与外部云系统和自建电商系统对接、完成内部业务流程、适配 PC/ 手机 / 平板等多种界面的功能。由于所有的这些系统都建立在 SAP 的 HANA 平台上，所以可以最大限度地确保系统之间的无缝对接和快速响应。

5.8 案例分析：美国 CenterPoint 公司的 SAP HANA 之旅

5.8.1 公司简介

CenterPoint 公司的前身是 1866 年在美国得克萨斯州的休斯顿成立的一家煤气照明公司。经过多年发展和整合兼并，直至 2002 年正式更名为 CenterPoint 能源公司，其业务主要包括电力输配，以及天然气输配、销售和服务。目前，CenterPoint 是全美第三大电力和天然气混合提供商。

CenterPoint 的电力主要供应以休斯顿为中心的 5000 平方英里⊖的区域，共计 220 万家客户。天然气的供应主要覆盖六个州，它们分别是阿肯色州、路易斯安那州、明尼苏达州、密西西比州、俄克拉何马州和得克萨斯州（简称得州）。天然气的销售和服务则覆盖了 20 个州的 2.5 万家客户。2014 年，CenterPoint 的收入为 92 亿美元，净利润为 6 亿美元。

5.8.2 美国得克萨斯州电力市场概况

自然垄断理论认为，电力、电信、铁路运输和自来水等基础设施产业具有自然垄断的性质。规模经济的存在使得这些行业在生产上存在边际成本下降的现象，在这种情况下，传统观点认为允许垄断可以带来更高的经济效率。出于这种考虑，大型电力企业实现与输电和配电的结合，被认为会降低运营成本，提升运营效率。

在 20 世纪 70 年代，由于石油危机等原因，美国的能源安全问题凸显，电力行业的运行成本也迅速上升，从客观上需要发展更灵活的机制，从而允许非垄断企业拥有的低成本发电厂进入发电市场，以降低电力系统的运行成本，也允许掌握可再生能源发电技术的公司参与发电市场，这就直接导致了发电市场的开放。然而，独立发电商的迅速发展对美国电力体制改革提出了新的要求，因为传统的

⊖ 1 英里 =1.609km。——编辑注

特许垄断经营体制已经不能适应发电部门的竞争要求。尤其是垂直一体化的垄断企业既参与发电市场的竞争，又掌握着关键的输、配电网络，这样就难以保证发电市场竞争的公平，这直接导致了电力市场改革的深化。

CenterPoint总部所在地得州的电力市场是美国的五大电力市场之一，也是最早开放零售侧竞争的电力市场。早在1999年，得州的立法机构就通过了法案，要求所有的上市电力公司都要分拆为三个独立的公司，即发电公司、输配电公司和电力零售公司。同时，得州还成立了专门的电力交易市场，这是全美最早开放的电力交易市场。

在交易市场的批发环节中，发电商、零售商和电力买卖商既可以通过双边合同买卖电，也可以通过实时能源市场（由电力零售市场按能源市场价格为市场参与者进行结算）进行实时交易。在交易市场的零售环节中，电力用户可以自由地选择自己的零售电力供应商。图5-25描绘了在这一特殊的电力市场结构下居民用电的成本构成。其中的CenterPoint是作为输配电企业来描绘的。但实际上，CenterPoint自己也有从事电力销售的专门公司。

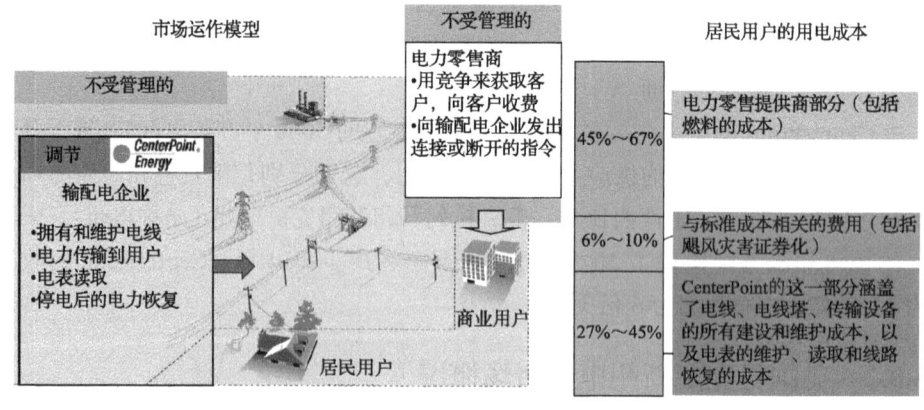

图5-25　得州的电力市场竞争

对于CenterPoint来说，其核心的业务诉求主要分为两大块，一块是如何让客户感觉到满意（售电），另一块是如何让设备稳定运行（输配电）。SAP HANA在这两块里都扮演着十分重要的角色。

5.8.3　SAP HANA帮助CenterPoint提高客户管理水平

CenterPoint在获取新的客户和保留目前数百万客户方面可谓用心良苦。CenterPoint针对所有客户可能接触到的渠道，制定了一个详尽的覆盖方案，并使用SAP CRM来加以实现。由于CenterPoint从事电、气的供应和服务，用电的客户与用气的客户之间有重叠的情况，所以CenterPoint希望将两种不同的能源产品打造为一个唯一的品牌,用来面向产品上相互重叠的客户群,以及随之而来的服务,并且能够满足客户对于所接触渠道的偏好。图 5-26 是 CenterPoint 总结的客户群的接触渠道和偏好。

图 5-26 CenterPoint 的客户群接触渠道及偏好

很自然地,CenterPoint 想到要提高客户的体验,无论这些客户采用哪一种渠道与 CenterPoint 进行沟通——邮件、Web、互动式语音应答还是呼叫中心。挑战在于 CenterPoint 之前有三套客户交互系统:一套是供电力客户使用的,这是一个陈旧的基于主机(Mainframe)的系统;另一套是供燃气客户使用的,这是一套使用 SAP 电力解决方案的呼叫系统;第三套也是一套基于主机的系统,用来承担家庭设备保修和维护等服务。这种状况对于客户的满意度来说是比较糟糕的做法,在电力客服线路繁忙的时候,燃气客服可能很闲。此外,由于客户的数据也分布在不同的三套系统中,所以也难以形成 360° 的客户全方位视图。CenterPoint 希望将这三套系统进行整合,即由一个坐席人员就可以处理各种业务。CenterPoint 通过实施基于 HANA 的 CRM Web IC,实现了无论是何种客户拨入之后,CenterPoint 的坐席人员都可以通过同一个界面来应对,并且只需要在界面上进行一次单击,就可以在不同种类的客户业务服务之间进行来回浏览与操作。

事实上,如果只是实现坐席界面的整合,SAP HANA 的好处可能还不能充分地发挥出来。CenterPoint 通过 HANA 技术来预测为什么客户会拨进这个电话。当客户打进电话的时候,HANA 会对客户的记录进行扫描,预测客户为什么要打这个电话,并将预测的结果发送给互动式语音应答(Interactive Voice Response,IVR)。这一功能在 SAP 中是通过一个预测性分析引擎(Predictive Analytic Engine,PAE)来实现的。PAE 从七个系统中进行数据分析,针对八大领域(见图 5-27),在电话拨入的时候进行分析。

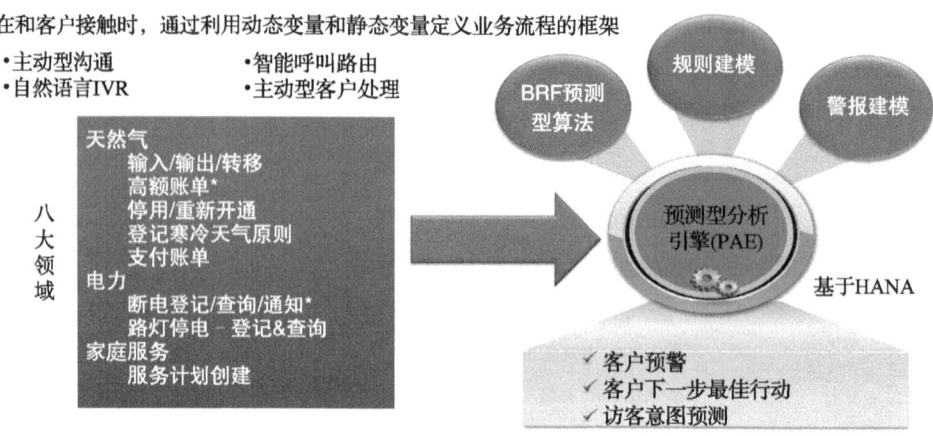

图 5-27　CenterPoint 使用预测型分析引擎来预测客户打电话的原因

通常情况下，在 IVR 中会给客户提供固定的菜单式选择。如果 HANA 发现客户有一张未支付的账单，那么 IVR 不会重复固定的菜单，而是会直接问客户"我看到你有一张未付的账单，你现在是想付款吗？"同时，预测的结果以及相应的链接也会直接发给坐席人员，这极大地加快了坐席人员的响应速度（见图 5-28）。实际上，这套预测的流程在使用 SAP HANA 之前已经存在，但在传统的数据库下，需要耗时 90 秒，这基本上已经超出了客户的耐心极限。现在通过使用 SAP HANA，预测只需要 1 秒，客户完全没有等待的感觉。

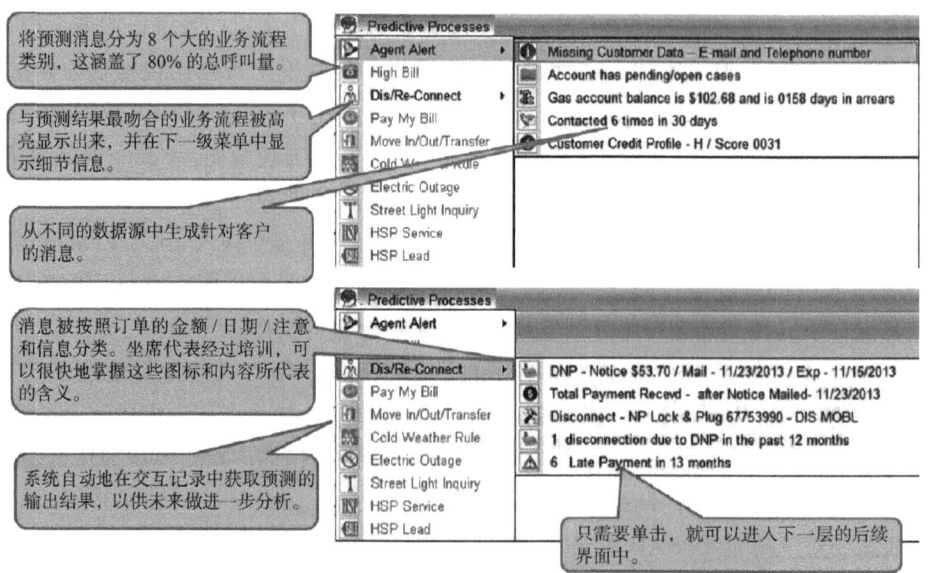

图 5-28　基于 HANA 的 SAP CRM 提供了预测引擎和对应的操作

除了 CRM 的这些前台操作之外，引入 SAP 的另一大好处是极大地加快了 CenterPoint 对客户进行细分的分析过程。在引入 HANA 之前，从几个不同的系统中进行数据整理，需要花费数周的时间。现在 CenterPoint 第一次有了一个单一的真实数据来源，可对销售商机、活动、市场营销的效率和结果进行分析。通过 SAP 提供的基于 HANA 的细分构筑器（Segment Builder），CenterPoint 可以在数分钟之内对大约 5 百万名客户进行不同属性和维度组合上的细分，其中 90% 以上的属性数据都是直接从源系统中抽取来的，如图 5-29 所示。

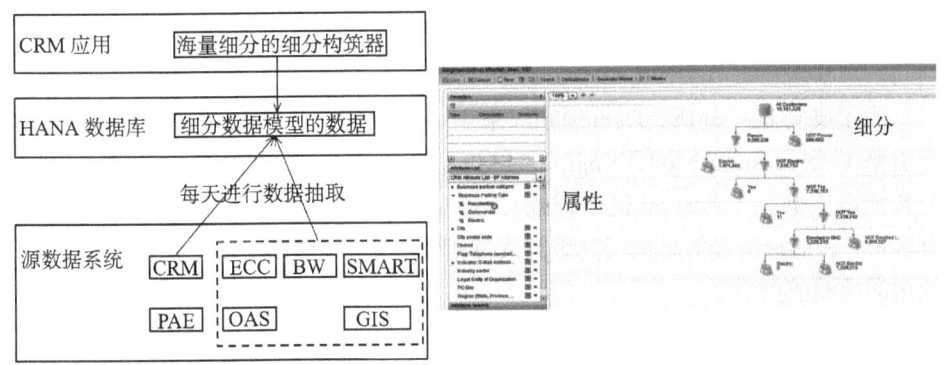

图 5-29　CenterPoint 的客户细分

5.8.4　智能电网负载分析

CenterPoint 在智能电网的应用上走在了其他企业的前列。从 2007 年开始，CenterPoint 就开始对电力供应网络进行数字化。在后续 5 年内，CenterPoint 投资约 7.5 亿美元，升级包括仪表、开关在内的发电厂的设备。它开发的工具被安装在通过电力线实现的宽带网 BPL 上，收集和传输实时使用或超负荷的点等信息。

通过应用新的无线通信技术，CenterPoint 研发出了一款智能电表的产品。居民可以通过手机与电表对话，远程控制家用电器，从而做到不在家时也能将电器调到节能状态，快到家时把空调打开，这样既节能，又满足舒适需求。另外，居民还可以用电表预先规划用电时段，减少峰值用电和电费开支。有了更详细的使用信息，居民可能会改变他们的消费模式，以节省电费。

对于 CenterPoint 来说，智能电表的应用也减少了抄表的出车量，通过自动读表也加快了开通和停用订单的处理速度。数字化的设备和相关软件还将使 CenterPoint 或其他电力零售商推出更多的服务，例如推出与使用时间有关的价格，这将使它们能够更好地管理居民的用电需求。在 CenterPoint 电力网络上完全升级到数字设备的成本是每家客户每月 2.5 美元。CenterPoint 正在与监管机构进行相关谈判。

CenterPoint 在 42 个月里就部署了 230 万部智能电表。这些电表每天读取 2.2 亿次数据（每隔 15 分钟读取一次），每年要读取 780 亿次数据，数据的准确传输率在 99.9% 以上。

有了这些数据，CenterPoint 可以做很多以前没有办法做的分析。在此之前，负载分析只能基于分级随机选择的居民样本、少部分商业客户和所有的工业客户进行。现在有了智能电表提供的大数据，就可以进行更为实时、准确和全面的分析，还可以对用电负载与天气、用户行为等因素之间的相关性进行判断。

为了支持这一分析，CenterPoint 采用 SAP HANA 平台，设计了一个预测模型引擎（Forecasting Model Engine，FME）。使用 FME，可以对每隔 15min 取样的智能电表数据（大约 50 亿条记录）、天气数据（1 年历史）、客户信息（约 230 万客户）和地理位置信息进行高级算法分析和预测。如图 5-30 所示是 CenterPoint 使用的预测模型引擎。

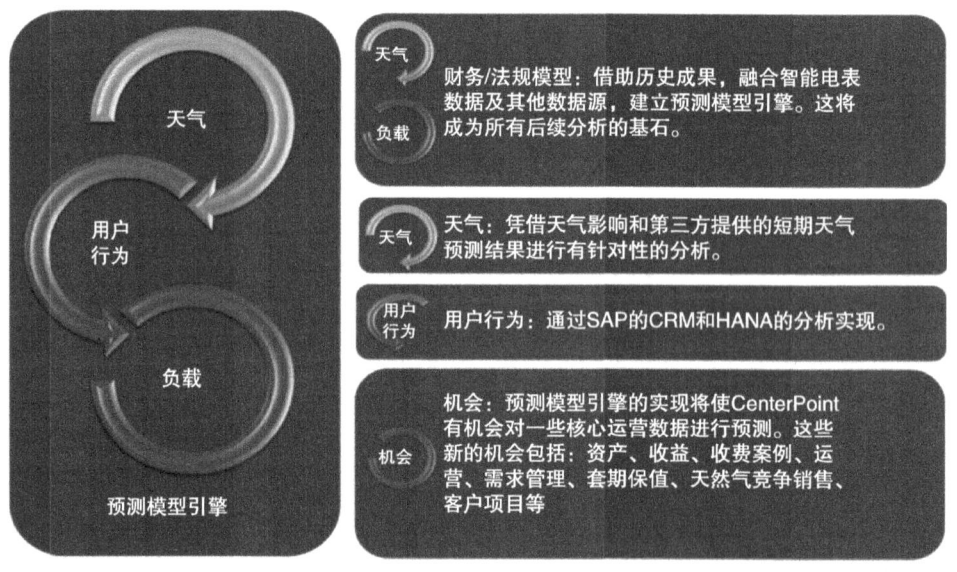

图 5-30　CenterPoint 的预测模型引擎

通过 FME，CenterPoint 可以对客户的行为方式与天气和其他外部因素之间的关系进行研究，从而更好地识别出电力消费行为背后的原因，以做到未雨绸缪。这里的分析是基于数百万客户颗粒级别的智能电表数据做出的，具有很高的实用性（见图 5-31）。

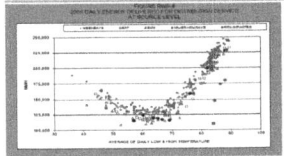

图像识别：洞察消费行为

利用 HANA 分析数百万客户颗粒级别的智能电表数据，判断其独有的使用模式

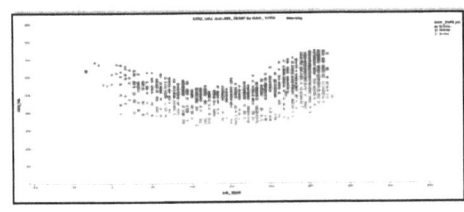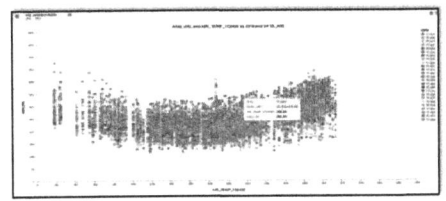

图 5-31　CenterPoint 使用对客户消费行为进行大数据分析

5.8.5　智能电网 IT/OT 融合

在 2015 年德国汉诺威举行的 CeBIT 大会上，CenterPoint 宣布了采用 SAP 与 Accenture 联合开发的 IT/OT 集成解决方案，其目标是改进电力企业对其输配电设备和资产的管理与维护。这里所谓的 IT/OT 集成，其实就是业务数据与传感器数据的整合，并加入一些外部的数据，再输入到 SAP HANA 云平台上的统一数据模型中。无疑，前面介绍的基于 SAP HANA 的业务数据的分析，可以结合进 IT/OT 融合的项目中来。其主要用途包括：

- 资产健康管理。
- 预测性维护。
- 紧急事件/停电管理。
- 需求响应管理。
- 虚拟电厂。
- 电网结构分析。
- 消耗与负载分析。
- 泄露与欺诈管理。

为了满足这些要求，需要有一个平台，这个平台要做到：

- 整合来自各方面的数据。
- 大数据的处理。
- 支持空间数据。
- 支持实时或准实时流程。
- 简化系统的整体布局。
- 支持新的业务场景。

无疑，SAP 的 HANA 平台可以很好地满足这些要求。事实上，上述要求中的大部分在本章前面介绍 HANA 技术的时候已经有了介绍。这里再对空间数据进行一下补充。所谓的对空间数据的支持，是指直接在数据库中存储、处理、维护、分享和抽取空间数据。HANA 可以让企业将其空间数据和业务数据一同存储在 HANA 中，从而方便地进行诸如计算距离、判别地理对象的交集部分与并集部分等操作。HANA 将这些与空间计算相关的功能捆绑成为一个所谓的"空间引擎（Spatial Engine）"，它和 HANA 的其他引擎，如预测、计划和文本搜索等一同，能让用户使用复杂的算法来解决业务问题。对于电力企业这种具有资产在地理上广泛分布特点的用户来说，HANA 无疑是一个非常具有吸引力的 IT/OT 集成解决方案。

Chapter6 | 第 6 章

SAP 的物联网和工业 4.0 战略与解决方案概览

物联网将永远改变个人和职业上的生活。在由数量不断增长的互联设备构成的网络中嵌入的智能程序，不断地将人、业务与其他所有的事物联系起来，最终让全球经济变成网络化的经济。物联网也是工业 4.0 的重要支撑技术，它可将设备、产品乃至人用互联网的形式连接起来，建立起一个信息实时动态交互的物联网环境，以及虚拟世界与物理世界的映射。

本章将对物联网的趋势、机遇和技术加以介绍，并讨论 SAP 的物联网和工业 4.0 解决方案如何提供互联的事物、人和设备所需要的功能，以优化企业的流程和运营。同时，本章也给出 SAP 的工业 4.0 数字化解决方案的概览，这也是接下来第三篇将要重点介绍的内容，也是全书的核心内容。最后在案例分析中，结合美国的哈雷·戴维森摩托车公司的大规模定制生产重生之路，介绍 SAP 工业 4.0 解决方案的实际应用。

6.1 SAP 对物联网的理解

6.1.1 网络经济

在 IT 界，梅特卡夫定律（Metcalfe's Law）常常与摩尔定律（Moore's Law）相提并论。如果说摩尔定律是信息技术的发展规律，那么梅特卡夫定律就是网络技术的发展规律（见图 6-1）。梅特卡夫定律的内容是：网络价值与用户数的平方成正比。网络使用者越多,价值就越大。如果电话网上只有两部电话,那么拥有一部电话的价值就会很低。但是当网络上有数十亿部电话的时候,拥有一部电话就足以让电话的所有者相比于他的祖辈,享受一种有很大区别的不同人生。

20世纪90年代以来,互联网不仅呈现出一种超乎寻常的指数增长趋势,而且爆发性地向经济和社会的各个领域进行广泛的渗透与扩张。计算机网络的数量越多,它对经济和社会的影响就越大。换句话

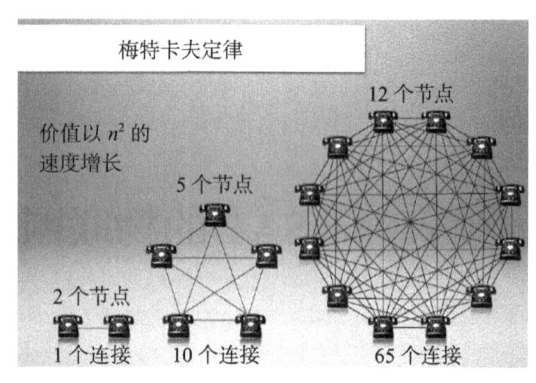

图6-1 梅特卡夫定律

说,计算机网络的价值等于其节点数量的平方。梅特卡夫定律揭示了互联网的价值随着用户数量的增长而呈二次方程式增长的规则。社交网络就是这样一个典型的现象。Facebook最初只是为了让学校里的学生进行在线联系,但到今天为止,它已成为互联网上的核心应用之一。它作为大学里的一种时尚存在,变成了一种回忆。

如果向前跳10年,我们会发现企业界也遵循同样的原则,它们通过互联网上以亿计算的链接来创造价值。例如,互联网上的专业人才网络使得人才招聘的行为变得更加容易。商业网络也变得更加繁荣,其原因也是数百万的企业将它们的供应商、客户和付款系统用网络无缝地连接在了一起,开展协同商务。最近的变化是,我们已经开始看到更多数量的传感器和智能设备被连接到了一起,用来改变商业模型和简化复杂的任务。这就是物联网,它将更多的人和商业与所有的其他东西连接在一起,形成一个织网,从而支持一个新的网络化的经济。而当这些变化与网络基础架构的改进、大数据分析和智能应用结合起来,把所有的东西都通过云连接起来,商业将会进入一个真正高度连接的时代。

6.1.2 商业用途的物联网

全球互联网的用户数量在过去的15年里得到了迅猛的发展,现在估计已经达到了近30亿的规模。但是更加激动人心的是围绕着这些互联网用户的不同类型的智能设备,它们现在也连接到了巨大的信息网络当中。尽管有不同的预测,但是许多分析师都认为到2020年,互联设备的数量将会达到500亿。

伴随着互联设备的增加,随之而来的是众多的机遇。在现代历史上,人类第一次可以实现无论产品在何处,都能为商业和消费者提供相应的洞察信息。无论是联网的烤面包机,还是联网的涡轮机,都可以对它们自己的"上下文"信息进

行分析，并且给用户提供最佳的使用建议。尽管长期以来我们都在期望着能够拥有这种"智能设备"，但直到最近在连接、传感器、实时数据处理等方面取得了巨大的技术进展和成本降低，才将这一愿望变成现实。我们从来没有像今天这样可以如此便宜、轻松且快速地将软件内置到产品当中以在线提供洞察信息。

将智能加入互联设备不断扩大的网络中的做法为全球的企业创造了显著的价值。无论到 2020 年全球究竟会有 300 亿、400 亿、500 亿还是 600 亿的互联设备，其背后的意义都是相同的：每个人做生意的方式都将因此发生改变。

至于支持这一观点的证据，可以在企业应用软件中找到。大量的企业软件分析师和其他专家已经就物联网的潜在影响做出了判断，从财务的角度来看，物联网可以带来万亿美元的价值，并且全球 50% 的行业都会受其影响。

SAP 对于这个正在不断演进的新市场，采取的是一种积极应对的策略。作为支持企业核心流程运作的应用软件的创始者，在数百亿互联设备联网之后，SAP 意识到这肯定会对客户的业务流程带来巨大变化，SAP 期望能够处于这一变化的中心。无论企业使用物联网的目的是变革物流流程、客户交互流程，还是变革内部的开票流程，采用新的物联网数据的应用程序必须能够与 SAP 解决方案进行交互。

SAP 的目标是：让物联网帮助客户，从而让他们的业务运行得更好。为了完成这一目标，SAP 的工作是：让连接云端的新一代物联网设备变得更简单。SAP 正在开发和交付新的产品，以支持客户使用联网设备产生的机器数据，对现有的业务流程进行变革。此外，SAP 还提供所需平台技术，帮助客户从头重塑用户体验。当客户生产的儿童汽车座椅可以告诉汽车用户小孩有患感冒的风险，这个儿童汽车座椅的价值肯定会发生很大的提升。具体如图 6-2 所示。

为了让客户能够顺利地用物联网开展业务，SAP 无疑需要和一大群合作伙伴一起工作。在此之前，SAP 从来没有要求这么多类型的供应商一同支持一项新的业务。尽管 SAP 的技术和应用将在这个新的业务环境中

图 6-2 物联网可以帮助我们重新构想业务流程、客户体验和人的行为

扮演一个关键的角色，SAP 也会对这个社区里一同为客户创造新的价值的成员致以深深的感谢和利益分享的机会。

本章接下来将会介绍 SAP 对这个正浮现出的技术世界的一些观点，分享以下几方面的思考：

- 需要用什么样的技术来实现强壮和令人信服的解决方案？
- 需要打造什么样的合作伙伴联盟以给企业带来价值？

- 在互联设备的新世界里可以期待什么样的解决方案？
- SAP 将如何在其生态系统、开发者社区和平台中进行投资，让软件合作伙伴在市场里交付方案，以最大化客户的价值？

6.1.3 物联网的技术构成

针对这个变得越来越重要的技术市场，在介绍 SAP 的观点之前，这里首先列出作为一家物联网解决方案提供商需要有哪些能力（见表 6-1）。

表 6-1 物联网的技术构成

技术	能力
应用系统和分析（自身必须满足互联的要求）	・针对用例（Use Case）的业务应用系统 ・设备数据的可视化显示和分析
应用系统平台	・实现应用系统的服务 ・可以访问设备数据库，以及实现核心应用系统的集成
数据平台	智能数据存储，实现对设备数据的有效获取和使用
互联性	・从连接的设备中翻译数据的中间件和协议 ・用于数据传输的互联性
末端设备（末端软件和硬件）	・具有感知和响应能力的设备 ・内嵌软件来管理末端处理和数据传输

部署任何一个智能的、互联的设备的解决方案，都需要从设备开始。在网络的末端，需要有一些数字化的硬件来搜集信息，并将信息发回来进行集中处理，或者就在末端直接处理。这样，设备就需要以一种方式连接起来——例如，通过云。只有将来自硬件的独特信号进行解释，并通过有线或无线的通路传递回中央环境，数据才算是有意义，才能集中采取行动。

除了数据传递能力之外，任何一个物联网系统还都需要具备数据存储的能力。这不仅是要存储近乎无限容量的低价值的数据，同时也要有高性能的存储，以提供实时的业务能力。

此外，物联网解决方案还需要访问新的机器数据，以及不断增长的、大量的可能是以前从未遇到过的业务信息来源，以提供真实的业务价值并满足用户的期望。

接下来的内容将解释 SAP 如何实现能够满足这些广泛需求的解决方案，SAP 期望在哪里与合作伙伴合作，在哪里与客户一起工作来实现价值。

6.2 SAP 眼中的物联网技术基础

客户使用物联网不止是为了进行监控和控制。由连通的设备带来的丰富的上下文环境，可以用来优化当前的业务流程，实现业务上的创新与新的业务模型。例如，汽车可以根据驾驶员的喜好推荐下一站。自动贩卖机的网络可以根据客户的购买历史给出实时的报价。保险公司可以根据驾驶员的真实表现给出量身订做的方案。制造商可以成规模地生产定制化的产品——称为"批量大小为 1 的制造"。企业可以跟踪和监控它们在延展的供应链上的运作。毫无疑问,无论是想象空间,还是机会,都是巨大的,但是,我们常常也会提出这样一些问题:

- 现今需要什么样的技术来利用这些不同类型的解决方案?
- 我们怎样才能把不同的设备和产品连接起来,拼成一个系统,从而帮助我们变革现有的业务模型?
- 何种类型的解决方案能帮助我们降低成本,增加销售,获得有价值的对客户的洞察。

如前所描述,来自 SAP 核心物联网应用的功能模块,可以用于不同的场合。例如,SAP 的预测维护与服务的功能可以用于远程机器监控、基于地理位置的跟踪和追踪,以及消费管理。但是从更加广泛的角度来看,SAP 的技术可以让合作伙伴和开发者基于 SAP 的 HANA 云平台建立新的水平应用与垂直应用。SAP 通过提供软件开发包(Software Development Kit,SDK),让这些新的应用以服务的方式重复利用核心的 SAP 软件或组件。合作伙伴也可以使用 SAP HANA 云平台开发基于 JAVA 的应用。

下面的章节会解释 SAP 针对物联网平台所需的技术和能力提供的方案。

6.2.1 交付物联网解决方案概述

任何一个物联网应用的开始点都是物理上感兴趣的实体:硅。在微型传感器、通信、计算机架构等领域上的进展,让制造厂商能够更轻松地将越来越多的智能传感器嵌入到日益复杂的设备中。无所不在的移动网络也可以让物体在一块巨大的地理空间中进行移动的同时保持连通。并且随着宽带通信信道的出现,以及可以将信息从起点传输到终点而特别设计的协议的应用,我们看到像洪水一般的数据从网络的边缘涌进处理中心。

对于从网络的边缘传输到处理中心的数据,必须要考虑数据通信中固有的变化——既可以是高频次的脉冲,也可以是成批次的上传。无论有没有一致且稳定的通信线路,或者是通信线路频繁中断,相应数据传输方法都必须存在。公网上基于互联网的通信技术及其标准化的不断发展,为物联网的应用奠定了基础。

尽管存在这些数据传输上的挑战,但如果数据是从一个节点数不断增加的网络中收集而来的,那么必须将它们送到一个中央地点进行处理。因此有一点很重要,就是物联网解决方案必须要具备存储大量各种类型历史数据的能力,并且可以对所接收的数据流做出实时响应。那些已经被总结并且与运营、企业决策制定相关的信息,可以保存在一个实时的数据存储中,供不同的用户快速访问。

当与业务相关的数据被存储并可供访问的时候,可以应用高级分析(包括预测分析）和机器学习技术进行处理。这些工具可以对以前未知的或被忽视的新信息进行分析，以检测模式和风险。事实上，在监控和自动化支持的基础上使用预测技术，改变了物联网这场游戏。

6.2.2 物联网的三个领域

根据 IDC 的预测，物联网在未来的一段时间里，将会表现出以下一些趋势：

- 物联网与云：在接下来的 5 年里，会有超过 90% 的 IoT 数据托管在服务提供商的平台上，其原因是云计算可以降低支持 IoT 的"数据混合（Data Blending）"的复杂性。
- 物联网与安全：在接下来的两年里，90% 的 IT 网络的安全会因为 IoT 而被攻破。首席信息安全官 CISO（Chief Information Security Officer）会被迫采用新的 IoT 策略，尽管这会被认为"不方便"。
- 物联网与网络：到 2018 年，40% 的 IoT 生成的数据会在靠近网络的位置，或就在网络上被存储、处理、分析和使用。
- 物联网与通信能力：在接下来的 3 年里，50% 的 IT 网络会从有富余的能力处理所增加的 IoT 设备，变为有网络上的瓶颈，并且 10% 的站点会被压垮。
- 物联网与非传统基础架构：到 2017 年，90% 的数据中心和企业系统会快速采用新的商业模型来管理非传统基础架构与 BYOD 设备类型。

这些趋势都与物联网的架构解决方案有关。为了简化接下来物联网解决方案的讨论范围，我们将对物联网的三个重要领域进行探讨，它们分别是边缘、网络和核心（见图 6-3）。

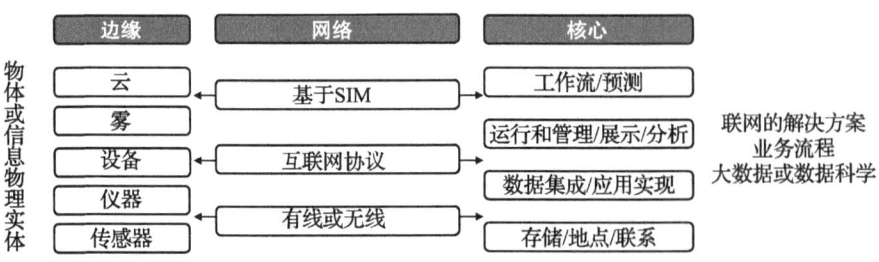

图 6-3　物联网解决方案的三个领域

1. 边缘

信息物理的集成发生在网络的边缘。这里有一个自然形成的汇总层次——从传感器开始一直向上到达设备云。在这个信息汇集的层次结构中，企业必须要做出选择，定义好在网络的边缘用什么信息代表计算结构，什么信息必须要发送给中央处理器进行处理。

2. 网络

今天的互联网已经是无处不在,并且可以通过好几种通信渠道来实现。在考虑支持物联网的网络时,一些新的和正在出现的技术,如移动网络和个人局域网(Personal Area Network,PAN),引发了越来越多的关注。

移动网络是一个整体,原因是智能手机被越来越多地视为物联网的末端节点,以及手机用户在网上进行交互的终端消费点。现在,耐用的、基于 SIM 卡的设备也开始不断增长,它们可以被用在更加恶劣的环境中。随着智能手机的普及,手机网络运营商开始为供应和管理连通的设备提供服务。

随着各种短距离无线通信技术的发展,人们提出了一个新的概念,即 PAN。PAN 的核心思想是用无线电或红外线代替传统的有线电缆,实现个人信息终端的智能化互联,组建个人化的信息网络。从计算机网络的角度来看,PAN 是一个局域网;而从电信网络的角度来看,PAN 是一个接入网。对于消费者的物联网,或者人与智能设备之间的交互来说,PAN 是具有吸引力的,因为它提供了一个低能耗的满足无线数字连通的方案。

打包的物联网解决方案的演进将会很缓慢,除非有一天,在物联网连接性的领域里出现了简单的、可扩展的、语义丰富的、对开发者友好的标准。现在已经有不同的标准化实体和协会在关注这一问题,意在为网络的连接建立一个统一的和可扩展的机制。

3. 核心

大多数传统的企业都将运营技术(OT)和信息技术(IT)分开,这种独立性不仅导致了不同的系统,也由此造成了不同的程序和决策模型。

物联网则打破这些孤岛,在所有的数据上实现端到端的透明,从而为客户带来更好的价值。

6.2.3 将不同的领域整合起来

为了充分地参与物联网的数字化世界中,按照创造业务价值的方式进行创新,企业必须决定如何在其业务运行和信息架构中处理前面谈到的三个领域。鉴于技术演进在不断加快,对于任何一个组织来说,从底层自己做起都是非常具有挑战性的。因此,企业需要考虑:

- 使用一个适用于物联网的技术架构来开发、交付,并通过物联网应用来盈利。
- 建立一个充满丰富的合作伙伴和开发者的生态环境,在可以开发用于物联网基础的解决方案之上,进行补充和扩展。

这两条道路并存,并且也可以结合在一起。下面的章节将探讨为了开发业务应用,应该采用什么样的适用于物联网的技术架构。在这里,我们关注物联网解决方案的核心,以及边缘上的一些适当的扩展。

建立一个物联网的应用,需要经历3个主要的步骤或阶段:

1)数据集成:这是第一步,也是主要的一步。它将不同的数据从物联网的边缘带到核心,使其变为一致的、完整的集合,从而为下一步的深入和广泛的分析提供可能。

2)数据管理:在这一步,需要将IT和OT的架构结合起来。对于数据管理,一定要考虑对大量数据进行管理所面临的挑战,以及对语义信息的分层处理,例如资产的分类、时间数据、位置数据等。

3)业务创新:一旦完成了基础的数据集成和数据管理的工作,那么多种业务创新就变得有可能。企业可以根据从数据集成和数据管理中所获得的各种有意义的洞察,重塑它们的业务模型和客户体验。

当企业完成了上述步骤之后,就可以实现业务上的价值。接下来,我们将对这3个步骤进行更为详细的介绍。

1. 数据集成

数据集成是连接物理世界和虚拟(数字)世界的胶水。一个为物联网做好准备的架构必须能够提供多种方法来帮助实现数据集成。

第一种方法是设备连接器(Device Connector)。每一种智能的事物或产品都有自己独特的数据集成的"方言"。为了使不同种类的设备进行通信,数据必须按照一种接下来可以被继续处理的方式进行同化。在出现统一的通信协议标准之前,不可避免地一直会有几种不同形式的数据格式存在。

常见的做法是通过创建适配器和转换器,对数据的变化形式进行本地化处理。在这里,物联网的设备连接器可以实现三个目标:

- 实现对协议的翻译:可以在不损失协议中的信息的情况下,对每一种设备连接器的独特"方言"进行转换,从而得到一种与既定的场景保持一致的协议,并被相关的处理引擎所理解。
- 为位于边缘的计算提供可插拔的框架:可以允许企业将计算活动尽量推到离设备近的地方——例如,实现跨设备群的实时响应、数据综合、跨数据流的关联,甚至自主操作。在这些场景中,这一框架可以让企业随时插入其他相关的服务。
- 管理间歇性的连接:尽管大多数情况下连接是无所不在的,但是在实践中,有时也会出现连接质量不是最优的情况。例如,几个分布在不同物理地点上的物体必须要进行通信以实现产品的功能,如果在这个时候,连接不是很理想并影响到功能,那么这就是一场灾难。企业必须要设计出一种智能化的"坚持"机制,一旦连接质量恢复到正常状态,就可以恢复。

第二种方法是将数据中心和第三方集成。许多供应商都已经开始提供设备云，从各种末端设备搜集和汇总数据。这些设备云可以让企业加强对自身数据的理解，实现新的业务模式。它们遵循几种标准的集成模型，并采用最佳的实践手段，提供与跟踪、追溯、设备控制相关的云中的增值服务。

第三种是多协议连接。鉴于几种开发力量的融合，现今的连接环境搭建在几种协议之上，其中每一种都是根据不同的场景进行优化的。虽然业界通过计算和连接的改进，提供了灵活的协议应用，但是对于目前存在于物联网边缘的过多的连接器和通道，还不能期望它们立即被简化。因此，仍需要有各种连接器和互联协议的组合，以将现有的设备连接到物联网中。通过多协议互联，可以实现这一目标。

第四种是操作系统的集成。在流程密集和资产密集的行业中，技术架构已经实现了标准化，包括监控与数据采集（Supervisory Control and Data Acquisition，SCADA）系统、历史库、制造执行系统等。任何一个试图变革的物联网解决方案，都必须与现有的运作架构集成，并与企业系统进行映射，在一个企业中的两套庞大的架构之间实现全面的集成。

2. 数据管理

一旦实现了数据集成，下一个要点就是进行数据管理。这对于物联网来说非常关键，原因是物联网的边缘设备既可以间歇性地传递数据，也可能在其中高频率或定期地出现大数据流量。物联网基础架构不仅要有存储海量数据的能力，还要有相应的计算和处理机制，对于不同的数据量，可以进行灵活的扩展。甚至在危险的环境中，当数据的连接出现中断时，也要具备随时扩容的能力。在这里，让我们探讨一下物联网解决方案所需的一些关键的用来管理数据的能力。

首先是嵌入式的持续能力。物联网的边缘所需要的持续能力可以被理解为使用嵌入式的数据存储。在理想的状态下，这些数据存储是用来在小型设备上，或者是在远程部署的无需管理的设备上，为了应对可能出现的无法访问的特殊情况，或者是实现双向通信下可靠的数据同步而设计的。嵌入式的数据存储可以记录设备的配置情况，以及在临时出现连接失败的情况下保存数据。它还可以用来保存可执行的软件模块。这些模块是物联网边缘设备中软件生命周期管理的一部分。

第二项能力是流处理（Stream Processing）与概括（Summarization）能力。尽管设备可以发送"心跳（Heartbeat）"信号，但也很有可能将计算功能推送到距离数据生成更近的地方。专用的流处理机制具有支持智能的信息概括、跨不同流的关联、模式和异常检测的能力，以及可以在几个终点上进行扩展。

第三项能力是分层的数据存储（Tiered Data Storage）。在不同的情况下，物联网末端产生的数据量可能有很大的差别，从数千（K）字节到数（T）字节。如果物联网的基础架构没有智能的数据存储解决方案，增长的数据量很快就会让物联网不堪重负。这里需要的是分层的数据存储方案,以支持不同服务水平下的不同使用场景。例如,一个物联网解决方案可以为分析师、高管和数据科学家等不同使用角色提供不同的存储选项,例如内存混合、磁盘优化、分布式及高可获得性的数据存储。

第四项能力是系列数据管理(Series Data Management)。对于一个被连接的"事物"来说,数据的时间维度是非常重要的。如果没有这一信息,就失去了通过数据系列对事物进行洞察的能力。显然,这是一种支持时间序列的数据存储方案的典型情况。这些方案存储了大量的高压缩的数据,可以供高级的分析工具轻松使用。

第五项能力是设备数据管理。对设备数据进行管理的目的是将物联网边缘的设备数据与业务流程、工作流集成起来。为了实现这一点,需要使用某些类型的系统,将设备数据与上下文数据关联起来。例如,在一个基于标签的系统里,标准的分类和命名方式不仅被用在业务环境中,还被用来对数据进行组织,这样,数据就可以集成到业务流程和工作流中。在直接连接的系统中,成对命名价值(name-value pairs)用分层格式加以安排,以实现边缘数据与业务流程和工作流的集成。

3. 业务创新

在介绍了与物联网相关的数据管理能力之后,接下来就可以关注如何解锁设备数据的价值和使用,以驱动业务的创新。

第一个领域是可视化。所有的设备数据——它们应该是按照设备、资产、工厂的逻辑分组进行结构化分层,可以为整个企业的所有运营带来前所未有的洞察力。传统的运营架构对于管理复杂的、实时的、高度可靠的运营环境来说已经非常成熟。但是,对于使用新的、具备数据产生能力的、越来越多地成为物联网解决方案一部分的设备来说还是不够的。企业和组织需要用一种新的办法,以最低的代价,将新的数据流融入可以被利用的"消费流(Consumption Stream)"中。事实上,物联网放大了这一需求,原因是人们关注的兴趣点越来越多地转向将这些智能设备包括在内。因此,物联网基础架构必须要对整个生态系统提供各类设备的可视性——无论是现代的设备还是传统的设备,即便这些设备的数量以指数级增加。

第二个领域是工作流。设备数据对于企业提升运营效率来说有极高的价值。但是IT和OT之间的鸿沟常常限制了这一效率的提升。为了弥补这一鸿沟,企业和组织需要将边缘设备中的数据与核心业务流程连接起来,实现双向通信,这样的话,由业务流程触发的信息和动作就可以传播回物联网的边缘设备上。前提是需要将物联网边缘数据与业务数据的集成加以标准化。

第三个领域是分析。一旦能对数据进行处理，并且可以按照新的可视化表达方式进行修改，静态的报表就不再那么有趣了。使用者希望能够柔性化地对数据进行浏览、编制报表、钻取和探索。基于这类系统本身所具有的数据量规模，在进行数据分析和探索的时候提供高性能的处理能力，对于提高客户体验具有非常重要的作用。

第四个领域是进行预测和推荐的高级分析。从设备数据中抽取价值的下一步包括对特定模式的历史数据的挖掘。这些模式可以被用来对现在和未来的运作提供洞察。

从 IT 的角度来看，这需要有一种可以支持非常大的数据集和进行机器学习的架构。最后生成的模型可以与运作流程相结合，这样，一旦收到设备数据，该模型就可以生成预测和建议，这些都是让物联网的边缘具有智能的例子。

第五个领域是与后台系统的集成。企业通过在关键的业务运营上使用 SAP 的商务套件，提高运营效率。为了让物联网驱动价值，很重要的一点是将互联的设备与核心业务流程在后台系统中进行集成，而无论后台系统是独立部署还是云端部署的。这为数据驱动的决策支持和真正的核心业务流程转变提供了坚强的基础。

6.2.4　SAP HANA 平台为物联网转型做好了准备

上面讨论的每一项能力通常都需要专门的软件和硬件，以提供物联网解决方案所需的不同的服务水平。上面强调的每一项能力和功能都可以通过 SAP HANA 平台和 SAP 的不同解决方案来实现。SAP 的物联网解决方案运行在 SAP HANA 平台上，具有与核心的独立部署 SAP 和非 SAP 系统在后台进行集成的能力。SAP 与物联网合作伙伴之间的开放策略，使得客户可以找到理想的物联网解决方案。

6.3　SAP 的物联网平台架构

如第 2 章所述，在工业 4.0 中，CPS 技术无疑是一个使能技术，可以让我们进行监控、分析和自动化业务流程，从而取得更高的运营效率。通过 CPS 带来的机会，我们可以做很多与以前相比不一样的事情。CPS 的实现，无疑与物联网有着密切的关系。那么，作为 SAP，如何通过物联网带动业务的转型呢？

之前介绍过如何通过物联网来实现对业务的监控、分析和自动化，从而提高企业的运营效率。今天，有了配备传感器的设备，我们可以获取数据，将它发给分析引擎，并在仪表板上展现行动结果，但依旧是有限的；也可以将这一方法用到各类资产上，但是信息仍然还是碎片化的；还可以访问一些分析结果，但并不是全局的。另外，也可以加快获取结果的速度，但并不能打通整个业务链条。这些都是一定水平上的监控和自动化的做法，它们的特点是支持在通往物联网的道路上实现具有一定自动化程度的报表和管理功能。

这一阶段可能是很多企业在部署了传感器，或者在一些设备上实现了M2M通信之后要达到的水平。这些无疑都是很有价值的。但是，从SAP的角度来看，我们认为还可以做得更多。

最终希望达到的目标是一个循环，也就是一个完整周期的转型。当将物联网的架构与SAP基于HANA的商业套件连接起来时，就可以将物联网的数据与业务交易数据结合起来并放到一个共享的数据库中。这么做可以加强除了逻辑流程和工作流集成之外的能力，并且可以实现自主的设备控制。

通过物联网，最终可以进行监控、分析和自动化，极大地改善流程，建立新的业务模型，将流程通过SAP与CPS连接。物联网方案可以帮助企业实现：

- 持续的智能，为实时的系统监控提供可行动的信息。
- 主动的检测，实时调用分析模式，找出关键的诸如超用和更新方面的预测。
- 与计划集成，将机器数据与计划的假设条件、市场需求连接起来。
- 自动的响应，通过持续地进行检测和调整以反映当前的状况。

物联网将创造一个时代，对于生活的每一个方面都会带来前所未有的最佳实践。物联网的工业驱动力在于获得对业务和制造流程的状态、进展、效率的洞察。由于物联网的价值链很长，并且市场碎片化严重，所以对于SAP来说很重要的一点就是要有一个聚焦的切入点，从而进入物联网的应用领域，往后再按照既定的战略，以一种结构清晰的方式加以扩展。第一步当然是找到所谓的"种子项目"，明确SAP做什么，合作伙伴做什么。SAP是业内唯一一家可以覆盖物联网核心到接入的软件厂商，如图6-4所示。

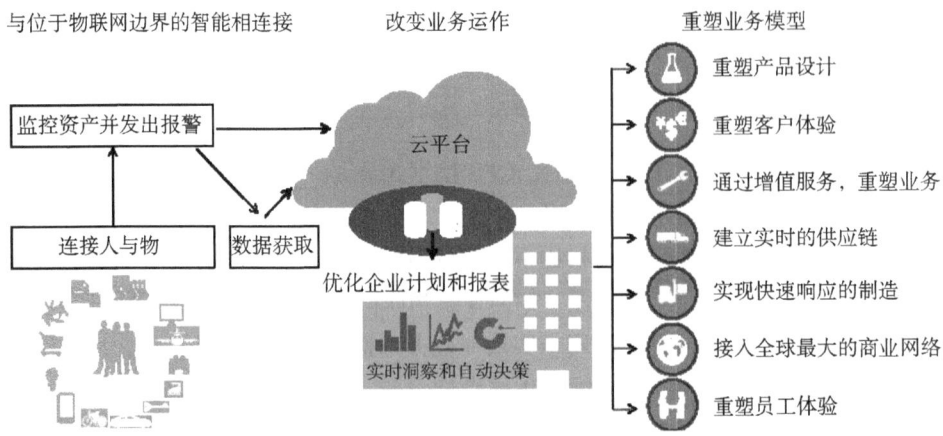

图6-4　SAP是唯一一家可以覆盖物联网核心到接入的软件厂商

如图 6-5 所示，SAP 的物联网平台架构分为四个部分：
- 设备集成：实现与物联网设备的集成。
- 流程集成：实现与 SAP 业务套件的集成。
- 物联网应用：提供 SAP 和合作伙伴开发的各类物联网应用。
- 大数据与分析：提供物联网应用所需的数据存储和处理功能。

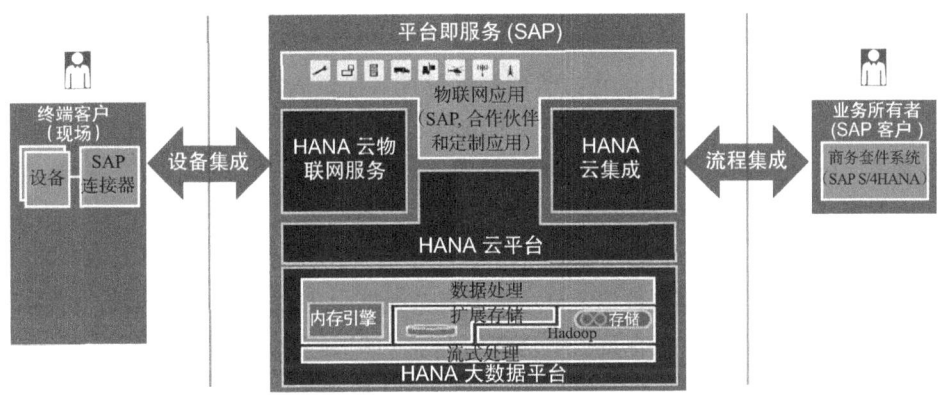

图 6-5　SAP 的物联网平台结构

在这里，我们将重点介绍 SAP 物联网平台的几种接入方案。第一种是基于 SAP HCP 的 IoT 版本；第二种是基于 SAP 工厂连接（将在本书第 9 章加以介绍）；第三种是 SAP 的移动技术（离线数据连接）。

6.3.1　物联网接入方案之一：基于 SAP HCP 的 IoT 版本

SAP HCP 的 IoT 版本是 SAP 的 HANA 平台向物联网领域的扩展，提供支持物联网应用的创建、部署和运行的功能。该产品包括三个主要的部件。

1）IoT 连接器：这是一个独立于平台的 IoT 边缘组件，安装在客户端，可实现远程的设备配置、连接、可获得性监控和远程更新。IoT 连接器可以根据下面的 IoT 连接器组件的类型，按照客户的需求进行适应：
- 设备适配器：连接到不同的 PLC，如 Siemens S7、Rockwell 和 IFM。
- 数据处理器：实现定制的数据处理逻辑，例如事件的过滤与汇总、数据缓存，以及可确保成功的数据发送。
- 网络模块：支持与 IoT 核心进行通信的不同方式，例如 HTTP、MQTT 和直接的 ESP 连接。

2）IoT 核心：这是一套组件，它们构成了与 IoT 连接器对等的中央部分，涉及：
- 对设备布局进行建模的设备配置服务。

- 消息基础架构（"IoT 消息"），包括复杂的事件处理能力。
- 可以进行独立部署，也可以在云端部署。

3）IoT 工作平台：提供从设备到应用，再到仪表板的 IoT 场景的综合建模设计工具。通过 IoT 工作平台，可以对所有部署好的 IoT 连接器实例及其对应的组件（设备适配器、数据处理器和网络模块）的布局进行监控与管理。

6.3.2 物联网接入方案之二：基于 SAP 的移动技术

通过 SAP 的移动技术，可以为物联网的接入提供离线的连接支持。如图 6-6 所示，通过 SAP SQL Anywhere/SAP Ultralite，以及 SAP Mobilink、SAP 事件流处理器（Event Stream Processor，ESP），可以实现设备与 SAP HANA 云平台的接入。其中：

- SAP SQL Anywhere 是 SAP 的一款小型嵌入式数据库，它除了可以获取和存储设备的传感器数据之外，还具有离线能力（数据存储和同步），可用于分布范围广、不能保证一直连线的场景（如采矿、石油等）。
- SAP Ultralite 是 SAP 的另一款小型嵌入式数据库，它可以获取和存储设备的传感器数据。
- SAP Mobilink 可以实现 SAP 嵌入式数据库与 SAP HANA 云平台之间的数据复制和同步。
- SAP 事件流处理器部署在底端的机器和网关上，可以在数据源的近端提供实时的事件、报警数据流、数据过滤和事件关联。

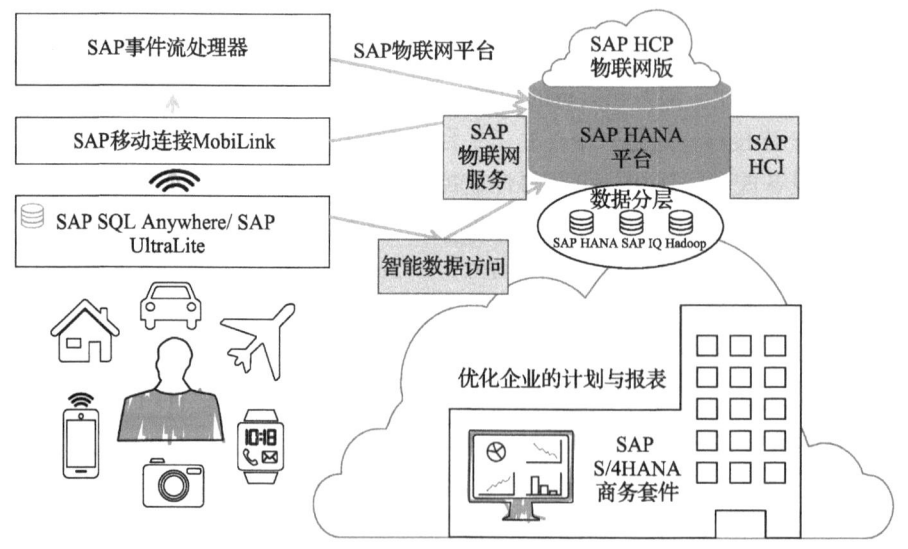

图 6-6　基于 SAP 移动平台的物联网连接方案

6.4 SAP 的工业 4.0 数字化解决方案的组成

工业 4.0 将会给今天的制造业带来一场颠覆性的改变。仅仅关注产品的传统制造业将逐渐退出市场，而竞争对手也会不断出现，在历史中形成的行业边界正在快速消失。在未来，行业的领导者所建立的业务模型将会包含独特的工业 4.0 的能力和价值驱动力，并将其反映在企业的组织结构中，并对企业进行相应的转型。

前面的章节介绍了工业 4.0 时代下制造企业进行数字化转型的机会。传统的串行价值链将被重塑为集成的价值环，围绕着产品、营销、制造、供应、物流和服务等六大领域，在物联网、CPS、云计算、移动、大数据、内存计算、分析、增强现实等数字化技术的支撑下，从重塑业务模型、重塑业务流程、重塑工作等三个方面进行数字化创新。

为此，SAP 以 SAP HANA 平台作为数字化核心，提供了六大解决方案，这些方案归属于两大系列，如图 6-7 所示。

- 工业 4.0 智能工厂系列解决方案：包括了互联产品、互联制造、互联供应、互联物流等解决方案。
- 工业 4.0 智能消费系列解决方案：包括了互联营销和互联服务解决方案。

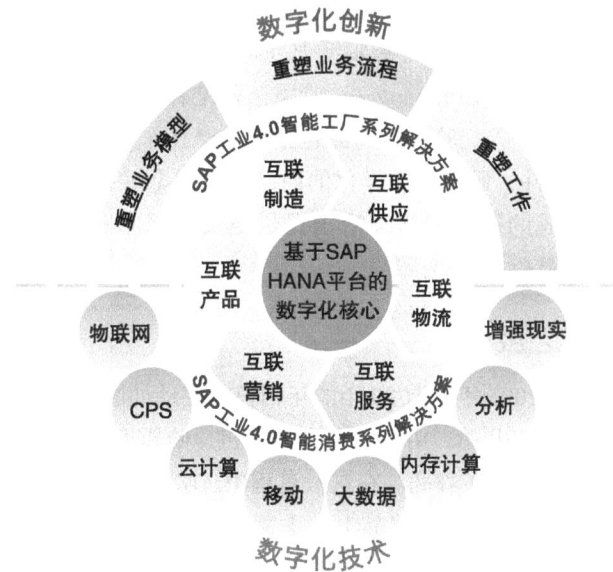

图 6-7　SAP 的工业 4.0 智能工厂系列和智能消费系列解决方案

这六大解决方案，既有业务流程的一面，也有商务智能的一面。通过 SAP HANA 平台，可以实现两者的有机融合，在运行业务流程的同时，实现业务数据和传感器数据相结合的分析与预测应用，如图 6-8 所示。

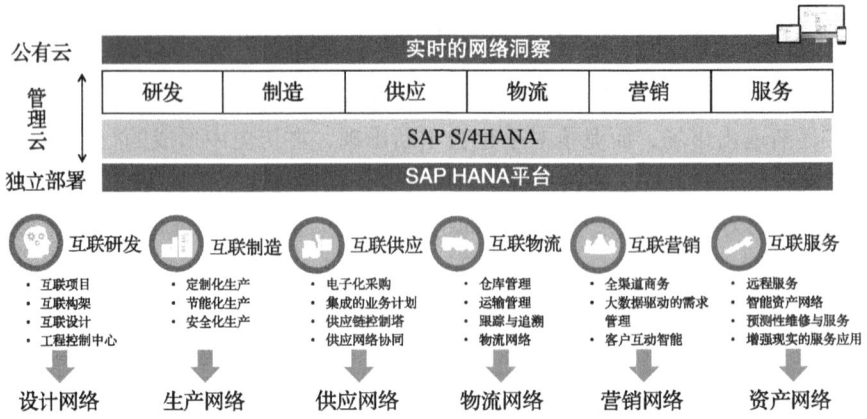

图 6-8　基于 SAP HANA 平台的 SAP 工业 4.0 解决方案

6.5　案例分析：美国哈雷·戴维森摩托车公司的大规模定制生产重生之路

6.5.1　公司简介

1903 年，William Harley、Arthur Davidson 和 Walter Davision 三兄弟在威斯康星州的密尔沃基（Milwaukee）创建了 Harley-Davidson Motor Company——哈雷·戴维森摩托车公司（以下简称哈雷）。今天，哈雷的产品包括重型摩托车及全系列摩托车零部件、配件、服饰和多样化的商品。通过全球 1300 多家授权经销商形成的销售网络，哈雷提供四大车系多种车型，以及 6000 多种部件、配件。

6.5.2　战略转型之旅

哈雷摩托车及其 2005 年之前 20 年的年销售额变动如图 6-9 所示，其发展可谓一帆风顺。而从 2008 年开始，由于全球金融危机，哈雷摩托车的销售额开始急剧下降，到了 2009 年则达到了谷底。在这一过程中，哈雷的业务开始变得很难开展，原因是人们突然不那么愿意在奢侈品上大手笔花钱了。从 2007 年开始，哈雷的收入便开始下滑（见图 6-10）。与此同时，哈雷还面临着来自竞争对手（如 Victory 摩托车、Big Dog 摩托车）的挑战，它们在哈雷所在的市场中占据了 41% 的份额。并且，这些竞争对手作为挑战哈雷的一方，它们的市场策略是造就一批与哈雷那种穿着皮夹克巡航在高速公路上的传统不同的"新一代美国摩托"的形象。Victory 和 Big Dog 向市场提供高度可配置的产品，吹响了反叛哈雷的号角，将传统的机械驾驭分割变为个性化和自我表达的风格，这对哈雷的市场定位产生了冲击。

第 6 章　SAP 的物联网和工业 4.0 战略与解决方案概览

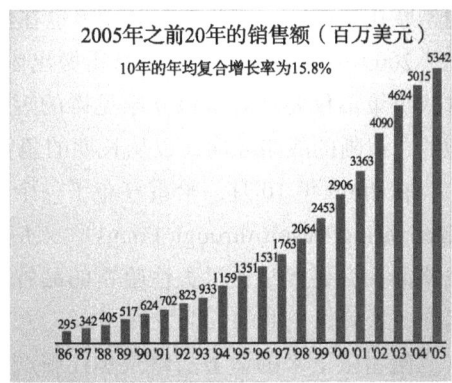

图 6-9　哈雷摩托车及其 2005 年之前 20 年的年销售额变动

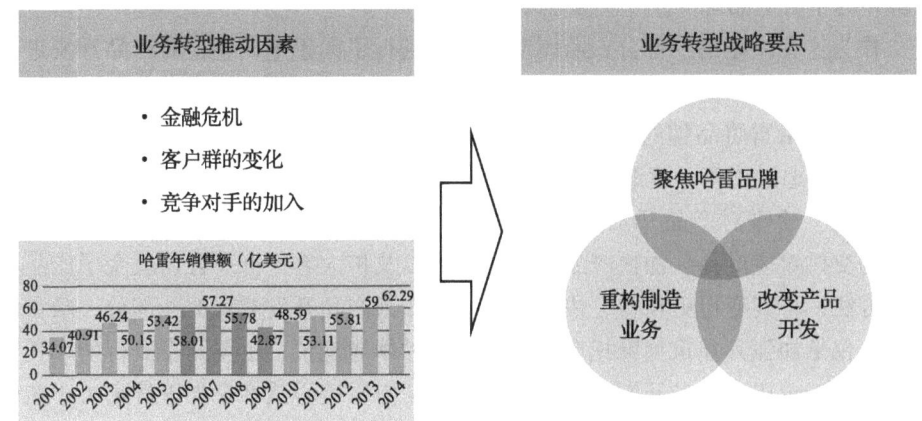

图 6-10　哈雷业务转型的背景和要点

伴随着严酷的经济环境，老化的驾驶者人群，以及不断加剧的竞争，哈雷摩托车的销售出现了明显的下滑。年报显示，在 2009 年的第三个季度，哈雷摩托车的销售额同比下滑了 22.1%，净收入从前一年的 1.67 亿美元下滑到 2650 万美元。在业务下滑的同时，哈雷面临的另一个挑战是消费群的老化。当时的统计显示，哈雷 60% 以上的驾驶者都来自二战之后的婴儿潮，平均年龄在 35～54 岁之间。在 20 世纪 90 年代，所谓"哈雷骑士"的平均年龄以每年约 0.5 岁的速度在老化，从 1987 年的 35 岁，上升到 2005 年的 47 岁。让事情变得糟糕的是，47 岁似乎已经达到了顶峰，年龄再大的客户可能不会再轻易购买哈雷的产品，这会让哈雷的潜在客户群在 2019 年之前以每年 100 万的速度消失。"婴儿潮"一代的客户在进入中年之后，由于体力逐年下降的关系慢慢地不再适合哈雷摩托的驾驶。但是，要把哈雷把摩托卖给年轻人也不那么容易。年轻的消费者更加喜欢运动摩托车和双用途的摩托车（巡航和观光）。加上日本摩托车厂也在大力进军美国的运动型摩托车市场，由此带来的竞争也在慢慢地蚕食哈雷的市场。

2009年的销售惨败要求哈雷做出困难但能够鼓励人心的决策，以改变颓势。这些决策不仅要针对可以立竿见影的短期业务，还要不局限于此，要建立一种大胆的、清晰的战略导向，以从长期的角度确保公司的强劲发展。

在2009年10月，哈雷宣布了一个长期的战略，称为"集中精力，交付成果（Delivering Result through Focus）"来应对销售额下滑，提高生产率和盈利。这一战略的关键要素是通过关注哈雷的品牌力量，以及提升企业的制造、开发、业务运作，来确保企业的长期发展。

哈雷接下来的业务战略聚焦在新产品开发、全球扩展、扩展消费人群和对核心客户的承诺上。这套战略的支柱是成长、持续改进、领导力开发和可持续性发展。战略的目标是提高对核心客户的销售，扩展企业的强项，使哈雷成为全球最以客户为中心的品牌。

作为这套战略的一部分，哈雷对产品线进行了大手笔调整，对产品开发进行了大幅转型，并对整个制造业务进行了彻底的重构。

首先，哈雷将品牌的重点放在哈雷·戴维森上，中断了Buell运动型摩托车产品线，并通过出售，逐渐从MV Agusta业务（欧洲的运动型摩托车）中脱身。

其次，哈雷对产品开发进行了转型，关注驾驶者的需求，在每个主要的全球市场交付对应产品、加快产品上市速度，以及扩大客户群。公司改变了产品开发的方法，将其变得更精益、快捷和智能。作为产品开发流程的一部分，哈雷的计划不仅是加强其在重型摩托车细分市场中的领导地位，也要开发流行的摩托车款式。由于希望在产品开发上做到客户主导，哈雷决心从客户那里搜集关于新的摩托车的功能、设计、风格上的想法。为此，哈雷为其新的Sportster 1200定制款摩托车启动了H-D1工厂定制化选型项目。通过挑选配置，客户可以在线设计Sportster 1200定制款摩托车，之后再通过经销商订购，然后在工厂生产。客户可以选择车轮、座椅、手把、喷漆、脚部控制位置等，且一共有2000种对摩托车进行配置的选择。除此之外，哈雷的Dark Custom摩托车，如Iron 883/48，通过其叛逆式的外观来吸引年轻的骑手。正如哈雷的首席运营官（COO）所说的，"很幸运，我们从事的是制造梦想的业务。现在，我们对这些梦想有更深的了解，并有更好的流程来将它们与制造连接起来。客户可以看到更多的相关创新，更好的库存满足，更多的摩托车配置——就像我们的H-D1定制概念中构想的那样，以及更多的对于样式和特征的'哇'。这些是因为我们在产品开发中用心倾听，在制造中用心响应。今天的客户可以要求想要什么、如何得到和何时得到。'客户主导'的概念"是指提供正确的产品——更加聚焦的产品，有更好的响应。"

最后是对制造业务的重构。作为哈雷关注持续改进、节约成本、响应市场和骑手需求的战略的一部分，哈雷启动了一项重大的制造业务整合与重组项目。这个重构项目的计划是改进产品质量、生产率,降低管理成本,消除多余的产能。专家认为,通过对制造工厂的重构,可以在制造过程中消除不必要的流程,实现更高的柔性和效率,在正确的时间给客户交付正确的产品。在老的生产模式下,哈雷在秋天开始备货生产,生产出来的库存直到第二年春天都可能卖不完。这种做法迫使哈雷对于未来下了三个赌注:生产多少摩托车、生产什么车型、将不同的车型发往哪个地区的经销商后被卖掉。哈雷希望新的生产系统能够解决这些问题。

重构工作包括整理公司的制造业务,整合和重新设计制造工厂,在全美所有的制造基地采用新的灵活的用工协议,对工人进行重新培训。新的制造基地的设计目标是:每一天在同一条总装线上能够生产多个产品族的摩托车,以大大提高效率和柔性。例如,哈雷在堪萨斯城的工厂原先一条生产线就只能生产V-Rod和Sportster摩托。而哈雷现在要求能够在任何一条总装线上都可以生产任何一种产品,这么做的明显好处是节约成本和提高效率,而且也可以对人员、工程师、技师进行标准化的培训。当需要转移员工或跨工厂分享知识的时候,会发现不同工厂的流程是一样的。哈雷在不同的工厂实施了相同的标准,并称为"最佳实践循环(Best Practice Circle)",这让来自不同地方的小时工、正式工以及外部供应商的员工能够围绕一个共同的流程,分享专业知识。哈雷在安全、制造、加工等领域里有多个这样的最佳实践循环。

最开始被重构的制造基地是哈雷在宾州约克的组装厂。这家厂废弃和拆掉了原有的厂房,并在旁边重建了一个新的工厂,面积从原来的14万平方米缩小到6万平方米,如图6-11和表6-2所示。用工数也从原来的1968名小时工、285名全职工削减到700~800名小时工、100~500名临时工、140~160名全职工。所有车型的生产都被整合到一条生产线上,这也意味着混线生产,从而降低了之前排产的复杂度。

图6-11 约克工厂的新旧厂区对比

表 6-2　约克工厂新旧的厂区对比

老的约克工厂	新的约克工厂
14 万平方米	6 万平方米
1968 名小时工、285 名全职工	700～800 名小时工、100～500 名临时工、140～160 名全职工
多条生产线生产多个车型	一条生产线生产多个车型
垂直集成的生产体系	关注车架、油箱、挡板、制造、喷漆和装配
老的用工协议 • 有限的外包权利 • 62 种职务分类 • 长达 136 页的合同和 100 多页的补充信函	新的用工协议 • 基于竞争的外包 • 5 种职务分类 • 通畅的 58 页的合同

伴随着厂房面积和用工数的减少，要对原有流程进行重新评估，其标准就是看其能否带来真正的价值。原先哈雷在约克工厂什么都做，甚至包括螺栓、垫片、扁钢等。经过评估，哈雷决定把这些不增值的零部件都交给本地供应商去做，并且在第三方那里拥有必须的库存。这么做帮助哈雷减少了对仓储的需求工作量。供应商通过与哈雷签署新的合同，确保在 3 小时内补货。在靠近装配区的地方，哈雷设立了一个卸载区，这样就可以使用看板来拉动补货。为了确保生产供货不中断，哈雷还在合同中设立了严厉的惩罚措施。

6.5.3　哈雷从互联营销、智能制造到售后服务的全价值链创新

哈雷面对的是一场彻底的变革。按照约克工厂总经理 Ed Magee 的说法，"这不是迁移。我们在建立一座新的工厂……一套新的业务系统……一个新的文化。约克工厂里的每一样东西，从下至上，都是新的"。当然，这也包括软件。

哈雷将这场变革称为"破釜沉舟（Go-for-Broke）"，其核心就是 2009 年 10 月启动的全球制造企业资源计划（Global Manufacturing Enterprise Resource Planning，GME）。它具有以下几个特点：

- 由企业内部的业务流程转型小组多年来加以推动。
- 以 SAP 技术为核心，将 SAP 的软件用在人、流程、数据和系统的每一个地方。
- 实现业务流程的标准化和简化，改变原有的工作方式。
- 加强对数据的掌控，提高数据的准确度，提供更好的报表，从而对业务有更加清晰的了解。
- 最全面地使用 SAP 汽车行业的大量解决方案，包括 ERP、SCM、PLM、ME 等。

借助 GME，哈雷对整个业务流程进行了转型，实现了向现代化运营的转变。SAP 的项目首先于 2011 年 1 月份在巴瓦鲁工厂上线成功（CKD 运营）。2012

年 7 月，在约克工厂上线成功。

这场向大规模定制转型的业务变革在实现的过程中所遇到的挑战可想而知。从信息系统的角度来看，如图 6-12 所示，这些挑战包括：

- 产品配置数据管理（涵盖研发 – 销售 – 生产）：如何定义涵盖研发、销售、生产的产品数据结构，适应大规模定制的需要。
- 产品配置的客户需求预测：在大规模定制下，厂家依旧需要进行零部件的预测。如何对客户的定制化需求进行预测成为一个难题。
- 支持一个流的柔性化生产计划、执行、物流配送和交付的系统。
- 生产现场的动态物流调度与执行。
- 与车间层设备的互联和大数据分析。

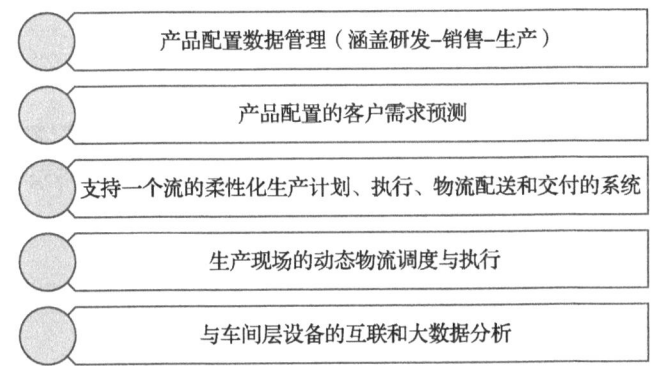

图 6-12 向大规模定制转型过程中面临的挑战

如图 6-13 所示是哈雷采用的一体化 SAP 架构。它从产品的客户订单配置开始，一直到产品的生产计划、排程、制造与工厂维护，并实现了与生产设备的集成，这体现了典型的 SAP 大规模定制解决方案的精髓。

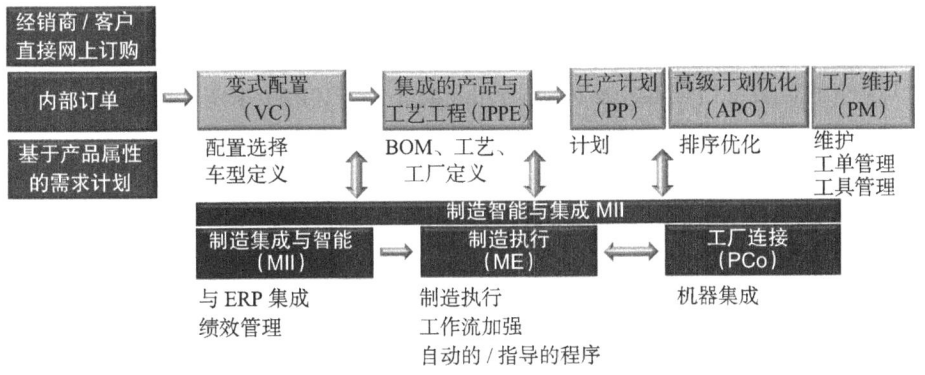

图 6-13 哈雷采用的一体化 SAP 架构

首先，为了支持大规模定制，哈雷必须要对原有的产品数据结构进行改造。

哈雷旧有的产品数据定义是由 36 000 种不同的摩托车/年度车型组成的，其中，需要对每一种不同的摩托车建立完整结构的 BOM（典型的 BOM 有 10 层，包括 1000 种不同的零部件）。在这里，没有配置规则，这些 BOM 要在进行销售预测、创建销售订单和编制生产计划之前准备完毕（见图 6-14）。

图 6-14　哈雷旧有的产品数据结构定义示意

为了适应变革的需要，哈雷采用了新的面向大规模定制的配置规则，以取代静态的 BOM，通过 2500 种变量对产品进行描述。如图 6-15 所示，对于客户来说，描述所需要的产品时，主要用到的变量包括车型、目标市场、颜色和选配。

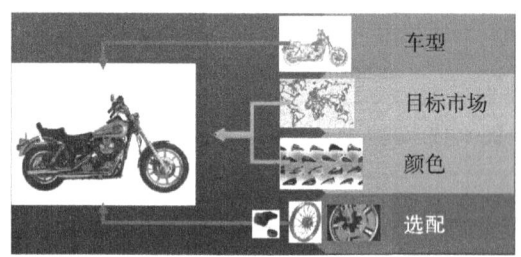

图 6-15　基于变量来定义大规模定制的产品

进一步，在 SAP 的平台上，哈雷实现了销售环节、计划环节和制造环节的数据集成与转换（见图 6-16）。其中最核心的是，在计划环节采用集成的产品与工艺规程（Integrated Product & Process Engineering，IPPE）来定义产品结构，并实现产品变量结构、工厂布局与工艺模型三者之间的映射。

为了提高交货速度，哈雷需要在客户订货之前，根据预测，先对一部分零部件进行备料，或者通知供应商提前生产。在这里，哈雷使用了 SAP 基于属性的预测功能。相对于零部件而言，属性是一种更加稳定的预测对象。在 SAP 系统中，通过定义预测项目、计划项目、订货项目、物料项目的映射组合，以及灵活定义属性值组合，实现了对哈雷摩托车产品属性的有效预测，帮助哈雷驱动中长期零部件采购，并更好地对供应链进行优化管理（见图 6-17）。

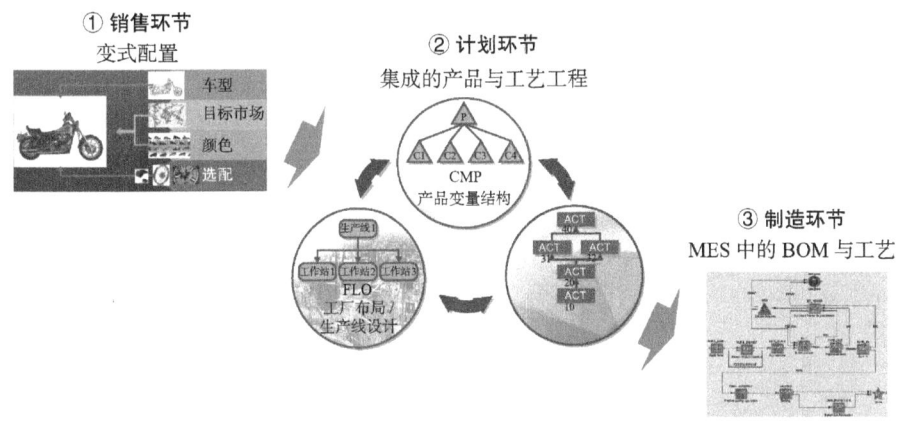

图 6-16　在 SAP 的平台上，哈雷实现了销售环节、计划环节和制造环节的数据集成与转换

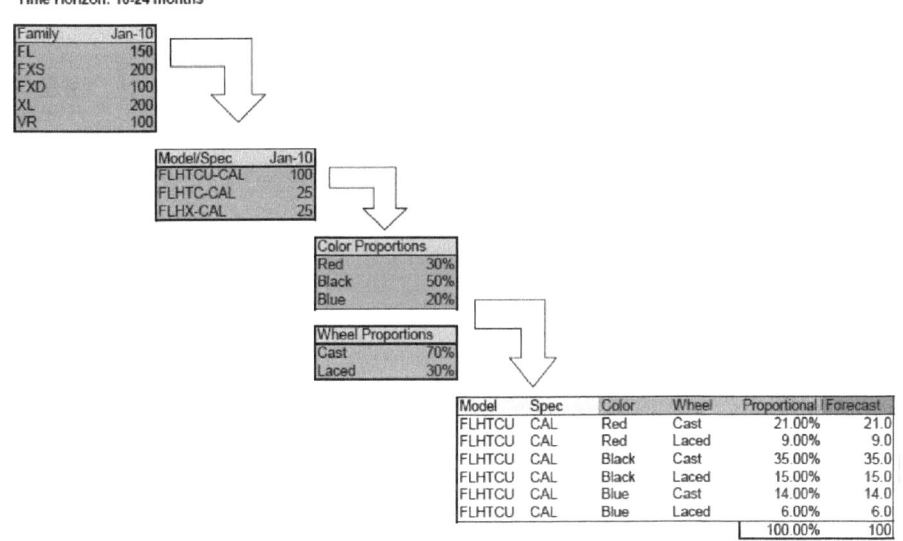

图 6-17　用需求计划来驱动中长期采购，带动供应链的高效率执行

在哈雷摩托车的制造现场，采用了 SAP 的制造执行解决方案。在哈雷的新制造设施中，每一台机器都是连通的设备，每一个参数和变量都能被连续地被测量和分析。这些设备提供性能数据，以供制造系统在机器停机之前预测维护上的问题，从而将停机对工作流造成的中断影响减至最小。哈雷还能够以分秒级别的精度给出摩托车上每个零部件的安装时间，因此系统可以警告车间管理员在单个零部件级别上发生了哪些问题。不仅如此，哈雷甚至可以测量建筑物的温度、湿度和换气扇的转速。所有的这些数据都可以被连续地加以分析，以找出可以用哪些因素来改进效率和提高产出。

在这个新的、应用了最新技术的工厂设施里，哈雷可以在生产线上制造带有2500个变量的摩托车，每90秒交付一台定制的摩托车。哈雷现在的产量较之从前增加了25%，但人手却减少了30%，而生产计划的锁定期也从以前的21天缩短到只要6个小时。更重要的是，哈雷终于从一场危机中获得了重生（见图6-18）。

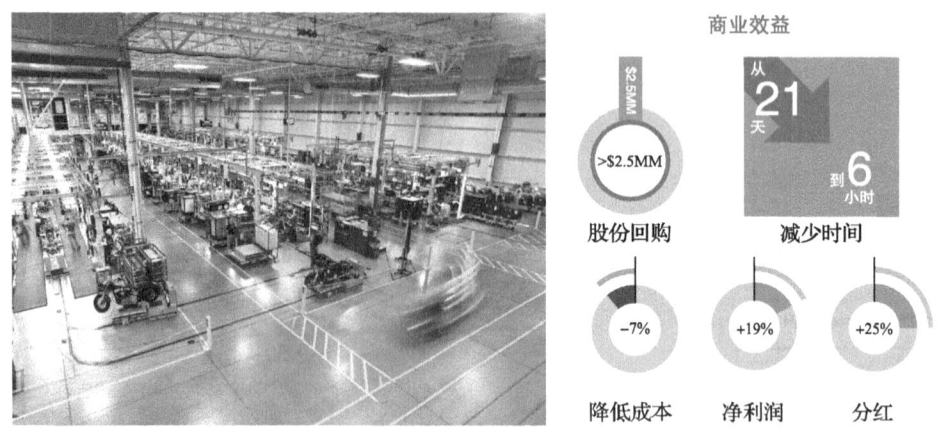

图6-18 哈雷实施大规模定制变革取得的效益

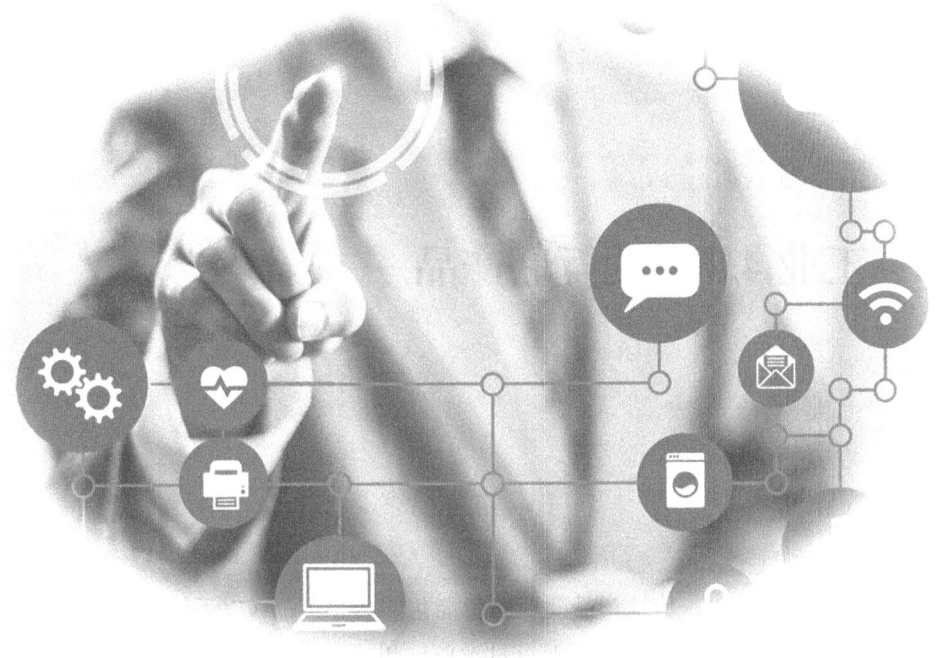

第三篇

SAP 的六大工业 4.0 解决方案详述

> "工业 4.0 意味着由无缝和实时连接的设备、技术与流程支持的网络经济。我完全相信工业 4.0 的愿景将会变成现实。智能设备的使用将驱动一场数字化、认知和自动化的浪潮,重新塑造制造行业。它将彻底改变产品的订购、制造和消费,从而建立一种'新常态'。"
>
> ——SAP 执行董事会成员 Bernd Leukert

第 7 章 Chapter7

工业 4.0 下的互联产品

在工业 4.0 时代，传统产品变成了智能化的数字产品（以下简称智能产品）。它结合了自管理和通信的功能，通过自主运行和分布式的决策过程，给企业带来了创造全新的商业模式的可能。工业 4.0 中的智能产品本质上就是一种 CPS——它装备了传感器，搜集在诸如环境、使用、状态等方面感知到的信息。此外，它还具有唯一的编号，可以通过 RFID、内置的客户识别模块（Subscriber Identity Module，SIM）卡或网络来实现。并且，它还有自己的数据存储空间，存放着产品特征、生产历史、消费历史、运行数据、维修数据等产品全生命周期的数据。基于这些数据做出的决策，与执行机构相连，可以让产品自主地做出反应。智能产品还提供 M2M 的通信功能，以及内置的界面，可以与人进行友好的交互。在制造环境下，智能产品构成了 CPPS 乃至智能工厂的基础。

工业 4.0 环境下产品的这些特征极大地丰富了产品管理的范围和内容，也给企业的 IT 系统的功能和架构带来了新的挑战。

如前所述，工业 4.0 中的智能产品，其本质上就是一个 CPS，反映了虚拟世界和物理世界的相互映射。在实物产品生产出来之前，这个产品就已经在虚拟世界中产生了。这个虚拟的产品，在开始的时候是由若干种虚拟的特征所描述，然后对应到若干个虚拟零部件，再逐步细化，并逐渐与制造工艺、制造过程挂钩。在制造过程中，虚拟世界的零部件与物理世界的零部件挂钩，真正进行生产。在产品离开工厂之后，产品依旧会产生大量的数据，供使用者或制造商进行分析，或者对产品进行操控。这些要求都远远超出了传统的 PDM 或 PLM 的范畴，这也是 SAP 的互联产品方案所增强的功能。

本章首先从总体上给出 SAP 互联产品解决方案的定位和构成。接下来，分五个部分，具体介绍方案的主要内容和特点，包括支持端到端创新的集成产品开发、大规模定制背景下的产品配置管理、提供物联网支持的工程控制中心、加快创新速度的创新平台、连接客户与厂家的资产智能网络。最后，介绍了一个德国宝马汽车在产品模块化和客户定制化方面的数字化转型成功案例。

7.1 SAP 互联产品解决方案概述

工业 4.0 的主要技术特征，如 CPS 的应用，在为企业带来智能制造方式和新的业务模式的同时，也提高和拉长了企业在产品开发环节的协作程度和时间跨度，要求传统的 PDM 或 PLM 能够更好地与其他应用系统集成，构筑更大更全的"数据池"来支持分析和决策。例如，当一家汽车企业在开发车联网产品的时候，不仅需要与更多的合作伙伴进行合作开发，如隶属于传统汽车供应链第一层的多媒体系统供应商，以及传统上与汽车供应链无关的电信企业，还要依靠客户驱动的创新，例如社交媒体等，将客户纳入产品的设计和使用反馈环节中。这些都对研发过程的协作提出了更高的要求。

未来的产品研发将是"互联的"。一方面，制造商受到的挑战是需要为物联网进行产品设计，原因是市场需要的是带有传感器技术的智能产品，它们既可以相互之间进行通信，也可以与企业的信息系统进行通信。另一方面，从智能产品采集来的数据具有很高的价值，可以供研发部门分析和使用，有助于研制新的更好的产品。创新平台将成为产品生命周期管理的未来。产品的物料清单将变得更加以系统为中心，无论是机械零部件还是电子零部件都只是产品的骨架，而软件将成为"英雄"。

为了帮助制造商实现这两个目标，如图 7-1 所示，SAP 推出了互联产品的解决方案。该方案也是 SAP 扩展的供应链战略的组成部分，它将设计、制造、物流和服务等各个环节连接起来，实现对产品整个生命周期的全盘管理。

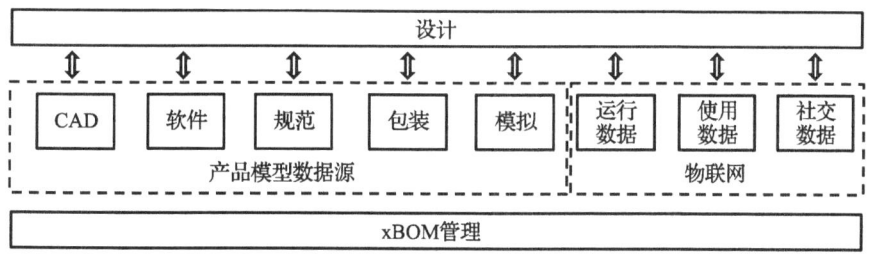

图 7-1 SAP 的"互联产品"解决方案将覆盖产品价值链上更大的范围

随着物联网需求被纳入产品研发的范畴，这给制造商提出了新的要求。在工业 4.0 和智能服务的时代，所有的事物都将被连接到一起：人、产品、企业信息系统、机器和设备。研发部门的视角不再局限于研发环节，而是要考虑如何将产品与最终消费者、制造、服务紧密地连接起来——如何让产品在制造环节与设备进行智能互动、让产品在使用环节通过物联网返回数据等。这一切，都是在前所未有的更快的速度下进行的创新。

SAP 互联产品解决方案在 SAP 已有的 PLM 解决方案的基础上进行了增强，具体体现在五大功能当中（见图 7-2）。

- 支持端到端创新的集成的产品开发：SAP 互联产品解决方案的目标是，为制造企业提供一个创新的平台，以适应客户需求快速变化的趋势。为此，SAP 在增强的功能中加入了产品结构管理、工程记录和产品结构同步等内容，帮助企业加快创新的过程与研发过程的协同和对接。对于从事流程制造的企业，增强的功能主要集中在配方的开发上，以帮助产品开发部门提高速度和效率，并确保产品的合规性。SAP 新增加的可视化制造计划功能可以支持研发和制造团队以一种可视化的向导性计划流程，使用研发阶段的产品结构作为输入来创建与维护制造阶段的产品结构。

- 支持大规模定制的产品配置管理：针对工业 4.0 下的大规模定制需求，SAP 提出了相应的产品配置管理解决方案——互联构架。这一构架既可以支持复杂产品的配置管理、模块化管理和客户定制，也满足不同阶段产品的配置要求，包括设计、销售、制造和售后，并且可以实现可管理、可追溯的产品结构转换，从而加快产品的开发和创新速度，以及大规模定制下的销售与生产。

- 提供支持物联网的工程控制中心：通过这个新的解决方案，SAP 奠定了在物联网的背景下进行产品开发的基石——互联设计。SAP 在这里提供的开发工具集成平台，即 SAP 工程控制中心，是一个为系统工程师配备的得力帮手，提供 360° 的产品视角，包括机械、电子、软件和模拟等功能。基于由 SAP HANA 支持的各种分析功能，制造商可轻松地搜集和分析由互联设备、产品产生的数据，由此得出的结果也可以被进一步使用在新产品的开发中。

- 加快创新速度的创新平台：由 SAP HANA 支撑的 SAP 的创新管理功能也得到了相应的增强。该解决方案通过大数据，可以帮助客户找到具有相似的创新构思和在相关领域有经验的专家，并将他们紧密地联系起来，进而组建成创新小组，加快创新进程。此外，创新管理功能还能与 SAP 的产品组合、项目管理（Portfolio and Project Management，PPM）应用紧密地集成在一起，便于企业对多个创新项目进行管理。此外，SAP 在 PPM 中也提供社交协作的功能，使企业内外部可轻松地进行协同。

- 连接客户与厂家的资产智能网络：这是 SAP 的一个新的解决方案，可以让设备制造商（如生产泵的厂家）、设备运营商（如使用泵的化工生产企业）、服务提供商（如第三方的泵维护企业）就泵这一资产进行数据交换。所交换的信息既包括资产的静态数据（如维修规程），也包括交易数据（如前一次的维修记录）和实时数据（如运行时间、产出量等）。通过这种方式，可以为制造商、客户建立一种新的在设备的售前阶段和售后阶段进行数据交换与共享的机制。

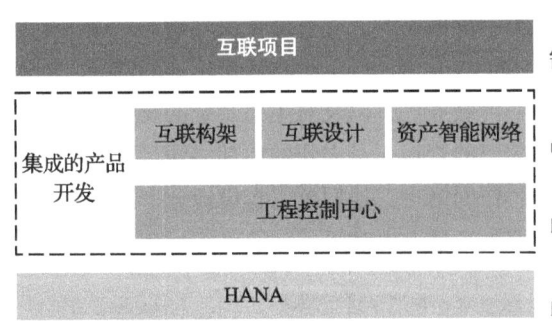

图 7-2　SAP 的互联产品解决方案是一个有效管理、转换和集成客户驱动的研发创新的平台

7.2　支持端到端创新的集成的产品开发

SAP 对 IPD 的全面支持

多年以来，企业的高管们一直在试图找到一种方法，这种方法能够打破组织中一直存在的孤岛，让工程师能够与消费者直接对话，市场部门和售后部门能够与制造部门共享信息等。但是，尽管这一构想得到了很多的关注，但是许多公司中的孤岛依旧存在，其原因并不是员工不了解协同的好处，而是他们看不到一条能够直接通往协同的道路。

今天越来越多的事实表明，企业内的孤岛必须移除。通过采用合适的 IT 战略，可以帮助企业消除孤岛，实现协同。在对企业组织结构进行有效改变的同时，辅以正确的信息系统，就可以将企业的协同扩展到四面墙之外，延伸到供应商、客户和合作伙伴处，将从概念到交付（Idea-to-Delivery，I2D）的整个流程集成起来。

企业总是通过差异化的产品、服务或两者的组合，来为客户提供更大的价值，而这正是工业 4.0 的重要目标。成功的现代企业通过与全球网络中众多的品牌拥有者、供应商、甚至代理商和客户合作，一同设计、开发、交付其产品和服务。通过将产品和服务的利益相关者连接到一个业务网络中，可以打破企业与外部合作伙伴之间，企业内部的研发部门与营销、采购、制造、物流、服务部门之间的隔阂。新的跨企业和跨部门的协同是现今在行业里保持领先且盈利的产品和服务背后的秘密。通过建立一个作为整体的集成的产品开发体系，可以不断地对流程和产品进行调整，以响应客户与市场的需求，这也就是集成的产品开发（Integrated Product Development，IPD）的理念。

通过 SAP 软件实现的集成的产品开发，对于想要实现工业 4.0 的企业来说至关重要。它不仅可以让跨不同部门的核心的产品定义流程同步进行，而且定义了产品爬坡的流程，让产品的结构得到不断修订、测试和验证（见图 7-3）。在产品开发的早期阶段，一个重要的目标就是在第一次做决策的时候就把决策做对。在一个真正集成的开发环境中，仅仅是根据技术要求或预计成本很难做出正确的选择，同时还要考虑相关的可制造性、可测试性、可服务性，以及对生态系统的友好性。通过战略采购部门、制造部门和售后服务部门的管理人员之间的内部协同，可以让开发工程师立即获得相关的信息。在这个协作网络中，他们可以自由地分享绘图和数据可视化的工具，确保数据的一致性，缩短产品上市时间。

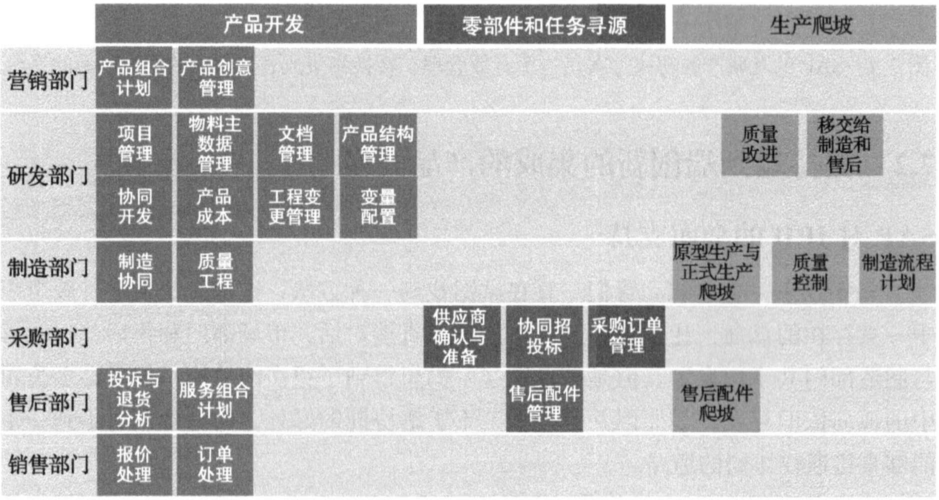

	产品开发					零部件和任务寻源			生产爬坡		
营销部门	产品组合计划	产品创意管理									
研发部门	项目管理	物料主数据管理	文档管理	产品结构管理					质量改进	移交给制造和售后	
	协同开发	产品成本	工程变更管理	变量配置							
制造部门	制造协同	质量工程							原型生产与正式生产爬坡	质量控制	制造流程计划
采购部门						供应商确认与准备	协同招投标	采购订单管理			
售后部门	投诉与退货分析	服务组合计划				售后配件管理			售后配件爬坡		
销售部门	报价处理	订单处理									

图 7-3　集成的产品开发将产品开发、零部件和任务寻源以及生产爬坡联系在一起

集成的产品开发的基本理念是公司不再需要关注对业务流程中某一个孤立的环节的优化，而应该从全面的视角来看待如何将新的产品带到市场中去，如何优化所有相关的业务流程，让它们工作在一起，并将概念更快更好地转化为市场上的各种产品。从概念到交付意味着从更加全面的视角看待业务，而不是像过去那样，只是关注一个步骤或子流程的改进和优化。

当然，若要采取更加全面的视角，需要打破组织中原有的孤岛式思维。企业可以通过建立各种业务流程，并使用 IT 解决方案来跨越这些人工造成的障碍。协同应该不只是一个团队给另一个团队提供数据那么简单，它应该渗透在企业的各个角落。相同的数据对于不同的业务意味着不同的事情。例如，若产品需求发生改变，应该告知产品开发部门或制造组织，同时，也要能给市场部门一个信号，这一产品已经失去了一部分市场，需要更新原先的计划。如果制造部门修改了产品设计而市场部门仍是基于老的产品开展市场活动，就会出问题。基于数据的决策不能是基于孤岛做出的。制造部门总是希望找到一些优化生产过程，从而降低成本、加快制造速度的方法。但是如果没有其他部门的配合，由此带来的变化就会增加库存水平，并导致整体成本上升。

IPD 是一个很大的话题。由于篇幅的限制，在这里重点对涉及产品配置，特别是大规模定制的产品结构管理、产品结构同步（PSS）等话题进行介绍。这些知识点是每一家在工业 4.0 的目标下想要从事大规模定制生产的企业所必须了解和掌握的。

7.3 支持大规模定制背景下的产品配置管理

在制造行业里，有多种配置项的产品常常对应着很多种可能的特性组合（或称为变型），这带来了 BOM 和对应的工艺流程的多变。如此之多的变化及其组合给销售、生产和采购的流程带来了很高的复杂性。一方面厂家需要提高这些流程的处理速度和效率，另一方面产品的生命周期又在不断缩短，这是各个厂家都面临的一个难题。

按照多年来传统的做法，BOM 和工艺路线在 IT 系统中是按照关系数据库的方式存储起来的。尽管这种实现手段已经存在了许多年，且在很多行业里都有很好的应用，但是对于工业 4.0 更高的要求（更多的物料和错综复杂的产品结构、版本、型号以及客户定制的要求），在性能、共享性、扩展性和重用效率等方面都存在很多的限制。随着面向对象（Object-Oriented，O-O）技术的迅速普及，采用 O-O 技术建立物料清单和工艺路线的数据模型，理所当然地成为人们解决上述问题的必然选择。

7.3.1 产品变量配置的基本概念

SAP 在系统中广泛采用了 O-O 方法。从一般意义上讲，对象是现实世界中一个实际存在的事物，它可以是有形的（比如一辆汽车），也可以是无形的（比如一项计划）。对象具有自己的属性（Characteristic），属性可以用某种数据来描述。类（Class）是具有相同特性的一组对象的集合，它为属于该类的全部对象提供统一的特性描述。类与对象之间的关系如同一个模具与用这个模具铸造出来的铸件之间的关系。类给出属于该类的全部对象的抽象定义，而对象则是符合这种定义的一个实体。通过属性和类等概念，SAP 延伸出了可配置物料的概念。

很多行业里都有一个大规模定制的趋势。变量配置有助于让大规模生产和不断增加的定制化个性要求这一对相互对立的两个方面共存。采用属性来对产品进行配置的一个主要动机是避免因为多个配置组合而新建物料主数据，从而减少物料主数据的数量。尽管传统上，对每一种配置组合都定义一个物料主数据的情况存在，但是在大多数情况下这样做会导致主数据数量的爆炸式增长。使用属性来贯穿产品的研发、预测、销售和生产过程，与传统做法相比，可以大大降低数据的复杂程度，提高透明性，改善主数据质量。

变量配置（Variant Configuration, VC）是 SAP 最迷人的概念之一，也是企业从大规模生产走向大规模定制的重要标志性技术。SAP 所有关于产品的定义和操作，几乎都与它有关。通过变量配置这个概念，SAP 将产品的整个生命周期过程，从概念设计一直到详细设计、销售、采购、预测、计划、生产乃至售后服务都串联在了一起。世界上没有任何一款产品，能够像 SAP 这样，利用一个精妙的概念，在产品的全生命周期里，实现如此之多的功能。它充分体现了德国人在和机械打交道的过程中，对于"变化"与"恒定"这一对看似矛盾的概念的把握程度。

工业 4.0 的一大特点就是支持个性化定制产品的生产。而这一类的产品在销售和生产过程中，越是允许按照客户的需求来加以定制，其配置也就越复杂。但是，企业在销售、生产带有变量的产品时，不仅需要结果准确，还需要有快捷的处理速度。随着产品生命周期不断缩短，要想做到又快又准，难度也会不断加大，对此，企业需要对复杂的产品配置过程进行快速管理。有了可配置物料的概念，企业就可以用一个物料变量覆盖所有的物料变化——这是 SAP 特有的在变量配置技术基础上的可配置物料的概念（如图 7-4 所示的台式计算机的例子）。相比传统的 BOM，可配置物料使用的是超级 BOM（Super BOM）。对超级 BOM 在销售和生产中的支持，是 SAP 的强项，也是工业 4.0 的核心技术之一。

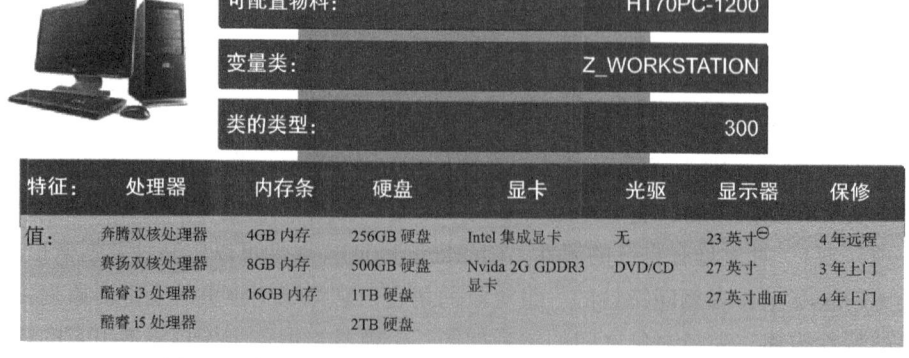

图 7-4　台式计算机的可配置物料、变量类、类的类型

㊀　1 英寸（in）= 25.4mm。——编辑注

7.3.2 面向大规模定制的产品数据结构

针对工业 4.0 的产品大规模定制的要求，SAP 提供了产品结构管理（Product Structure Management，PSM）的功能，以管理和维护大规模定制下多层次的产品结构，其特点是：

- 可以使用产品结构来代表产品的创建，特别是针对有很多变量和很多 BOM 项的产品。
- 可以在产品开发的早期阶段且还没有建立物料编码的时候就建立一个产品结构并加以管理。
- 可以使用产品结构映射可配置的产品，也可以通过产品结构中的总成（Assembly）和固定变量总成（Fixed Variant Assembly）来管理不同配置的产品。通过这种方式，在一个产品结构中，允许出现多层次的结构和存在多种用途的节点。
- 在工程桌面上集成 CAD 功能，以及 PSS 功能（PSS 的功能将在本章后面讲到）。
- 通过提供 Web 用户界面，简化图形化的用户界面，降低复杂性，提高可用性。

图 7-5 描绘了 PSM 的集成环境。产品结构管理与 CAD、工程桌面以及 PSS 完全集成。通过 CAD 集成，可以在 CAD 系统或从 SAP 系统中，对文档和文档之间的链接进行编辑。CAD 结构在 CAD 桌面上，通过一个完全可配置的用户界面，让操作者能够从 SAP 系统中，对各种文档信息加以查看和管理。通过工程桌面，还可以实现 CAD 结构在 CAD 系统和 SAP 系统之间的传输。

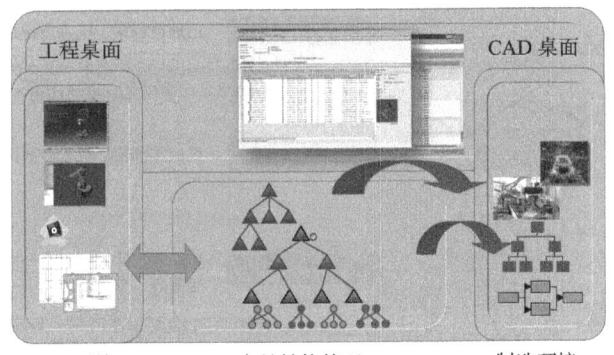

图 7-5 SAP PSM 的集成环境

在工程桌面上，可以对产品结构进行处理，并且可以在产品结构的基础上创建物料 BOM 或总成件。SAP 提供产品结构和总成的管理功能，可以在产品结构上进行 CAD 集成。基于此，可以实现连续和灵活的建模功能，并且提供在 SAP 系统中表示产品工程结构的优化的方法。此外，工程结构可以被传输到包括 MBOM 和生产工艺的生产环境中。

1. 产品结构定义

如图 7-6 所示，一个产品结构包括一组分层排列的对象，其目的是记录一个或一组相似的产品。这里有一些基本的对象类型，用来描述产品结构，包括产品族、产品视图、产品子项等。

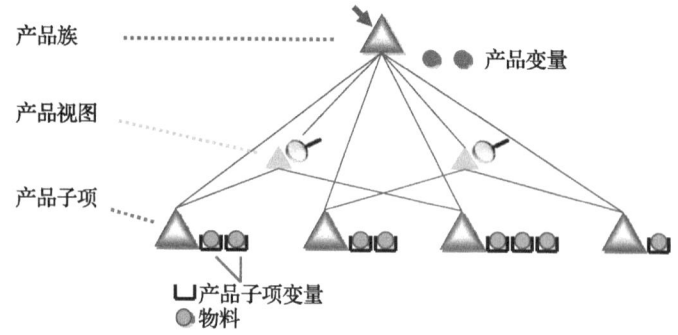

图 7-6 SAP 产品结构的基本组成要素

图 7-7 以自行车为例，通过 SAP 的产品结构定义方式，完整地描述了产品结构的构成。

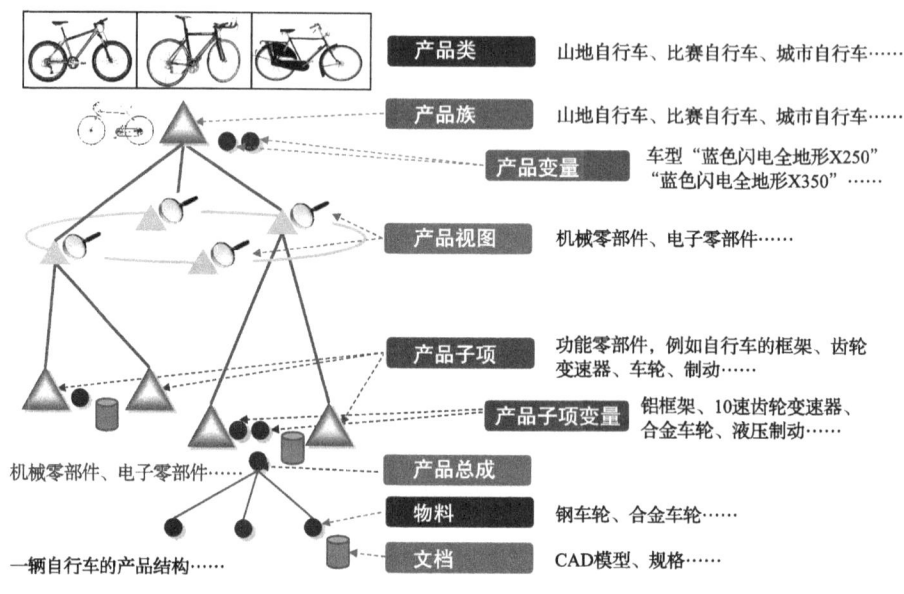

图 7-7 SAP 产品结构举例

(1)产品族

产品族(Product Family)对象是对所要建立的产品的定义,它是要开发的产品的最高层次结构,也是产品结构的入口。在此对象之下,可以维护一个单层的或多层的产品结构,其中包含产品子项及其产品子项变量。

如图 7-8 所示,山地自行车和比赛自行车就是两个产品族,它位于产品结构的最高层级,在其下方再用多个层级对产品加以详细定义。

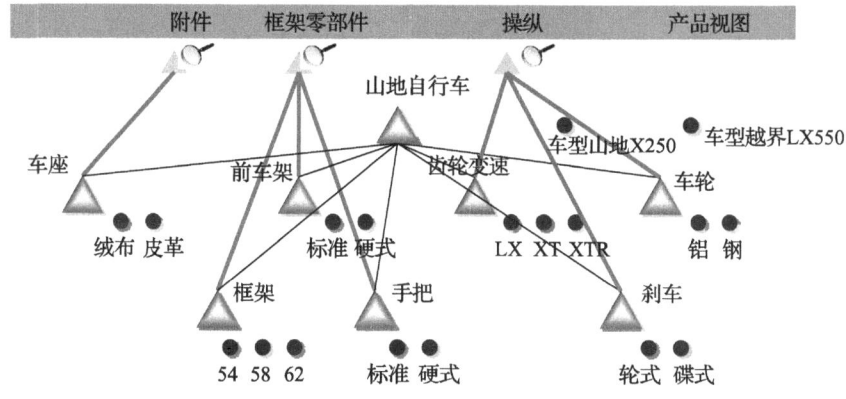

图 7-8　产品视图举例

(2)产品变量

产品变量(Product Variant)定义了产品结构中一个特定的可配置或配置好的产品。换句话说,产品变量是产品族的具体代表。一个产品变量包含一个可配置物料或物料变量。也就是说,产品变量既可以是一个物理存在的已配置好的产品,也可以是等待配置的产品。

如图 7-7 所示,从配置好的产品角度来看,车型"蓝色闪电全地形 X250"和"蓝色闪电全地形 X350"是产品族"山地自行车"的两个变量;从可配置的产品角度来看,车型"蓝色闪电全地形 X* 系列"是产品族"山地自行车"的变量。

(3)产品视图

产品视图(Product View)是产品结构的逻辑分组,可以嵌套(见图 7-8)。这类对象没有任何物料或变量。在使用的时候,它也是可选的,而不是必需的,并且在进行物料需求计划或模拟的时候,对于产品结构的展开是没有影响的。

(4)产品子项

产品子项(Product Item)定义了用来制造该产品所需的零部件。它表示产品具有的功能,是制造产品所需的零部件的抽象代表。一个产品子项通常有一个类,这个类包含用于定义产品子项相关性的产品属性。通过使用产品子项,可以:

- 定义产品结构。
- 指定对象的相关性。

- 一个产品子项还包含多个产品子项变量。通过定义选择条件（Selection Condition），可以限制对产品子项的选择。

在自行车的例子中，框架、齿轮变速器等都是用来构成山地自行车的产品子项。

（5）产品子项变量

产品子项是对零部件的抽象代表，它可能有一个或多个产品子项变量（Product Item Variant）与之关联。因此，产品子项变量就是一个零部件的特定代表，代表了产品的可选零部件，它的特点是：

- 可以对一个产品子项定义多个变量，例如代表自行车上不同类型的车轮。在一开始，这些变量无须对应到物料上，但是等到产品结构从设计转交到生产的时候，就需要指定物料。
- 可以使用选择条件。在将产品结构进行物料展开的时候，可以使用选择条件，根据属性的赋值结果，选择产品子项变量。
- 可以在产品子项变量这一层维护物料的数量和计量单位等信息。
- 还可以对产品子项变量赋予工程变更号。

除了上面谈到的这些构成产品结构的对象之外，还用文档和物料来完整地描述产品。

（6）产品总成

在产品总成（Product Assembly）的概念体系中，通过总成组、总成头、总成子项等组成的层次结构，允许研发人员在产品开发的早期，无须维护物料主数据，就可以建立和维护产品总成。

产品总成具有以下一些特点：

- 产品总成代表了不可配置的产品结构。通过将产品结构中可配置和不可配置的部分清楚地分开，可以更好地将产品总成重用到不同的产品上。
- 产品总成也代表了单层次 BOM 结构。一个产品总成可以在多个产品总成中作为子总成反复使用，这样也可以达到多层次 BOM 的目的。
- 产品总成是可以实现与 CAD 系统集成的产品结构，它可以用来代表不可配置的产品结构。
- 使用产品总成，可以在产品生命周期的早期阶段对产品的结构进行管理。这是因为产品总成和物料 BOM 非常类似，区别仅在于对于前者一开始无须维护物料。在产品生命周期里，产品总成可以一直变化，直到最后阶段才将物料主数据分配给总成头和总成子项。
- 可以通过参数值对总成头和总成组进行模拟。需要注意的是，对于产品总成，不可以应用对象相关性。

2. 产品结构的建模

与直接在制造领域里建立 BOM 的过程不同，使用上面介绍的产品结构来建立一个多层次的产品结构，具有很大的灵活性。这种灵活性体现在无须在研发开始的时候就使用具体的物料。产品结构实际上就是一个像变量 BOM 一样的超级 BOM，通过多种组合和可能的场景来建立可配置的产品。一个产品结构代表一个由多个变量和产品视图构成的产品模型。

在建立产品结构的模型时，首先，我们需要一个产品类或产品类的层次结构。它包括一些描述可配置产品特性的属性。这个特定的类被指派给这个可配置的物料，并且需要一个配置参数集来对类的使用进行具体描述。这样，我们就可以单独地对产品进行配置。

产品视图是一个可选用的概念，用来对产品结构中的某一部分进行逻辑上的分组。产品视图对象虽然没有实际的物料与之对应，但是却包括产品结构中的许多元素。

产品族对象描述了需要创建的产品。该对象是一个位于整个结构顶层的元素，也是产品结构的入口点。一个产品族包括至少一个产品变量、产品子项、产品子项变量，并且可以有多个产品视图。

产品变量属于产品族，并且包含一个可配置的物料。一个产品族有一个或多个产品变量与之关联。因此，一个产品变量也可以包含一个物料变量，它是预配置好的，并且与可配置物料相连接。大多数情况下，产品变量被用在具有很多变量的产品上，它们是最终的物料，提供对产品的直接参考。

产品子项定义了用来制造该产品的零部件。可以说它们是一个具体的物料的抽象代表。产品子项代表由一组功能构成的功能组，或者是一个产品组，但还不是物理上的物料。输入到产品子项中的零部件是产品子项变量，一个产品子项可以有一个或多个产品子项变量。

产品子项变量是一个具体的零部件的特定代表。最开始的时候，该变量无需对应参考到一个物理的物料上（例如在原型阶段）。但是，在生产开始之前，这些变量必须要对照到一个物料主数据上，这样才能进行物料计划和反冲。产品子项变量也可以对照到一个总成上。此外，一个产品结构也必须包括用来完整描述一个产品的所有文档。

在产品结构中，产品子项、产品子项变量都可以直接对应到实际物料上，也可以对应到产品总成上。

7.3.3 将设计与制造进行同步

1. 从产品开发向制造转换的过程中面临的挑战

企业价值链上的一个重要连接点是产品开发和制造之间的结构。产品开发的任务是开发、验证产品并用文档加以记录，满足特定的需求。一旦产品开发达到了一定的成熟度，产品数据——通常包括图纸、文档、物料主数据记录、零部件清单等，或者是更好的形式——产品结构，都需要从设计环节传递给制造环节。虽然我们可以在产品开发和制造环节使用 BOM，但也可以在产品开发环节使用 PSM 的产品结构。无论是哪种情况，研发环节产生的结果不可能一对一地复制到制造环节，原因是：

- 功能和装配顺序之间的差异。设计和制造在结构上会产生差异的原因是开发与制造的视角、目的不同。研发阶段的产品结构代表产品的功能结构，而制造阶段的 BOM 则需要反映装配步骤和顺序。
- 研发版本和有效性之间的差异。从产品开发的视角来看，重要的是确保所有的零部件可以安装到一起，共同实现既定的功能。而从制造的视角来看，有效性则是一个重要的信息，它可以让各方了解在什么时候哪些零部件必须被采购、制造和装配。
- 开发和制造之间的组织分割。在大多数企业里，产品开发和制造分属不同的组织部门。这种组织结构上的分割使得两个部门对于产品数据的责任是分开的，每个部门都希望能够在不影响其他部门的前提下对自己的数据独立进行维护和修改。其结果是，针对一些小的修改，无须跨组织之间达成协议，从而具有很高的灵活性。
- 不同生产地点上的制造差异。企业经常会在不同的地点生产产品，有的时候是为了离目标市场更近，有的时候则是为了获得全球化的好处。但是，产品研发的地点通常是独立于生产地址的，且两者使用不同的工具（PSM 和 BOM）。因此会经常发生：由于当地市场的需求或制造条件的差异，所以在不同的地点生产的最终产品存在区别。为此，需要为每家工厂配备不同的 MBOM，以充分考虑当地的情况，发挥出异地工厂灵活性的特点。

2. 过去解决这些问题的方法

过去在解决 EBOM 和 MBOM 的问题时会采取下面的方法：

- 不维护 EBOM，手工建立 MBOM。对于产品结构的更改，可通过手工方式将其复制到 MBOM 中。这种手工创建和修改 MBOM 的做法不但耗时，而且容易发生错误。
- 直接通过与 CAD 系统的集成来得出 EBOM。通过这种方式，EBOM 和 CAD 中产品模型的结构紧密地联系起来。对于 MBOM，可借助于手工方式从 EBOM 转换而来。在这里，MBOM 同样还是用手工方式创建和维护的。

产品结构在一开始就被用来反映制造的需求。虽然在很多情况下，对产品结构的重组是可以避免的，这需要在产品开发阶段对于制造流程有着深入的了解，但是这些知识在产品开发的早期或者对于复杂的产品来说却经常是不可获得的。

有一种观点是：可以在同一个结构中维护 EBOM 和 MBOM。这个解决方案是维护共享的一套产品结构和维护两套独立的产品结构这两种方案之间的一种妥协。我们不能排除这样一种情况，即一个视图发生变化会对另一个视图造成影响。因此要用该解决方案，则需要对数据结构有深入的理解。

3. 深入理解 BOM 在设计与制造之间的转换

根据对不同行业的分析，在产品信息从设计向制造转换的过程中，需要考虑以下一些特点：

- 产品结构或 BOM 对于产品信息的组织和记录至关重要。它被研发人员用来记录产品。而对于制造来说，BOM 是对后续制造过程进行定义和计划的出发点。
- 研发部门和制造部门都希望对自己的 BOM 有自主权。研发部门希望能够在不同步修改制造部门的主数据的前提下，对产品的一些新概念进行研究。制造部门也希望能够有自己的 BOM，以记录为生产目的做出的小变更甚至偏离。现举一例，按照研发部门的设计，在产品的装配环节应该使用 5 个垫片。但是在装配现场，其实需要使用更多的垫片。制造部门和研发部门为此产生了争论——究竟是设计不合理，还是制造公差过大。这时，制造部门迫切希望有一个由自己掌控的 BOM 来记录这些偏差，从而让物流和成本数据更加精确，而研发部门的 BOM 则暂时不需要更新。
- 在研发环节，定义变更状态和版本是记录产品各种零部件的重要手段。而在制造环节，零部件是否生效的定义则是选择零部件的重要依据。在从 EBOM 向 MBOM 转换的过程当中，不仅是产品结构需要转变，同时还需要考虑变更的记录手段也发生了变化，这意味着从版本驱动向生效驱动的转变。
- 使 MBOM 完全根据 EBOM 的变化自动改变，这并不总能做到，原因是制定所需的规则会非常耗时。一些简单的变更可以自动完成，但是对于那些不能简单处理的变更，用户需要在调整结构的过程中得到指导。
- 不是所有的变更都会达到必需的成熟水平才会被实施。这些未达到发布水平的变更不会在产品结构同步的过程中加以考虑。因此，需要确保产品结构同步与产品发布及变更连接起来。
- 同步是一个单向的过程，也就是说把 EBOM 里的变更转入 MBOM，而不是相反。变更管理有责任把变更从制造传递给研发。
- 对 EBOM 的变更会导致 EBOM 与 MBOM 的不一致。这些差异被汇总在一个清单中，可以由系统自动处理，也可以由用户自己来处理。

4. PSS 的特点

SAP 在其 PLM 产品中提供了从研发数据向制造数据转换的解决方案——产品结构同步（Product Structure Synchronization，PSS），其重要的功能包括：

- 在 EBOM 的基础上对 MBOM 进行计划。
- EBOM 向 MBOM 的初次转换。
- 持续协调 EBOM 和 MBOM 之间的变化。
- 与 SAP 的变更管理充分集成。
- 考虑同步的成熟度水平。
- 对工程变更和与制造相关的变更进行灵活的控制与计划。
- 监控 EBOM 的变更，控制自动或手工的协调。
- 与 SAP PLM 充分集成。
- 可以对 MBOM 和 EBOM 进行独立修改。
- 采用可适应的同步方式，保存期望的 EBOM 与 MBOM 的差异，并在后续的同步操作中加以考虑。

借助前面介绍的 PSM 的产品结构，以及 PSS 的概念，通过延展，可以实现企业 BOM 数据管理平台（见图 7-9），这是制造企业实现大规模定制的重要基础。

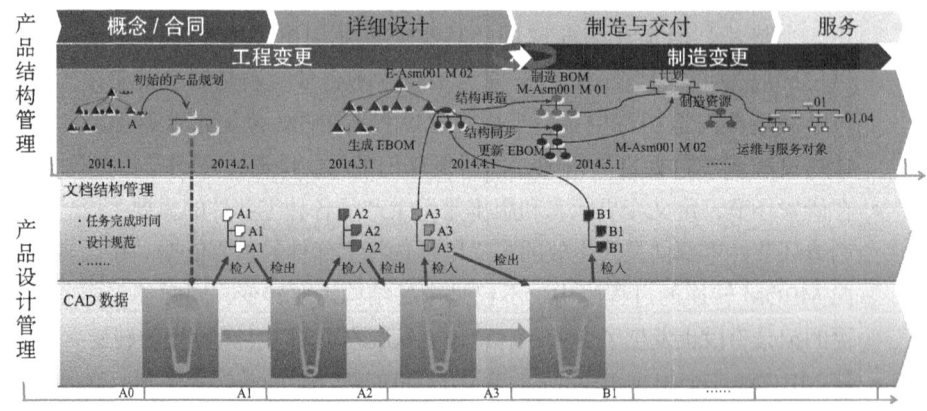

图 7-9　打造大规模定制下的企业 BOM 数据管理平台

7.4　提供支持物联网的工程控制中心

7.4.1　对多种开发工具的支持

工业 4.0 下的智能产品常常是一个机电混合的复杂产品，企业需要协调不同的研发团队，在多套需求之间进行平衡。例如，不少智能产品都有一个重要的特点，就是具备数字化对象记忆（Digital Object Memory，DOMe）。这是一个数字化的存储空间，它永久地保存着从一个具体的物理对象实例的生命周期中采集到的相关信息。

不仅如此，工业 4.0 下的智能产品具有更多和更强的与客户进行交互沟通的能力（见图 7-10）。它可以通过各种媒介（包括移动设备）和平台（如社交媒体）

与客户进行实时交互,设计创新和定制的产品,实现与众不同的体验。此外,它还可以与客户进行深入而直接的沟通,例如互联网可让客户直接用声音发出命令。而且可以考虑为智能产品配置交互工具,如可穿戴设备或增强现实设备,以帮助产品更快更好地理解客户的要求。以上所有谈到的这些都对产品开发的复杂性提出了新的要求。

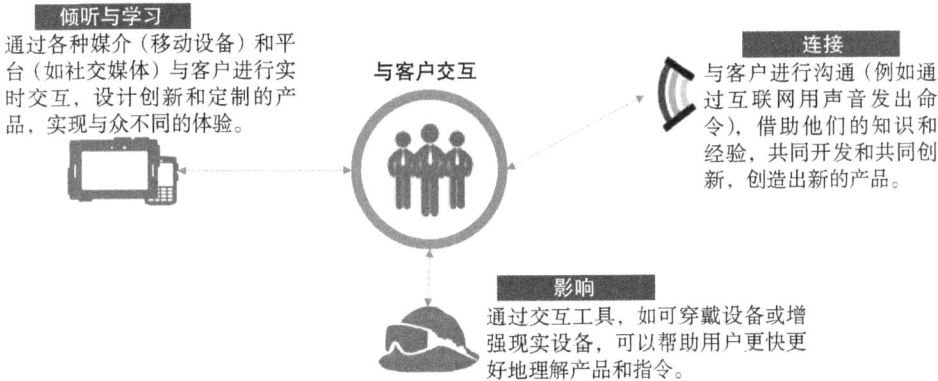

图 7-10　智能产品具有更多更强的与客户进行交互沟通的能力

通过 SAP 的工程控制中心(Engineering Control Center,ECTR),设计师和工程师可以将所有的产品数据整合成一套统一的产品数据,加快产品的开发进度。如图 7-11 所示,各类产品数据可以汇总到 SAP 的 HANA 平台上以展示和分析。

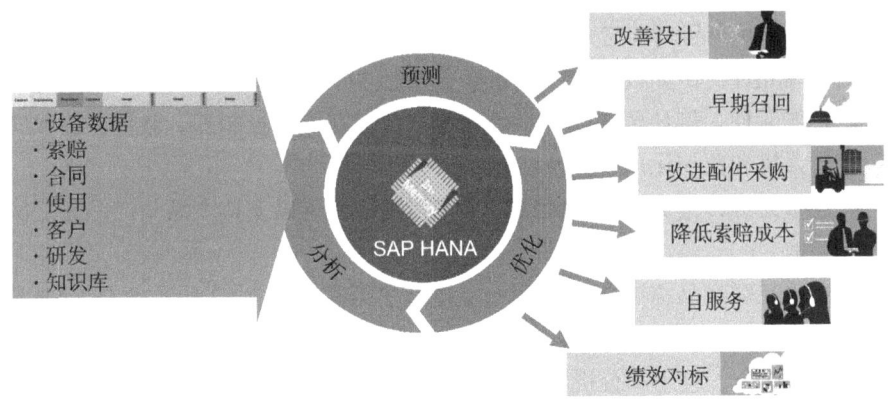

图 7-11　整合产品数据,帮助产品开发部门和其他部门进行产品分析和优化

对于前文提到的集成的产品开发,可以借助 SAP PLM,在从概念一直到设计、制造和服务的全生命周期上,集成优化所有与产品相关的流程(见图 7-12)。通过 ECTR,可以进一步将 SAP PLM 与各类设计工具集成在一起,建立一套唯一的、具有统一性和一致性的产品数据(见图 7-12)。

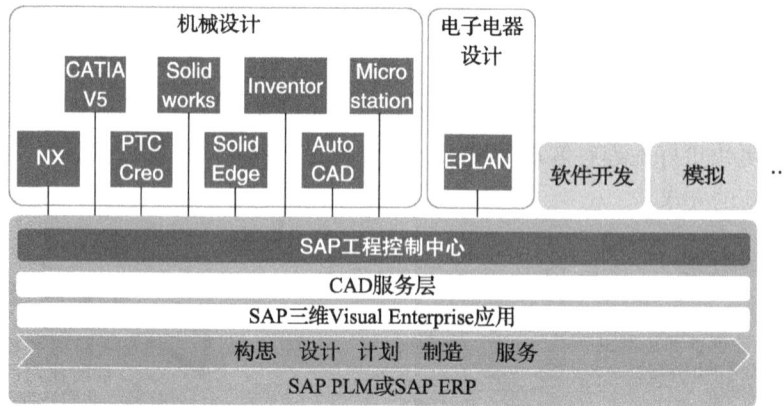

图 7-12　SAP 集成所有产品数据的战略

通过与开发工具的深度集成，SAP ECTR 可以实现：
- 管理复杂性和多样性不断提高的产品。
- 降低对开发工具的总体拥有成本。
- 建立跨不同学科的全面的产品描述。
- 在生态系统各处维持数据的一致性。
- 跨设计和工程的整个环节，对版本控制进行管理。

7.4.2　对物联网多数据源的支持

对于工业 4.0 下的互联产品设计，需要考虑互联产品在物联网环境下的运行。具体来说，互联产品具有三个核心的要素，它们是：
- 物理元件，例如机械零部件和电子零部件。
- 智能元件，例如传感器、微处理器、数据存储、控制器、软件、嵌入式操作系统和数字化用户界面。
- 连接元件，例如端口、天线、协议和网络，可以支持产品与产品云之间的通信。

这样的互联产品需要一个全新的支撑技术架构。图 7-13 所示的是 SAP 提出的互联产品所涉及的技术分层，从下至上依次是硬件、连接、设备管理、应用实现、物联网安全、应用和分析。值得指出的是，在应用实现层，它必须提供能让产品、用户以及来自业务系统/外部数据源和其他相关产品的集成数据进行交换的通道。

这一架构可以给互联产品带来不一样的新的产品功能：
- 第一，产品可以对自己的状况、所处环境进行监控和报告，帮助用户了解传统的产品无法提供的性能和使用情况。

- 第二，用户可以通过数字远程访问的方式控制复杂的产品操作。这使得用户具有了前所未有的对产品的功能、性能和界面进行定制的能力。
- 第三，监控数据与远程控制能力的结合带来了新的优化机会。通过恰当的算法，可以显著地改进产品性能、效率、使用时间，以及如何与相关的其他产品在更大的系统中一起工作。
- 第四，监控数据、远程控制、优化算法可以帮助产品实现自治。产品可以进行自学习，从而更好地适应环境和用户的偏好，并自行运转。

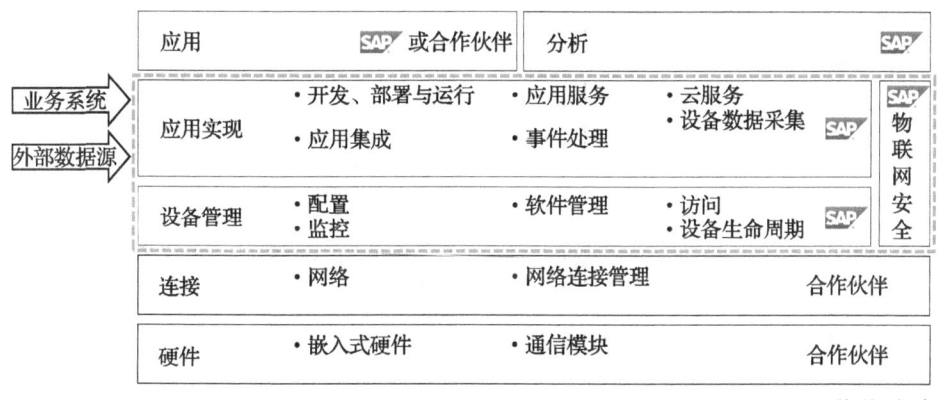

图 7-13　互联产品的技术分层

与互联产品相比，传统产品的数据主要是在内部运营的时候，通过价值链上的交易生成的，例如订单处理、供应商交易、销售过程、客户服务拜访等。以此为基础，再加上从调查、研究和其他外部数据源得到的信息，其结果就是企业可以获得的全部数据。通过这些数据，企业可以对客户、需求、成本有一些了解，但是对于产品的使用运行情况却知之甚少。

现在通过互联产品，企业第一次可以将上述传统的数据源与另一个数据源——产品，结合在一起。这会极大地扩展原有的产品数据管理的范畴，企业需要有一个新的产品数据管理平台，来管理这些新的数据。或者说，原来的 PLM 所管理的生命周期，因在制造阶段和使用阶段无法搜集到数据而被中断，那是一个不完整的产品生命周期。

7.5　加快创新速度的创新平台

7.5.1　产品组合计划

SAP 的产品组合管理（PPM）是 SAP PLM 的组成部分之一，可以帮助企业定义和实现不同类型的产品组合，包括产品的创新、服务、资本资产，甚至 IT 举措。此外，PPM 还可以对这些产品组合提供完整而统一的生命周期概览，帮助企业掌控当前的项目状况，跟踪发展趋势和关键财务指标。PPM 在整个项目管理中的地位如图 7-14 所示。

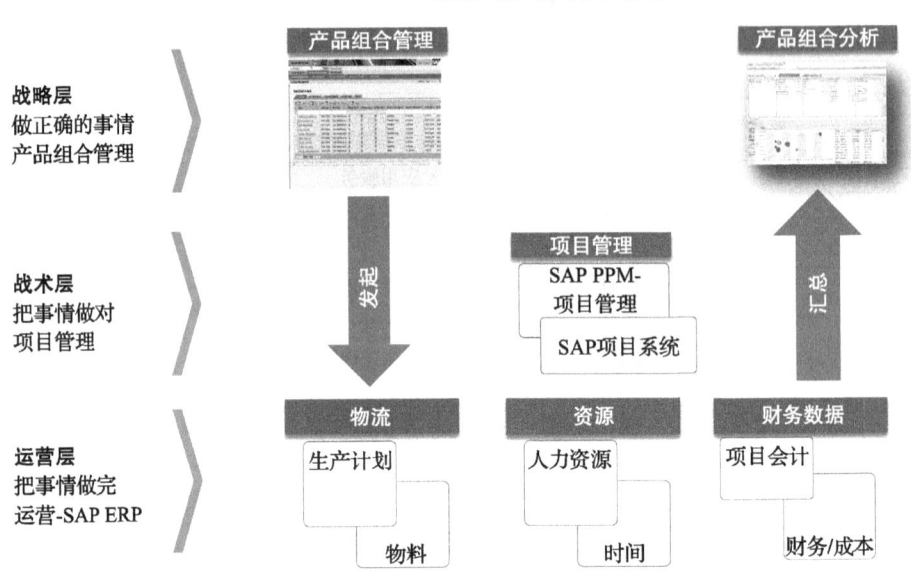

图 7-14 PPM 在整个项目管理中的地位

从功能的角度来看，PPM 主要聚焦在三个方面：
- 计划、执行与控制。PPM 通过与项目管理数据、人力资源数据和财务应用数据紧密集成，可以让管理人员访问最新的资源消耗和可用性情况的数据，以支持全盘计划，实施和控制整个企业中的项目流程。
- 实现具有针对性的投资。PPM 可以帮助企业实现活动、预算与业务目标保持一致，从而正确地部署人员与资金。这一功能主要是通过在 PPM 中对业务绩效进行实时监控，以及使其与 SAP 的 ERP 平台集成来实现的。
- 确保在预算范围内按时交付。PPM 可以为所有的项目与计划活动带来清晰的透明度，从而加强进度和预算管理。并且，通过将项目管理与采购、开发、制造、服务等业务流程完美集成，显著提高运营效率，大幅降低成本。

7.5.2 项目管理

SAP 的项目管理是 SAP PLM 解决方案的一部分，它没有其他项目管理软件

(也包括 SAP ERP 解决方案中的项目系统 PS（Project System）模块）里常见的工作分解结构（Work Breakdown Structure，WBS）的概念，而是以阶段代之。工作分解结构是定义项目计划和预算、进行项目成本收集的基础，而 SAP 的项目管理主要用于产品研发项目，它的目的不是取代 PS 的功能。使用阶段来管理产品研发过程，相比 WBS 来说更为简单，并且符合研发的实际情况。

当然，在进行产品研发的时候，有的时候也需要和 SAP ERP 的很多功能集成，例如在处理产品研发过程中的一些对外采购、产品试制的时候，会用到 SAP ERP 的相关模块。SAP 的项目管理并不直接处理 ERP 的这些功能，这是因为在产品的研发项目管理过程中并不需要直接执行这些功能，而是需要对这些功能完成的计划和时间进行统计与监督。SAP 为其项目管理提供业务对象联结功能，可以触发 SAP ERP 中的有关产品研发项目的业务，并监督执行状况。

对于某些项目管理类型的企业来说，例如一些大型设备、大型工程项目的交付，可以使用 PS 管理一个完整的产品研发项目，从前期工作到签定合同、研发、生产直到售后服务。其中有关产品研发领域的项目管理任务，也适合使用 SAP 的项目管理完成。SAP 的项目管理与 PS 实现了充分集成，可以认为前者对应着后者在产品研发阶段的子集。

7.5.3　打造面向员工参与的创新平台

在工业 4.0 的环境下，一个企业的成功日益取决于在产品、服务或商业模型上的创新，这也是工业 4.0 所提倡的提高员工自治、鼓励员工进行创新的"员工 2.0"的体现。一方面，这一能力需要有创新的文化，员工彼此之间、与管理层、与供应商甚至客户可以自由地分享和讨论；另一方面，这些想法也需要用系统加以管理，这通常意味着它们要按照某一个既定的流程进行评估和过滤，找出其中最有希望的想法，形成概念，并将其投入到后续的开发项目中。

创新管理是 SAP PLM 提供的另外一个重要的功能（见图 7-15）。对于今天的产品开发主管而言，他们面临的最大挑战之一就是建立一个创新社区，使各个参与者都能够自由召开头脑风暴会、捕获新的创意、实现相互协作。主管不仅要鼓励整个工作团队加入并融合到合作伙伴、供应商和客户当中，还需要选择正确的创意，尽早付诸行动，抢占最大的市场份额。这些要求都是 SAP PLM 所要实现的功能。

SAP PLM 中的创意功能既可以单独使用，也可以作为集成的解决方案的一部分，与 SAP 的其他产品的生命周期管理功能结合使用。

SAP 的创新管理解决方案构筑在产品组合与项目管理 PPM 方案的基础上，可以通过提供相应的平台，让员工便利地写下自己的想法，并随时查看和讨论，帮助企业培养出创新的文化。与此同时，系统还可以推动相应的行动，系统地搜集这些想法，按照创新流程，对这些想法进行管理。这一创新流程包括不同的阶段，通过这些阶段，最初的想法被加以指导，逐步走向成熟，成为企业未来明星产品的源泉。

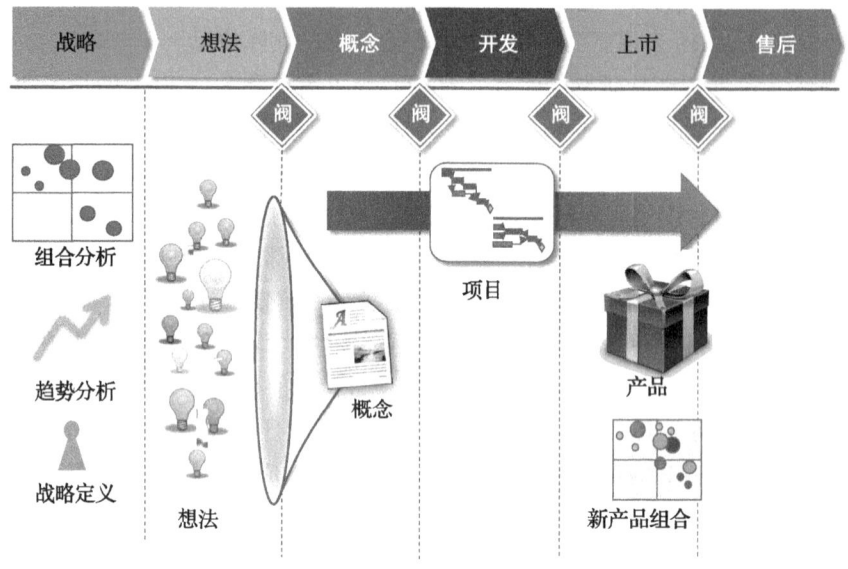

图 7-15　创新管理生命周期

借助创新管理功能，可以让企业在本地或企业范围内的任何地点最大限度地挖掘创新潜力。管理者可以鼓励企业选择有深度的创意转化为产品原型，从而加快开发步伐，占领新市场。通过前面介绍的功能，SAP 的创新管理可以帮助企业：

- 拓宽创新渠道，生成更多的创意，并改进选择和评估流程，从而促进企业成长，提升企业获利能力。
- 通过支持重复使用和持续提升透明度来节省管理成本。
- 通过提供流程支持和集成来加快创意到执行的步伐，使资源加快集中于正确的创意上，从而缩短上市时间。

7.5.4　打造基于大数据分析的创新平台

互联产品的生命周期创新与"传统的"产品生命周期管理的区别在于其整体性的全盘方法：与产品相关的信息跟其他相关的信息融合在一起，例如设备的参数或者客户的订单数据。接下来，通过分析和处理这些信息来产生创新，推动整个组织中，例如销售流程，进行数据驱动的研发决策和业务流程的创新。例如，物料的选择可以通过对生产流程进行系统化的分析来加以优化。甚至在更加复杂的 B2B 市场中，客户的采购行为可以通过分析模型进行预测，从而实现更加有效和成功的销售活动。

在工业 4.0 时代，企业需要更加先进的 PLM 系统。这套系统需要能够在任何地点以任何形式被访问，特别是在移动端。此外，它必须要与其他相关的业务应用系统，特别是 ERP 和 MES 相连，将来自不同源头的数据整合到一个"数据池（Data Lake）"中。数据池的内容不能局限于传统的 PLM 数据。由于将 CPS 作为数据源，会引入大量的数据，所以这个"数据池"需要有大数据的功能。并且，PLM 还需要与客户相连，通过架设对客户的接触点，直接搜集客户的反馈。如图 7-16 所示，从数据量、数据多样性和数据速度等三个维度来看，工业 4.0 时代对产品数据的管理将向着更多、更广、更快的趋势发展。

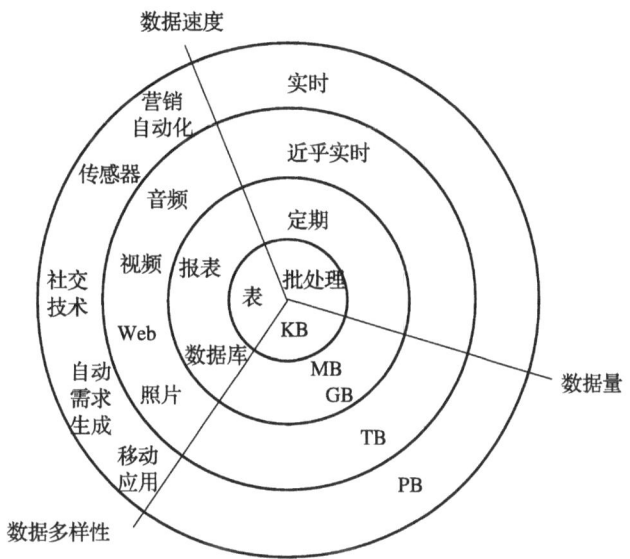

图 7-16　从数据量、数据多样性和数据速度来看产品的大数据发展趋势

由于产品数据在整个企业运营中处于核心地位，它的用户遍布各个部门，所以很容易形成一种"烟囱林立"的割据局面。这一割据局面不仅是对于产品数据而言的，事实上各个部门在使用产品数据的同时，也需要使用其他相关的业务数据，因此这一数据割据的状况实际上是整个企业的数据管理所面临的共同问题。此时，就需要有一个新的平台，以跨越不同的应用，形成统一视图的数据，这就是 SAP HANA Live 平台的目标（见图 7-17）。

在这里，解决这一问题的技术就是 SAP 的虚拟数据模型（Virtual Data Model，VDM）技术。VDM 允许用户使用标准的 SQL 或 OData 请求直接访问 SAP 的业务数据，从而可以在 SAP 商务套件的任何一个应用程序中轻松地集成其他应用程序的数据,加以浏览、整合和分析(见图7-18)。

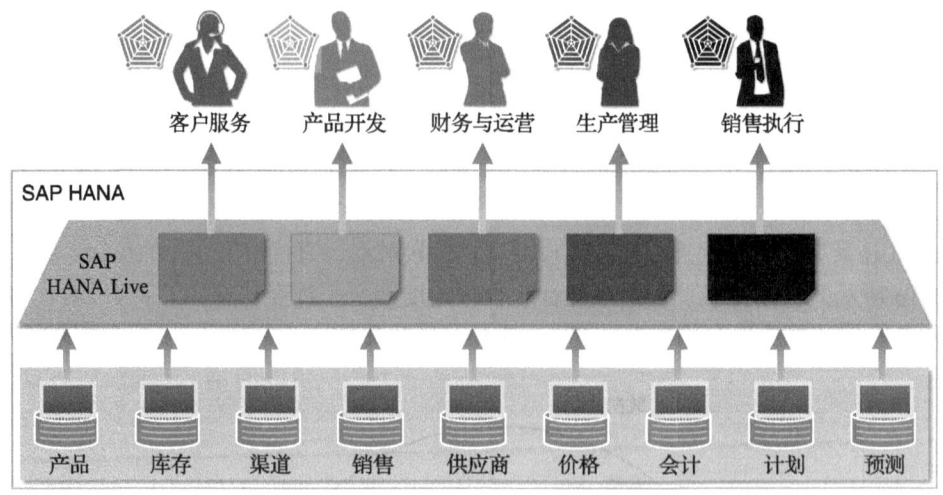

图7-17 跨不同系统建立统一的产品大数据视图所面临的挑战

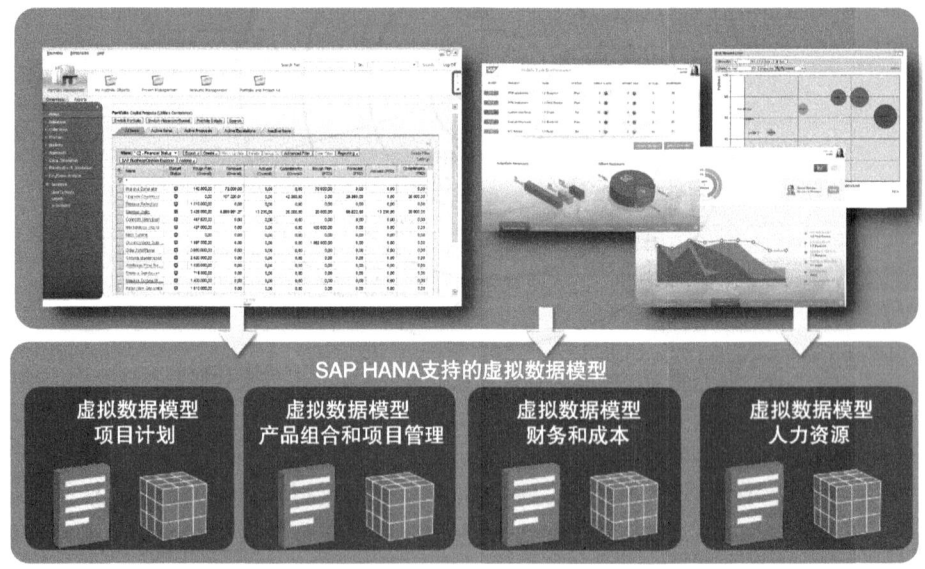

图7-18 在VDM技术支持下,用户可以在PPM工具中获取来自其他系统的相关信息,从而建立完整的分析报表

7.6 连接客户与厂家的资产智能网络

资产智能网络(Asset Intelligence Network,AIN)是一个建立在多方之间且

可共享的工业设备的全局注册功能,行业中的各方都可加以使用。这种方式不仅改变了产品的数据管理,而且是一种新的协同业务模型的实现。

协同资产管理无疑可以给各方(无论是资产的生产方、使用方还是维护方)带来很多好处。在工业 4.0 时代,各方对于资产管理有着新的认识和挑战。

- 可持续性的运作:资产的使用方对资产可利用性的要求不断提高,希望从被动式的保养变为主动式的维修。这对资产的生产方来说,需要建立与资产的使用方相关的协同机制。
- 新的业务模式:资产的生产方希望建立一种全生命周期的销售和服务模式,并采用"按使用次数收费"或"按使用时间收费"的新模式。
- 技术上的创新:物联网、大数据、云技术等的出现,为协同资产管理提供了一种全新的思路。

在这里,很重要的一点是,关于资产信息战略的基础是"关于设备,我们知道多少,客户也应该知道多少"。在这里,连接、共享和交换成为 AIN 的主题。

在 AIN 产生的背后,是目前企业普遍面临的一些挑战。目前围绕着维修的流程和系统,从资产管理的价值链角度来看,常常是断开的和不自动化的。各个利益相关者依赖于"请求/接收"的模式开展工作,随着资产系统变得越来越复杂,这种模式已经不再有效(见图 7-19)。

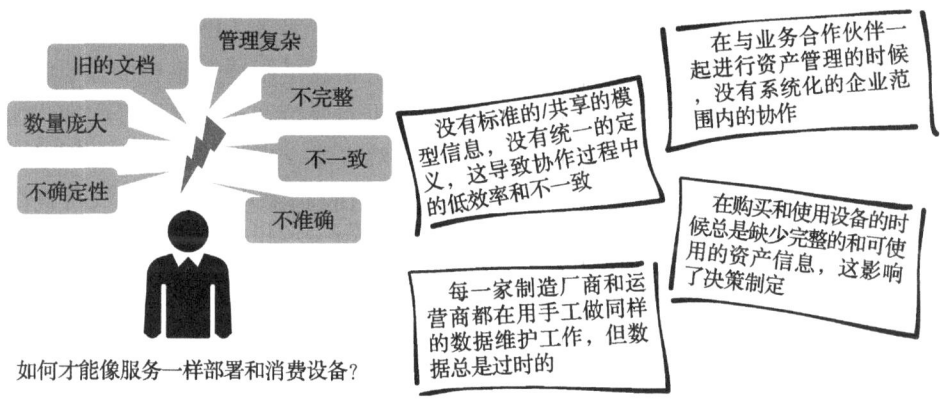

图 7-19 企业在资产协作上面临的挑战

通过向数字经济的转移和基于云的物联网技术,为通过资产管理网络实现资产的协作管理提供了可能。AIN 的目标是建立一套可供多方共享的全局设备注册机制,从而形成机器设备的共同定义,进而实现新的合作模式,以获得卓越运营。如图 7-20 所示,AIN 具有以下特点:

- 内容:实现了资产的唯一注册机制,为资产管理和客户服务流程提供统一的信息来源。

- 网络：无论是资产的操作者、原厂商、电子配件目录提供商还是服务商，都在同一个平台上进行协同和信息交换。
- 应用：平台上承载了不同的应用，可供各方使用。
- 集成：实现与资产、SAP 等系统的无缝数据交换。

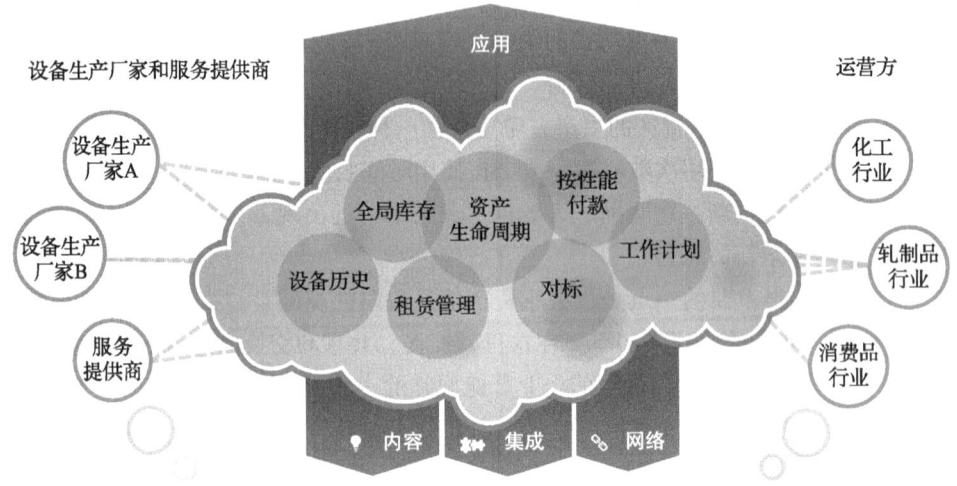

图 7-20　AIN 连接了与设备相关的各方

对于制造企业来说，很多客户都在使用企业资产管理（EAM）软件。这些客户有大量的关于如何使用这些产品的有价值的信息。制造企业非常想了解这些使用方是如何使用这些设备的。制造企业如果需要给客户提供最好的客户服务，就需要与客户在绩效改进、服务公告的无缝发布、零部件变更等方面进行协同。客户需要通过一个结构化的网络，在他们的 ERP 中了解关于这台设备的所有信息。这台设备的信息需要在制造方和使用方之间得到充分的共享，而目前的割裂局面造成了流程上的低效率。点到点的面条式连接没有扩展性，也不能及时提供所需的数据和信息。需要强调的是，这不仅仅是设备之间的连接，而且围绕着设备进行的业务流程上的连接。通过将业务流程带到网络上，可以给客户带来新的价值。AIN 可以帮助企业改变工作模式，具体如图 7-21 所示。

对于客户来说，AIN 的价值驱动是：
- 对各方提供最新最准确的安装基础的细节——做出正确的决策。
- 削减为计划的或已有的设备进行信息创建、管理或共享所耗费的人力——管理而非维护。
- 与服务合作伙伴、其他外部提供商（监管机构、保险商）进行协作，执行、检查和改进工作——新的网络驱动的业务模型。

- 制造商可以在网络中向所有订阅的拥有方、运营方发布有关型号、设备的定义与文档——通过相同的定义，实现一致的协同。
- 提供一个参考模板，让所有可能类型的设备都可以使用，从而实现所有业务合作伙伴之间的定义和通信的标准化——基于标准。
- 让所有的业务合作伙伴使用云端中唯一共享的流程、定义和系统——建立企业级可扩展的流程。
- 每种类型的设备的 BOM，并供操作方使用——改进配件的计划与订购流程。

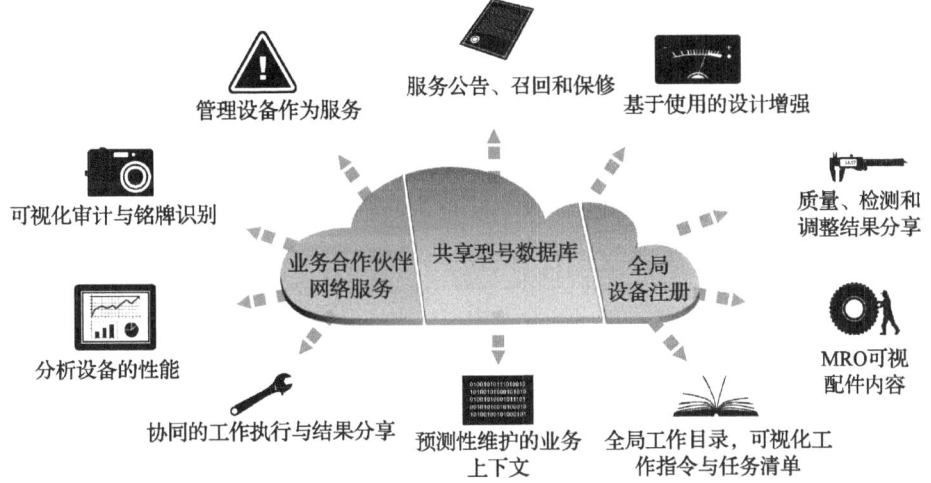

图 7-21　AIN 可以帮助企业改变工作模式

AIN 可以看作是一种供制造商和运营商进行业务转型的平台型工具。对于制造商来讲，凭借 AIN，可以实现从制造商向解决方案提供商网络的转型；对于运营商来讲，凭借 AIN，可以实现从运营商向解决方案运营商网络的转型（见图 7-22）。

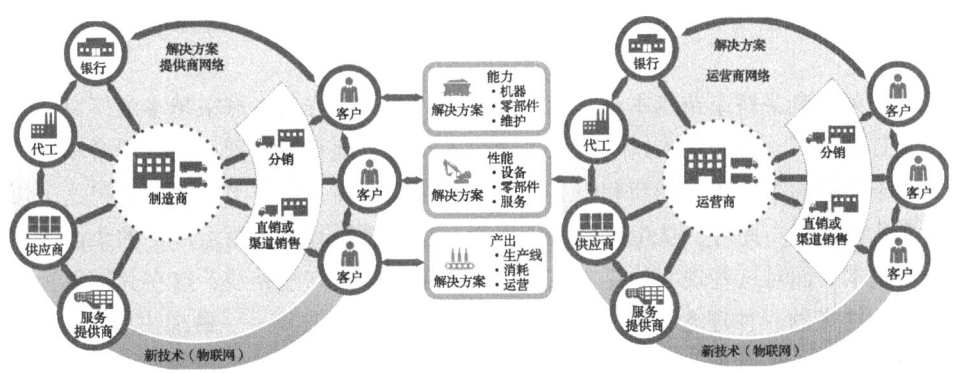

图 7-22　AIN 可以帮助制造商和运营商进行业务模式的转型

7.7 案例分析：德国宝马汽车公司在产品模块化和客户定制化上的数字化转型

7.7.1 公司简介

宝马最初是一家飞机发动机制造商，后更名为巴伐利亚发动机制造厂股份有限公司，BMW 是 Bayerische Motoren Werke 的缩写。1928 年宝马收购了埃森那赫汽车厂并开始生产汽车。目前宝马集团拥有 BMW、MINI（迷你）和 Rolls-Royce（劳斯莱斯）三个品牌，占据了从小型车到顶级豪华轿车各个细分市场的高端，是世界上唯一一家专注于高档汽车和摩托车的制造商。作为一家全球性公司，宝马集团在 14 个国家拥有 30 家生产和组装厂，销售网络遍及 140 多个国家和地区。截至 2014 年年底，宝马集团的员工总数超过 11 万人，2014 年旗下三个品牌共销售 211.8 万辆汽车和 12.3 万辆摩托车。2014 财年，宝马税前利润约为 87.1 亿欧元，营收达 804 亿欧元。

7.7.2 案例背景

宝马近些年的成功发展主要得益于两个方面：产品线的不断丰富和生产设施的不断扩张。但同时也带来了很大的挑战。

一方面，经过 80 多年的发展，宝马的产品配置在理论上的组合大幅提高，达到 10^{32} 种的天文数字，极大地增加了产品研发的难度。

另一方面，宝马为了适应全球化发展的需要，在世界各个主要汽车市场建立了多家工厂，所面对的供应链管理问题日益增多。

多年以来，宝马在不断丰富产品线的同时，产品的复杂性也大大提高。从图 7-23 所示的一些数字，例如 350 种车型、175 种内饰、500 种配置、90 种标准的喷漆颜色等，就可以看出其产品的多样性。仅仅对于宝马 7 系列轿车而言，其在理论上就有 10^{17} 种排列组合，这给宝马的整个业务流程带来了重大的影响。

此外，豪华轿车市场本身也面临着很多挑战。一方面，越来越多的厂家，特别是日系车厂，纷纷进入这一领域，竞争不可避免地日益激烈；而豪华轿车的客户对于产品的个性化、创新和服务的要求也越来越高，厂家必须时刻审视这个快速变化的市场。此外，从生产的角度来看，也需要提高小批量生产下的柔性，并降低成本。面对这些现实的要求，宝马采取了一贯的高端路线，这在其销售领域反映为这样的一种理念，即"每个客户都能在确定的日期——最理想的是他 / 她希望的日期，拿到属于他 / 她个人中意的汽车"。无疑，宝马需要的是大规模定制的策略（见图 7-24）。

图 7-23 宝马面临的产品复杂性的挑战

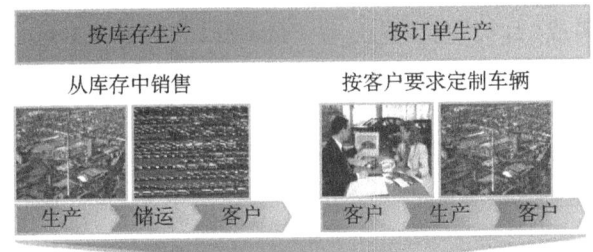

与"大规模生产"相比,"大规模定制"的优势是:
- 通过提供个性化的配置,提高客户满意度。
- 实现更好的库存管理,减少销售费用。
- 更好地应对车辆配置的意外修改要求。
- 减少资产占用成本。

图 7-24 宝马汽车需要采用大规模定制的策略

宝马的大规模定制策略可进一步反映到以下三个运营指标上:
- 按时交付率为 100%。
- 提前期为 10 天(这是指德国工厂的处理时间,并不意味着 OTD 时间为 10 天,OTD 受需求和供应的影响)。
- 订单改变灵活性(可以修改订单的截止日期)为汽车下线前 6 天[⊖]。

⊖ 宝马的竞争对手——奔驰也有类似的系统。平均来说,大约有 70% 的车辆是按照客户订单制造的,客户可以在汽车生产前 6 天修改车的颜色和内饰。

为此，宝马从 2000 年左右开始，先后启动了两个项目。
- 项目一：通过产品全生命周期管理 IT 项目，推动产品的模块化设计和重用，降低成本，加快产品上市速度。
- 项目二：通过面向客户的销售与生产 IT 项目，缩短交货周期，降低成本，提高销售过程中的客户满意度。

7.7.3 基于产品生命周期管理项目，推动产品的模块化

在经过充分的内部考虑、论证过程之后，宝马在 2002 年启动了 PEP PDM，这是一个为期 5 年的项目。整个项目的基本愿景是支持产品的开发和创新，在开发出创新性的汽车产品的同时，能够对开发过程中不断增加的产品复杂度加以控制和掌握。

在当时，宝马在产品开发过程中使用了大量的不同工具和系统，由此导致了各种不同的产品结构。要对这么多的产品结构的创建、开发和维护进行管理，几乎是一件不可能的事情。出于这个原因，该项目的核心目标就是要建立一个唯一的可以支持产品配置和产品变更管理的统一的产品结构概念，并将它作为整个产品开发过程中所涉及流程的骨干（Backbone），或者又称为主线。为此，宝马使用 SAP 的集成的产品与工艺工程（Integrated Product & Process Engineering，IPPE），这是 SAP 专门用来在制造企业内部建立统一的产品结构的技术（见图 7-25）。

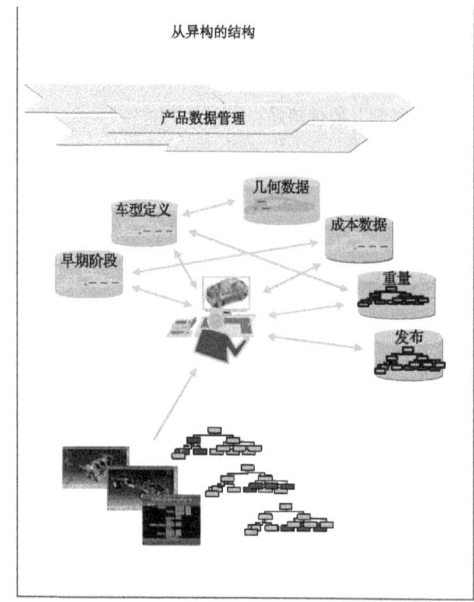
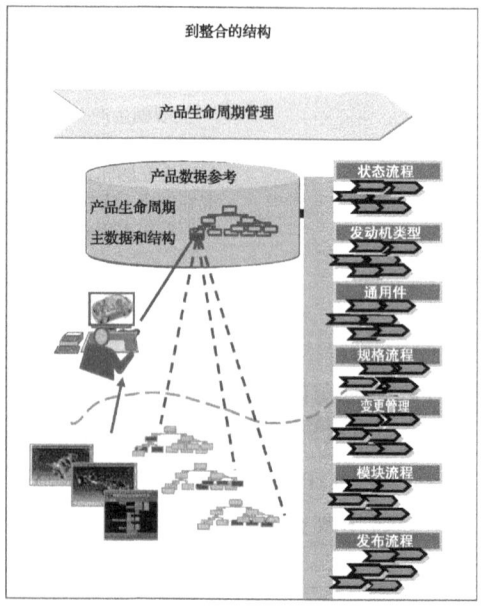

图 7-25　从分散的数据结构转向统一集成的产品全生命周期数据平台

IPPE 在宝马中的使用，是从产品设计的概念阶段开始的，包括对新产品的初次配置和后续不断的变更，一直到最终产品的系列开发完毕，最后生成供生产使用的 BOM。通过在以 IPPE 为基础的中央数据平台上建立统一的产品结构，实现跨部门的、全产品生命周期的直接统一管理（见图 7-26）。从事产品管理、产品架构、产品配置、产品设计、零部件采购、原型制造的部门，甚至合作伙伴，都在统一的数据平台上开展工作。

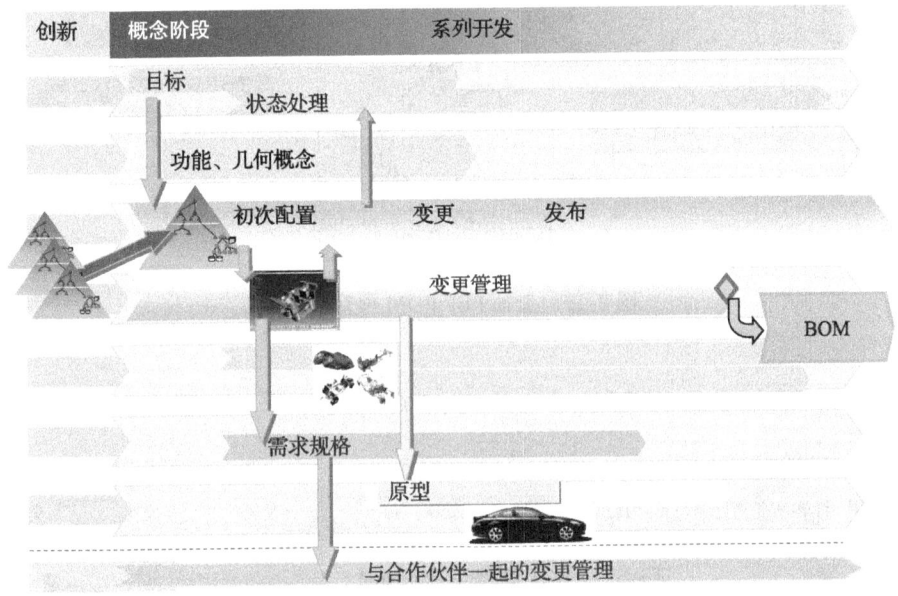

图 7-26 通过在中央数据平台上建立统一的产品结构，实现了跨部门的、全产品生命周期的直接统一管理

整个项目的第一阶段在 2002 年上线，并在 2004 年之前完成了推广。该项目最终涵盖了宝马的所有车型产品线，建立了数百个可配置的车型和所有的几十万个零部件的变量。每天大约有数千个在线用户使用该系统，每年处理数万个新的工程变更，效果如图 7-27 所示。

7.7.4 基于面向客户的销售与生产，实现大规模定制业务

从 1998 年开始，宝马汽车启动了面向客户的销售和生产流程（Customer Oriented Sales and Production Process，KOVP）项目[⊖]，希望通过该项目优化从客户订货开始，一直到生产、配送、交货的整个 OTD 流程，提高对每一个客户的个性化服务水平、按时交付率和缩短提前期。该项目是由物流部门负责领导的，

⊖ KOVP 的缩写来自德文：kundenorientierter Vertriebs- und Produktionsprozess。

他们对所有相关的业务流程进行了重组，对销售、订购、生产和发运等各个环节进行了重新设计，以满足 KOVP 的既定目标（见图 7-28）。

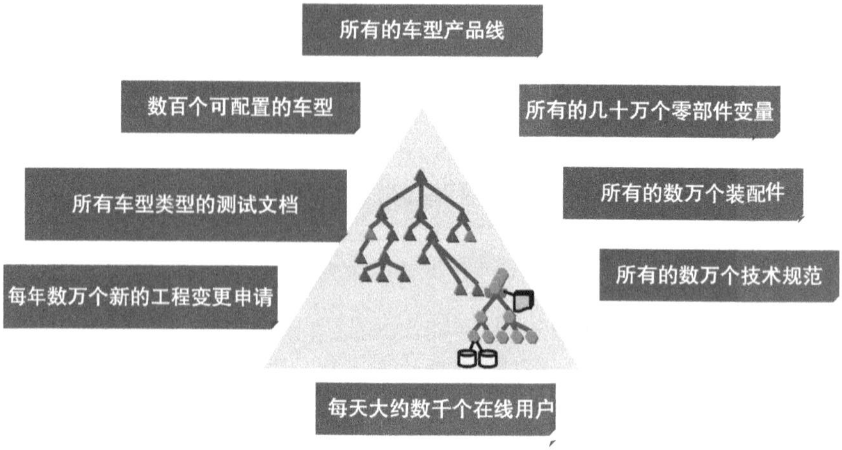

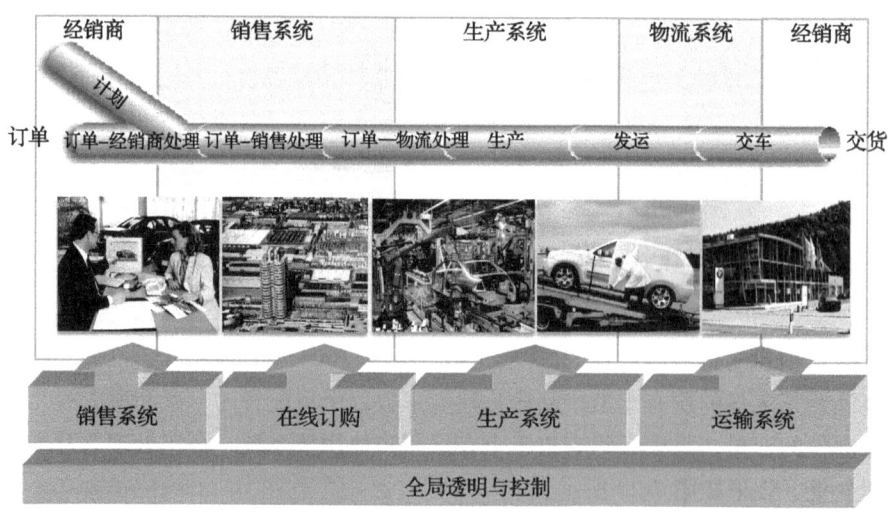

图 7-27　宝马 PEP PDM 项目的效果

图 7-28　宝马 KOVP 项目的构成

图 7-28 给出了 KOVP 项目所包含的内容，其主要的组成部分是销售系统、一个在线的订货系统、一个新的生产系统以及引入了追踪功能的整车物流领域。新系统于 1998 年在德国顺利实施，2000 年在大多数欧洲国家推广。

该项目取得了很大的成功。KOVP 最初在 7 系轿车上试点，将其交货周期缩短到 12 个工作日（只有从前的一半）。随后宝马开始在其他车型上迅速推广该项目。如图 7-29 所示，KOVP 项目使宝马将 OTD 时间从 28 天缩短到 12 天。其中，第一天用来"冻结"订单,后面的6天用来编制计划,然后用两天时间装配,最后用3天将车送到德国的经销商手中。

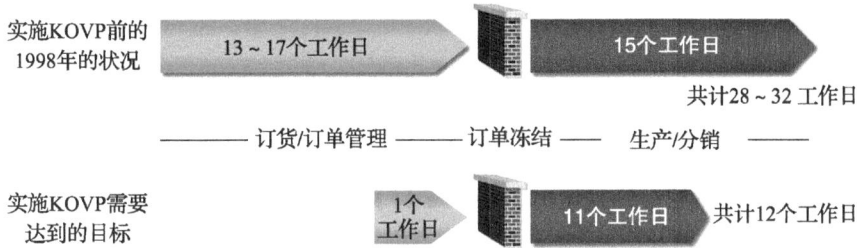

图 7-29　宝马汽车通过 KVOP 项目取得的成果

第 8 章 Chapter 8

工业 4.0 下的互联营销

营销是工业生产与客户进行互动的永远的话题。随着全渠道和大数据分析的出现，企业与客户会进行更加密切和精准的营销活动，而这也正代表着工业 4.0 的发展方向。本章首先给出 SAP 的互联营销解决方案的概述，然后重点对其核心——基于 SAP CEC 的全渠道商务和基于 SAP HANA 的大数据驱动的需求管理解决方案进行重点介绍。最后，针对一家德国的电视购物企业，介绍它是如何应用基于 SAP HANA 的解决方案来实现全渠道销售和营销活动的优化。

8.1 SAP 互联营销解决方案概述

在工业 4.0 的背景下，需要实现最终客户（消费者）与企业之间的互联，即所谓互联营销（Connected Sales & Marketing）。这一概念代表了在新的数字化时代中的消费者，无论他们是在家中，还是在交通中，或是在工作中和商店中，都可以被连接起来。它们需要的是一个完整的、不被中断的、从开始到结束（所谓端到端）的完整的购物和服务体验——无论他们在哪里，无论他们被如何连接。这一体验涵盖了整个销售流程，包括售前、售中和售后，因此需要一套混合的解决方案，以支持各个渠道、各种场景里的消费者的无缝体验和商业模式的创新，即对客户的全数字化接触进行 360° 管理。

互联营销概念的出现，对于企业的信息化建设来说，改变了过去传统的"轻前台，重后台"的做法，而借用金融行业里常用的划分方式，催生了所谓"前台、中台、后台"的概念，并日益重视前台和中台的建设。

- 从狭义的角度来看，以电子商务环境为例，即"电子商务网站（前台）+ 客户服务中心（中台）+ 物流中心（后台）"。
- 从相对广义的角度来看，以多渠道环境为例，即"面向客户的前台 + 处理产品 / 逻辑 / 流程的中台 + 存储和记账的后台"。

无疑，在这样一种更加面向消费者的新型架构中，企业需要在微观和宏观两个层面上具备更多的能力：

- 从微观的角度来看，企业需要与每一位客户建立全面的（全渠道的）、持续的（全客户生命周期）互动，为客户提供个性化的产品和服务配置、报价与交付，并具备微观层面的消费者洞察能力。
- 从宏观的角度来看，企业要能够将新型消费渠道与传统消费渠道进行需求整合，建立宏观层面的消费者（群）洞察能力，基于多渠道销售数据不断改善短期预测和分销补货。

从 SAP 的产品角度来看，这两个层面的需求分别是通过 SAP 的客户互动与商务（Customer Engagement Commerce，CEC）和需求信号管理（Demand Signal Management，DSiM）来实现的。

8.2 基于 SAP CEC 的全渠道商务

8.2.1 传统的实体零售市场在向全渠道迅速转变

今天几乎所有行业的零售端都在发生一场深刻的变化，这些变化也在潜移默化地改变着客户的期望和行为方式。在线交易和移动商务已经成为今天多渠道客户体验的重要组成部分。它把实体与数字生活牢牢地连接在一起。越来越多的消费者期待这样的场景：当你想买东西的时候就能买，而且不论在什么地方——无论是走路、等车的时候，还是人在客厅、在厨房甚至是在卫生间。当你想取货的时候，可以就近到门店去拿，或是请物流送到指定地点——这就是客户所期望的全渠道购物体验。更多复杂的全渠道购物场景可以从图 8-1 中找到。

在消费方式向全渠道发生变化的大背景下，传统的实体渠道面临着巨大的冲击。2014 年，国内网络零售总额几乎已经达到了社会消费品总额的 10%，网络零售的年增长速度高达 40%，实体零售的增长速度则逐年降低，2014 年已经低于 10%。实体经济需要插上互联网的翅膀，不仅需要满足消费者的购物偏好，同时还必须进一步降低成本，从商品寻源、采购、运营、交付、服务等方面全面地与网络销售进行融合。在未来，消费者将不再感觉到渠道的壁垒，可以随心所欲地在手机上查找，在实体店内比对，在家中收货，在异地退货等。无疑，传统企业需要在诸多方面改变自己，为自己打造一系列的能力。

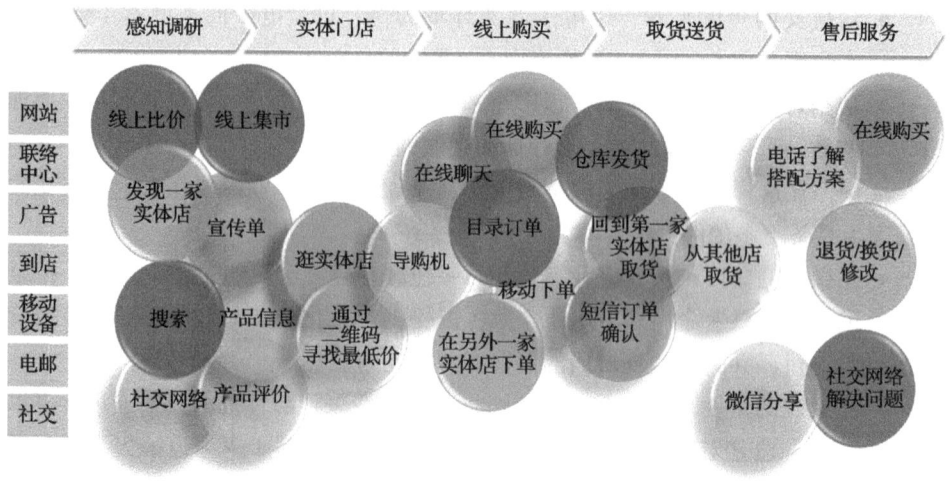

图 8-1　今天客户所期望的全渠道购物体验场景

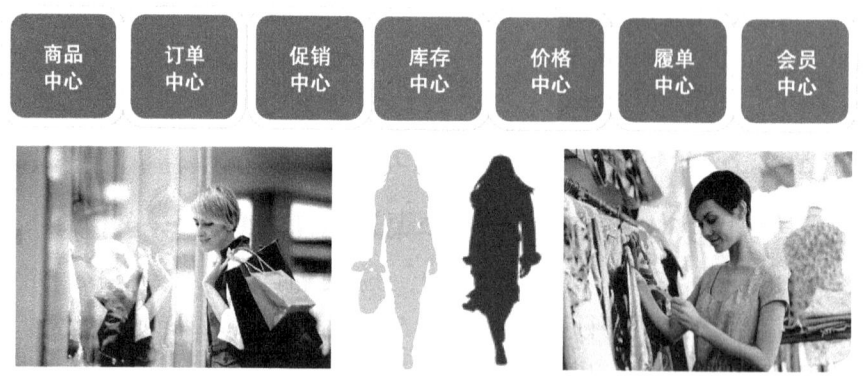

图 8-2　传统企业走向全渠道商务需要具备一系列的能力

首先，厂家需要建立能够支持移动端和 PC 端的网上渠道。这个要求虽然在今天是比较容易实现的，但是如果考虑全渠道的融合，这又是非常关键和有待完善的。因为它所涉及的不仅仅是开发一个网站，让用户能够独立完成商品的浏览、搜索、比对、选择、下单等全过程，而且需要与后续的订单状态跟踪、履约、确认、评价、历史保留、个人购物历史管理等结合，这就需要强大的商品体系、订单体系、库存体系、定价体系、促销体系、会员体系、服务体系和营销体系等（见图 8-2）。

其次，厂家还需要进行实体门店改造。设想顾客走进一家百货公司，发现某一品牌的裤子非常合适，从而希望购买，原因是价格看上去合理，比较喜欢这一品牌，并且不太愿意多花时间去和其相近的品牌进行比价。但顾客需要新的上衣来搭配这条裤子，而门店里恰好没有顾客喜欢的浅黄色，店员说其他门店有，需要调货，但需要 3 天的时间，也就是说顾客需要大后天再来。客户最后还是接受这个条件，付了款。然而，当他走进不远的另外一家品牌门店时，发现有非常相似的裤子便试了试，面料、颜色、尺码都非常合适，而且价格还要低一些，这家门店虽然也没有可搭配的浅黄色上衣，但是店员通过他们的全渠道系统查到了库存，并通过各种图片展示给顾客，如果顾客能够立即下单，门店可以通过物流在第二天晚上就送货到客户的家里，整体价格比顾客第一次看好的那个品牌还要低8%。于是，顾客决定去原来的那家店退货，理由是着急穿，之后再到第二家品牌门店购买了裤子和上衣。回想一下，如果第一家品牌门店有一套全渠道的商务系统，他们也可以马上查到库存并下单承诺发货到家，顾客可能就不再花时间去关注别的相似商品了。在这里，我们可以感受到全渠道给顾客带来的便利和好处。总的来说，全渠道商务的门店需求示例如图 8-3 所示，它们和传统的实体门店有较为明显的区别。

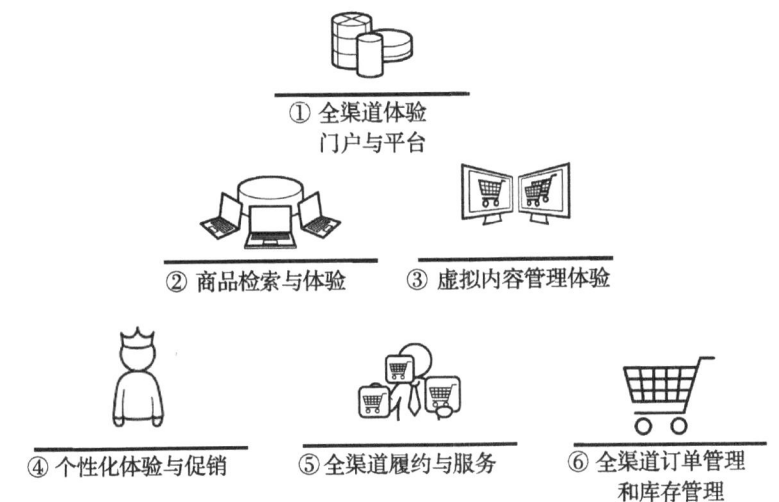

图 8-3　全渠道环境下对门店的需求

最后，门店渠道和线上渠道的完全融合是从多渠道转向全渠道的关键。对于不少企业来说，门店渠道和线上渠道都已经具备，但无论是在经营、产品上，还是策略上，门店和线上都是分立的。在这种情况下，门店的体验优势就不能为线上的无边界优势所利用，而线上也仅仅是被不少消费者认为的商家处理库存的渠道。线上线下的融合意味着必须完成很多具体的工作，例如，商品基本信息的集中管理和分散管理如何安排，销售价格的决定以及价格变更管理，库存可视化以及集中管理，客户的统一视图——这些都是企业在实现全渠道的时候必须解决的一系列问题。由于国内的市场地域广阔，线上渠道和线下渠道会出现地区化、品类化、时间段的切割，这使得采用何种技术和方案显得尤为重要。为传统企业插上互联网翅膀、实现全渠道的建设者，一定不是新兴的电子商务的开发公司，也不是与现有互联网巨头企业有着各种局部合作的数据或电商服务公司。全渠道一定是主要依靠具有传统企业最佳业务实践，同时又不断创新、转型、升级的可靠的大型科技公司来帮助完成的。

8.2.2 搭建全渠道解决方案的思路

在全渠道的商务环境下，传统企业需要的是能够可靠地支持转型的解决方案。根据企业的规模和可投入的资金量多少，大致可以做出以下几种方案的选择。

第一种方案是在现有的基础上增加线上渠道（以到第三方电商平台上开店为主），增加承接第三方电商平台所传递过来的网上订单和客户的能力。采用这样的方案，其特点是建设一个信息技术中间层，所有货品通过总仓物流发货，在总仓层面共享库存、商品，线上价格和线下价格分别管理，互相参考，促销分立；线上促销的商品和线下的不同，分别计划。具体方案模型如图8-4所示。

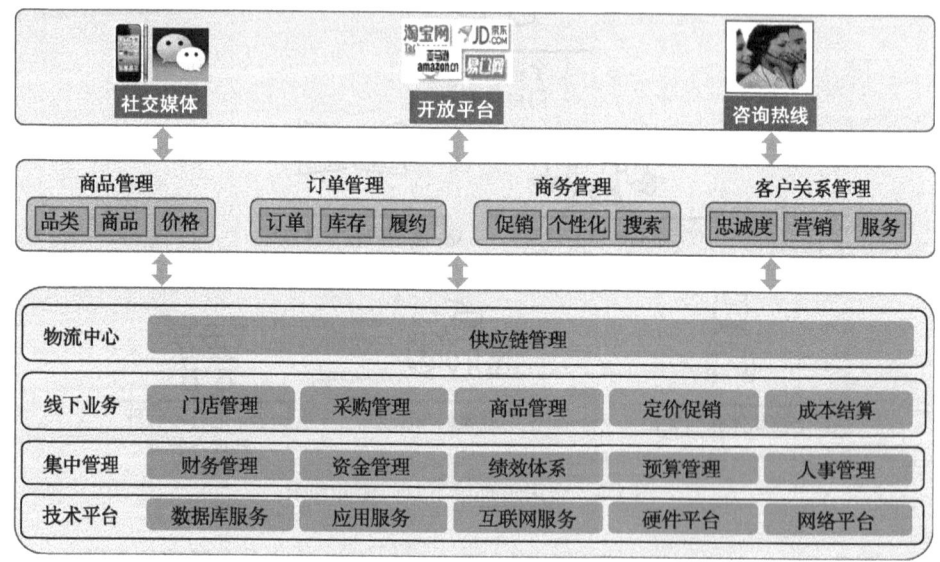

图8-4 全渠道解决方案架构之一——到第三方电商平台上开店

这种方案相对容易上手，但实施效果一般。从根本上，这种方案并不能称得上是全渠道商务模式，除了可销售的商品一致，内部可寻源的库存一致外。随着第三方平台的各种分摊费用、管理费用的提高以及物流成本的逐渐上升，使用这种方案可能会出现亏损现象，纯粹的零售企业不太适合选用这种模式。

第二种方案是在现有的基础上增加线上渠道，与到第三方电商平台上开店和自建网上商城并存，但以自己的官网销售为主要的线上入口。线上的客户可以向线下流动，线下的客户可以通过线上得到更好的服务，实现客户、会员、粉丝不同层级的统一管理，商品、定价和促销的统一管理。与此同时，企业还需要在内部管理上进一步精细化，实现成本的持续降低，最终以特色的商品、最低的价格、全面的体验和服务赢得更多的消费者。这种模式的解决方案结构如图 8-5 所示，其特点是建立一个强健的商品系统、供应链系统、财务系统等传统的企业信息化建设所涉及的范围，即所谓的后台。同时需要把不同的渠道和与客户的接触点通过一个中间环节打通，形成一个有效的中台。

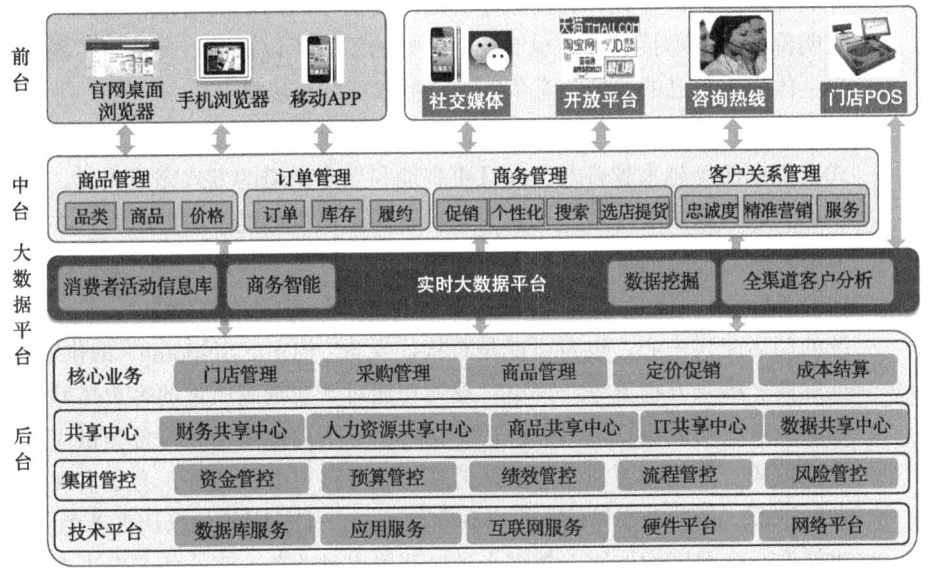

图 8-5　全渠道解决方案架构之二——自建线上渠道

第二套方案无疑更加符合全渠道的发展方向，是为线下企业插上线上翅膀的不二途径。从目前业内发展的趋势来看，在按照第二套方案实现全渠道的时候，出现了以下一些趋势：

- 跨接触点的解决方案：目前的电子商务技术已经发生了根本性的变化。以前的做法是，选择一组解决方案和技术来建立一个网站，在不同的接触点上采用不同的解决方案和技术。而今天的做法是选择可以跨多种客户接触点的技术来管理市场、销售和服务。为了实现这一点，今天的解决方案需要的是一个高度一致的核心平台，既可以管理产品、订单和客户数据，同时还始终与企业系统紧密集成。与此同时，该解决方案还必须对网站、移动网站、移动应用、呼叫中心界面、门店内应用等实现开放性和灵活性。这要求解决方案所包含的框架、加速器、应用编程接口（Application Programming Interface，API）能够让开发者感觉到基于整个平台可以更容易地开发出高质量客户体验的应用。和以前相比，这些要求代表了解决方案的一次革命性提升。

- 提高灵活性：随着消费者使用的可以连接互联网的设备的普及，并且与整个生态环境中各大主流厂家的融合，如亚马逊、苹果、eBay、Facebook、谷歌、微软、淘宝、腾讯等，很多业务看起来都存在"互联网思维"化的可能。电子商务的领导者试图打通一个个孤岛互联网⊖（Splinternet），与客户建立连接，向他们展开营销并提供服务。HTML 5 的出现有助于简化设计和支持客户的体验，提高效率。对于目前不断出现的尚未在实践中充分证明价值的新型接触点，也需要用更好的手段予以试验、支持、扩展和优化，体现出自己的差异化竞争能力，抓取新的市场机会。
- 用更好的订单管理来应对不断提高的执行复杂性：直接面向客户的业务模式在现今已经越来越普及，并且更多地利用多渠道的方式完成交付，例如快递、到店取货等。零售行业的领导者沃尔玛也已经开始鼓励客户在网上下单，然后在门店取货并付款。其结果是，订单不再是在一个单一的交付中心（Fulfillment Center）完成。今后的订单会来自更多的实体，不仅是传统的门店交付中心，也有可能是直接代发货⊖（Drop Shipping）的供应商、批发商、第三方物流等。订单管理的功能对于实现高质量的客户体验至关重要。这些功能包括选择最合适的交付地点的商业逻辑、与各类供应链的灵活集成、管理问题和意外事件的客户服务接口等。此外，为了实现有利润的订单，运输和交付成本也必须在订单被分配的时候加以认真考虑。
- 支持在一个共同的架构上在多个地区开展多种业务：现今的多渠道业务具有多地点和多品牌的特征，带来了更多的对客户展开特定目标营销的机会，甚至可以通过使用更加有针对性的术语和元数据来优化搜索的结果。一些创新性的商品推广和营销手段，例如限时抢购（Flash Sale）、社交商务、移动商务等都在形成一股力量，在一个统一的共有架构上支持不同地点、不同形式的客户接触点。

8.2.3　SAP 的全渠道 B2C 商务解决方案

如图 8-6 所示，SAP 的全渠道 B2C 商务解决方案是以 Hybris + CRM 为核心打造的一套成熟的架构，它有效地涵盖了图 8-5 中的各个模块和功能。

今天的消费者已经倾向于和习惯于通过多种方式与零售商互动，包括在线、电话、移动设备和实体店。而且，他们希望在从购物到下单再到退货等每个接触

⊖ 孤岛互联网或分裂网，是指具有垄断地位的实体为了追求各自的利益，致使互联网平台被分割开来，各个公司分别提出自己的网络平台，将互联网上的内容分化成支持不同设备的格式，从而无法互通。例如苹果的 iPod、亚马逊的 Kindle、微软的 Xbox、索尼的 PS，它们之间的内容格式并不互通。

⊖ 代发货是供应链管理中的一种方法。零售商不需要商品库存，而是把客户订单和装运细节发给批发商，批发商将货物直接派送给最终客户，零售商赚取批发和零售价格之间的差价。

点上都有高度相关且富有成效的互动。通过采用更多的渠道并利用所有渠道给客户提供始终如一的体验，同时采用提高收入与效率所需的工具，SAP Hybris 可以帮助 B2C 企业在这个充满挑战的世界中取得成功。

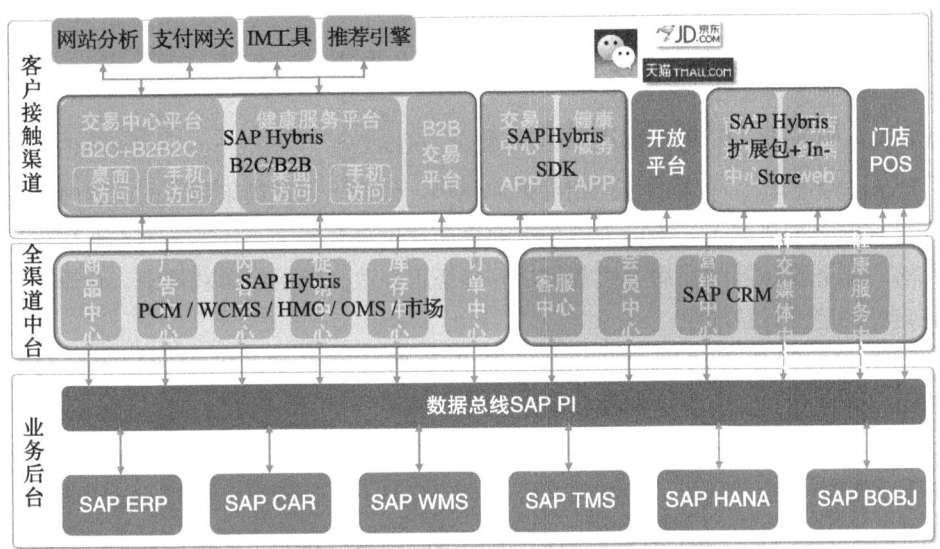

图 8-6 SAP 全渠道 B2C 商务解决方案架构

无疑，在这里有一些关键的业务难题。

- 了解客户的首选：若要最大限度地提高客户终生价值，需要在每个接触点上了解客户的偏好。SAP Hybris B2C 商务可让企业建立有针对性的"精品店"电子商务网站，捕捉客户的偏好。
- 采取新渠道：零售商需要增强应对不断变化的商务环境的能力，通过单一渠道获得竞争优势，并采用新渠道给客户提供更多的选择及便利。SAP Hybris 可以使零售商轻松地整合例如移动、印刷品和呼叫中心等多种渠道。
- 通过国际化扩张推动增长：打入新市场，开设新店铺意味着高成本和高投资风险。新的渠道为零售商提供了一种以低成本打入国际市场的方法。SAP Hybris 可让零售商在单一平台上经营不同国家、细分市场和品牌的多个在线店铺、移动网站，并从事客户服务。
- 提高转化率：改善用户体验是提高转化率的关键。SAP Hybris 可以在单一平台上合并和集中目录数据以及管理非结构化内容，例如用户生成的内容、图像、数字资产等。在多个渠道中使用一致的内容，可以优化客户体验的每个要素，提高转化率。
- 出类拔萃：不断地增加网站访问量是一个持续性的挑战。SAP Hybris B2C 商务提供了广泛的吸引客户、回头客的内容和销售功能。

- 简化订单执行：处理多个渠道的订单是一项费时费力的工作，并容易造成高昂的服务成本。SAP Hybris B2C 商务可合并和自动处理订单，简化订单执行流程，确保全局订单能够按时交付。

8.3 基于 SAP HANA 的大数据驱动的需求管理

8.3.1 从需求计划到需求感知

与过去相比，今天的客户相对更加强势。他们不但把越来越多的购物时间花在事前的上网研究上，会因为网络上的负面评价放弃购买，还经常为了获得更好的客户服务尝试新的品牌。这些做法和趋势正在改变市场的游戏规则，让需求不稳定性的趋势日益加重。

这种状况使得传统的利用历史销售数据预测未来的需求计划（Demand Planning，DP）的做法越来越难以奏效。如图 8-7 所示，在过去的很长一段时间里，由于受限于当时的信息技术，传统的信息流是对供应链物流的直接映射。从零售商扫描消费者购买的商品到零售商向分销商下采购订单，再到分销商向制造商下采购订单，中间的时间差可以长达数周。因此，在那个年代，制造商只能通过历史销售数据（即分销商向制造商订购过的采购订单）来预测未来的需求。

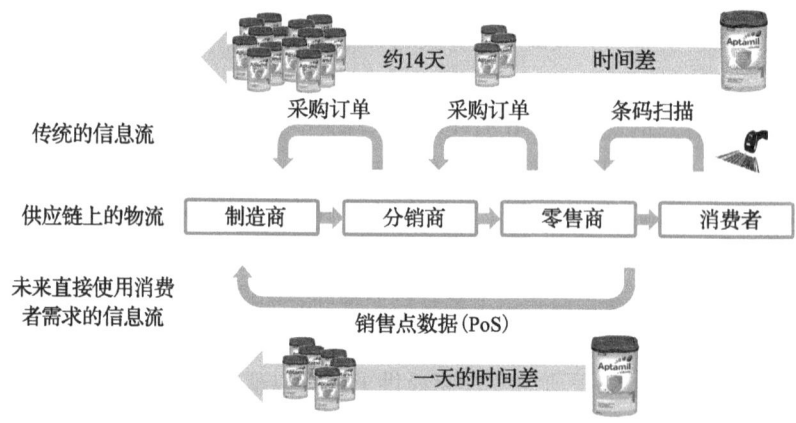

图 8-7　销售点 PoS 数据可以直接提供即时的终端消费者的需求信息

在物联网和工业 4.0 的时代，从技术角度来看，可以直接获取消费者的销售点（Point of Sales，PoS）数据，从而为直接使用消费者需求的信息流奠定了基础——这就是所谓的需求感知（Demand Sensing）。

如图 8-8 所示，需求感知和需求计划的差别在于，需求感知是一种监控实际需求的能力。前者利用的数据中除了 PoS 数据之外，还有来自社交媒体的数据、地点数据、传感器的数据等。后者利用的数据则包括零售预测数据、辛迪加数据、历史数据等。前者与后者相比，前者完全是数据驱动的，它使用大数据技术，由数据推导数据。后者则是模型驱动的，采用既定的模型来根据过去，推演未来。无疑，前者属于大数据范畴。大数据技术在这里扮演着一个重要的角色，它改变了传统的对历史数据进行分析的做法，转向掌握实际需求，并对未来的需求进行接近实时的预测。

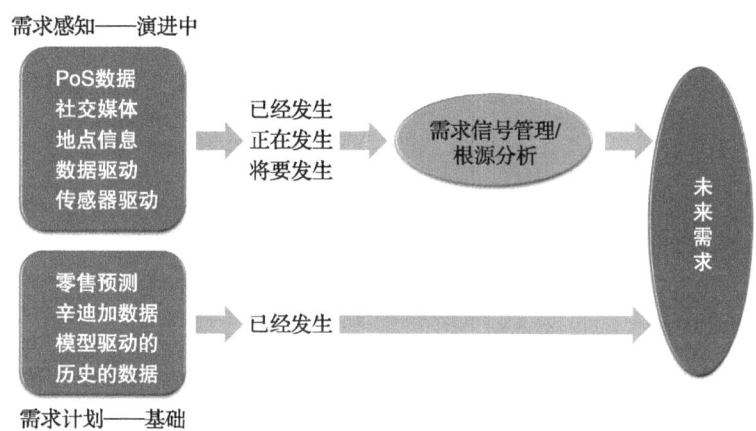

图 8-8　需求感知和需求计划的区别

8.3.2　大数据下的需求分析

显然，前面谈到的需求感知是以对大数据进行分析为基础的。在全渠道商务过程中，如果希望对客户的情况进行准确的认识，少不了需要用到大量的客户数据，包括联系方式、地址、购买历史、购物历程等。仅仅一个客户，就能有很多的数据，如果有无数的人、无数的商品，所产生的数据量之大将会无法想象，大数据的概念因此而生。

按照 Gartner 的定义，大数据是需要在新的处理模式下才能具有更强的决策力、洞察发现力和流程优化能力的海量、高增长率与多样化的信息资产。麦肯锡则认为，大数据是一种规模大到在获取、存储、管理、分析方面大大超出了传统数据库软件工具处理能力范围的数据集合，具有海量的数据规模、快速的数据流转、多样的数据类型和价值密度低等四大特征。

大数据技术的战略意义不仅在于需要掌握庞大的数据信息，更重要的是在于对这些含有意义的数据进行专业化的处理。换而言之，如果把大数据比作一种产业，那么让这种产业实现盈利的关键在于，提高对数据的"加工能力"，通过"加工"实现数据的"增值"。图 8-9 给出了一些大数据的通用价值。

在全渠道商务的情况下，大数据的加工能力主要体现在如何更好地把握市场需求并提前预知，这样就可以更好地指导企业进行产品研发、生产制造、订货备货、物流配送等，实现增效、减耗、加速、准确的商业效果，提高企业的整体管理和经营水平。

图 8-9　大数据的一些通用价值举例

需求分析可以为企业针对其产品给出在未来一段时间里的需求期望水平，并为企业的计划、控制和决策提供依据。既然企业生产的目的是向社会提供产品或服务，其生产在很大程度上会受需求预测的影响，需求预测与企业生产经营活动的关系最紧密。对于贸易型企业来说，包括批发和零售等行业在内，对需求的科学分析，可以使企业在订货备货、库存物流等多方面实现最优，降低经营成本（包括库存成本、物流费用、资金占用成本、消耗浪费成本等）。

而对企业产品或服务的实际需求是市场上众多因素相互作用的结果，其中有些因素是企业可以影响甚至决定的，而另外一些因素则是企业无法控制的。在众多的因素中，一般来讲，某产品或服务的需求取决于该产品或服务的市场容量以及该企业所拥有的市场份额。目前很多企业都不能在既定的市场容量与自身份额方面实现最大化，因此对需求的分析、预测和管理至关重要，相关技术和工具的问题也尤为突出。

8.3.3　需求分析的技术和工具

使用电子表格做一些简单的宏或者公式以进行需求管理是目前大多数企业的现状。有些企业使用了一些平台化的统计分析工具，但由于缺乏行业特点，这些企业最后又都回到了使用电子表格进行需求管理的原点。实际上，对于大多数制造型企业来说，进行需求分析的数据来源与流通贸易型企业是不同的，所关注的维度也不一样。因此，需求分析工具不能只是单纯的算法、模型、用户展示工具的结合，而是一定要基于数据资料库，它需要的不是阐述业务运营逻辑的数据库，也不是传统意义上的数据仓库，而是基于内存计算、结合大数据的分析。在大数据时代，企业常常面临三种类型的海量数据，它们所要求的分析手段不尽相同。如果我们将企业数据从两个维度——数据类型和数据形态来切分，那么企业的海量数据可以被归纳成三类：静态海量结构化数据、静态海量非结构化数据、动态海量流数据。这三类数据相结合，才能为企业形成统一的大数据环境（见图8-10）。

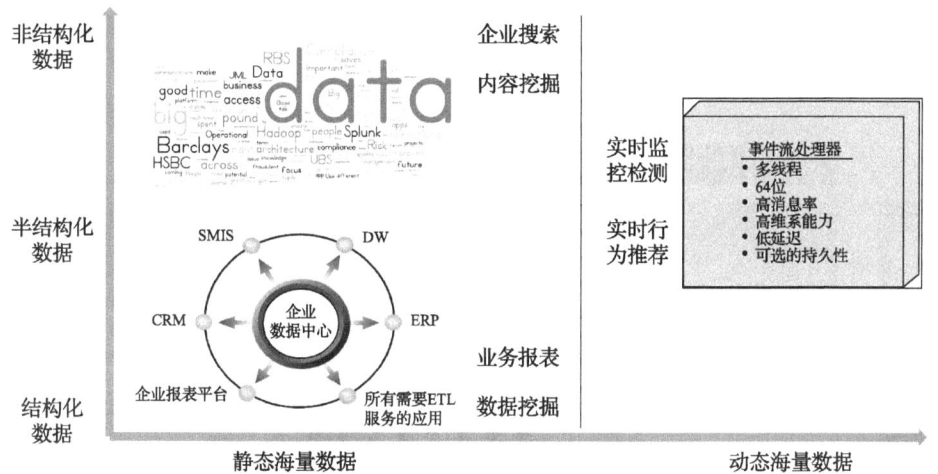

图8-10 企业大数据环境的构成

传统的数据仓库，通过商业智能应用来实现业务报表、决策分析，以满足监管需求；非结构化数据平台，通过自然语言处理、文本分析和内容挖掘，实现舆情分析、声誉度分析、精准营销等应用；流数据平台，通过实时的流数据处理，实现实时欺诈监测、实时的产品服务、实时质量控制等应用。如果可以实现这三种技术和分析能力的结合，则可以突破传统的分析模式的局限，挖掘出新的业务亮点和商机，实现产品创新、流程创新、服务创新和客户体验创新，进而实现业务模式创新。

8.3.4 大数据需求供应分析解决方案

随着电子商务在国内的盛行，提供大数据解决方案的企业风起云涌，有的可以提供消费者数据，有的可以提供消费产品数据，有的可以进行数据整合，有的可以进行数据营销，这里主要介绍SAP基于大数据和内存计算的两套需求管理工具：需求信号管理（Demand Signal Management，DSiM）和客户行为库（Customer Activity Repository，CAR）。

在如图8-11所示的SAP DSiM解决方案中，数据的来源可以是企业的分销商数据、第三方提供的零售数据、社交媒体的行为数据，还有各种相关因素的数据，例如：天气、地理位置、传感器数据等。这些数据可以进入SAP DSiM中，通过预设的各种算法以及制造企业模型，对所涉及的市场关于具体产品的需求进行分析,并根据计划模型,对计划需求、客户业务变化曲线等进行分析,还利用集成业务计划功能,实现价值链上的真正协同。这么做一方面增强了企业对市场的准确把握,另一方面可以降低整体价值链的成本,为客户提供性价比更高的商品和服务。

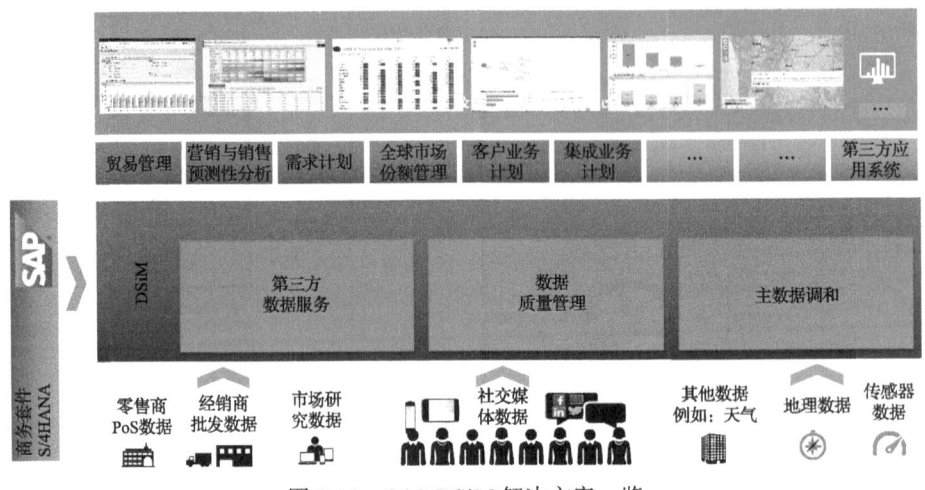

图 8-11　SAP DSiM 解决方案一览

这样的解决方案可以带来如下收益:
- 每天都可以及时地看到不同的产品在不同的销售终端的表现。
- 不断优化产品结构和市场策略,提高盈利、营收和市场份额。
- 避免断货,减少营业损失。
- 指导准确定价,进行合理促销,提高营销有效性。
- 指导研发,降低新产品投放市场的失败概率。
- 发现每个产品的客户群体规模,进一步细分市场。
- 针对进一步细分的市场实施不同的营销策略。
- 利用全面的市场数据提高市场洞察力。
- 提高预测准确性,合理配置库存,实现运营精益化。
- 指导促销备货,增加销售机会,避免在促销档期由于备货不足而造成的销售机会流失。
- 在开源的同时截流,企业可以逐步踏入良性经营轨道,经过一段时间的积累,企业将逐步成长成为行业里最健康的领军主力。

另一个如图 8-12 所示的 CAR 解决方案,则是一个主要为零售企业提供客户互动中心平台基础的资料库系统。利用 SAP CAR 的数据服务能力,企业可以准确把握商品、消费者、渠道的定量关系,从而为全渠道商务的灵活、高效运转奠定基础。

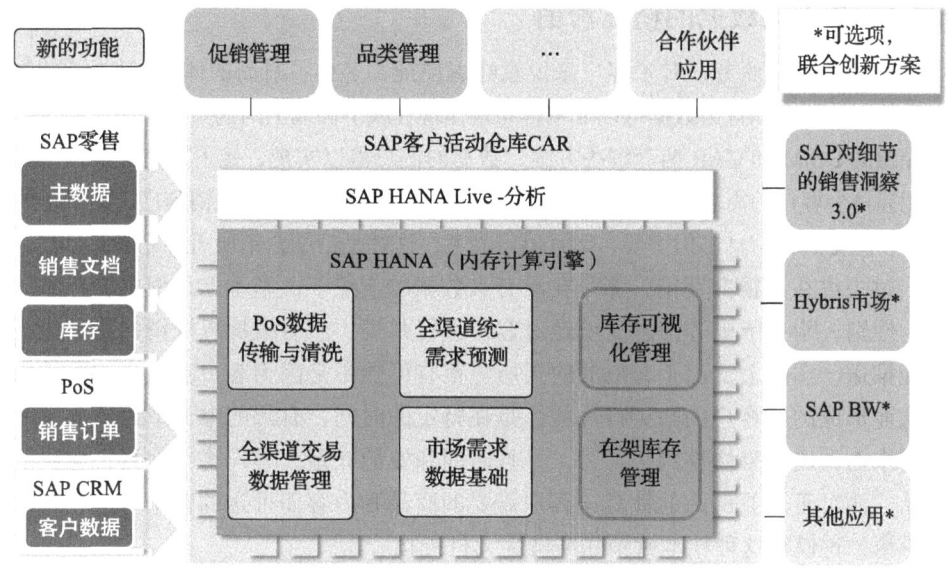

图 8-12　SAP CAR 解决方案一览

CAR 是 SAP 专门为零售行业设计开发的一款半平台化的资料库系统。进入全渠道时代，数据库和数据仓库已经无法单独或集合地满足客户的需求，消费者不但有线上交易数据、线下交易数据，还有线上行为数据、数字化门店的线下行为数据等。在社交层面，消费者有关注、言论、传播等数据。结构化数据和非结构化数据需要同时进行运算，以实现即时推荐、导航、搜索的功能。在 CAR 中预置了很多算法，它们不仅仅是数学层面的，还有许多零售业务模型嵌入在 CAR 中。如果用户的业务复杂性为中等，CAR 就是一个开箱即用的全渠道大数据需求管理解决方案。如果用户的业务复杂性非常高，基于 CAR 提供的全套的数学算法和既有业务模型，系统集成商可以快速配置与增强出新的算法和模型，这样的需求管理平台对于零售行业来说，可以实现以下功能：

- 全渠道商务的基础建设需要实现各种消费者数据的互通、关联和协作，并加以存储以进行及时分析。消费者数据的获取、存储、分析、使用是至关重要的。SAP CAR 可以提供这样的功能。
- 支持海量的数据导入，并可以对数据进行清洗，使得市场或客户的需求能够非常准确、完整、实时地体现在决策依据当中。
- 提供库存水平的实时性，尤其是对于线下渠道而言，库存的实时性可以让他们做出实时的商务决策，这些都有利于培养和提高实时的商务洞察能力。
- 分析能力的实时性，可以让决策者很快获知并决定未来的业务取向。
- 预测能力的实时性，可以根据实时分析催生出新的分析和预测，构建出新的业务场景。

8.3.5 基于大数据的精准营销

实现全渠道商务，对于客户来说意味着便捷、多样、时尚的体验。与此同时，客户的交易历史和行为数据可以非常容易地体现在线下和线上的购买过程中。通过前面介绍的 DSiM 和 CAR 两套解决方案，数据的汇总得以实现，接下来就是如何准确地把握每个客户的需求和购买预期，并准确地推送适合该客户的促销与广告信息，使得客户感觉到这信息不但需要，而且值得参考，这就是精准营销所需要完成的工作。

过去也在谈精准营销，那是在没有大数据的支撑下，基本上是根据客户的年龄、性别、购买历史等信息简单地对客户进行归类，然后根据想推销的商品进行匹配推送。实际上，由于客户的购买历史很有可能不是因为客户真正喜欢或觉得满意而形成的。客户的购买行为往往是在特定的时间、有限的渠道下为了满足刚性需求而做出的妥协性购买行为，一旦时间和资源充足，客户将寻找真正想要的商品，而对于企业认为的针对该客户需要的商品和内容而推送的营销行为，会沉默不语，这使得这种精准营销的准确性大打折扣。

基于大数据，企业可以准确了解客户在购买现在的商品之前的购物历程，并对这样的历程打上准确的标签，进而判定这一客户的真正购买偏好，从而将他放到合适的细分客户群当中。当客户群更加精细化后，精准营销的意义就逐步体现了出来。图 8-13 是利用客户价值评分模型进行精准营销的示意。

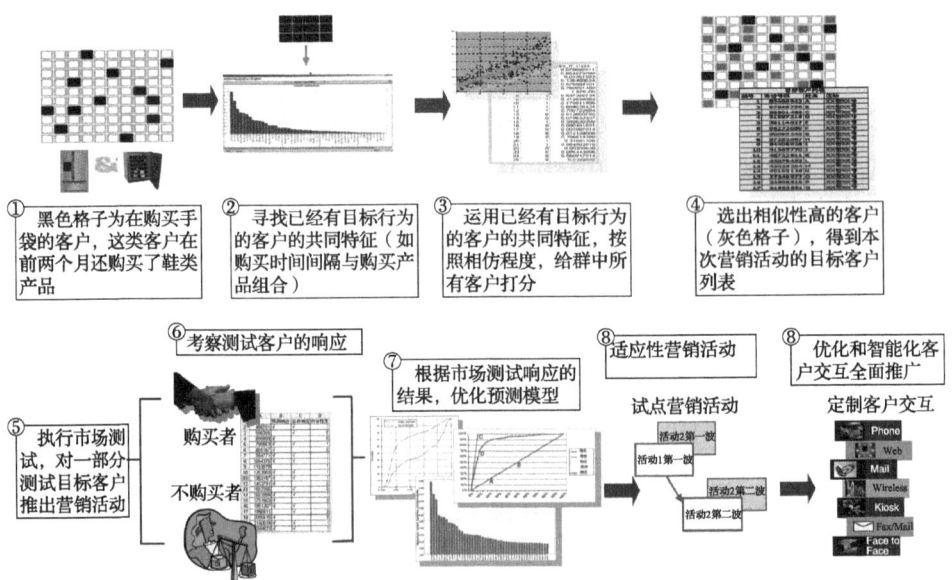

图 8-13 利用客户价值评分模型进行精准营销的实例

1. 什么是精准营销

具体来讲，精准营销（Precision Marketing）就是在精准定位的基础上，依托现代化信息技术手段，建立个性化的客户沟通服务体系，让企业实现可度量的低成本扩张之路，是基于主观态度的网络营销理念中的核心目标之一。也就是说，企业需要更精准、可衡量、高投资回报的营销沟通，需要更注重结果和行动的营销传播计划，还要越来越注重对直接销售沟通的投资。精准营销有三个层面的含义：

1）实现无营销的营销，构建一定的卷入式场景，逐步精准过渡，最终实现针对性强的报价而不是通用型的促销。

2）为实施企业精益化体系树立保障，铸造完善可衡量的手段和方法。

3）实现低成本、可持续发展的企业目标。

基于对客户的把握和了解而进行的精准营销需要有四个基本的能力：面向客户的自动化精准推荐、面向企业销售的全局沟通工具、面向市场专员的智能分析体系、面向管理人员的监控仪表。

首先，面向客户的自动化精准推荐完全基于对客户的了解和洞察，这里包括客户的基本信息，以及扩展信息，例如：他（她）的亲戚朋友等，他们的特征带来的购物取向等，同时需要科学的算法才能实现精准和自动化，图8-14所示的例子形象地勾画出了这样的场景。

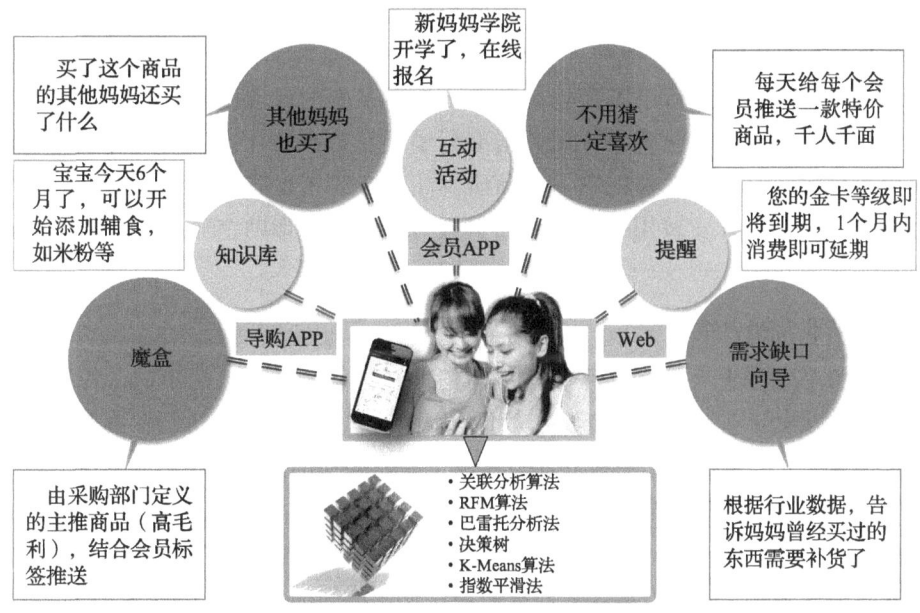

图 8-14　面向客户的自动化精准推荐

其次，作为企业的营销人员，如果对于客户所获得的推荐不了解，对于自己的商品不了解，是无法在接触到客户的时候实现营销目的的。为此，精准营销必须要在吸引客户的同时，赋能给企业的员工，给他们配备足够多的"武器"。以消费行业的零售门店为例，门店里存在着大量商品，同时存在着大量顾客，门店的导购无法记得每个消费者，也无法记得所有商品，更无法记得每一位消费者的喜好或需要哪些商品的。这样，一个全渠道下的导购助理，通过例如 iBeacon⊖技术，当被实施过精准推荐的顾客一踏进店门，导购助理工具即可弹出该项推荐以及与该顾客最为相关的资料，由此，导购可以马上迎接上去，并进行相关性的介绍，既节省了顾客的时间，又可以直接产生销售机会，同时还可以进行交叉商品推荐等。

在这里，导购人员所获得的精准信息是专业的市场营销人员根据大数据需求分析和精准细化的客户分群实现的。因此，面向市场专员的智能分析体系是实现精准营销的另一个核心和关键。而建立这样的分析体系，除了有经验的市场人员外，强大的分析工具将有助于企业做到事半功倍，从而让有经验的市场营销专员如虎添翼。这里所谓的分析工具主要依赖于客户分群技术。对于客户分群的模型，一般采用流行的最近一次消费、消费频率、消费金额（Recency & Frequency & Moneary，RFM）模型，后面会做重点介绍。

作为企业的管理者，对于精准营销的策划、过程以及结果，需要进行全面的可视化和管理，以保证在取得最大效果的同时，让成本实现最优。因此，精准营销的范畴还需要覆盖赋能管理者的监控仪表，从而使得精准营销真正地成为全企业上下的透明工具。这样，精准营销不但可以惠及消费者、赋能员工的创造力，还可以便于管理者了解市场的动向，把握多变的环境因素，及时地对企业的经营做出调整和优化升级。虽然精准营销旨在提高转化率、提高订单价、提高购买频次，但如果能够把它与产品研发、制造紧密地联系起来，则可以降低企业对新产品的开发费用或新商品的引入费用，从而帮助企业提升整体的经营利润。

2. 精准营销方案

在整个市场上有很多优秀的精准营销方案，但由于需求的不同，特别标准化的解决方案还不是很多，多数方案都是定制的，就某个企业进行深度开发。但是，这样的方案存在两个明显的弱点：由于开发周期的刚性存在，使得从产生营销思想，到实施营销方案的周期很长。很多时候方案还没有实施完毕，市场情况就已经发生了变化。另一个问题是，由于方案开发人员自身的有限条件，限制了精准营销方案的内容和方法。为此我们建议使用成熟的、套装平台化、同时又有不少最佳业务实践的应用性产品，这里，着重介绍一下 SAP 公司的 Hybris 精准营销解决方案（关于这款产品的架构可参见图 8-15）。

⊖ iBeacon 是苹果公司 2013 年发布的在移动设备上使用的新功能。其工作方式是，配备有低功耗蓝牙通信功能的设备向周围发送自己特有的 ID，接收到该 ID 的应用软件会根据该 ID 采取一些行动。

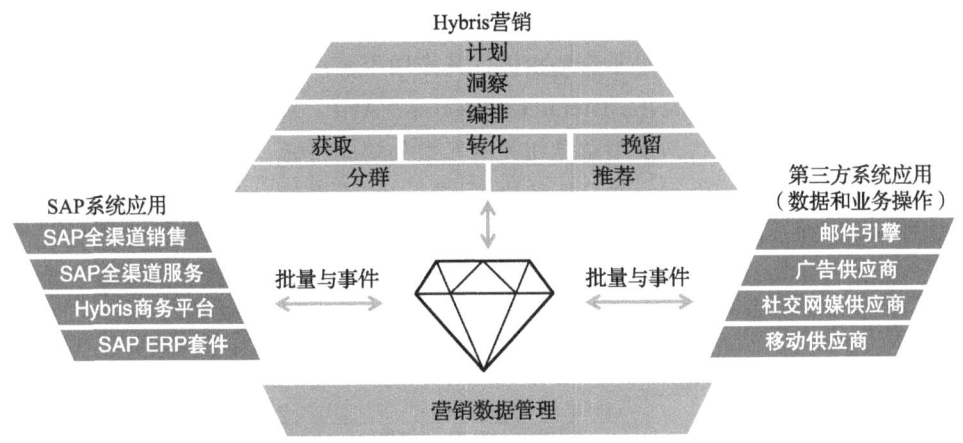

图 8-15 SAP Hybris 精准营销解决方案

在图 8-15 中，计划和洞察模块是相互交互的。在计划的过程中需要洞察，在洞察时需要考虑把相应的好的思想放到市场营销当中。当这两个步骤初步完成后，就需要进行仔细的编排，这样才可以很好地进行目标客群的获取，或是对他们实施精准营销，从而产生销售业绩；或者通过报价来挽留他们，使其成为活跃的客户。其中的分群和推荐作为关键内容，有着多种算法，在 SAP Hybris 精准营销解决方案中，采用一种称为 RFM 的流行模型。

在营销活动中，每个客户的价值因其购买能力和实际需求的不同而各不相同，如何辨别客户的价值至关重要。建立客户价值模型的目的是可以对客户进行排序分类，然后对客户进行个性化精准营销。根据美国数据库营销研究所（Arthur Hughes）的研究，客户数据库中有三个神奇的要素，这三个要素构成了数据分析最好的指标，即：

- 最近一次消费（Recency）。
- 消费频率（Frequency）。
- 消费金额（Monetary）。

最近一次消费指上一次购买，顾客上一次是何时来店里、上一次是根据哪些因素购买商品、什么时候买的商品等。理论上，上一次消费时间越近的顾客应该是越好的顾客，对即时提供的商品或者服务也最有可能产生反应。虽然业绩的增长大都是靠侵蚀竞争对手的市场占有率而获得的，但如果要密切地关注消费者的购买行为，那么最近的一次消费就是精准营销第一个要利用的指标。历史显示，尤其是对于消费品来说，如果能让消费者购买，他们就会持续购买。这也就是为什么，0～6 个月的顾客收到的营销信息或沟通会远远多于 31～36 个月的顾客。

消费频率是顾客在限定的期间内购买的次数。可以说，最常购买的顾客就是满意度最高的顾客。如果相信品牌及有商店忠诚度的话，最常购买的消费者，忠诚度也最高。增加顾客购买的次数意味着从竞争对手处争取到了市场份额，从别人的手中赚取营业收入。对于这些指标，其作用于客户分群的权重有所不同，一般使用层次分析法（Analytic Hierarchy Process，AHP）来确定该模型各个指标的权重，层次分析法是将与决策总是相关的元素分解成目标、准则、方案等层次并在此基础之上进行定性和定量分析的决策方法，它需要首先建立判断矩阵，然后做归一化处理，在这里，就不展开解释了。

使用以上方法的简单示意如图 8-16 所示，这是一个孕婴童零售企业实施精准营销的实际案例。

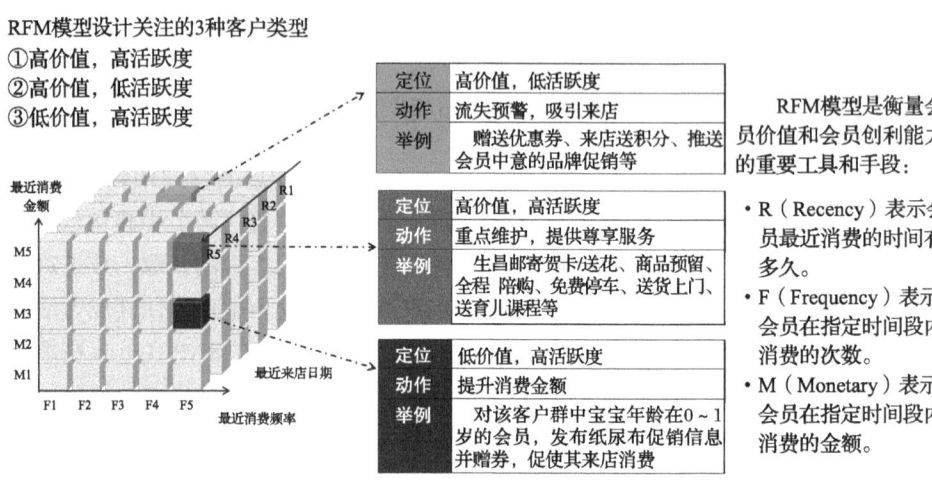

- 该模型可以根据选定的会员群体及该会员群体指定时间段内的消费数据，将会员按照最近一次消费的时间远近、消费的次数多少、消费额大小划分为 $N*N*N$ 的矩阵。
- 每个会员根据其 R、F、M 三项指标的情况，落入这个 $N*N*N$ 矩阵的某个区间，N 越大，代表该会员消费时间越近、消费次数越多、消费额越大。不同的矩阵坐标代表了一类特殊的会员群体。
- 通过筛选 RFM 矩阵坐标值，就可以过滤出不同价值的会员群体。

图 8-16　SAP Hybris 精准营销解决方案 RFM 的模型示例

在进行客户价值定位时，除了 RFM 之外，还可以有其他的指标，例如：购买数量、购买品牌等。每增加一个维度，会增加许多分群。如果没有一个优秀的软件系统平台，就无法定位出精准的营销目标客户群，无法实现理想的营销转化率。但如果目标群体太小，营销成本和转化的比例就会上升，营销的利润率就下降。因此，精准营销的目标客户分群一定存在着一个平衡点，这在优秀的精准营销体系算法和模型建立时已经为其使用者考虑过了的。SAP Hybris 精准营销解决方案属于非常优秀的精准营销解决方案，在国际上有很多应用客户。

3. 精准营销和管理的双驱动

通过精准营销可以准确发现客户需求，可以对供应链进行优化。反之，根据供应链的交付状况,可以在产品高峰到达之前进行精准营销,并配以饥饿营销的策略,实现供应链推动下的营销规划执行,实现零库存的供应链运营。简单来讲,精准营销与供应链、制造研发、库存管理等紧密结合,可以实现非常理想的效果(见图 8-17)。

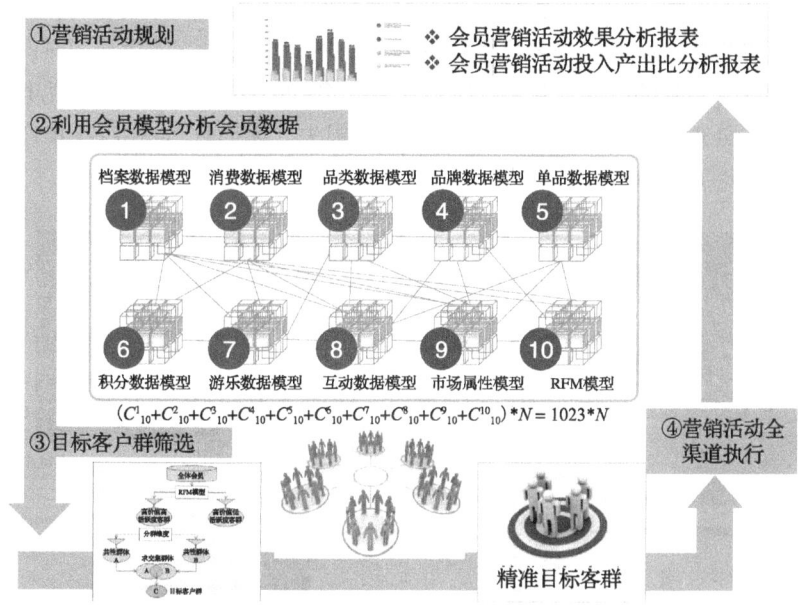

图 8-17 精准营销与供应链双向驱动实例

8.4 案例分析:德国 HSE24 公司利用 SAP HANA 实现大数据分析与精准营销

8.4.1 公司简介

家庭购物欧洲公司(Home Shopping Europe GmbH,HSE24)是一家位于德国伊斯马宁的居家购物网络。这家公司最早于 1995 年在德国开设了电视购物台。从 1996 年开始,除了电视购物之外,也提供现场购物展览。到今天为止,HSE24 已经发展成为拥有全面的媒体平台(电视、网络、智能手机、平板电脑)的现代居家购物企业(见图 8-18)。2014 年,HSE24 集团的销售额达到了 6.49 亿欧元,并将业务扩展到了德国、奥地利、瑞士、意大利和俄罗斯等国家。HSE24 主要销售的产品包括服饰、珠宝、化妆品等,一年里大约有两万种不同的商品通过 HSE24 销售,其中 50% 是新的产品。

随着 HSE24 不断加速扩张其欧洲版图,并将全渠道战略拓展到移动设备、社交网络和网站等渠道,该公司开始将内存计算视为成功的关键要素。借助内存计算技术，HSE24 能够快速分析海量客户信息，并根据获得的准确的洞察，即时采取商品采购或促销行动，这样，该公司就能够与客户开展更加个性化的互动，并策划极具针对性的市场营销。此外，内存计算技术还能帮助 HSE24 显著降低退货率。这主要是因为该公司在内存计算的基础上，部署了精准营销系统，可以根据客户过去的购买行为和咨询行为准确地判断客户的需求与购买时间表，这样他们推出的商品基本上就是客户需要的商品；他们推出的营销活动的时间基本上就是客户想要购买的时间，从而大大降低了退货率。一般的零售商，尤其是全渠道零售商在处理退货问题时，经常蒙受巨大损失，而 HSE24 利用科技产生精准洞察力，避免了这一困境。

图 8-18　HSE24 的电视、网络和 APP 渠道

8.4.2　电视购物客户与购买特点

HSE24 作为一家位于德国的家庭购物网络，在衡量业务时是以毫秒为单位的。这家企业所有的家庭购物渠道必须要能够实时了解客户的购买模式和行为。例如，如果它发现现有一个销售高峰，正在耗尽一款红色的 T 恤的库存，那么它必须立即将电视购物广告切换到蓝色 T 恤的促销上来，这样做的目的是鼓励客户购买库存中的蓝色 T 恤。

如果考虑到新客户的电话几乎是每隔两秒钟就打进来一个，那么可能就不难理解为什么这家企业对于速度的要求会这么高。零售商通常都在转向实时战略，但是因为家庭购物网络是基于"现场销售"模式的，不断增长的大数据分析和实时零售的趋势对于这个细分的零售市场来说显得特别重要。

通常，电视购物频道在播放广告的同时，会通过电话中心的客服接单下单。但当老客户打电话进来后，HSE24可以通过语音导航确认客户身份，进行一键式下单。也就是说，当下在电视上热播的商品和节目需要被客服与下单系统进行实时识别。客户电话进来的时候，系统需要智能地与客户一同，通过自助选项，确定商品、数量、价格以及送货时间等信息。而客户一键下单后，系统需要马上将订单指派到指定的仓库进行履约。当一个档期的广告在例如15分钟的时间段内带来的订单数量低于预期时，事先编排好的另一个备选节目，其或是由不同的演员排演，或是有不同的场景衬托，或是全部引入新的人和景，会被立即切换过来，以便排除非商品因素对滞销的影响，从而拉动商品的及时销售或是确定真正的滞销商品。因此，在这里，实时的分析和操作非常重要。

同时，HSE24已经实现了全渠道零售，也就是说互联网随时也在产生订单，并影响库存的变化。因此，实时统一的商品、订单、库存、价格、促销、客户视图对于HSE24来说是必须的。

如图8-19所示是HSE24的全渠道商务示意。不难看出，HSE24的主要客户群是分时段的：白天，电视渠道对应的客户可能是家庭主妇居多，而对于网络渠道，就可以从客户的注册情况看出一二。同时，由于近年来网上商城和移动商城的兴起，HSE24的客户群体也在不断扩大。加上HSE24有力地跨地区拓展，其生意越做越大，这从HSE24的业绩指标增长就可以看出来。

图8-19　HSE24的全渠道购买方式

图8-20给出了HSE24近7年的业绩情况。可以非常清晰地看出，HSE24的销售额大约每年增长10%，利润大约每年增长17%。在欧洲，经济饱和一直是一种常态。而HSE24的销售额和利润同时发展地如此之好，与其全渠道商务战略密切有关。其中，大数据需求分析和精准营销起了决定性的作用。

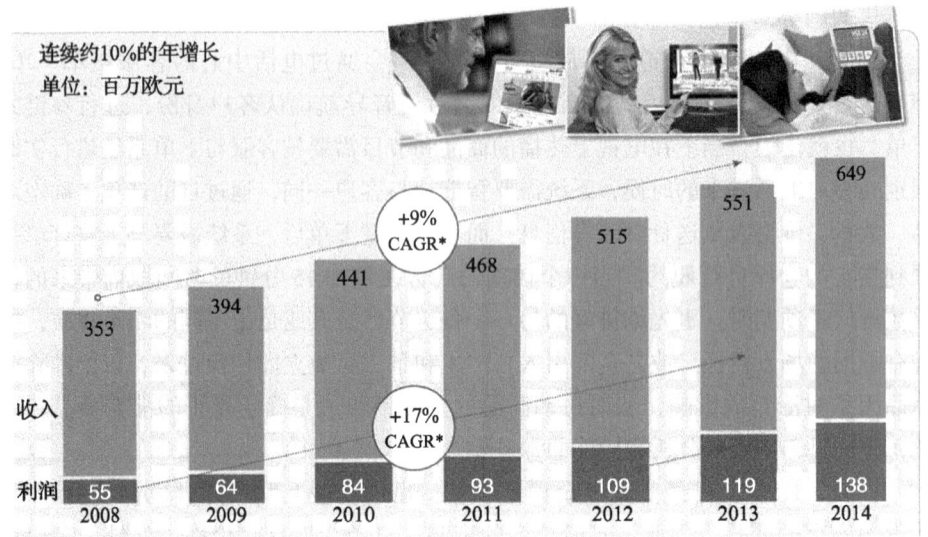

图 8-20　HSE24 近 7 年的业绩情况

8.4.3　面临的挑战

电视购物从诞生以来，就面临着一个最为重要的问题，即由于消费者是在电视广告和节目的特意安排下产生购买欲望的，等到商品交付时已经过去几天了。在此中间，可能会产生很多的变化：消费者理性回归，感觉购买的商品不大有用；消费者在这段等待的时间里看到了其他的商品，改变了主意；消费者突然听到产品的负面新闻，担心该品牌的商品质量或使用效果等。因此，退货率居高是这一商业模式需要大力解决的问题。为了降低退货率，HSE24 在一开始希望通过加快物流配送来解决问题。但在人力成本非常高的欧洲市场，为了加快物流，除了要优化仓库和运输，还要增加人手。出身于德国的 HSE24 深深地知道，增加人手不仅是在工资待遇上付出更高的成本，更重要的是如果生意暂时出现一些波折，人力成本将会成为一项空耗，如何从根本上解决问题呢？

首先，需要精确地掌握顾客信息。客户信息的完整记录和及时查找在很大程度上依赖于一个强大的客户关系管理系统的支撑。常见的 CRM 系统都是源自软件公司自身的需求：发现潜在客户（Lead）后逐步跟踪并建立机会（Opportunity），然后寻找或触发必然事件以实现销售，这样的 CRM 系统并不具有消费行业的针对性。因此，需要找到一家以行业应用为产品开发主线的公司所提供的客户管理系统，以支撑客户的信息和忠诚度管理的需求。

其次，需要精确地了解顾客的购物行为。这包括已经有过购买历史的老客户的采购历史、他们在各种采购过程中的电话咨询历史、以及他们的退货历史等，这些信息需要在一个客户行为资料库中进行统一的存储和处理。这么做的真正目的是准确把握客户的购买需求,预见客户的购买产品内容和数量,从而准确地进行选品和组货,实现所推销的商品恰恰是客户想购买的东西。更重要的是,可以根据客户的历史数据,判断出退货的概率,从而只对最有可能退货的客户群加速发货。

再次,需要对客户进行精细化的划分。对于购买同样商品的客户,他们的特征具有一定的重叠性,但可能在其他方面完全不同。例如:都是购买了西门子吸尘器的家庭主妇,有的是因为喜欢西门子的品牌但可能不完全喜欢西门子吸尘器;有的是因为西门子吸尘器在搞促销,因此就购买了,但并不是喜欢西门子这一品牌。诸如此类的客户标签愈多,当进行一项新产品上架时就可以准确地制定营销方法,进行个性化的广告宣传。

最后,需要超快速的市场营销预测性分析能力。当电话在广告档期打入且在客户咨询几个简短的问题后,系统需要马上推荐适合他 / 她的商品,同时需要保证这一推荐基本不会产生退货的情况。也就是说,需要实时智能预见分析体系来赋能营销人员,而不仅仅是靠他们的主观判断。

既然对客户的了解和画像有如此之高的要求,如图 8-21 所示,那么该如何构建这样的管理平台,从而最终实现精准营销,降低退货率呢? HSE24 找到了 SAP 公司,通过与 SAP 零售行业专家的交流,他们发现仅仅建立一套客户管理系统,是远远不能满足上述需求的,必须要从商品管理、客户管理、库存管理、订单管理、价格管理、促销管理、履单管理、营销管理等全方位入手,才能把电视购物这样的业务真正地搞好。尤其是近年来,在网络渠道和移动渠道推出之后,建立基于实时计算能力和需求供应分析的全渠道商务体系,才能最终实现精准营销,降低退货率。

核心目标客户
- 大于40岁的女性

客户群规模
- 大约800万客户已经在HSE24 产生过消费——相当于超过10%的德国成人总数量
- 其中大约有150万客户,每年购买次数大于1次
- 他们当中85%的人是女性

HSE24的典型客户画像
- 中年人
- 社会安全度高、自信度高、独立性强
- 喜欢被鼓励、喜欢惊喜、喜欢娱乐性
- 爱开玩笑、享受生活中的美好事物
- 爱护自己和家庭

一群高收入消费者
- 大约2/3的HSE24客户可能是月消费在2000欧元以上的
- 社会上,有这样的消费能力的客户群大约仅占总人口的45%
- 11.1%的德国女性(约400万人口)热爱或喜欢通过电视购物进行消费

图 8-21　HSE24 的客户和市场情况概览

8.4.4 解决方案

投资业务变革和构建强大的 IT 系统是 HSE24 看到的唯一一条解决所面临的挑战的道路。在讲德语的市场中,HSE24 已经建立了 18 个呼叫中心和 4 个物流中心,并通过联合 DHL 等实力雄厚的合作伙伴,实现了每年处理的客户订单突破 150 万个的目标。在直播期间,零售商每小时会推出 3~4 款新产品,平均价格从 20~150 欧元不等,最高可达 3.5 万欧元。2014 年,该公司共计接听了 1460 万通来电,寄出了 1351 万个包裹(见表 8-1)。

表 8-1　HSE24 在 2014 年的日常业务统计

2014 年	每天来电数(千)	每天包裹数(千)	2014 年	来电数(万)	包裹数(万)
平均值	40	37	年总和	1460	1351
高峰值	100	74	高峰月	204	162.8

HSE24 的客户关系管理团队主管 Christian Schnetzer 表示:"我们全年每天都会正常营业。因此,我们必须有一个一直保持正常运行的系统。"目前,HSE24 面临的挑战是需要拉近与客户的距离。这样,即使公司无法与客户进行面对面的互动,也能了解甚至预测客户的需求。然而,随着公司的不断扩张,这个任务变得越来越复杂,HSE24 需要越来越频繁地利用数字渠道与客户互动,包括网络、移动应用和社交媒体等渠道。尤其是近几年,HSE24 在电子商务和移动商务领域的业务增长率几乎接近其整体业务增长率的两倍。随着电子商务和移动商务领域的业务发展扩大,HSE24 的客户数据也急剧增加,企业急需顺应不同国家的客户在品味和偏好上的巨大差异。HSE24 负责 IT 系统的高级副总裁 Michael Kuenzl 认为,渠道扩张是一个从"简单的"多渠道转变为"复杂的"全渠道的过程,他表示:"渠道就是一个社区,人们从我们这里购买产品,并在社区中分享他们的购物体验。无论是移动社交媒体、网络社交媒体、还是视频网站,这些渠道都是如此。"

网购用户留下的"数字足迹"能够对企业的市场营销、库存和客户服务产生深远的影响。因此,HSE24 必须密切关注客户的意见和喜恶等,这一点至关重要。而客户自己就更不用说了,他们在社交媒体上发表评论,希望服务代表能够倾听自己的声音,并快速做出响应。对于企业而言,企业需要深入了解多元化且不断变化的客户喜好,并基于这些洞察即时采取行动,这在零售行业里正在迅速发展成为一种必然趋势。

HSE24 发现需要 SAP 公司基于内存计算的整套解决方案。内存计算技术能够帮助企业快速分析最新的、快速变化的海量数据,这些数据可能来自不同的数据源,包括内部系统中的销售数据和客户数据,以及来自网站的社交媒体情感数据。因此,对于 HSE24 而言,内存计算技术似乎是一个理想的选择,因为该技术能够帮助他们从与日俱增的数据中实时获取洞察，以应对日趋复杂的业务运营。这么做的一个好处是，即便是非技术背景的用户也可以针对当前数据提出各种复杂的问题，并且实时获得解答。因此即使他们遇到很小的业务机会，也可以采取有效行动，而且收获最高的成功概率。此外，非技术背景用户还可以全面了解客户需求，进而提供个性化的客户体验，并避免在销售或营销流程中出现纰漏，造成巨大损失。

HSE24采用SAP公司基于HANA的内存计算技术来应对上述这些最迫切的挑战，包括营销活动优化和退货等问题。在以前，如果市场部想定位最有可能响应特定营销活动的细分客户，他们会需要商务智能团队帮助分析相关信息。这里的关键是，在过去，整个过程可能需要持续一周或更长的时间。而现在，借助基于内存计算技术运行的客户互动智能应用，营销人员可以自己分析数据。通过直观的用户界面，营销人员可以实时查询数据，并根据详细的统计资料（如年龄、居住地等）确定客户的购买模式。这些工具会以图形和图表的形式显示分析的各种结果，便于营销人员轻松地找出数据背后的模式，营销人员可以利用来自各种数据源的最新数据，在数秒内向下钻取数百万条客户记录。正如Michael Kuenzl所说："我们可以在数秒内完成数据筛选，无需商务智能部门的帮助，我们也可以自己玩转数据。"

HSE24还希望借助SAP公司的内存计算技术降低退货率，提高利润。根据全球著名的管理咨询公司嘉思明（Kurt Salmon）的研究结果，处理一次退货的成本可能是同一商品发货所耗成本的2~3倍。同时，美国零售联合会（National Retail Federation）发现，40%的买家在下单时就打算退货，40%的买家会订购同一款产品的不同规格，而这40%的退货是由于产品信息不全所致。如果企业还同时支持网购、电话购物以及邮购，则他们处理退货的成本和运费会更高。对于HSE24而言，退货率若降低1%，其利润将增加7位数。考虑到退货可能引起的高风险，HSE24为我们展示了他们是如何对做出相似退货行为的客户群进行研究，从而降低退货率的成功案例。

第 9 章 Chapter 9

工业 4.0 下的互联制造

互联制造无疑是工业 4.0 方案中最引人注目的一环,它体现了工业 4.0 所有的核心要素。在各类关于工业 4.0 的展会上,人们常常会被机器人的自动加工现场所吸引,而支撑这一场面的是一系列的软件和方案。它们绝不局限于机器人技术和数控技术,而是需要从整个企业与工厂持续生产的角度,基于更大的范围进行思考与布局。

本章首先介绍 SAP 的互联制造解决方案的技术路线和目标,以及方案构成。紧接着,按照工业 4.0 对智能工厂垂直集成的要求,依次介绍了基于 SAP IBP 的供应与响应计划、基于 SAP HANA 的 MRP、SAP 制造执行(ME)、SAP 的制造集成与智能(MII)和 SAP 的工厂连接解决方案。最后,介绍了德国 Elster 公司通过 OPC UA 实现 SAP ME 与车间自动化连接的方案。

9.1 SAP 的互联制造解决方案概述

SAP 的互联制造(Connected Manufacturing)解决方案的立足点是打造一个开放集成的工厂,为企业实现基于"一个产品流"上的,跨越 ERP、MES、SCADA/PLC 的全面、开放的垂直集成,从而实现透明化生产的智能工厂。在此基础之上,除了可以为企业实现定制化生产之外,还可以帮助企业实现节能化生产、安全化生产等其他目标。

9.1.1 SAP 的互联制造及其技术路线

作为工业 4.0 的重要主题,智能生产体现了生产方式从集中式控制向分布式增强型控制的基本模式的转变,其目标是建立一个高度灵活的个性化和数字化的产品与服务的生产模式。这一模式的建立体现了集中式向分布式转变的核心。如图 9-1 所示，传统的五级金字塔型的集中式生产自动化架构是一种自顶向下，沿着 ERP 到 MES，再到 SCADA 和 PLC，直至现场的路线。这种做法的特点是由上至下逐层分解和发布指令，然后搜集现场数据，由下至上逐层反馈和控制。在工业 4.0 的环境中，这种模式将被替换为以 CPS 为基础的，有 ERP、MES、SCADA、PLC 的不同功能，在物联网的基础上，进行分布式网络连接的高度柔性的灵活结构，从而实现更高程度的智能化。在目前的这个阶段，鉴于车间里不同设备的应用尚未完全实现云端迁移，自动化金字塔固定等级划分的消失不意味着各个层面上的系统变成多余，而更多地是让不同的层面实现无缝连接，以达到工业 4.0 所提出的要求。

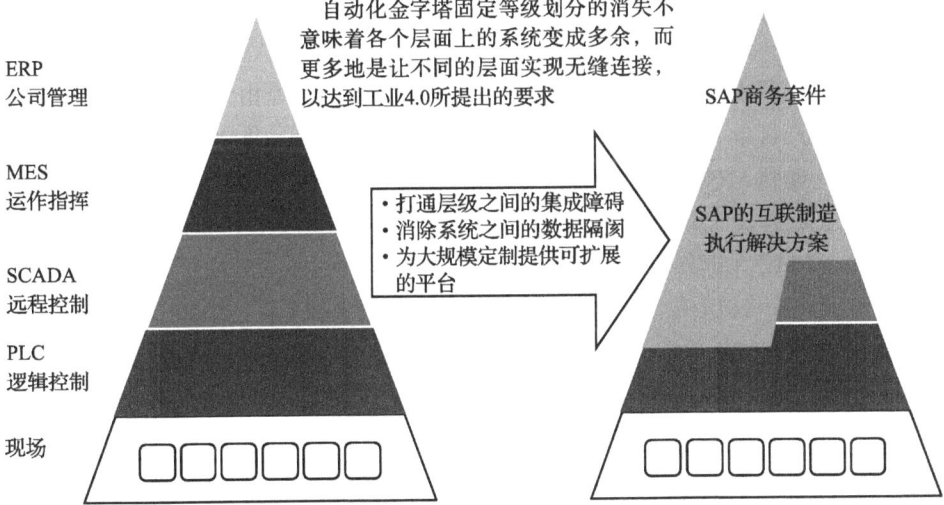

图 9-1　针对工业 4.0 的 CPS 理论，SAP 在商务套件的基础上，提出了互联制造执行解决方案

针对这一现状，SAP 提出了"互联制造"的解决方案，帮助企业充分利用物联网和工业 4.0 的原理，建立柔性化的生产制造。这套方案在 SAP 基于 HANA 商务套件的基础上，包括五个关键的组件：

- SAP 集成的业务计划（Integrated Business Planning，IBP）。
- SAP 物料资源计划（Material Requirement Planning，MRP）。
- SAP 制造执行（Manufacturing Execution，ME）。
- SAP 制造智能与集成（Manufacturing Integration & Intelligence，MII）。
- SAP 工厂连接器（Plant Connectivity，PCo）。

其中，IBP 的主要功能是从企业的角度（一般来说是多工厂）来说的，在不同的计划时段上进行业务计划。这其实是每家制造企业每天都在做的一件事情，也就是在整个供应网络上，不断地进行计划和再计划，以实现供应对需求的匹配。IBP 是 SAP 开发的新一代的供应链计划系统，本章所包括的是，IBP 的供应与响应模块。在第 10 章，将会对 IBP 的其他部分，包括销售与运营计划、需求计划等，进行重点介绍。

MRP 的主要功能是为每一家工厂和生产线生成生产计划。它对需求和供应状况进行综合考虑，即综合包括销售订单、预测需求、库存转移在内的需求状况，以及包括库存、库存转移、采购订单、收货在内的供应状况，得出所推荐的生产计划建议，包括计划订单、库存转移和采购订单。与以往批处理类型的 MRP 不同的是，在 SAP HANA 的支持下，MRP 可以用近乎实时的方式更加频繁地运行，从而为企业带来更加准确和及时的生产计划决策。

ME 是一个以工厂为中心的制造业解决方案，它提供了一系列既用既得的功能，如生产过程控制、质量控制、车间生产物料管理、生产计划契合、报告、产品可追溯性等，并与 SAP ERP 在多个节点上实现集成。SAP ERP 中的生产计划、质量管理、工厂设备维护、库存管理、数据及工程变更等相关的业务信息（如计划订单、生产订单、物料信息、BOM、工序、检验指令、批次、序列等）都可以通过接口传递到 ME。ME 执行这些计划相关的内容，把现场收集的信息（如产出、报废、人工、检验记录、物料消耗、批次等）通过接口反馈到 SAP ERP，以达到 SAP ERP 和 ME 无缝集成的效果。

MII 是一个将核心的生产制造系统与企业流程集成的平台。SAP MII 提供了丰富的集成、智能和创新组件。通过它们，企业可以自由创建融合了制造执行和企业工作流程的集成的平台，实现定制化的工作流程与分析应用，如各项 KPI 分析、报警。

PCo 提供了位于车间系统的底层设备连接器。该方案能够实现 SAP 系统与不同制造商的设备进行符合行业标准数据源的数据交换。除了可从车间系统读写数据之外，还提供通知功能，以用来控制生产设备，记录突发事件并采取适当措施。

在互联制造中，生产系统的不同要素使用数据流来进行更好的通信、协同和控制。在这里，单台的机器与设备无疑是整个生产系统中需要进行互联的最小单元。由于机器与设备总是被内置在一个更大的环境中，因此需要通过云计算技术的支持。如图 9-2 所示，SAP 可以对 MII 进行灵活的部署，包括公有云、私有云和独立部署，实现灵活的架构，以适应不同行业和不同企业的具体要求。

总的来说，SAP 的互联制造解决方案具有以下三个特点：

- 搭建"一个产品流"之上的垂直集成，帮助企业建立敏捷的供应网络，让企业可以在很低的产量和按订单生产的模式下也可以实现盈利。
- 为制造工艺计划的编制，实现无缝的研发向制造的移交（Handover Engineering to Manufacturing，H2M）。
- 在 SAP HANA 云上，对来自业务系统的业务数据和来自生产现场的传感器信息提供实时的数据分析与预测分析应用。

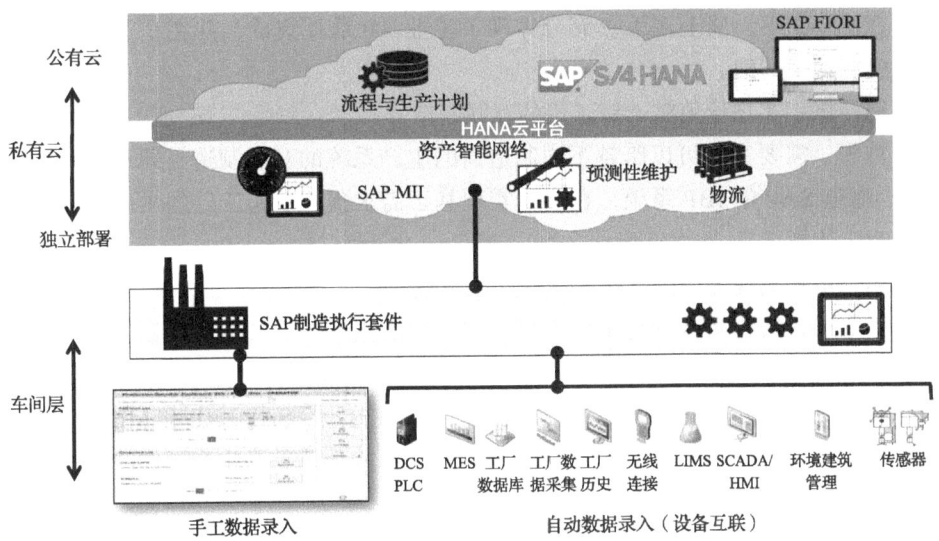

图 9-2　SAP 的互联制造解决方案的功能蓝图

9.1.2　基于 SAP 的互联制造解决方案建立开放式集成工厂

如图 9-3 所示，通过 SAP 互联解决方案提供的 IBP/ERP/MES/MII/PCo，可以帮助想要实施工业 4.0 的企业建立开放式集成工厂，实现一个流的垂直集成（支持按批量为 1 的客户订单生产）。目前，SAP 已经可以在云端运行 IBP 和 ERP，而 IBP、ERP 和 ME/MII 的数据库平台也均已统一到 HANA 平台上，这为下一步的进一步融合奠定了基础。

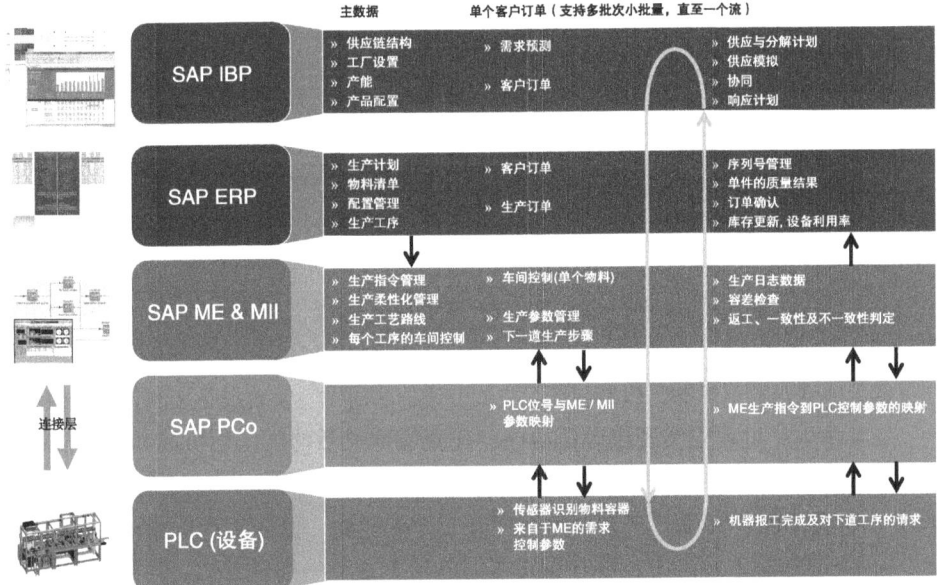

图 9-3　基于 SAP IBP/ERP/MES/MII/PCo 建立工业 4.0 下的开放式集成工厂

在图 9-3 中，从上至下，充分体现了工业 4.0 垂直集成，并在企业内部为水平集成奠定了基础。

第一层：实现价值链上跨工厂的互联制造。

首先，需要实现可以跨越不同制造商的生产系统的互联制造，即"工厂-工厂"。通过 SAP 的 IBP 系统，在云端实现基于需求预测的跨工厂的供应与分解计划、响应计划。

第二步：实现工厂内部跨系统的互联制造。

接下来，需要实现跨越工厂内部不同层次的生产子系统的互联制造，即"系统-系统"。在 SAP ERP 和 SAP ME/MII 的支持下，根据客户的生产订单，生成指导、驱动设备开展生产的生产计划和生产指令。在这里，SAP ERP 和 ME/MII 可以灵活地在云端或本地进行部署，以"服务"的方式来驱动整个生产运作的流程。

第三步：实现车间内部跨设备的互联制造。

在这一步，需要实现的是可动态重新配置的智能生产设备的互联制造，即"机器-机器"。在这里，一方面，SAP ME 可以通过 SAP PCo 来实现与设备的连接、对设备的数据采集分析，以及指令驱动；另一方面，设备之间也可以通过 SAP PCo 或其他第三方的通信机制进行互联，进而实现生产设备的动态配置和运行。

如本书第 2 章所述，在目前工业 4.0 的大规模定制尚处于 1.0 向 2.0 升级的背景下（设备层尚未完全实现制造过程的分布式自治协商下的动态重组），SAP 的这套结构可以很好地用来指导企业搭建应用架构。如图 9-4 所示，在大规模定制的目标下，SAP 提供了一套混合云的解决方案，包括：

1）基于 PLM 与 ERP 的深度集成，通过支持 BOM 转换的产品模块化平台，打通设计向制造的集成。

2）网上产品的定制平台。对于深度定制的产品（定制内容超出现有 MBOM 的覆盖范围，需要进行设计变更，由新的 EBOM 向 MBOM 转换），实现电子商务与 PLM 的对接，然后向 ERP 传递。对于预置型定制（定制内容在现有 MBOM 的覆盖范围之内，通过用户在销售过程中驱动产品配置来完成），直接实现电子商务与 ERP 的对接。

3）建立开放式集成工厂，实现一个流的垂直集成，包括 ERP 与 MES、MES 与设备层的集成。

4）实现机器与机器、机器与产品之间的通信和对话，实现设备层的分布式控制。

5）在生产过程中实现供应链协同，建立敏捷灵活的供应商协同和响应机制。

6）搭建设备云，对从设备获取的大数据进行预测分析，包括预测性维修和保养、设备的能耗管理、工夹刀具管理等，降低能耗，保证生产质量。

有关这些任务的描述，被分布在本书的各个章节中加以介绍。这里主要对 3）加以详细阐述。

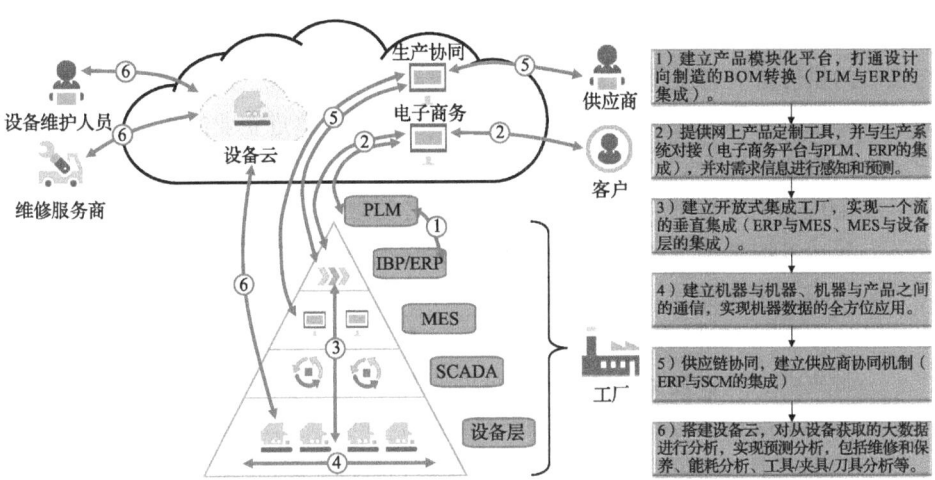

图 9-4　针对大规模定制 2.0 的初级阶段，SAP 目前可以帮助企业完成六大任务，搭建大规模定制 2.0 的雏形

9.2　基于 SAP IBP 的供应与响应计划

由于客户在市场上的地位不断上升，以及需求波动的加剧，企业需要具备更高的响应能力，来满足实际的客户和市场需求中。例如，亚马逊宣布在纽约城区里，对于高端会员，如果选购 2.5 万种日需品种的某一种，交货时间可以控制在一个小时之内（如果交货时间在一个小时之内，费用为 7.99 美元。如果客户可以宽限到两个小时，则这项费用可以免除）。那么，一家网络化的、全球化的公司如何追赶上客户的需求，如何在一个经常波动和定制化要求不断提高的市场环境下做出正确的预测？一部分答案需要归结到需求网络上。企业针对需求网络，需要实现一套敏捷的、快速响应的供应机制。响应的敏捷性——确保高度差异化的客户服务的能力，这对于企业开展业务竞争，提高客户忠诚度，以及获取新的需求来说，是至关重要的。

敏捷之所以重要，是因为无论企业做得有多么好，预测的精度通常只能达到 70% 甚至更差，而今天市场承受的各种压力，比以往更加能够造成市场的需求波动。企业可以从全球化中取得收益，但是新市场的需求和供应都会给供应链带来更多的不确定性。一个在复杂的、网状的供应链中存在波动性的例子是 2011 年在亚洲地区爆发的水灾⊖，这对于整个地区甚至全球的制造和批发业务都带来了长达数月的冲击。这类事件造成的影响不只局限于发生地区，对于周边乃至全球都会产生涟漪影响。

⊖　2011 年，泰国遭受了毁灭性的水患冲击，重创高科技制造产业。半导体商、电子制造服务商以及硬盘厂商受波及的程度最为严重。

SAP 的响应和供应解决方案所提供的业务能力可以帮助企业通过将客户需求与实时的供应链能力紧密地集成起来，以应对波动的出现。这里的关键是解决上面已经讨论过的一些计划上的问题，并将响应能力打造进企业的需求、供应网络中。这里的能力包括：

- 响应与需求管理：将跨短期和中期的计划数据、流程、执行与客户的需求紧密实时地集成到供应网络中，智能化地调度分配资源，排列客户、渠道需求的优先级。
- 产品计划与排程：将生产计划与排程集成起来，最大化生产效率并实现敏捷生产。其目标是允许企业满足可变的需求，无论批量大小，都可以基于排程的变化进行重新计划，优化复杂的车间层运作，实现产出和整体设备效率的最大化。
- 响应网络：实现协同的网络，编排客户、外包制造运作和供应商的履行，移除供应链中经常会出现在组织边界上的延迟和问题。

将上述理论应用到某汽车零部件企业，就会得到如图 9-5 所示的反映工业 4.0 的水平集成和垂直集成的架构。从垂直集成的角度来看，可实现从需求管理、分销需求计划、多工厂计划一直到工厂的排产、生产的现场管理和设备的集成。从水平集成的角度来看，实现从原材料供应商、成员厂和加工厂，直到仓库、主机厂的集成。由此可以发现，仅仅是关注生产线上的自动化执行，是远远不够的。

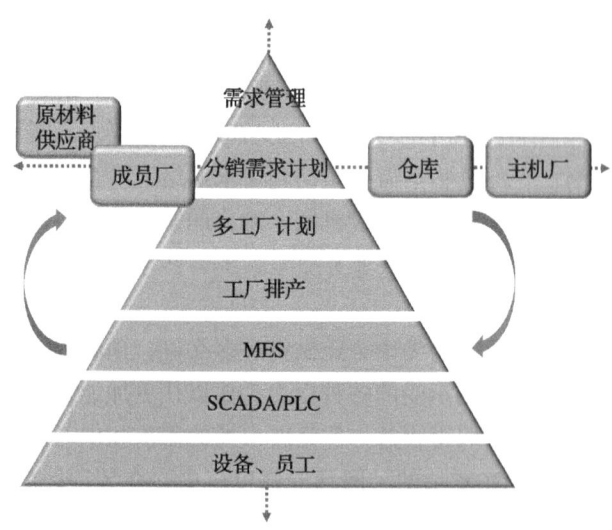

图 9-5 面向工业 4.0 垂直集成和水平集成的供应与响应计划

9.2.1 响应与需求管理

简单地说，SAP 的需求计划等于传统的需求计划（包括中期或长期预测），加上需求感知（即短期预测），再加上预测/预报分析技术。鉴于需求感知的技术在第8章中已经有了比较详细的介绍，在这里主要就 SAP 的传统需求计划技术做一个简单的介绍。

传统的需求计划理论建立在统计工具、因果要素和层次分析等手段的基础上，所预测的对象主要是厂家的销售行为。直到今天，传统的需求预测方法仍然是厂家进行需求计划和管理的基本手段。然而，随着供应链理论的发展，人们越来越清楚地认识到，任何预测都是为一个整体的供应链系统提出需求，预测必须透明地穿过供应链，避免产生放大效应，因此，出现了包括互联网和协同引擎（Collaborative Engine）在内的新技术，以帮助厂家与渠道乃至客户之间进行实时的协同预测。

由于需求预测是所有部门（包括物流、营销、生产和财务部门）进行规划与控制的基础，因此需求预测的水平高低对于制造企业的整体运行状况来说至关重要。需求的预测涉及需求的空间/时间特征、需求波动的幅度/随机程度等特点。

需求的时间或时间特性是预测中比较常见的。需求随时间的变化被认为是由销售的增长或下降、需求模式季节性变化和其他多个因素导致的结果。多数短期预测的方法都会处理需求的这种变化，常常称为时间序列。

以汽车为例，考虑到汽车销售的地理维度以及汽车自身的车型、配置等特性，因此在做预测时，既可以先进行总需求预测（由上至下预测法（Top-Down）），先对大的地点或整个车型进行预测，然后根据地理位置或配置分解；也可以先对每个小地点或配置单独预测，再根据需要汇总（由下至上（Bottom-Up）），所需的预测技术也不相同（见图 9-6）。

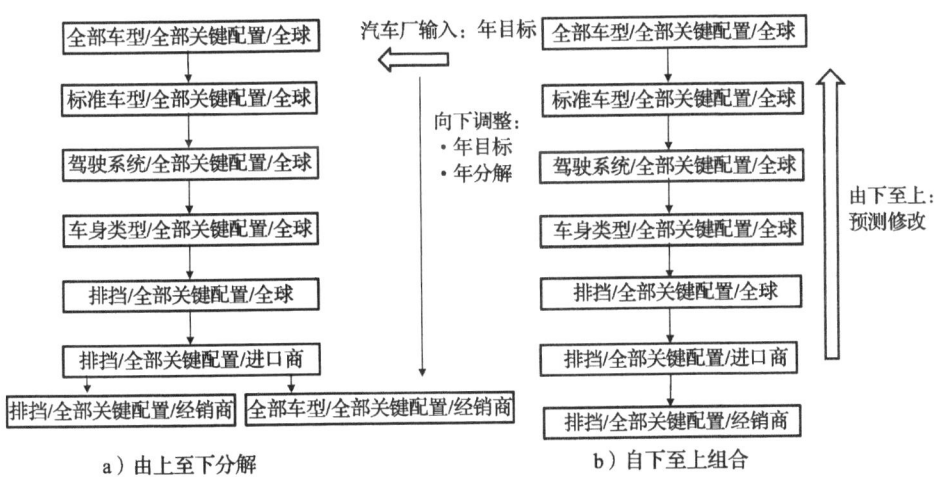

图 9-6　由上至下和由下至上的预测方法

需求模式一般可以分解为趋势（Trend）、季节性（Seasonal）和随机性（Random）的。如果随机波动只占时间序列其余变化的很小部分，那么利用常见的预测方法就可以得到较好的预测结果。

如果某种产品的需求由于总体需求量偏低，需求时间和需求水平非常不确定，那么需求就是间歇性的，这样的时间序列就被称为是不规律的。对刚刚进入市场的新产品或即将退出市场的老产品常常会出现这种模式的需求。

仍然以汽车为例，通常对于整车销售而言，其需求来自许多客户，这些客户基本上都是独立采购，其需求就被称为独立的需求。而对于零部件而言，其需求是从特定的生产计划要求派生出来的，这样的需求就被称为从属性的需求（或派生需求）。例如，从供应商购买轮胎的数量就是汽车厂要生产的新车的一定倍数。这种根本的差异导致了需求预测方法的不同。

如果需求是独立的，统计预测方法的效果就会较好。相反，派生需求会有很强的倾向性，而且不是随机的，需要特殊对待。

一切需求预测算法都是基于这样的一个假设"未来将继续像过去一样"。因此，假设过去数据中的模式、趋势或周期会继续下去，并选用预测模型把它们外推或外插到未来销售里。在选定某种预测方法前，通常先选定一段历史数据（这一历史期间称为最佳期间），将该预测方法应用到过去的销售历史中进行模拟，然后将预测模拟的结果与实际的历史数据对比，计算平均绝对偏差或准确百分比，从而确定最优化的预测。

关于预测方法的选择，人们常提的问题是"哪种方法最好"，最简单的回答是"依情况而定"，即需要考虑各方面的情况，如所分析的数据类型、分析人员的专业知识、需要预测的时间序列的项数等。简单地说，如果有多项时间序列需要预测，而初始预测值需要人为调整，或分析人员的技能有限，那么最好使用简单的自动单变量方法。该方法不仅简单，而且容易解释其含义，还有现成的应用软件可用。此外，不同方法之间精度的综合误差一般都很小。因此我们建议采用适当形式的指数平滑法（即适合于季节性数据的 Holt-Winters 方法）。如果选用非自动方法，那么在选择单变量方法的一般策略中，仔细研究时间趋势图是一项基本策略。对于一项不连续的序列，采用任何一种时间序列方法进行预测都是不明智的（虽然有时干预分析起作用），而需要用主观调整的方法，如 Holt-Winters 方法通常被看作是一种"自动"方法，因此这种方法很有效。使用该方法时，需要注意选择季节类型（如果存在）、初始值以及平滑参数，处理奇异点也应谨慎。选择预测方法时，结构模型也值得考虑。

如果具备一定的专业知识，并识别和测算了合适的解释变量，而且有一个及以上的解释变量为先导指标时，多变量方法值得考虑。虽然用多变量模型常常也能得到比较好的拟合效果，但值得注意的是根据多变量模型得到的样本外预测值并不一定比基于单变量模型的预测结果精确，这一点不论是从理论上说还是从实务来看都成立。因为一方面建立多变量模型也许必须预测外生变量，另一方面经济数据通常是观测到的而不是设计来的,因此有时不适于拟合多变量模型。而且,"简单的也许就是最好的",相对于复杂模型而言,简单的单变量方法更具有稳健性。

有人留意过,约有一半的案例研究表明多元预测方法比一元外推方法更精确,另一半的情形则相反。孰优孰劣,一直还没有分出结果。虽然人们对其他备择方法的研究也感兴趣,如 VAR 模型,但多元回归方法仍然是最常用的一种多变量模型法,原因正在于其简单明了。

一个常见的问题是相对于差分掉长期趋势和剔除季节影响的方法(如 Box-Jenkins 方法),或通过其他趋势剔除与季节调整方法剔出趋势与季节因素,使用一种能明显反映趋势与季节影响的方法是否更好?比如,使用 Kalman 滤波函数更新 BSM(基本结构模型),可以自动得到水平值、趋势值及季节因素的局部估计值,它们对于人们描述和预测事物的变化具有重要价值。相对而言,如果趋势变动和季节波动是导致时间序列波动的主要因素,则不适合使用 Box-Jenkins 的 ARIMA 模型。因此,究竟选择哪种方法更合适,取决于需求变化的前因后果以及数据类型。

9.2.2 产品计划与排程

在工业 4.0 的智能工厂中,需要对单个产品流进行计划与排程。不同的产品,其生产计划与排程的特点和要求各不相同。在这里,我们以汽车为例,简单地介绍一下在 SAP 中的实现方法。

根据计划周期的长短,在 SAP 中有两种进行生产排程的方法:

- 交互式排程(Interactive Sequencing):用于制订短期生产计划,每一辆计划生产的汽车被指定到具体的生产节拍(Takt)。
- 混合模型计划(Model Mixed planning, MMP):用于制订中期生产计划,每辆车只是被指定到某一天(Daily Bucket)。

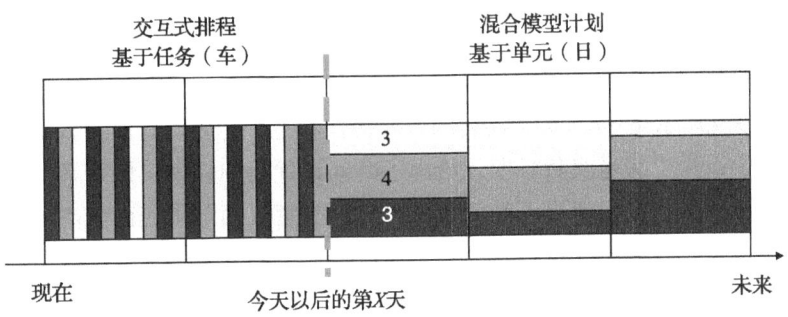

图 9-7 交互式排程和混合模型计划的滚动

这样,混合模型计划和交互式排序交替执行,通常每一辆车都首先会进入混合模型计划,然后进入交互式排序。通过这种方式,SAP 在系统中实现了滚动计划的功能。

1. 生产能力的前向和后向计划

如图 9-8 所示，对于所有的订单（包括客户订单或预测），SAP 有能力进行回溯计划以向前推算生产的开始日期。如果推算的结果已经落到了过去，SAP 就会向后推算最早可以开始生产的日期，从而为客户订单提供确定的交货日期和数量。有时，这种推算并不一定是 100% 紧凑的，SAP 可以在工序之间设置必要的缓冲时间，以满足汽车行业里的一些特殊要求（如车身在喷涂后必须存放一段时间才能进行烘干）。此外，缓冲时间也可以用作安全时间，用于应对不可预计的物料供应延迟或其他意外情况。

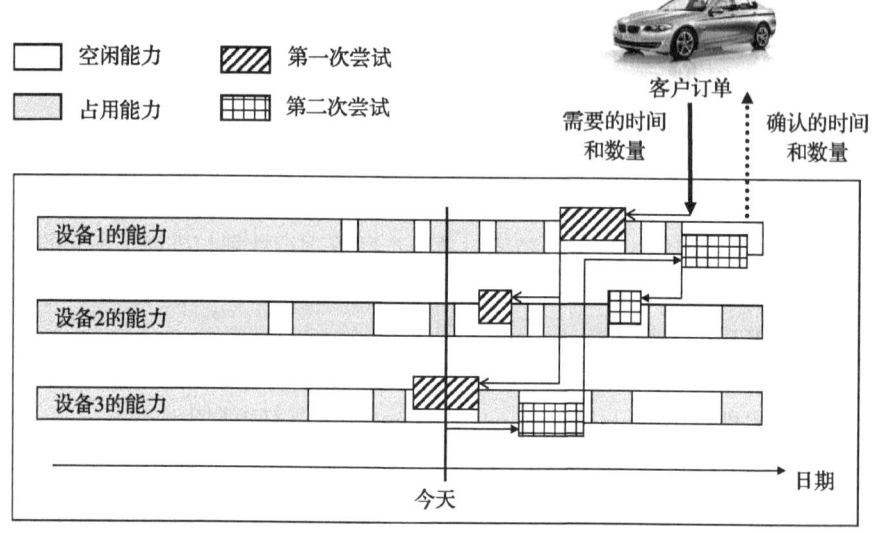

图 9-8 生产能力的前向和后向计划

2. 计划编制中的约束条件

如图 9-9 所示是 SAP 基于物料的可获得性和生产能力制订的可行计划。在第一次尝试中，为了满足交货日期，给出了时间最优化的计划，但是系统会给出如下警告：设备 2 的能力超出了负荷，发动机的交货时间与供应商发生冲突，并且供应商无法承诺转向机构的装配——显然这是一个不可行的计划。由此系统在第二次尝试中给出另一个可行但时间不是最优化的建议，供用户选择。在这里，发动机的交货时间和转向机构的装配能力就是典型的约束条件。

SAP 允许用户定义 6 种类型的约束，包括：

1）数量（Quantity）类型约束。例如，"每一班只能生产 200 辆装有 V8 引擎的汽车"。

2）空间（Space）类型约束。例如，"每辆敞篷车后，至少跟着两辆硬顶车"。

3）包括（K in M）类型约束。例如，"在每组 5 辆车中，至少有 3 辆车加装空调"。

4）分组（Block）类型约束。例如，"在这条生产线上安排 10～20 辆红色的汽车"。

5）平均分配（Even Distribution）类型约束。例如，"在一天的生产中平滑地安排柴油发动机车辆的生产"。

6）位置（Position）类型约束。例如，"在第一个任务中放原型车的生产"。

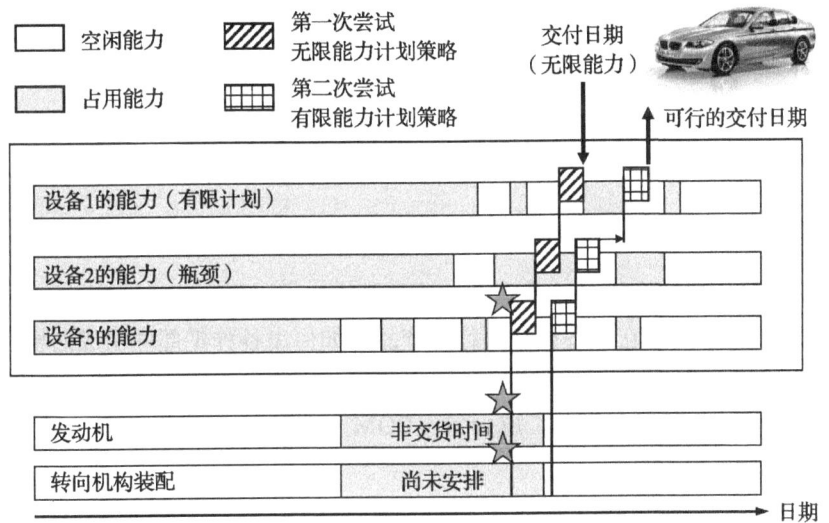

图 9-9　在生产能力与物料供应约束条件下的计划编制

生产计划员在制订生产计划时，这些约束条件的优先级是不同的。因此，在 SAP 中可以对约束条件定义权重值，包括硬性权重（约束条件必须满足，权重值为 0）和软性权重（依据权重值满足，权重值可以是 1、2、…、9）。此外，SAP 还可以定义约束条件的有效时间、地点（如作用于哪一条生产线甚至生产线上的片段等）。

3. 资源优化

图 9-10 给出了对于不同的产品变量，需要装配不同的零部件，即对不同的资源的需求情况。显然，在优化以后，这些产品变量对资源的占用更加紧凑，从而提高了资源的使用效率。

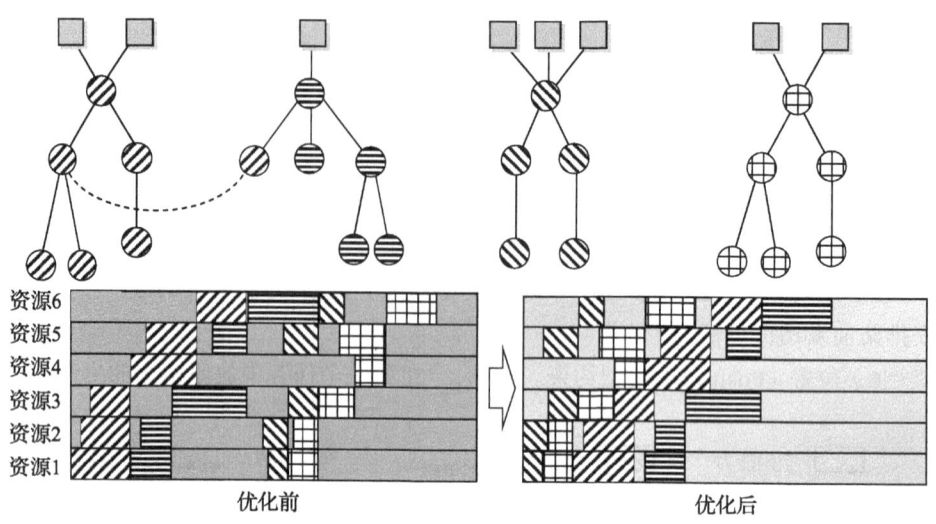

图 9-10 对生产设备进行资源优化

9.3 基于 SAP HANA 的 MRP

BOM 是构成一个产成品或总成件的零部件的结构化清单，也是运行 MRP 逻辑的核心数据结构，它在各种需要计算产品是如何由各种零部件构成的场合下被使用，例如 MRP 计算、产品成本计算、设备维护等。在不同的行业，BOM 有不同的叫法，如配方、清单、成分等。BOM 不是一成不变的，通过工程变更，BOM 也会有不同的版本。

BOM 展开无疑是运行 MRP 的核心步骤，也是将传统的 MRP 向 HANA 平台迁移的关键。由于 BOM 的数据量较多，内部关系较复杂，所以需要考虑 BOM 内部的复杂层次、各种参数的有效期、工程变更等（见图 9-11）。通过将 BOM 展开迁移到 HANA 平台上，实现了 BOM 的快速展开，以被在各类需要 BOM 展开功能的场合下调用。

在这里，以汽车行业为例来说明 SAP 的 MRP on HANA 的性能。在汽车行业里，MRP 是非常重要的一项技术，它可以帮助汽车企业：

- 确保生产所需的零部件可以按照客户要货的时间准时到达。
- 优化库存，在优化的服务水平下尽量降低库存水平。
- 对生产、采购、供应和交付等行为进行计划。

如图 9-12 所示是汽车企业传统的以 SAP ERP 上的 MRP 为核心的系统流程。显然，MRP 的运行时间对于企业的运营非常重要。由于产品的复杂度和变化不断增加，企业为了提高产能，以及应对全球化所带来的 MRP 运行时间窗口缩短等，需要有更快的 MRP 运行速度。

图 9-11　BOM 展开所需的关键功能

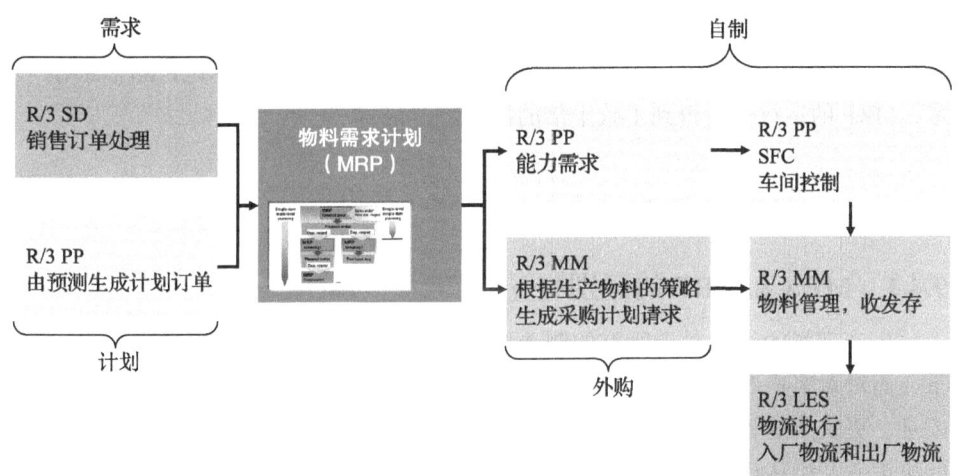

图 9-12　传统 SAP ERP 的 MRP 面临着挑战

如图 9-13 所示，以奥迪 A5 为例，仅考虑其车型、发动机和轮毂，就有 2000 多种变化组合形式。在现实中，变化组合的形式要比这多得多。

以奔驰卡车为例，每天大约有 500 张订单，每台车上有 6000 种零部件。以 6 个月为计划周期来计算，大约会产生 5 亿种零部件需求。大众汽车每天的的零部件需求就有 5200 万种。

图 9-13 以奥迪 A5 为例的变化组合

今天，在全球不同的国家和地区，对于按照客户的定制化需求进行生产的要求是不同的。北美倾向于按预测生产（Build-to-Forecast，BTF），而德国和日本更多地倾向于按订单生产（Build-to-Order，BTO），因此从全球的角度来看，需要有更快的 MRP 运行速度来支撑不同的生产策略。通过 SAP 的 MRP on HANA 技术，MRP 的运行速度得到了数十倍的提升。

9.4 SAP 的制造执行（ME）

9.4.1 MES 和 ERP 的区别与互补

生产现场的管理对于所有的制造行业来说都是一个难点。在工业 4.0 的要求下，面对着客户对产品配置和交货期的严格要求、新产品的引入和旧产品的不断改进、更复杂的智能生产设备和对这些设备的调整、新工艺的采用，将会使企业的决策者开始认识到，计划的制订必须要考虑实际的作业执行状态，而不能只是盯着物料和库存来控制生产。传统的 ERP 软件主要是针对企业的资源编制计划，这些系统通常能够处理昨天以前发生的事情（做历史分析），也可预计并处理明天将要发生的事情（编制计划），但是对于今天正在发生的事情却往往无能为力。由于传统的生产现场管理是一个黑箱作业，无法满足今天复杂多变的竞争需要。因此如何将黑箱作业透明化，找出影响产品品质和成本的因素，提高计划的实时性和灵活性，同时又能改善生产效率，这成为每个制造企业所关心的问题。

此外，正如本书前面所讲述的那样，工业 4.0 下的面向客户的订单处理系统也对生产现场的透明化提出了更高的要求。如图 9-14 所示，以前的生产方式更多的是一种按照大批量处理的模式。而在工业 4.0 的模式下，需要真正实现"一个流"的目标。此时，在整个生产现场乃至后端的供应链上，无论是客户订单、生产控制还是物流运输，其最小的管理单元是每一件产品，这对生产现场的管理无疑提出了很高的要求，而 MES 系统无疑是帮助企业进行现场管理的重要工具。

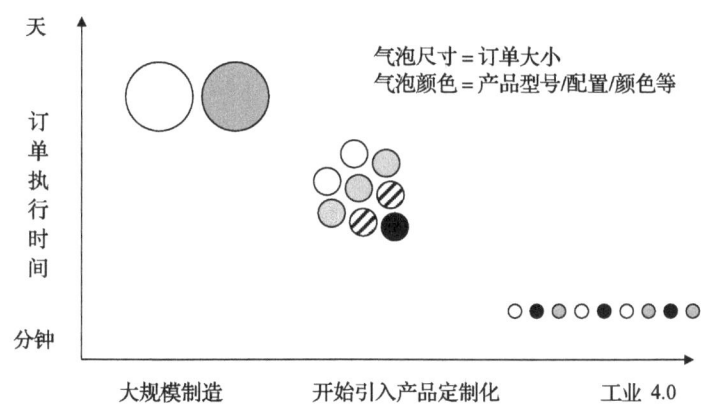

图 9-14　工业 4.0 下的生产方式的演变对管理的颗粒度提出了新的要求

制造执行系统（MES）无疑是互联制造解决方案的核心之一。按照国际 MES 协会所给出的 MES 的定义，MES 能通过信息传递对从订单下达到产品完成的整个生产过程进行优化管理。当工厂发生实时事件时，MES 能对此及时做出反应和报告，并用当前的准确数据对它们进行指导和处理。这种对状态变化的迅速响应使 MES 能够减少企业内部没有附加值的活动，有效地指导工厂的生产运作过程，从而使其既能提高工厂及时交货能力、改善物料的流通性能，又能提高生产回报率。此外，MES 还通过双向的直接通信在企业内部和整个产品供应链中提供有关产品行为的关键任务信息。MES 的关键词是精确的实时数据，这是以交易为基础（Transaction-Based）的 ERP 系统未曾加以考虑的。在这里，为了让大家理解 MES 的价值，我们以 SAP 的 MES 对 SAP ERP 做的那些扩展为例（由于篇幅所限，在这里仅列举了生产用户的界面、工艺路线、流程和产品的追踪这三个例子），来说明 MES 作为向车间层的扩展，给 ERP 能够带来哪些新的价值。

1. 区别之一：生产用户的界面

在 SAP ERP 中，没有办法将一件产品或物料的唯一标识号（即序列号）扫描进 ERP 的字段中。具体来说，即便是在对生产订单进行完工确认的时候，即需要输入生产的物料及其数量时，才能够手工输入序列号，而不能采用扫描的方式输入。此外，也不能在同一个步骤中录入物料的消耗。

而 SAP ME 就是针对扫描输入设计的。如图 9-15 所示，就是在 ME 中输入一个位于 BOM 顶层的物料的序列号及其零部件的信息。在进行订单确认的时候，只需要一次扫描，就可以完成相应的动作。在同一个界面中，也提供了对消耗零部件的确认。

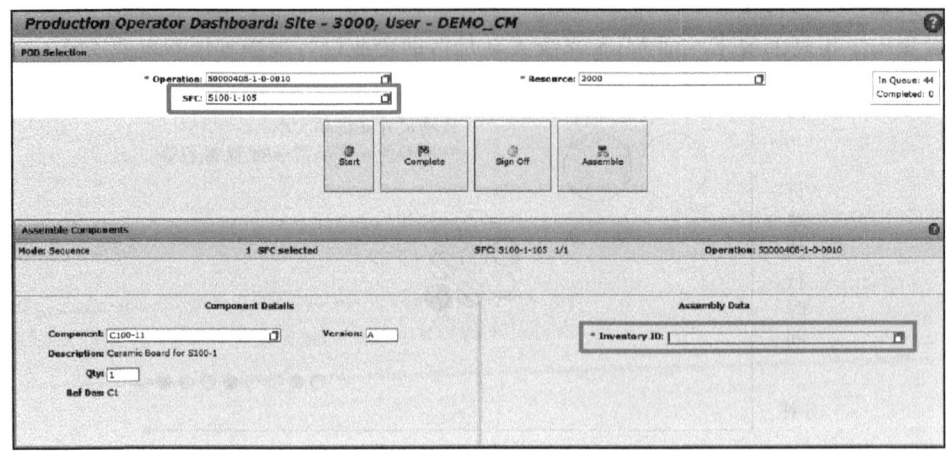

图 9-15　SAP ME 中的用户界面

2. 区别之二：工艺路线

在 SAP ME 中，可以在工序上设置不同的使用条件，也就是说，在满足某一条件后，才能进行下一步的加工工序。并且，还可以设置维修回路和生产暂停。通过这两个功能，SAP ME 就可以对物料的流通进行全面的追踪，并提供物料吞吐的阈值，设置报警条件（见图 9-16）。而这些功能在 SAP ERP 中是没有的。

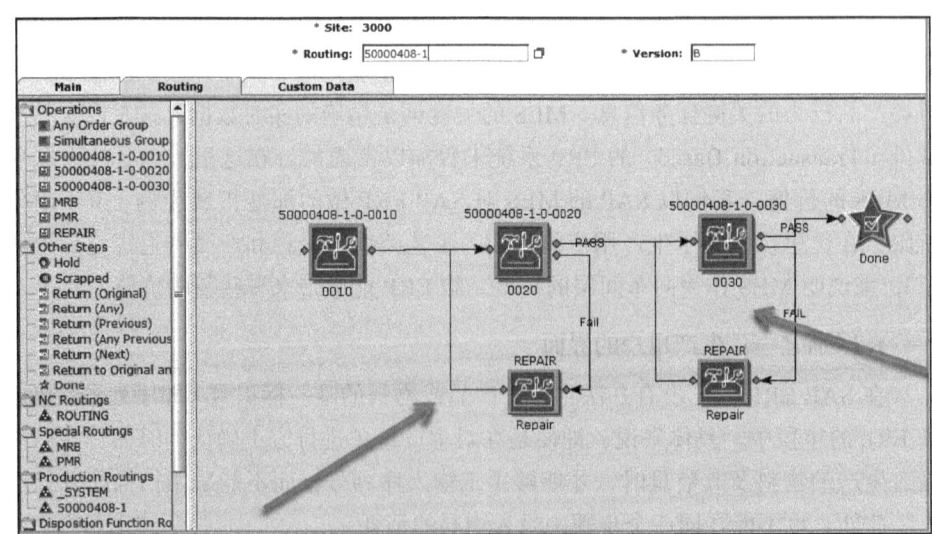

图 9-16　SAP ME 中的工艺路线

3. 区别之三：流程和产品的跟踪

在 SAP ERP 中，只能对数量进行跟踪和计数，而不能对产品进行唯一性的辨别，也没有字段可供输入唯一性的数字。换句话说，在生产订单的界面中，SAP ERP 确实可以生成产品的序列号，但是不能在执行过程中进行追踪。也就是说，可以有一张订单，里面有一大堆序列号的产品，但是不知道是由哪些序列号的零部件组装成了最终的产品。用户知道数量，但是没有办法定义组装关系。而在 SAP ME 中，可以在每一个零部件最小单位的水平上对生产和产品进行跟踪。每一次产品的组装动作完成之后，都可以用序列号记录零部件的装配信息（见图 9-17）。

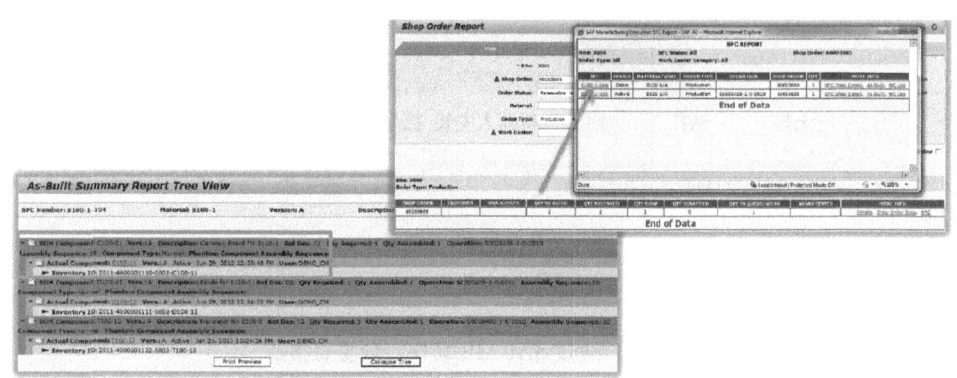

图 9-17　在 SAP ME 中对流程和产品的跟踪

9.4.2　SAP ME 在智能工厂中的应用

接下来，让我们以 SAP 与 Elster、FESTO 在 2014 年的汉诺威 CeBIT 上的展示为例，说明 SAP ME 的主要功能。这是一个非常好的通过 SAP 的制造套件来实现工业 4.0 的垂直集成的案例。

在这个垂直集成的生产流程的例子中，所有的主数据，像零部件物料变量、BOM、工艺、客户订单、计划信息等，都被维护在 SAP ERP 中（见图 9-18）。产成品也是物料变量，可以有不同的变化。总的来说，这是一种使用可配置物料的例子，物料的名称虽然不变，但是在客户订单中可以对它定义不同的属性和配置，进而确定它的 BOM 和工艺路线。

在 SAP ME 中，存储了产成品的工艺，里面包括每一种产品变化所对应的生产步骤。ME 还包含了需要搜集的质量数据参数（如钻孔参数、温度、加热时间等）、所需的资源、NC 程序、需要检查的控制阈值等。

而客户的订单则通过 MRP 变为生产订单，并通过 SAP ERP 下发到 SAP ME 中。

在 SAP ME 中，实现了一个流的生产。这意味着，每一件产品都会在 ME 中按照指导逐一地生产。与此同时，PLC 从 SAP ME 中获得每一个产品的生产参数。

在每一步加工完成之后,是否合格和继续的判断是由 SAP ME 根据 PLC 传上来的测量数据决定的。

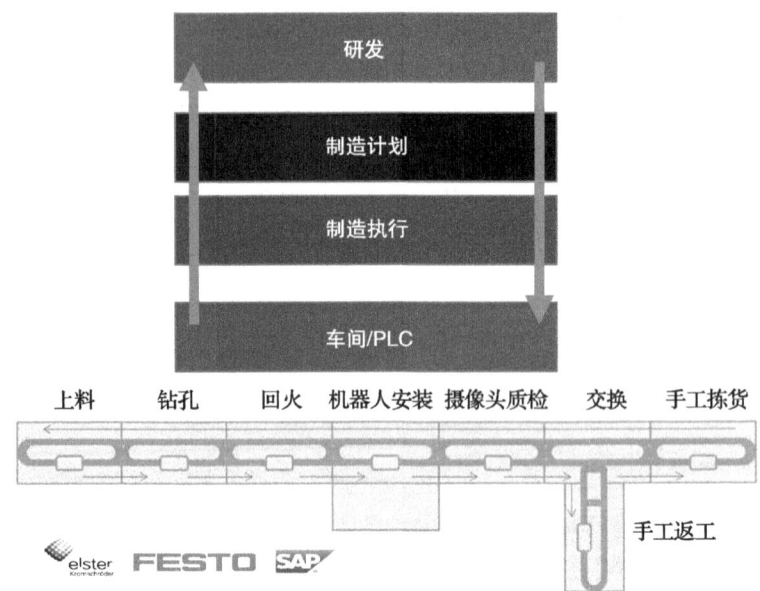

图 9-18　通过 SAP ME 套件实现垂直集成

当生产开始的时候,每一个要生产的产品都会通过一个唯一的编号(即车间控制编号(Shop Floor Control Number,SFC))加以标识。通过这个编号,该产品所有的生产历史都会在 SAP ME 中加以搜集和存储。

每完成一道工序,相应的产品都会放在托盘上,从一个加工中心移动到另一个加工中心。托盘上有 RFID 芯片,其中写入了生产信息,这样就可以让其他系统或设备在读取后了解需要加工的是什么产品。流水线上的每一个加工中心也都配备有 RFID 读取器,用以辨识出产品是何时流入的,并请求或传递必要的信息(见图 9-19)。

如图 9-20 所示,整个流程开始于需求的出现(在 SAP ERP 中创建了生产订单)。以生产订单为形式的需求立即通过 PLC 传递到 SAP ME 中。该生产订单存储了所有需要用来指导生产的信息,如物料变量、数量、BOM 和工艺。接下来,一系列的流程就开始了。

1)在初始化阶段,当产品托盘在生产线上抵达某个工作站时,工作站识别出托盘,并连上 SAP ME。SAP ME 选择下一个需要执行的计划工单,将其调取出来执行,并赋予一个 SFC 编号。关于 SFC 的信息、物料和下一步的工艺步骤被传给工作站,并写入 RFID 芯片。

2)在上料阶段,当产品托盘到达的时候,工作站从 RFID 芯片中读取数据,并向 SAP ME 询问需要搜集哪些参数。SAP ME 提供这些参数，并发回给工作站。当工作站搜集好这些参数之后，SAP ME 对其进行校验，并将数据写入 RFID。

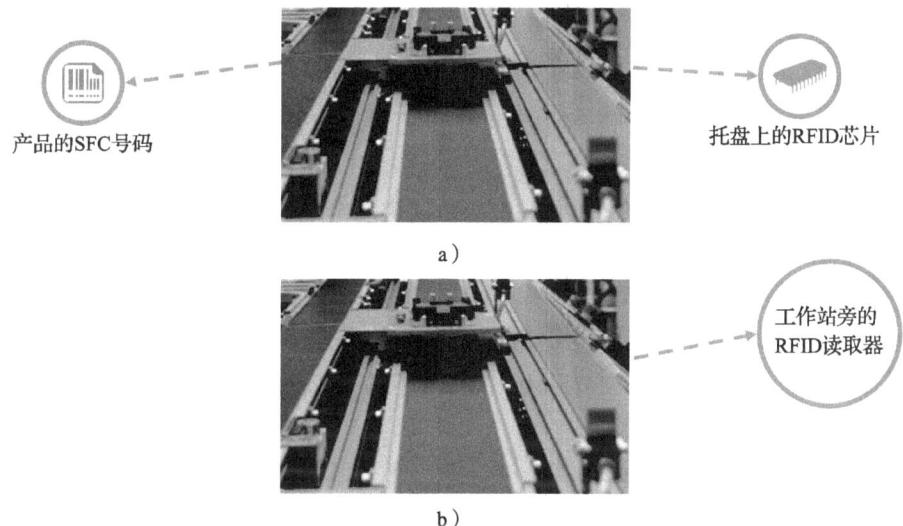

图 9-19　产品的 SFC 编号和 RFID 设施保证了对产品的逐一辨识

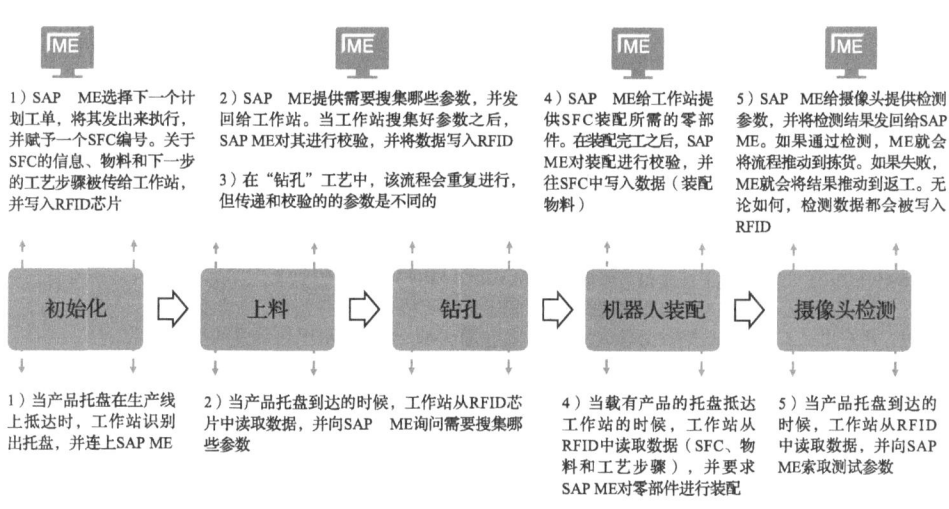

图 9-20　在 SAP ME 中实现一个流生产的具体步骤

3）在"钻孔"工艺中，该流程会重复进行，但传递和校验的参数是不同的。

4）在机器人装配阶段，当载有产品的托盘抵达工作站的时候，工作站从 RFID 中读取数据（SFC、物料和工艺步骤），并要求 SAP ME 对零部件进行装配。SAP ME 给工作站提供 SFC 装配所需的零部件。在装配完工之后，SAP ME 对装配进行校验,并往 SFC 中写入数据(装配物料)。

5)在摄像头监测阶段,当产品托盘到达的时候,工作站从 RFID 中读取数据,并向 SAP ME 索取测试参数。SAP ME 给摄像头提供检测参数,并将检测结果发回给 SAP ME。如果通过检测,ME 就会将流程推动到拣货。如果失败,ME 就会将结果推动到返工环节。无论如何,检测数据都会被写入 RFID。

接下来是用户对产品进行检测(可能会返工),以及包装的过程(见图 9-21)。在这里的步骤分为:

1)载有产品的托盘抵达工作站,工作站辨识出产品并连接 SAP ME。

2)SAP ME 用户使用触摸平板设备,平板数据保持更新状态。通过 2D/3D 视觉辅助手段,用户用手工方式将缺陷数据登录到系统中。如果问题被修复,ME 就会将数据发回到工作站中,把产品返回到正常的加工流程中。如果出现了缺陷,对应产品的 SFC 就会被关闭,接下来会在 ME 和 ERP 中对库存进行调整,并重置 RFID。

3)载有产品的托盘抵达工作站,工作站从 RFID 中读取数据,并要求 ME 读取包装要求。

4)SAP ME 辨识出包装要求,并在平板上更新可视化的工作指令。如果需要装箱,那么 ME 显示出包装盒的颜色,指导产品的正确包装。如果需要立即入库,那么就会在 SAP ME 和 ERP 中进行库存调整,对应产品的 SFC 就会被关闭,订单完成的消息被发往 ERP,重置 RFID 芯片。

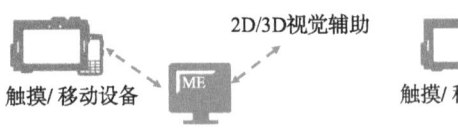

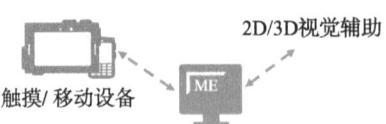

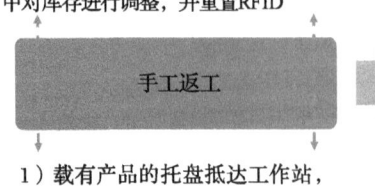

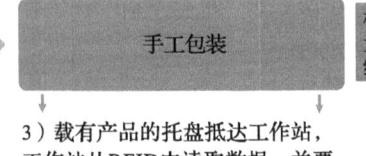

图 9-21 产品的返工和包装过程

9.5 SAP 的制造集成与智能（MII）

在工业 4.0 的环境下，很多企业会对自动化领域和工厂设施进行投资。但是，虽然这些制造系统里有很多有用的运行信息，但是它们常常是以孤岛的形式在运行。常见的情况是一家企业有多家工厂，总部负责客户订单处理和生产计划的制定与下达。这时，总部对于旗下所有工厂的生产运行情况，希望有直观的了解或监控。这种在企业和工厂之间断开的连接常常会带来很大的挑战。如果能够解决这一问题，则可以为企业带来显著的好处。

SAP 的 MII 解决方案可以将企业层的业务系统与车间层的制造系统连接起来，从而将所有涉及制造的数据实时地、从单一的一个数据源展示出来——包括订单、物料、设备状态、成本、产品质量等信息。此外，该解决方案还提供了丰富的针对制造的可视化工具和分析工具，以对上述数据和信息进行展示与分析。这样，管理整个企业制造过程的人员，就可以在 MII 这一个应用中查看来自多个数据源的实时数据。

9.5.1 挑战：制造业孤岛

多年以来，制造企业一直对各个软件应用进行投资，以期借此管理工厂内部的运作。在工厂的最底层有大量的传感器和控制装备，包括各个品牌的 PLC 和分布式控制系统。有的企业还在工厂的最上层，购买了 MES 系统，试图将生产线上的传感器和控制设备连接起来。但现实情况是，只有少数企业实施了 MES。并且，即便是对于实施了 MES 的企业，特别是旗下有多家工厂的企业，MES 也并不统一，或者与 ERP 之间缺乏紧密的集成。这种情况在制造企业中非常常见。

这种状况给企业带来的问题就是缺乏工厂里的制造运营的透明性以及信息上的同步机制，这会给企业的制造运营带来很多障碍。其结果是，工厂里的工人实际上不会使用 ERP 中的数据，也不会参与 ERP 中的业务流程，而企业的管理人员也无法掌握工厂里发生的情况。这种断层造成了生产效率的损失/浪费、返工、重新订货等。如果能够将这些相互孤立的应用系统连接到一起，则可以给企业带来极大的价值。

9.5.2 MII 是制造企业的"粘结剂"

MII 为企业将"四分五裂"的孤岛系统连接在一起，起到"粘结剂"的作用。它可以在尽量保护现有投资的前提下，实现各系统的集成。

MII 内置了一组预置的连接器，可以与车间系统实现快速连接，包括 SCADA/HMI、工厂历史、DCS/PLC、MES、LIMS/检测设备、各类工厂数据库等。同时，MII 还支持各种行业标准的连接，包括 Web Services/SOAP、XML、OPCDA 和

OPCHDA。此外,MII 还提供对移动设备(如智能手机、平板电脑)的集成。

SAP MII 实现的制造集成与智能的框架如图 9-22 所示。

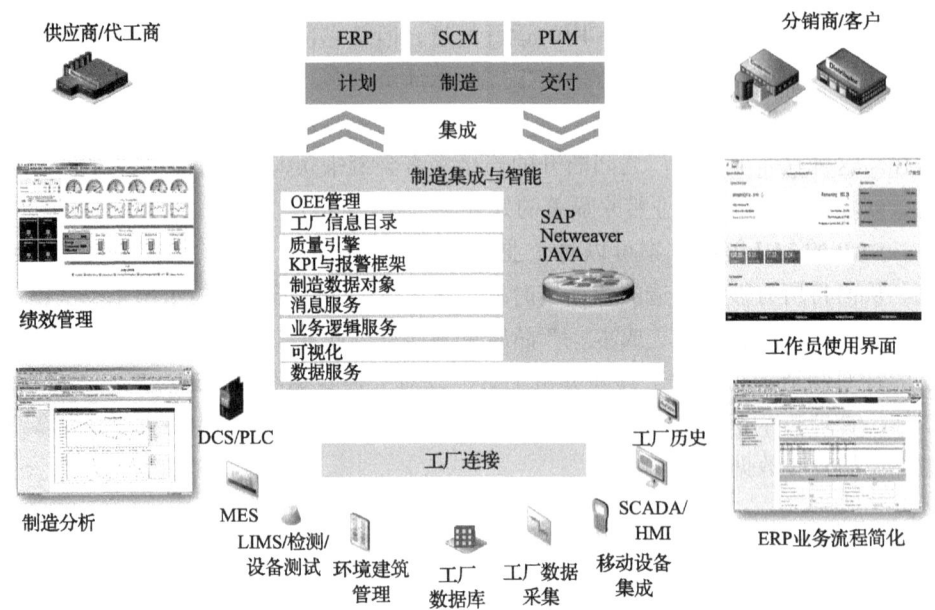

图 9-22 SAP MII 实现的制造集成与智能的框架

9.5.3 MII 是制造企业的"巡视员"

在将不同的工厂系统、数据集成在一起之后,MII 还提供了业务逻辑服务。这是一个图形化的数据汇集的环境,提供数据查询、计算、业务逻辑和报警等功能。它所收集的数据不仅来自车间层,还来自 SAP ERP 等应用软件,从而将工厂的运营与 ERP 中的客户需求、生产计划的信息、流程集成、质量管理、工厂维护、销售/分销等联系起来。甚至来自 SAP ERP 之外的应用系统的数据,例如 SAP APO 等,也可以被纳入进来,展示给工厂运营人员。

为了更好地展示和加强展示的效果,MII 中还包括可视化服务的功能,即可以在一个灵活的用户界面中展示前文所述的数据与信息(见图 9-23)。MII 的可视化库提供了可配置的对象,还有助手快速开发所需的仪表板。

9.5.4 MII 是制造企业的"分析师"

MII 提供了制造分析的功能,可以对来自任何一个数据源的数据进行展示。生产经理可以对生产订单进行数据钻取,实时地获取关于生产的汇总信息,以及在制品的质量评估。他还可以使用 MII 提供的统计过程控制(Statistical Process

Control，SPC）引擎，该引擎可提供不同生产批次的关键质量指标的变量、属性图表。根据 Western Electric Rule 波动或特定的 SPC 规则，MII 还可以向工厂的工人发出报警。

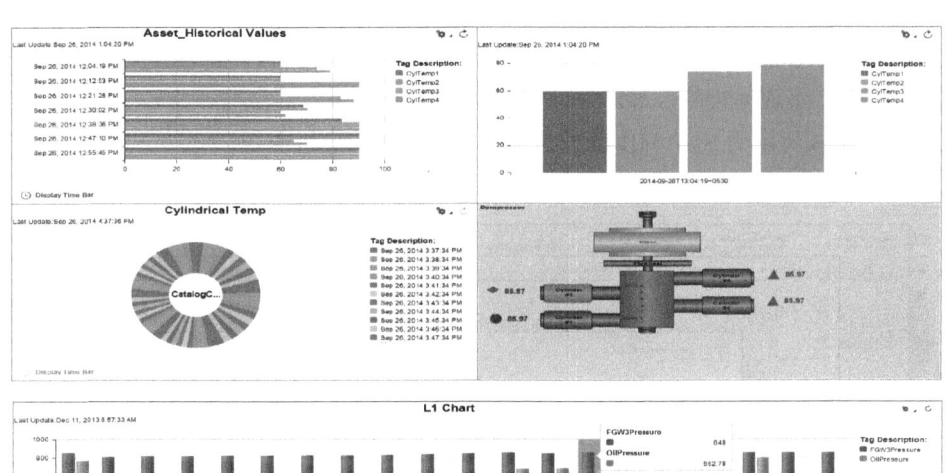

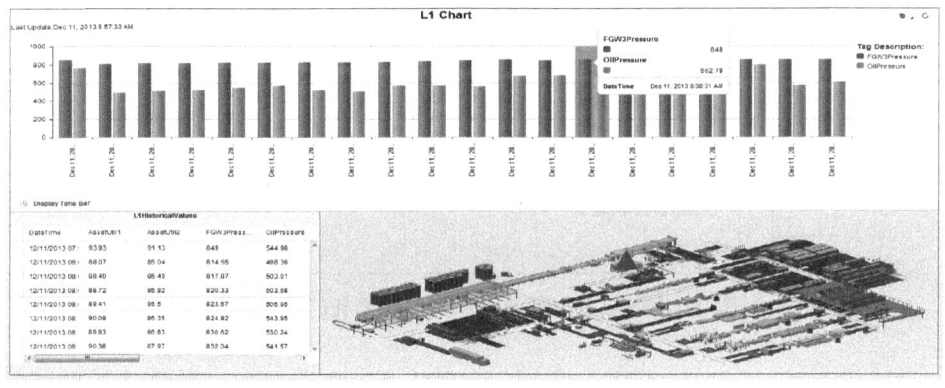

图 9-23　SAP MII 提供的可视化的用户界面

值得指出的是，无论是前面提到的业务逻辑，还是可视化和制造分析功能，都可以在一个用户界面中加以组合，从而可根据不同角色的不同需求，定制出不同的组合应用。

- 运营总监可以将各个工厂的生产情况进行汇总和比较，观察多个制造地点的效率。他还可以钻取到实时的数据，以对生产和质量问题进行分析，并对供应链或制造环节上的意外事件做出适当的反应。
- 工厂经理通过使用基于 Web 的仪表板和 KPI，可以对工厂制造进行持续的改进。因为 MII 集成了企业系统和工厂系统，使得工厂经理具备了对订单、计划、成本、标准、库存与排产、在制品状态、资产效率、质量等进行实时对照分析的能力。
- 生产主管通过查看实时的生产数据、排产、客户订单、未结订单、库存以及资产效率，可以更加有效地运作供应链。

- 设备主管可以通过 MII 所提供的机器性能和工单细节,更透明地了解如何提高资产应用效率。根据设备运行或周期的统计,可以触发基于状态的工单通知(Condition-Based Work Order Notification),从而显著地提高有效的运行时间,减少超时加班的需求。
- 质量总监可以对质量数据背后的生产细节进行分析,找出生产质量的趋势,实现远程故障诊断和缺陷隔离。

图 9-24 所示为 SAP MII 提供的工厂能源消耗的分析曲线。

图 9-24　SAP MII 提供的工厂能源消耗的分析曲线

9.6　SAP 工厂连接解决方案

PCo 是 SAP 的制造工厂连接软件,用来实现两个目的:
- 主动监控各种工厂系统发生的事件,并给 SAP 应用发出实时的事件通知。例如,当某一个气缸的测量温度低于预设值 5° 时,实时地给 SAP 的 MII 系统发出一个事件通知。
- 作为可被高度扩展的用于工厂连接的基础架构,在其之上开发用于今天和未来的制造应用。

PCo 引入了一种主动的推式模型,能将工厂系统的通知以一种近似实时的方式发送给 MII 和其他 SAP 系统。PCo 遵循 OPC[⊖]基金会提出的 OPC 标准。PCo

---

⊖ OPC(OLE for Process Control)即为用于过程控制的 OLE,是一个工业标准,管理这个标准的国际组织是 OPC 基金会,现有会员公司已超过 220 家,包括世界上所有主要的自动化控制系统、仪器仪表及过程控制系统的公司。OPC 的基础是微软的 OLE(现在的 Active X)、COM(部件对象模型)和 DCOM(分布式部件对象模型)技术。OPC 里有一整套接口、属性和方法的标准集,用于过程控制和制造业自动化系统。

采用的是一种推式手段，能将工厂系统的事件推送给 SAP 系统，这不同于通用数据服务器（Universal Data Server，UDS）采用的拉动变化的做法。(PCo 可以同各种类型的工厂车间系统和设备（例如 SCADA、计量设备、称重设备等），乃至一些通用的数据源（例如套接字消息、Web 服务和串行 I/O 等）建立连接）。

图 9-25 描述了 PCo 是如何融入制造的应用场景中的。实际上，PCo 位于车间层，用于将 ME、MII、EWM 等系统与车间层系统联系起来。

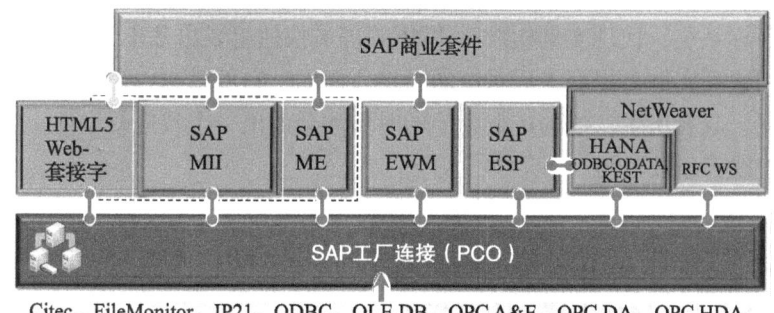

图 9-25　PCo 被多个 SAP 系统用来实现与设备层的连接

PCo 有五个关键的概念：
- 源系统（Source System）：用来与工厂系统通信的机制。
- 目标系统（Destination System）：用来提供与 SAP 系统的通信渠道。
- 代理（Agent）：代理是 PCo 中安装的组件，用来创建源系统和代理实例。例如，如果想要 PCo 与一个 OPC DA 服务器相连，就可以使用一个 OPC DA 代理。
- 代理实例（Agent Instance）：它是由代理创建的运行实例。当实施一个将车间系统与 SAP 互联的解决方案时，它是由管理员配置的主要对象。它还负责发出实时通知。
- 订阅项目（Subscription Item）：它是希望在工厂系统中进行监控的某一对象（简单的或复杂的）。它可以是一个简单的值，例如温度、压力、时间等，也可以是一个复杂的值，例如 OPC A&E 的事件通知。

此外，关于 PCo 还有两个重要的功能。首先是通知，这是由用户定义的事件，可以是工厂系统的注册、规则的触发、消息等。发送通知是 PCo 的主要功能。一个通知包括五方面的内容：
- 被订阅的项目：例如温度值或压力值。

- 评价规则：用来控制通知的消息是否要被生成。
- 目的：定义了通知将被发往何处。
- 发送可靠性：定义了如果出现发送方面的问题应该如何处理。
- 通知消息的主体内容。

其次是管理台（Management Console），它安装在制造环境本地，用来对代理实例进行配置和控制。

基于以上这些概念，可以进一步解释 PCo 的功能。它能提供一些组件（由源系统、目标系统、代理实例构成），以供管理员快速组装出基于通知的解决方案。PCo 使用代理实例来提交工厂系统的事件。例如，它可以向一个数据源提交生产线的产量。只有当生产线的产量为零的时候才会发出一个特定的事件，这意味着这条生产线已经被关闭。

9.7 案例分析：德国 Elster 公司通过 OPC UA 实现 SAP ME 与车间自动化设备的连接

9.7.1 公司简介

Elster 是一家全球领先的天然气、电和水测量仪器企业，除产品之外，它还提供相关的通信、网络和软件解决方案。该企业最早的业务可以追溯到 1836 年在美国纽约成立的 Elster 仪表公司。在欧洲，Elster 仪表公司成立于 1848 年。Elster 发展到今天，已经成为一家在 39 个国家运营的雇佣 7500 名员工的跨国企业。其产品覆盖全球 115 个国家和地区，在过去的 10 年里，Elaster 销售和安装了两亿件产品。Elster 的总部位于德国的美因茨·长斯特尔市。

9.7.2 项目背景

Elster 的核心产品是智能电表、智能水表和智能燃气表/燃气设备（见图 9-26）。它们都与当下的能源和公共事业的发展趋势及产业政策密切相关。

以智能电表为例，在德国能源转型高速进行的今天，由于大量新能源和分布式发电并网以及日益增大的用电需求对电网带来巨大冲击，如何调动用电客户（包括生产性用电客户）参与节能减排的积极性，如何实现用电侧的需求端管理和需求响应等技术，如何收集到更多实时的用电侧发电和用电信息，以应对大量新能源发电的不可预测性，成为能源互联网发展的重要课题。而新型智能电表测量系统的出现，使实现以上目标成为可能。

智能电表测量系统（Smart Metering System）通常被看作是实现智能电网，特别是实现未来需求侧先进技术的基础之一。与传统的电表相比，智能电表具有以下两个方面的特点：
- 一方面，能向用电客户随时反馈电能使用信息，及时更新电价信息，帮助用电客户提高用电效率，优化能耗，实现需求端和用户端的智能控制，以及远程自动抄表。
- 另一方面，为电网公司、售电商提供大量的用电客户信息和电网状态信息，并可结合分布式智能控制终端来实现对用电侧与分布式发电的控制管理，为优化电网运营、营销模式提供支持，进一步推动智能电网的建设。

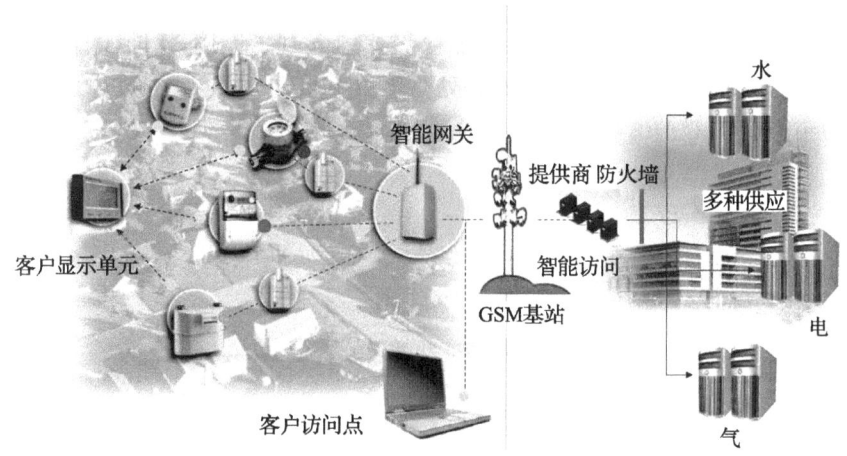

图 9-26　Elster 的智能电表、智能燃气表等业务

欧盟委员会在 2009 年和 2012 年先后出台了相关指导政策和法律框架，对各成员国提出了引入智能电表测量系统的建议，以帮助用电客户主动参与电力市场，提高用电效率。同时，要求各成员国在符合成本效益性的前提下，到 2020 年之前完成覆盖本国 80% 用电客户的推广计划。在欧盟统一法律框架之下，德国在 2011 年新版能源经济法中出台了针对推广智能电表测量系统的相关法规，特别明确了推广范围和相关责任人的角色，并规定了在德国境内新建或进行大范围维修的房屋、年用电量超过 6000kW·h 的用电客户、容量超过 7kW 的新装新能源发电设备和热电联产设备、所有技术性和经济性允许的建筑里，必须安装智能电表测量系统。

智能燃气表也面临着同样的状况。尽管智能燃气表在德国的普及已经走上了正轨，但是对于英国、荷兰、意大利和法国等欧盟国家来说，正处于即将密集推广的时期。仅仅以这几个国家为例，在未来的 8 ~ 10 年里，会有 6000 万部燃气表被更换。

9.7.3　MES 项目

Elster 的 MES 项目有三个关键的需求，它们是：

- 提供产品的可追溯性，确保客户和产品满足法律对 Elster 的要求。这是 Elster 所处的行业最重要的需求。
- 建立连锁机制，确保质量门⊖（Quality Gate）机制得到实施。
- 搜集生产线上的相关数据，通过对制造过程的 KPI（例如 OEE⊜、FPY⊜）进行监控，实现流程优化。

图 9-27 所示是 Elster 采用的 MES 架构。一方面，Elster 使用 LabVIEW 和 Visual Studio 等支持 Web 服务的编程语言进行了一些开发，以便与 SAP MES 进行通信和交互。另一方面，Elster 的很多设备都通过 OPC UA 与 SAP 的 PCo 实现了对接，并进一步通过 Web 服务与 SAP MES 实现了连接。Elster 直接将 OPC UA 服务器装在 PLC 上，这样做的好处是可以直接在 PLC 上对 OPC UA 进行配置，便于连接 PLC 与 SAP。

图 9-27　Elster 采用的 MES 架构

图 9-28 所示是 Elster 的生产线举例。这里的工序一共分为五步：首先是打印条码，然后是产品组装，接下来是密封性测试和功能测试，最后进行产品包装。由于产品包装是产品下线前的最后一步，所以质量管理是其中最重要的要求，而手工操作是不能 100% 地确保这一要求的。因此，一旦产品进入功能测试这一步，MES 就会检查是否已经完成了密封性测试。

⊖ 质量门又称质量闸，是奔驰公司最先采用的一种产品质量管理模式。在产品制造过程中，一些质量问题其实在生产还没有开始之前就已经产生了。因此，对于一些零部件非常多的产品（如汽车），有的时候在组装的最后一分钟还需要修改，其代价是非常昂贵。为此，奔驰公司采用了质量门的管理模式，在整个产品设计流程和制造流程中设立一系列的检查点，犹如一系列的闸门。每个门都要对流程和产品进行检测，判断是否可以进入下一个步骤和工序。

⊜ OEE（Overall Equipment Effectiveness）即全局设备效率。OEE= 可用率 × 表现性 × 质量指数，用来衡量实际的生产能力相对于理论产能的比率。

⊜ FPY（First Pass Yield）即一次性通过率。也就是生产线投入 100 件材料，在测试环节，第一次就通过所有测试的产品的良品率就是所谓的一次性通过率。

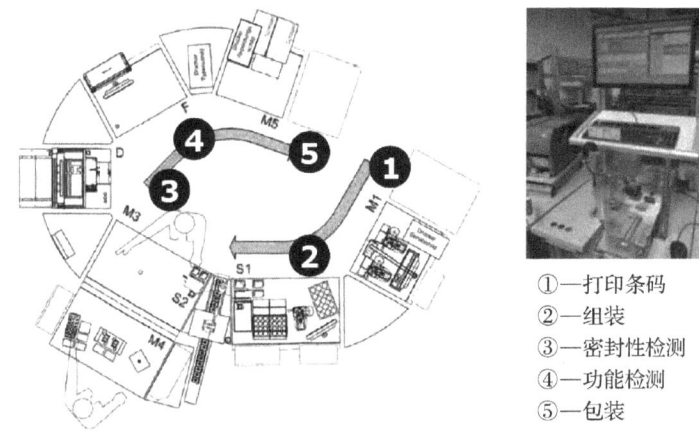

①—打印条码
②—组装
③—密封性检测
④—功能检测
⑤—包装

图 9-28　Elster 生产线举例

通过 SAP ME，可以确保质量检测过程，无论是密封性检测还是功能检测，都被加以执行，并且如果没有通过检测，SAP ME 会将产品送到组装工序，重新进行产品的组装。这一业务逻辑可以在 SAP ME 中通过图形化的流程图方式加以描述和定义。

那么，这一切是怎么实现的呢？通过 OPC UA 实现 SAP ME 与生产线 PLC 的集成，对于 Elster 来说，实现过程比较简单。如图 9-29 所示，首先，Elster 通过 BPM 工具设计出整个业务流程，然后将其映射到 MES 和生产线上。基于两者之间的紧密集成，这一映射过程十分直观和简单。换个角度来看，之前通常是在 PLC 层面实现的逻辑，现在可以在 MES 层面来实现，这无疑大大提高了效率，同时也可以通过 MES 的引入带来更高的标准化。

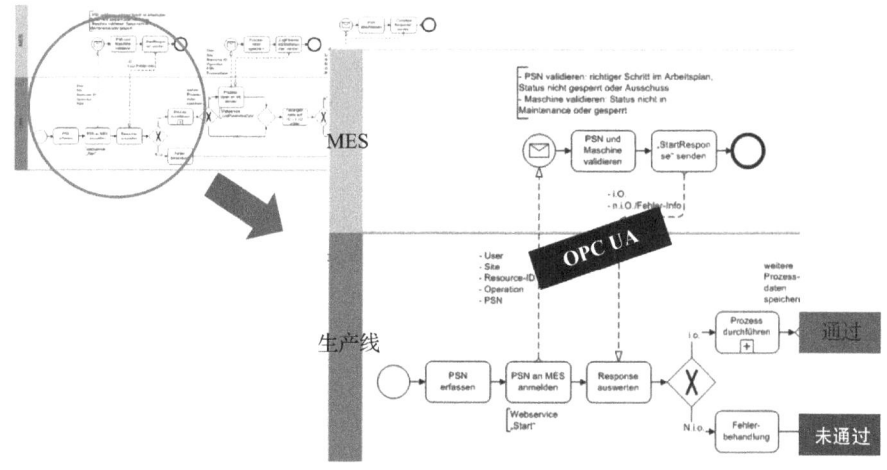

图 9-29　通过 OPC UA 实现 SAP ME 与 PLC 的集成

  Elster 让产品在生产中自行调整生产工艺,同时支持极少批量生产和大批量生产,最大限度地实现了柔性化的生产。

  产品自行决定它应该被生产的方式,这是一种无需人工设置的柔性化生产方式。Elster 在其第一条试点生产线上已经实现了这一工业 4.0 的愿景。

  在这里,这一实现的关键点在于车间层、MES 和 ERP 之间基于 OPC UA 的无缝集成。在每一步,产品通过其独特的车间控制号 SFC 被辨识。OPC UA 让车间控制系统直接与 MES 匹配起来,这样就可以在一个流的基础上实现灵活的流程和对每一件产品进行质量检查。另外,无需任何额外的工作,PLC 变量以 OPC 标签的方式发布,并轻松地映射到 MES 接口中。即便是在复杂的结构下,这种做法也可以实现快速和一致的数据传输。MES 通过 ERP 的订单获得定义在 ERP 的质量管理模块 QM 中的规格,并将完工的产品汇报回 ERP 中。垂直的集成在这里不是一条单行道,而是一个闭环。在未来,自己带有数据存储的智能产品可以提供比一个车间控制号多得多的信息。还可以将工作计划、参数和质量限制等信息导入到产品当中,以实现自治式的生产。

  在这些想法得到实现之前,一系列与语义(术语)相关的挑战需要得到解决。但是,工业 4.0 的一个重要方面已经在实践中得到了实现:产品和工厂通过 OPC UA 进行通信。在这套方案的背后,是 SAP 提供的贯穿研发、销售和制造的集成的产品数据主线,以及 ERP 通过 MES 对车间设备的集成能力。

Chapter10 第 10 章

工业 4.0 下的互联供应

今天，当大家在谈论工业 4.0 的时候，都将注意力放在智能工厂和智能制造上。但是，工业 4.0 对于供应链究竟意味着什么？应该说，物联网对于供应链上的节点来说，实现了供应链状态的高度透明。由于可以自动获取数据和事件，信息量迅速增加。与此同时，通过物联网，高质量的标准化事件信息可以在供应链上得到分发。但是，仅仅实现了透明还不够，还必须要在正确的时间点做出正确的结论，而这正是供应链管理对于工业 4.0 的重要含义。

本章首先对 SAP 的互联供应解决方案给出简要介绍，然后分 4 个部分介绍这一解决方案的构成，它们分别是通过 SAP Ariba 搭建的互联商务平台、通过 SAP IBP 搭建的需求驱动的业务计划、通过 SAP IBP 搭建的供应链控制塔和基于 SAP SNC 的供应网络协同。最后，以美国的高露洁棕榄公司为例，介绍该公司基于 SAP 系统搭建的全球供应链管理的案例。

10.1 SAP 的互联供应解决方案概述

在工业 4.0 环境下，我们对供应链提出了更高的假设和要求，而供应链对于工业 4.0 也有着丰富的内涵：
- 即便按照 CPS 的理论，希望系统能够实现自治，但计划仍然是需要的。自治与计划不是对立的关系，而是互为补充的关系。
- 对于实际的供应链管理结构必须要根据工业 4.0 的分布式途径来加以适应。
- 对于分布式的管理计划，信息必须要标准化，并基于明确定义的角色和权利，在供应链中的合作伙伴之间进行交换。

人工计划员必须要得到智能IT解决方案的支持,并基于供应链计划,直观地做出正确的决策。

那么,IT系统应该如何设计,才能帮助工业4.0实现供应链的分布式管理的控制呢?以下是一些基本的原则:

- 对供应链和流程进行感知和评价,建立透明机制(对计划结果和事件进行比较),对供应链上发生的变化做出响应。
- 实现主动的、目标驱动的决策支持,实时地确保行动与响应(基于计划,对场景进行集成的优化与模拟模型)。
- 使用针对性的计划和控制功能,确保计划的执行。

在工业4.0的大背景下,上述原则体现为互联供应(Connected Supply)。互联供应的特点是通过使用数字化技术和CPS,实现高度的水平集成和高度自动化。互联供应对于想要实施工业4.0的企业来说不只是供应链管理,它是对整个商业网络的搭建、计划、控制和协同。互联供应解决方案充分利用互联网和新的互联技术,如移动设备、云和物联网,来提高整个商业网络的运作效率,以及竞争力。

互联供应解决方案的目标是建立敏捷协同的商业网络,它体现的是工业4.0水平集成的技术战略,通过迈向水平集成,建立灵活定义的扩展型企业,让企业在关注核心竞争力的同时,也能够在任何市场上提供定制化的产品。

总的来说,SAP的互联供应解决方案包括4个组成部分,即互联商务、集成的业务计划、供应链控制塔和供应网络协同,我们将在下面逐一加以介绍。

10.2 通过SAP Ariba搭建互联商务平台

时至今日,商业网络已经成为横跨大量商业功能的创造生产率和价值的新框架。广义的商业网络实际上不仅是指互联的商务,还包括互联的客户社区和互联的企业社交网络(Enterprise Social Network,ESN)。这三个领域都会给商业带来颠覆性的价值定位,改变我们的工作方式。对于本节要介绍的互联商务(Connected Commerce)而言,通过使用互联网和新的互联技术,如移动、云和物联网,将会在给整个商业网络带来全新的竞争优势的同时,提高企业的业务绩效,并降低成本。

商业网络是每家企业赖以开展业务的基础。通过商业网络,企业可以采购原材料、零部件以及各种服务,与合作伙伴开展协同研发,甚至将产品交给合作伙伴进行外协加工或者外包。在工业4.0的环境中,商业网络成为创造生产率和价值的新框架和来源。

互联商务可以分成两个对等的部分,一个是采购/供应网络(Procurement/

Supplier Network),另一个是市场(Marketplace)。"采购/供应网络"是一个用技术实现的由供应商和客户/潜在客户组成的社区,这一社区构成了商品和服务的"市场"。它给企业的采购组织提供一个参与市场获得战略收益的机会,如减少开支、更多地与供应商协同交互、提高供应商绩效等。这个网络或市场,在SAP的解决方案中对应的就是Ariba商业网络。

SAP的愿景是通过供应链指挥家(Supply Chain Orchestration,SCO),打造多层次的供应链环境。在字典里,"Orchestrate"是指把"乐曲"编成管弦乐曲,但同时也有另一层含义:和谐地安排以及精心策划。"Orchestration"取自"Orchestrate"的名词形式,而"Orchestrator"则可以理解为进行和谐地安排以及精心策划的主体(组织或个人)。"Orchestration"以及"Orchestrator"目前在供应链管理研究中受到了越来越多的关注。一般认为"Orchestration"可以被定义为管理、协调以及关注价值创造的网络的活动。在今天的全球环境下,"Orchestration"对建立具有竞争力的供应链来说是必不可少的,一个成功的供应链需要有一个能够提供所需服务并对网络起到领导以及控制作用的"Orchestrator"。基于Ariba的商业网络实现对供应链的"Orchestration"的示意如图10-1所示。

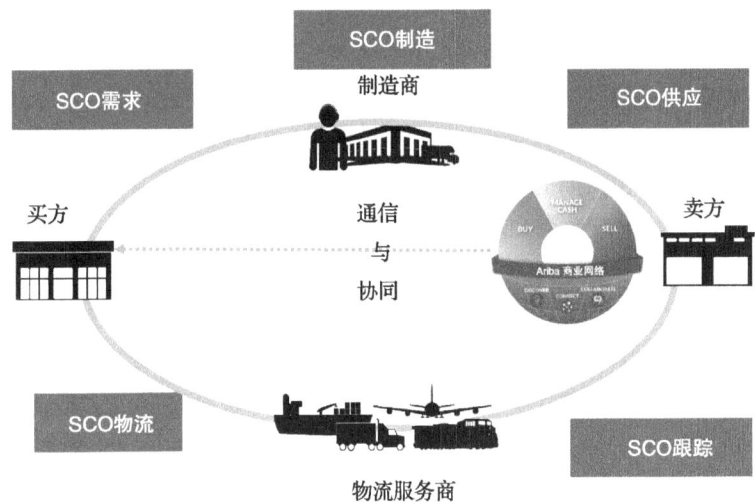

图10-1 基于Ariba的商业网络实现对供应链的"Orchestration"

SAP的Ariba将是SAP供应链管理总体战略的有机组成部分,作为包括客户、供应商、第三方物流、外包商在内的所有供应链流程的主要网络和互联层。

如图10-2所示,SAP提供了所谓的SCO解决方案,将Ariba的商业网络和SAP的SNC结合起来,实现对不同类型供应商的管理,以及对供应链的可视化。

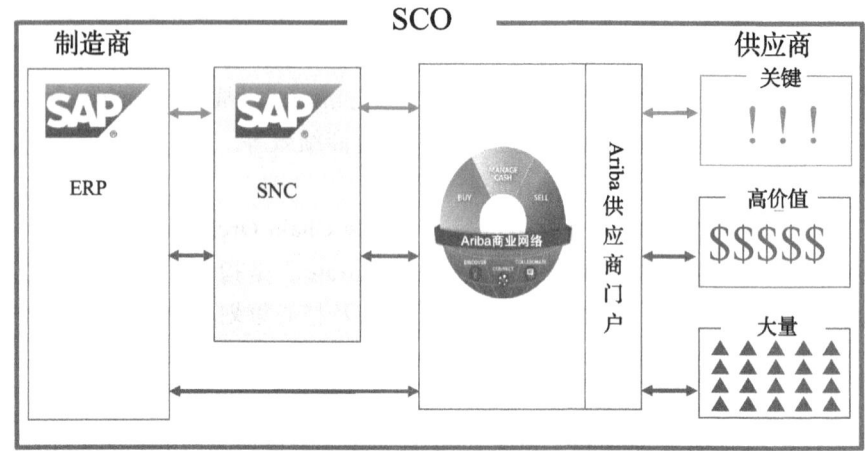

图 10-2　SAP 的 SCO 解决方案帮助企业采用富有创新的供应链实践

10.3　通过 SAP IBP 搭建需求驱动的业务计划

对于企业来说，需要学会利用系统中的大量数据，这一经验和规律对于供应链管理来说也不例外。这里的挑战是指供应链上的数据繁多，现有的计划流程和系统烦琐复杂，以及各个不同的部门和企业之间缺乏协作和连接。

通过 SAP 的需求驱动的业务计划，供应链的领导者和运行人员可以在战略、财务、商业和运营目标上达成一致。供应链的计划人员可以对跨渠道的预期需求勾勒出短期、中期和长期的视图。他们可以在跨职能协作的基础上进行计划，对实时的需求信号、供应约束和库存需求进行分析和优化。

10.3.1　使用集成的业务计划来取代传统的供应链计划系统

工业 4.0 下的智能工厂不是孤立存在的机器人世界，而是与客户和供应商紧密相连的供应链上的一个环节，它需要一个更加集成、自动和广泛的业务计划来支撑，这就是从 SAP 的视角展开的 IBP（见图 10-3），它包括一系列的解决方案：供应链监控、销售与运营计划、需求管理、库存计划、供应计划与响应管理。

在应对复杂性和波动性日益加剧的市场环境时，传统的供应链计划系统已经难以取得成功。在具体计划需求、供应和库存的时候，战略和执行这一对要素常常会出现相互脱钩的情况。工业 4.0 的出现，对供应链提出了更高的要求，即需要供应链能够以更加集成的形式，将 S&OP 与业务计划、运行和动态监控集成起来。

在工业 4.0 的浪潮下，企业的供应链将会向需求网络转型。这一战略背后的驱动力来自企业如今面临的三个现实，即市场的波动（关于这一点已经讨论很多了)、创新的技术(包括三维打印、基于物联网的广泛互联),以及物流的复杂度。供应链不仅是将不同的业务联系在一起,它还承担着业务与客户(今天的客户和以前相比要更加挑剔)的互联。随着产品的配置种类不断增加,以及客户对于定制化的渴望,客户希望企业能够以一种紧急和急迫的心态来将产品交付到他们手中。

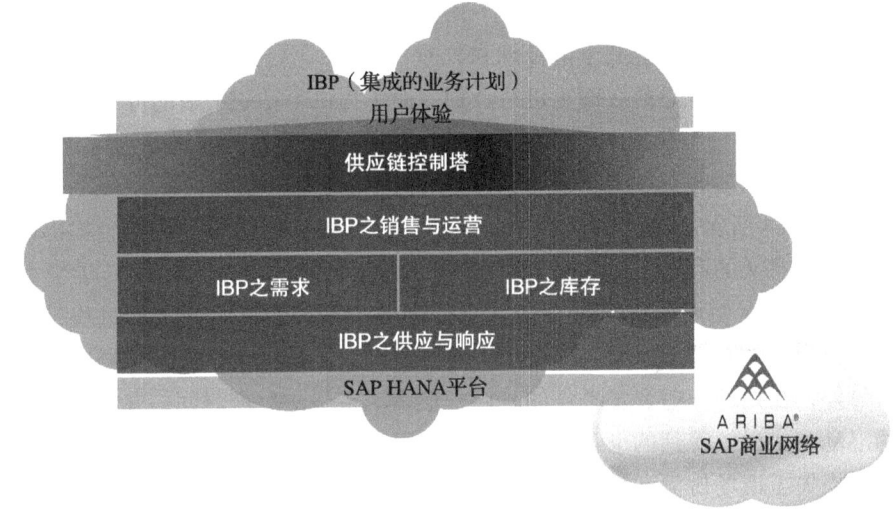

图 10-3　SAP IBP

显然,企业必须要进行自我调整以适应客户新的想法,即企业必须要聚焦在需求驱动能力上,同时提高响应能力,将之前的线性供应链转型为以客户为中心的需求网络。这一网络必须借助客户、企业和供应商的数据来优化产品的生产,高效率地建立库存,可靠快捷地向客户交付产品。

10.3.2　制订销售和运营计划

市场的波动、善变的客户偏好、缩短的产品生命周期都要求企业能够预见变化,并为管理风险和机遇而做出调整。销售与运营计划(Sales & Operation Planning,S&OP)是目前业内普遍采用的一种应对手段,通过协同的流程和集成的方式,可提高 S&OP 的决策质量。

今天,大多数企业都以月为单位进行 S&OP,并以 Excel 为手段来管理 S&OP 流程。现实中的 S&OP 流程是一个跨职能部门、跨组织的计划流程,其目标是:为公司建立一个统一的、跨越所有职能部门(销售、营销、供应链、财务、研发)的业务计划。

S&OP 需要获取多个组织的数据,因此通常涉及多个数据源。这一流程常常是由 Excel 或自开发的软件来支持的,如果企业想要创建一套统一的业务计划,则会发现存在很多的问题。

- S&OP 流程是一个手工的流程，需要不同的人对各自的 Excel 进行处理。
- 在找人输入数据的时候，特别是让那些在一线工作的人往 Excel 里输入数据，常常比较困难。
- 不同的部门需要在不同的级别和汇总层面上开展计划，例如销售部门会关注客户/地区/品牌，制造部门会关注最小存货单位（Stock Keeping Unit，SKU）。
- 难以获取同一个视图下的计划和数据。
- 只能在数据汇总的层面上进行计划，而不提供下钻到细节的可能。
- 由于这是一个典型的手工流程，无法进行场景计划，或者是进行"如果－怎样"的模拟。

如图 10-4 所示，这些都是各个业务部门在计划过程中每天经常会提出的一些真实且有意义的问题。运营决策和财务决策是分散的、缺乏协调性，常常依赖于自觉，而没有使用所有可获得的数据。进一步来说，决策制定的过程是缓慢的，常常以过时的数据为基础，因此在计划流程中常常会有两组数据冲突的情况。另外，在处理一些突发事件的时候，浪费了宝贵的反应时间，并经常造成企业的混乱和错误。得到的也常常是高风险的财务结果，包括发生意外、没有达到预期、损失了市场份额和丢掉了关键用户。鉴于这些风险，各个行业的企业，无论规模大小，都在转变其 S&OP 流程，以应对这些挑战。

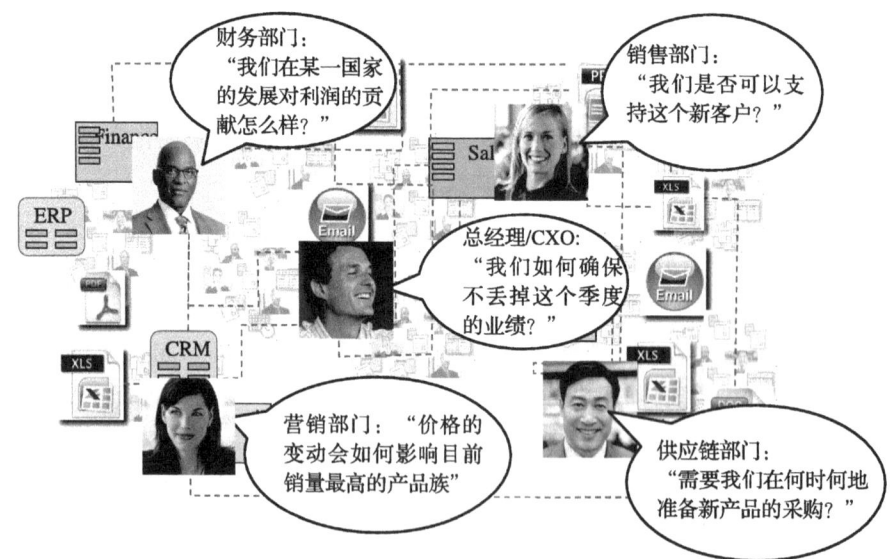

图 10-4　各个部门都会在 S&OP 中提出各自的问题

在 SAP 的 IBP 之 S&OP 的支持下，企业可以更加频繁、准确地得出销售、库存和运营计划，在追求优化的产品可获得性的同时，从需求、供应链和库存需求的综合角度进行全面权衡。SAP 的解决方案让每一个地点上的需求和供应都被显示出来，并且在同一个计划中将销售、营销、运营和财务都体现出来。

SAP 的 S&OP 解决方案支持端到端的 S&OP 流程，覆盖从销售输入到高管对 S&OP 的最后复查的整个过程。这是业界唯一的一套支持 S&OP 全过程（从协商会议第一天开始一直到最后一天）的全套方案。图 10-5 所示是 SAPS&OP 解决方案的差异化特点。

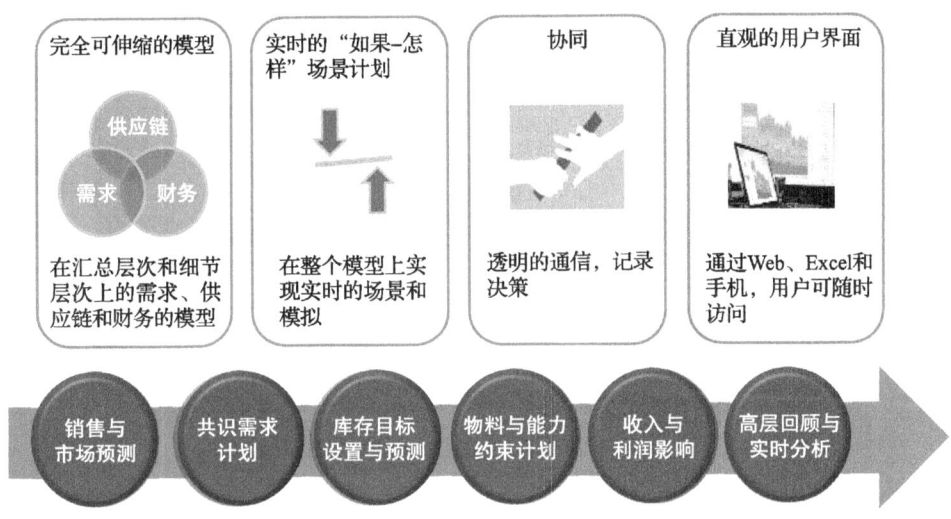

图 10-5　SAP S&OP 解决方案的差异化特点

该方案包括一个完整的模型，它横跨需求、财务和供应链计划三个领域。这是一个非常灵活的模型，可以通过 Excel 或商务分析的应用进行访问。随着时间的变化，这个模型也易于供操作方进行重新配置。将模型建立在 HANA 的平台之上，可以实现很好的伸缩性，以及处理海量的数据和计算。

通过多计划员的场景计算，可以实现细节和汇总层面上的实时处理，这要归功于 SAP HANA 技术的支持。在这个模型的支持下，任何一位计划员在任何时间都可以进行"如果-怎样"的模拟决策。之所以能做到这一点，主要是因为 SAP HANA 提供了比市场上其他产品更快的内存计算平台。

SAP 在整个应用中都内置了社交协作的功能，这一点跟 S&OP 流程要与各方面的业务功能进行紧密集成的需求是相吻合的。它给 S&OP 流程的信息共享和决策制定带来了前所未有的透明度。在市场上，目前也只有 SAP 的产品使用了这一高级的社交网络技术。

如图 10-6 所示是 SAP 在 IBP 中提供的 S&OP 解决方案的架构。图的右边表明它可支持不同的使用者——从销售人员一直到企业的高管人员。从使用者的角度来看，该方案支持使用 Excel 表格作为用户界面。之所以决定使用 Excel 作为查看和修改 S&OP 方案的主要手段，原因是它给计划员提供了一种熟悉易用的界面。SAP 在 Excel 中提供了一个工具条，以便于在 Excel 中操纵 S&OP。

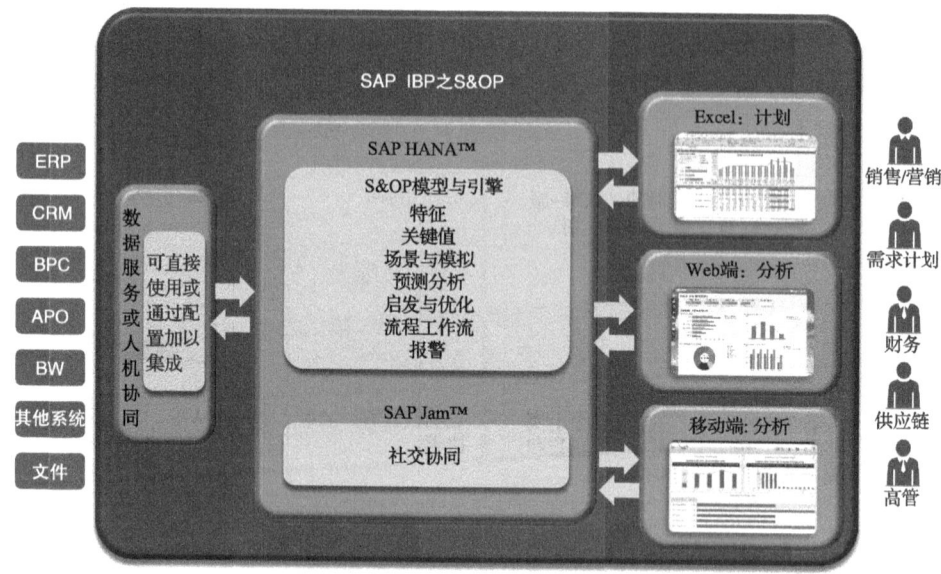

图 10-6 SAP IBP 之 S&OP 解决方案的架构

此外，在使用 S&OP 的时候，也可以登录到 Web 界面中进行分析。SAP 在 S&OP 的 Web 界面中实现了 HTML 5 的技术，并内置了实时分析的功能。这些分析功能易于任何一个用户来使用和修改，并且也可轻松地进行"社交化"的分享。这里的社交协同又称为社交化的 S&OP，是通过 SAP 的 JamWork 来实现的。所有被分享的内容都可以从 Web 界面中获得，也可以从 Excel 或移动设备端的应用（支持 iPhone、iPad 和黑莓）中加以访问。

解决方案的核心是：所有的数据都在革命性的内存数据库（即 SAP HANA）中被实时地加以存储和计算。其中涉及维度、属性、关键数字（KPI、计划值和实际值）、计算、场景计划和模拟等数据。并且，整个方案都建立在 SAP HANA 的云平台上，以便于快速实施，并减轻客户的一次性投入，同时可以让客户始终能使用最新的功能，而无需为升级、维护耗费精力。

S&OP 需要从多个源头系统中获取所需的数据。通过 SAP 的数据服务（Data Service）功能，S&OP 可以自动地获取各种类型的数据，而这种数据服务既可以本地独立部署，也可以在云端部署。对于 SAP 的其他软件，如 ERP、CRM、BPC、APO 等，SAP 可以实现无缝的数据服务。

10.3.3 通过内部和外部的需求数据来提高决策水平

在今天这样一个快节奏、不断扩张且快速变化的经济中编制需求计划不是一件简单的事情（见图 10-7）。在编制需求计划的时候，我们需要让正确的产品在正确的时间出现在正确的地点上，甚至还具有合适的价格。但是，公司在处理这些目标的时候经常会遇到困难，甚至在进行供应链执行之前，所有的预测都是过时的。供应链规划师花费大量时间，手动调整部署计划，不过他们的工作是基于经验的，不是基于数据驱动的。尽管有大量的数据可用，但部署计划还是跟不上业务的发展步伐。

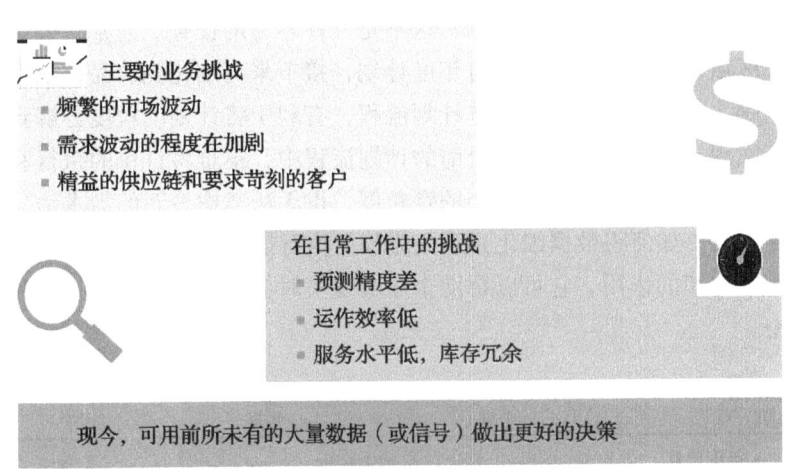

图 10-7　我们需要解决什么问题

供应链的领导者被期望能对变化做出快速响应，以提高效率、生产率和客户满意度。在内部和外部的需求数据被搜集与分析之后，供应链的领导者需要得到一个可靠的洞察结果，以创建出合理的需求计划，并在需要的时候更新它们。

在编制需求计划时可能遇到的一个挑战是时间跨度。对于周需求和月需求的预测，协同需求计划加上对历史需求的统计分析依旧是被推崇的办法。但是，今天的许多供应链每天都会履行订单，因此用户需要对日需求也有一定的了解。如图 10-8 所示，全面的 SAP 需求管理解决方案（例如 SAP 的 IBP 之需求计划）使用模式识别算法，并配合统计预测算法，可以针对短期的需求得出更加准确的结果，从而让公司能够就库存放在哪里这类问题做出更好的决策。

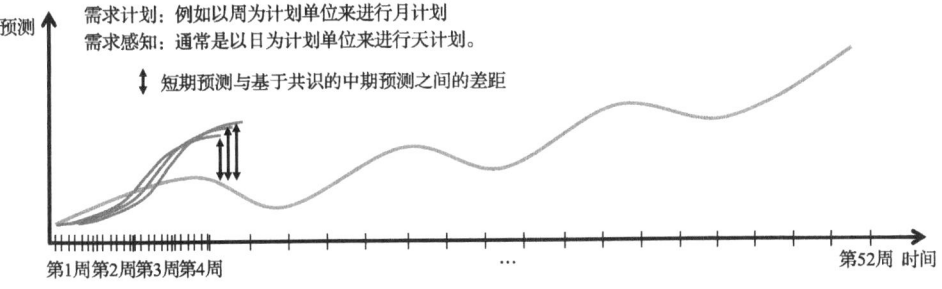

图 10-8　需求计划和需求感知的区别

需求规划是未来的规划工具，可帮助企业应付不确定性。需求的计算主要依赖于数据，结合过去的数据和背后的趋势进行分析。而需求感知是一门科学，可让预测变得更加准确，依靠当前和最近的数据，以及模式的分析，让业务在短期内获得更多利润。

企业所希望的集成的业务计划不仅要在高级别上对汇总数据进行计划，也需要考虑低级别和执行层面上的计划，这不是一件容易的任务。通常，公司在一开始，是在区域、品牌的层面上进行年度计划，接下来再细化到产品、地点、客户和天的级别。目前有不同的供应链计划流程，有利于将计划的粒度分解到更低级别。我们发现，供应链计划员在目前的计划流程中，很难将订单的执行和计划连接起来。他们不但不能实现足够小的颗粒度，也无法考虑最新的需求信号。从流程的角度来看，如何将数据细化到业务流程的执行细节上，还存在差距。图 10-9 展示了需求感知的作用，它可以帮助企业实现实时供应链，并缩小计划和执行之间的差距。

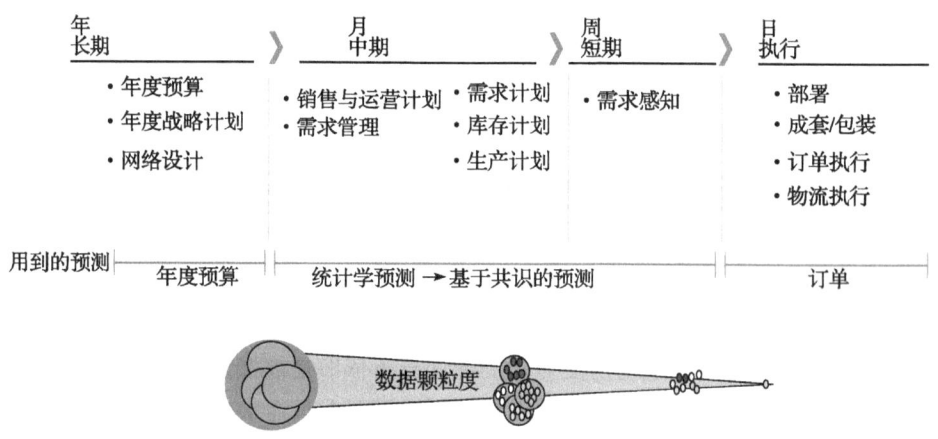

图 10-9　需求感知缩小了计划和执行之间的差距

图 10-10 是如何实现需求感知的一个基本示例。首先，系统可以对数据进行自动分类和汇总，即每日、每周、每月→最小库存单元，区域→分销中心，并进行周调整和日分解。其次，通过模式识别算法，进行模式预测、贝叶斯预测优化和变量历史时期加权。最后，还可以用 ERP 进行集成验证。SAP 通过这样一种三步算法，实现了显著的商业智能的效果。

鉴于新的购买渠道（如电商）的出现及其与线下渠道的同步融合，企业开始寻找一个能更加全面地了解和掌握整个需求网络的手段。为了实现这一点，企业要理解客户的需求。SAP 的需求网络解决方案从扩展的需求网络中获取、汇集大量的数据并加以使用，以辅助跨供应链、销售和市场的决策制定。

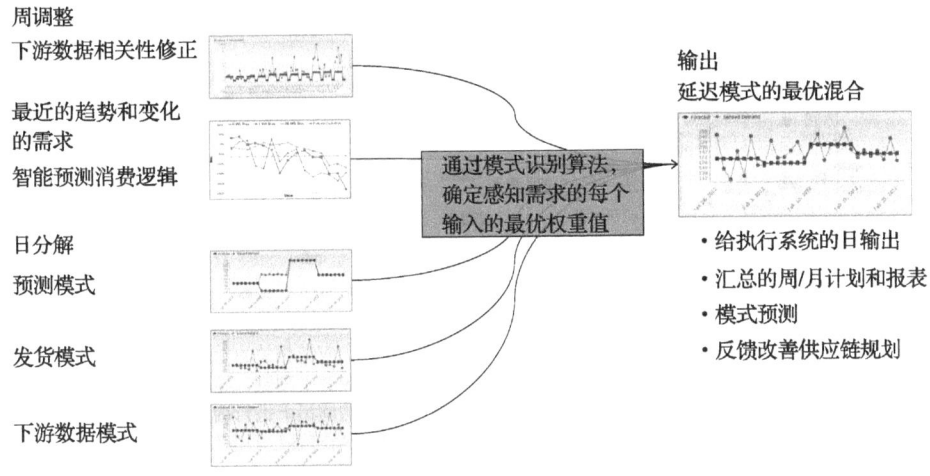

图 10-10　SAP 实现需求感知的输入和输出

通过 SAP 的需求网络解决方案，供应链的领导者可以从一个地方拿到实时的、高度保真的、小颗粒的需求信号，从而能预计出和发现潜在的缺货状况。例如，SAP 在食品行业中的客户使用 SAP 的需求信号管理方案来简化报表和分析工作，将客户的 PoS 数据、尼尔森数据、发货数据与其他内部数据进行协调，通过显著减少分析数据和编制报表所需的工具的数量，来改善用户的使用效果。

10.4　通过 SAP IBP 搭建供应链控制塔

在工业 4.0 的环境下，制造企业将面临更加复杂的环境。其复杂性不仅表现为更小的客户需求颗粒度以及随之而来的更大的需求波动，对于交货时间和准确性的要求也使得企业面临巨大的压力。我们在赞美互联制造解决方案中通过 CPS 取得更加灵活的定制化生产能力的同时，也不禁会为零部件和原材料供应的响应能力而担心。

今天每一家制造企业的供应链都不简单。如果企业对供应链没有全局把握能力，很难想象能流畅地将智能工厂的潜力发挥出来。那么，要如何才能够对供应链有清晰的了解呢？如何预见供应链会在何时何处发生问题？如何对供应链的效率进行优化，确保供应链成员之间的紧密集成，对影响供应链绩效的根本原因进行监控？这些都是摆在每一位供应链管理人员面前的问题。如图 10-11 所示，人们需要一个直观且强大的工具，以像机场塔台的指挥员一样，在雷达屏幕和语音通信的支持下，清晰地掌握现在、未来机场与空域里每一架飞机的轨迹，发出统一的指令。

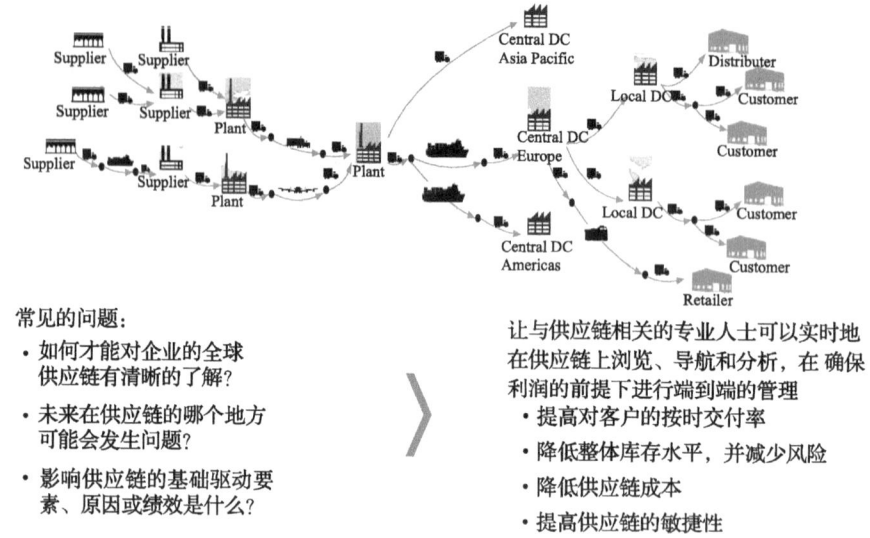

图 10-11　供应链监控中常见的问题和解决对策

SAP 的供应链控制塔（Supply Chain Control Tower，SCCT）解决方案就是解决上述供应链管理问题的集中手段。这样的一座"控制塔"具有相应的技术能力、数据能力和处理能力，能对短期和长期的供应链决策提供支持，确保整条供应链上的协同与集成，提高供应链的成本效益和对客户的服务水平。事实上，供应链控制塔的"心脏"就是一个大数据分析应用，它可以实时地从整个需求网络中获取、清洗和调和数据。此外，SCCT 用分析技术来提供实时的"如果－怎样"的模拟，并与第三方工具进行连接，以进一步增强其数据分析能力。

那么，对于工业 4.0 的客户来说，供应链控制塔的必要性体现在哪些方面呢？

供应链控制塔的主要功能可以从以下三个方面来归纳。

10.4.1　预见问题的能力

在很多企业里，供应链的管理人员往往是在问题发生之后才被叫到总经理的桌前。由于不能预见问题何时会发生，企业不得不总是处于救火的状态，或者在库存、时间和资金上投入大量的缓冲来确保低风险。

供应链控制塔具有预测的能力，企业可以提前对未来的情况进行操作。例如，它可以预见在未来的何时何地会发生供应短缺，并采取相应的行动，通过重新平衡库存或增加生产，来确保供应不会中断。

实际上，这种预测功能其实就是在虚拟世界中对真实世界的供应链进行映射和响应的一种形式。

10.4.2 获取对外包供应链的控制

在很多情况下，供应链的复杂性是由于在全球范围进行外包生产造成的。尽管外包可以带来很多好处，但是从另外一个角度来看，它也造成了将一些关键的数据放在业务的"四堵墙"之外的情况。

例如在高科技行业，生产一部手机时，已很难统计整条供应链上有多少供应商在为此生产不同的零部件，以至于企业很难获得整条供应链的一些关键信息。可是如果没有这些信息，又要如何保证产品能够按时交付？在发生供应短缺的情况下应该生产多少？如何快速响应客户需求的变化？

通过使用供应链控制塔，企业可以了解从供应商到终端客户的多个层次的状态，而上面提到的这些问题都可以得到解决。通过将供应链上的所有合作伙伴都集成在一起，距离将不再是一个阻碍和限制交流沟通的因素和障碍，原因是供应链控制塔建立了一个新的网络，可以在分秒内让所有各方进行协同。

10.4.3 获得敏捷能力

在任何一个行业里，只有很少的企业能一直获得超高的利润。这些企业有一个共同点，那就是它们可以对外部事件做出快速响应，随时做出新的行动计划并加以执行，这就是所谓的敏捷能力。

在今天的业务环境下，企业常常因为能力上的限制而不能对竞争态势发生的变化做出及时的响应。而供应链的控制塔可以帮助企业获得这种能力。例如，通过控制塔的智能警告和例外管理功能，可以在问题或意外事件发生的时候发出警告。可实现这一功能的原因不仅是供应链控制塔具有大数据分析能力，可以为企业节省大量的时间和精力，更重要的是它可以帮助企业对变化做出第一手响应，实现企业绩效的最优化，满足客户的需求。

供应链控制台通过与各方系统的互联，使企业获得对供应链的整体把握与洞察，如图10-12所示。

供应短缺是供应链上最常见的问题。企业的供应链计划员常常会收到这样的短缺或延误的报警。接下来的事情对于计划员来说是最重要的，就是他需要搞清楚一个问题：这个报警究竟有多重要？并不是每一次短缺或延误都会造成大的问题。这个时候计划员最想要的莫过于这样一个系统：它能够"智能地"过滤掉不重要的报警，仅仅将那些会对客户造成影响或对企业的财务指标带来损失的报警告诉给计划员。并且，当报警发生时，系统会提供所有的相关信息，计划员可以在供应链的任何一个层次上了解这次供应短缺或延误对客户、服务水平、财务指标的具体影响。

接下来的问题很自然就是：这是什么原因造成的？应该怎么处理？面对今

天的很多供应链，要找到供应短缺的真正原因往往比较困难。常见的原因无外乎是：物料短缺、能力限制、生产日历调整等，或者是这些原因的组合。由于缺乏分析工具，计划员常常会采取一些不恰当或不必要的动作，所以不但问题没有解决，反而错过了采取正确行动方案的最佳时机。而这正是该系统可以帮助计划员的地方。

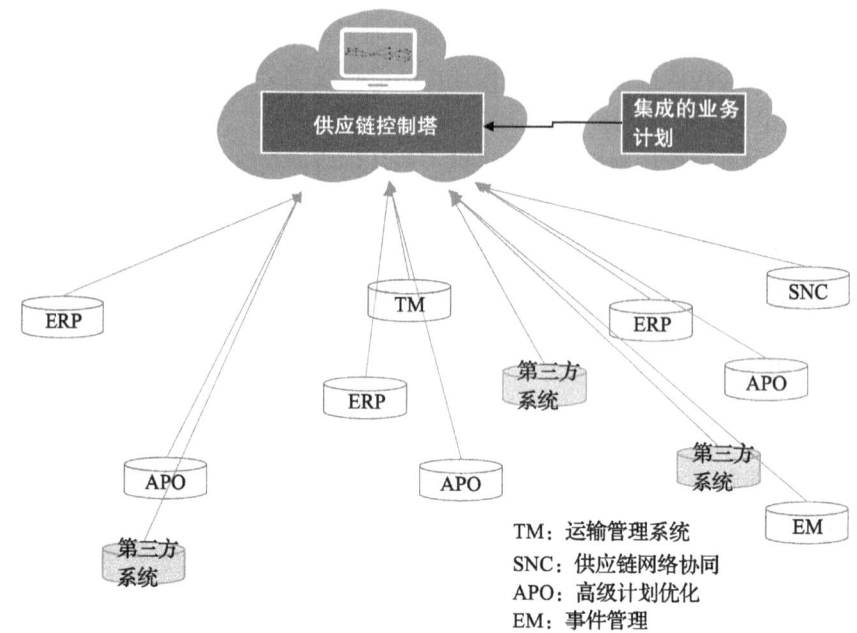

图 10-12 供应链控制塔通过与各方系统的互联，使企业获得对供应链的整体把握和洞察

除此之外，该系统还提供一个内置的决策支持功能。假设该系统可以根据警告背后的信息，给出一些建议，这无疑可以帮助计划员节省大量的分析时间，减少误判机会，让其可以在执行系统中直接给出相应的指令。

10.5 基于 SAP SNC 的供应网络协同

SAP SNC 可形象地比喻为"供应链加速器"，它通过理顺、优化制造企业和供应商之间的信息流，达到提高供应链运作效率的目的。SAP SNC 的业务效益表现在：

- 加快、提高制造企业和供应商之间进行供应链数据沟通的速度和精度。
- 让供应商能够更快地响应制造企业的需求，并将结果自动更新到制造企业的系统中。
- 减少供应链中的手工步骤和人工带来的错误。

- 让供应商更好地发挥产能，对计划进行优化。
- 加快库存周转，缩短提前期，提高服务水平。

图 10-13 给出了制造企业和供应商之间的协同过程。从供应商的角度来看，与厂家的交互可分为多种类型，包括厂家进行供应商定点时的商务过程（例如招标、拍卖）、供应商与厂家之间的技术交流过程（例如产品工程、工程变更管理）、供应商与厂家之间的质量管理、厂家对供应商的评价等。除此之外，在日常供货业务领域，常见的交互涉及电子数据交换（Electronic Data Interchange，EDI）（或 Web-EDI）支持的计划发布、采购订单等供货信息，以及供应商管理库存（Vendor Managed Inventory，VMI）和看板等。SNC 作为 SAP 提供的供应商门户，实现了完整的制造企业与供应商之间的供货流程，并且还具有 SAP PLM 中的协同文件夹（cFolder）技术，能使企业与供应商进行大容量的、安全的数据交换，从而为其他类型的信息交互（如产品工程等）奠定技术基础。

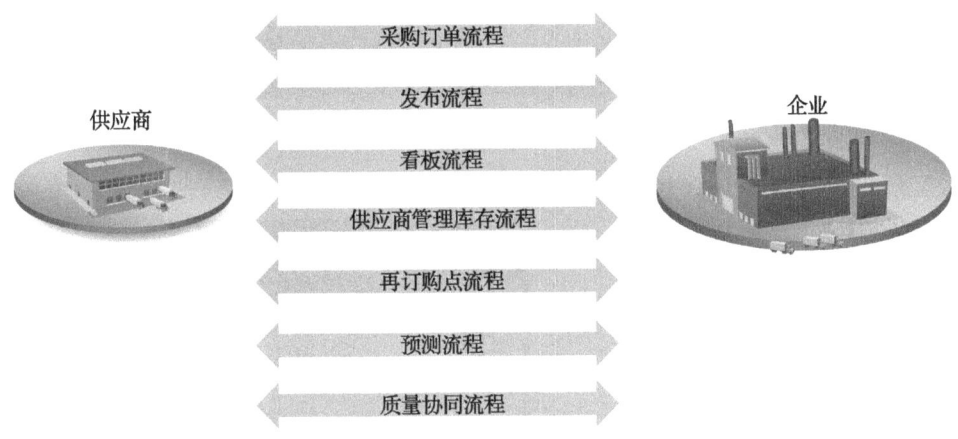

图 10-13 制造企业与供应商之间的协同过程

如图 10-14 所示是 SAP SNC 的主要功能模块，在基于 Web 的用户界面的背后，所支持的业务流程包括供应商管理库存、动态补货、看板流程、采购订单流程、供应网络库存、发布流程、代工制造采购、响应性补货、交付控制监控、"工作单"协同、需求协同等，覆盖了企业和供应商之间的几乎所有业务交互流程。

关于企业与供应商之间的连接，SNC 有三种实现方式，便于企业进行灵活选择（见图 10-15）。

- 对于数据量较少的情况，可以采用 Web 浏览器的方式。
- 对于中等数据量的情况，可以采用文件上传下载的方式。
- 对于高数量的情况，可以采用系统之间的 B2B 集成的方式。

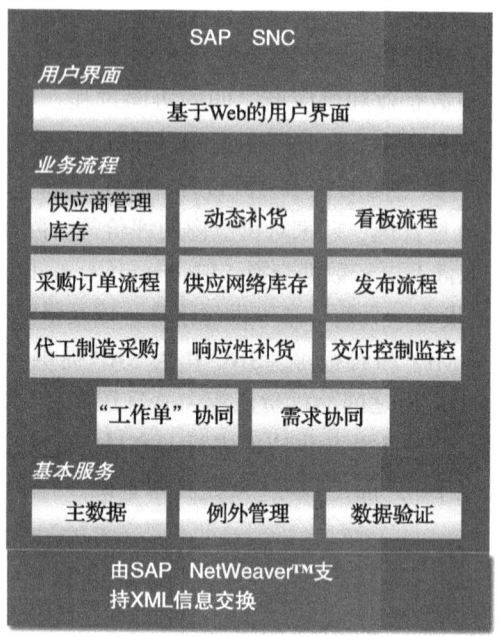

图 10-14 SAP SNC 的主要功能模块

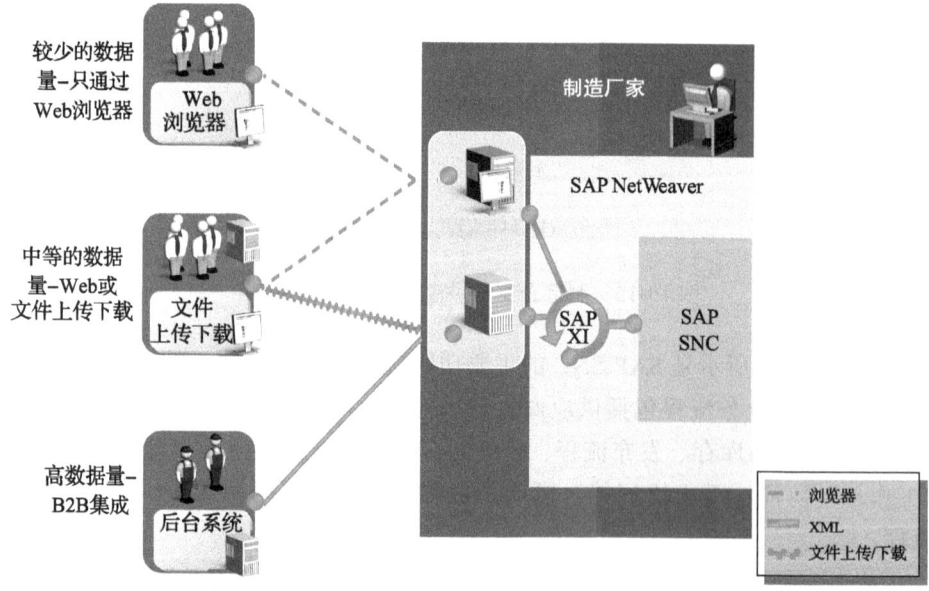

图 10-15 SAP SNC 可通过各种渠道和手段实现企业与供应商的连接

如图 10-16 所示，通过 SNC，制造企业可以实现与多级供应商之间的集成，还可以将第三方物流供应商也纳入到集成的范围内，实现对整个供应链上交付过程的监控。

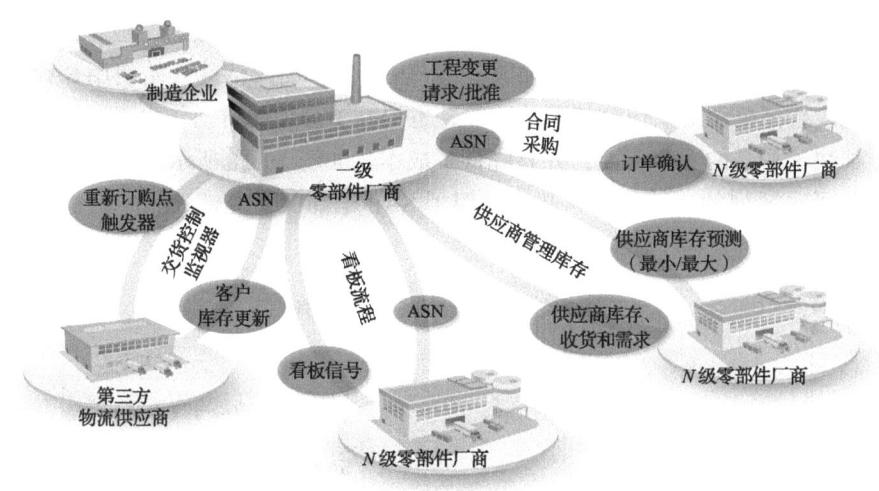

图 10-16　SNC 可以实现整条供应链上各层供应商和服务商的协同

10.6　案例分析：美国高露洁棕榄公司的 SAP 全球供应链管理

10.6.1　公司简介

高露洁公司成立于 1806 年，起源于威廉·高露洁在纽约荷兰大街创立的一家专营淀粉、肥皂和蜡烛的公司。1953 年，在与棕榄公司合并后，正式使用高露洁棕榄（Colgate-Palmolive）为公司命名（以下简称高露洁）。高露洁是全球领先的日用消费品公司，拥有 200 多个国家的 40 000 多员工，在口腔护理、个人护理、家居护理和宠物食品等方面为大众提供高品质的消费品。2013 年，高露洁的全球销售额为 174 亿美元，对应的产品线分解如图 10-17 所示。

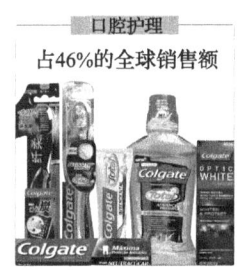   

图 10-17　高露洁的全球销售额产品线分解

10.6.2　背景

作为一家总部在美国但却在全球进行布局的企业，高露洁在全球 200 个国家开展业务，75%的销售额都来自于美国以外的市场。而供应链无疑是高露洁最重要的管理对象和进行持续改善的领域。从1994年，高露洁就开始使用SAP，这极大地改善了公司对供应链流程的掌控，也提高了公司的自动化水平以及决策水平，加快了产品的上市速度，并且降低了成本。如图10-18所示，高露洁在SAP上进行了一系列的连续投资，几乎使用了SAP全部的供应链计划、执行产品和方案。

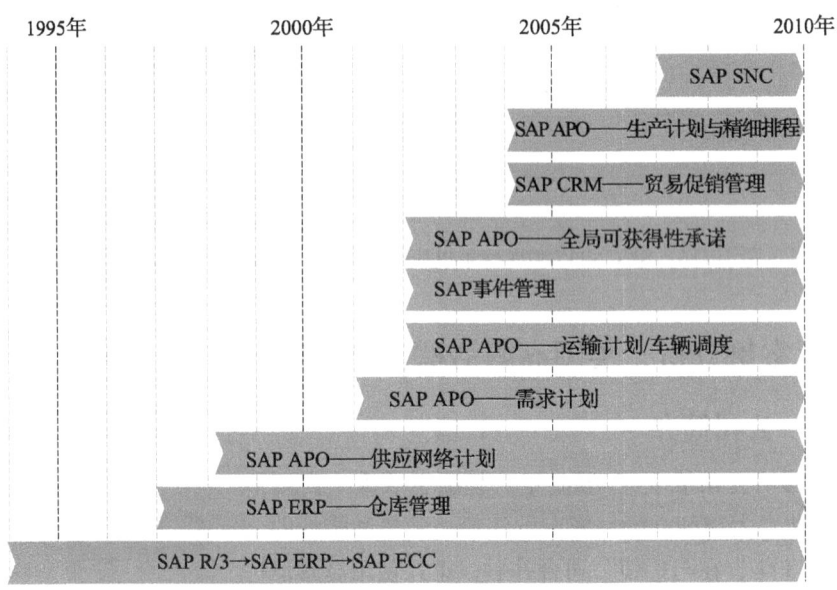

图10-18　高露洁的SAP之旅

1. 高露洁与SAP的长期战略合作

高露洁所取得的改进和提高源自于1994年实施的SAP的ERP系统，它帮助高露洁实现了IT系统的标准化，并为供应链计划提供了可靠的数据。通过提高企业的标准化水平，减少了重复工作量及其昂贵的成本，降低了多余的库存水平并缩短了订货周期。一开始高露洁选择SAP的重要原因是：SAP可以将跨越高露洁不同组织的各个部分的不同流程集成起来。正如高露洁的全球供应链信息技术总监Jim Newkirk所说的那样，"在实施SAP系统之前，我们在全球使用各种不同的解决方案——甚至在同一个部门里也是如此，来完成相同的任务"。不仅如此，"我们还需要实现全球供应网络中的补货流程自动化，以及进口和出口之间的沟通流程自动化"。

从1994年开始，高露洁便与SAP开展深度合作，利用可以获得的企业数据帮助制定决策。高露洁之所以选择依靠SAP来实现供应链管理流程的转变，是因为SAP可以提供丰富的供应链计划和执行功能，以及进行财务计划和分析的能力。除此之外，对于高露洁来说重要的是，SAP还提供了既标准又灵活的工具，包含一系列用于促销和其他领域的针对某一行业的特征。高露洁还对SAP与客户结为合作伙伴共同研究、开发强大且具有行业针对性的解决方案的承诺印象深刻。"多年以来高露洁与SAP紧密合作，结为战略合作伙伴，这符合高露洁的全球IT战略方向"，Newkirk说，"每一次新的项目实施都让我们扩展了这一合作伙伴关系，借助公司之间的承诺进行研究和开发，并在SAP上进行大量的投资"。

2. 改进了可视化和响应

首先，高露洁使用SAP ERP取代了不同高露洁工厂里的不同解决方案，后者不能为高露洁生成全公司范围内的物料需求的统一计划。SAP为高露洁带来了全新的企业级解决方案，集成了财务、客户服务和供应链流程，并且可以适应不同地区在流程上的差别。这给高露洁提供了一个统一的平台，以供其响应全球客户的需求，分析采购选项，确定竞争战略。

通过SAP ERP的实施，高露洁具备了对业务实现大幅度改善的可能。为此，高露洁启动了一个大胆的计划，对其供应链流程进行整理。尽管在此之前，高露洁的订单按时全部完成率已经达到了90%，要想取得进一步的提高，高露洁还需要克服能力的限制和需求不够透明的阻碍。并且，尽管在北美地区高露洁的补货周期已经从9天减少到了5天，但是全球其他地方的补货时间还较长。这些都影响了公司的竞争力，增加了内部成本。

高露洁还希望能够将本地采购的模式转变为全球化的模式。尽管在实施SAP ERP的时候，高露洁的公司系统已经能适应不同地区的独特业务流程的要求，但是产品和客户的主数据却仍然没有在公司内部实现完全的协调和统一。此外，在不同的地区，处理客户订单的流程还是不一样的。不同部门的负责人需要查看4个不同地区的系统，以计划下一步要买什么和卖什么。

高露洁希望新的供应链战略能够在生产效率和经济规模上实现突破。为了实现这些目标，公司要求实现完全的、实时的供应和需求信息在全球的可视化，以及供应链计划高度响应的流程。

高露洁凭借SAP SCM中的高级计划优化（APO）里的需求可视、供应优化和协同功能来应对这些挑战。1999年，高露洁与SAP共同开发SAP APO的第一个版本并在北美地区率先实施，紧接着又在其4个部门中进行推广，以建立一套全球化的供应链流程。

10.6.3 高露洁基于SAP的供应链管理

高露洁从成立之初就开始不断地优化它的业务。SAP ERP的实施使高露洁遍布全球的复杂业务能够有条不紊地执行。与此同时，高露洁还面临着加快新产品推广的挑战，这是带动销售成长和提高市场份额的重要手段。此外，高露洁也在设计新的方法，以给消费者提供更低成本的、更好的、更多的产品选择，这给企业的制造流程和物流流程带来了更多的复杂性。为了更好地与业务协作，高露洁启动了 ERP 的实施，从而让企业可以获得及时且准确的数据，减少运营资产，降低成本。

高露洁建立在 SAP ERP 之上的供应链计划与优化系统如图 10-19 所示。

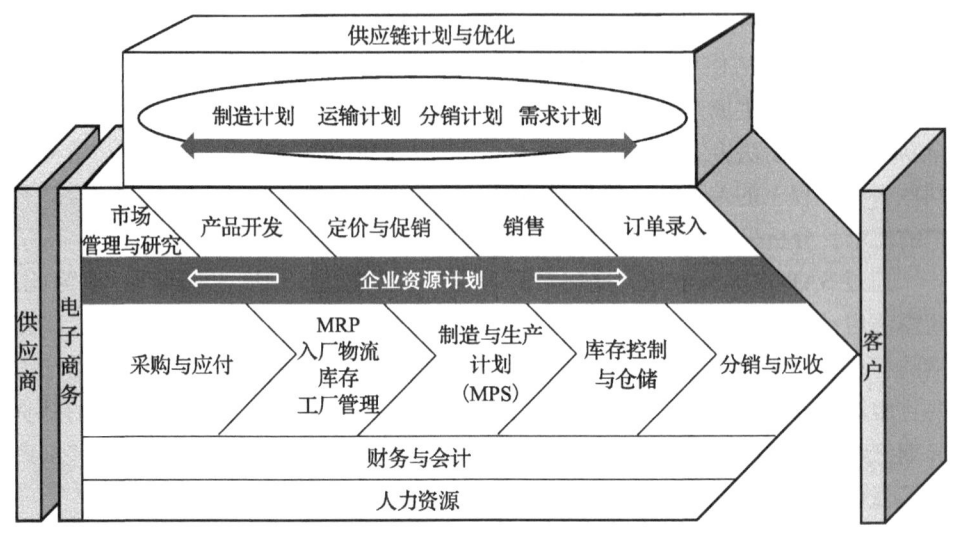

图 10-19　建立在 ERP 之上的供应链计划与优化系统

为了让高露洁能在全球进行供应链协作，在本地进行供应链执行，则需要在全球范围内实施一套软件。1996 年，高露洁便在其美国分公司安装了 SAP ERP 系统，这比所有的竞争对手都要早一年以上。

高露洁的数字化忠诚网络（Digital Loyalty Network）项目开始于 20 世纪 90 年代中期，当时，对于高露洁来说很关键的北美产品线的销售和运营利润在两年里一直停滞不前。它的股票也一样在谷底徘徊，在 1995 年年底每股还不到 20 美元。

因此，高露洁决定改造其低效率的供应链和技术设施。公司希望可以每年减少 1.5 亿美元的供应链成本，缩短制造和交付时间。当时，高露洁平均需要用 120 天的时间，才能将原材料转换为产成品，并将其交付到商店的货架上，公司希望能够将这个数字缩短 80%。为了实现这一目标，公司不得不投入 60% 的资本，用以改造繁重的供应链。

然而仅过了 3 年，这个项目就让高露洁收回了所投入的钱，丰厚的回报让这一项目得以持续地进行下去。高露洁是如何做到的呢？首先，高露洁彻底地改变了制造、分销和管理产品的方式，这种改变意味着需要在工厂、分销路线、仓库和计划活动上实现更大的协同。协同要求有一套标准化的系统，而不是在200多家公司里使用一大堆不同的软件。其结果是，高露洁启动了一个4年的再造项目，把SAP软件打造成一个新的、平滑的供应链的神经中心。基于一个中央数据库，高露洁可以用销售预测来驱动物料的采购、生产计划、人力调度和其他活动。而通过安装在仓库里的无线射频装置，可以掌握全程监控和跟踪产成品的整个移动过程，即从工厂到杂货店。

另外，高露洁还迅速改进了面向客户的流程。在1996年，高露洁就采用了协同规划、预测与补货（Collaborative Planning Forecasting and Replenishment, CPFR）流程，它也是CPFR的早期采纳者。从成功的试运行项目中，高露洁看到了将计划、预测等与客户相关的流程跟供应链的补货流程联系在一起的好处：计划变得更加准确，预测出错的程度从61%降低到21%。除此以外，个案完成率（Case Fill Rate）⊖也从之前的94%提升到97%。

实施了SAP之后的高露洁可以用蒸蒸日上来形容。资产周转率和运营利润连续增长5年，如图10-20所示。该图描述了自2000年以来公司的股票价格、资产周转、营业毛利以及销售水平。

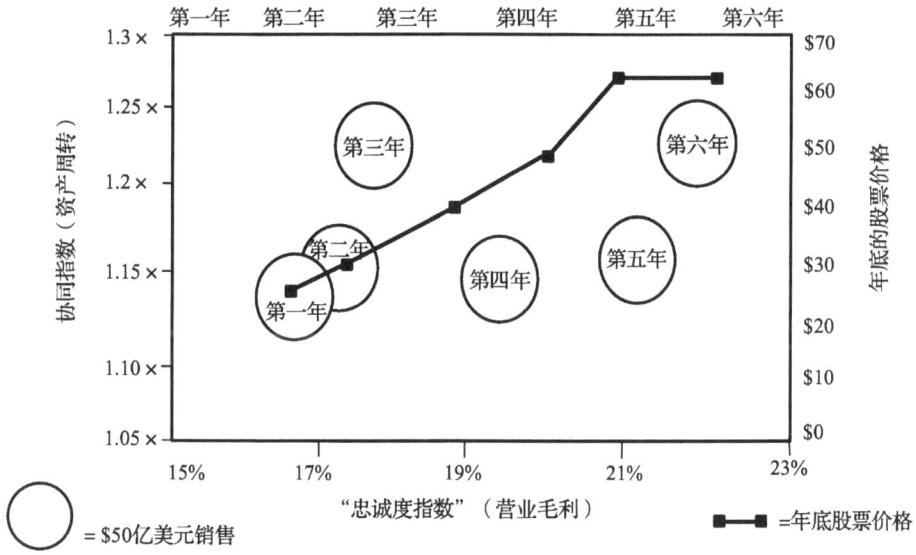

图10-20　高露洁实施了供应链管理项目的收益

1. 结构与网络

作为一家全球化运营的企业，高露洁很早就建立起了庞大的生产和物流体

⊖ 个案完成率是物流服务层次中的指标之一，具体指按需装运的订货个案数或单位数的百分比。如个案完成率是95%，则表示100个订货个案中，平均有95个案订货可以利用储备完成，剩余的5个订货个案将有可能延期交货或被取消。

系。在使用 SAP 的供应链管理解决方案之初,高露洁仅在美国就有 79 家工厂和分销仓库以及 280 条运输路线。VMI 方法普遍应用于 109 家客户分销中心,从而实现了与供应网络的集成,并且客户分销中心的数量还在快速增加。在 SAP APO 中,一共有 4 万个库存单元。这些库存单元代表了高露洁在工厂和分销仓库中维护的每一个单独位置上的商品。

如图 10-21 所示,高露洁主要关心的是与其零售商和分销中心在供应链上的协作。这一"哲理"被充分反映到组织结构上。高露洁设立了专门的"客户小组"计划,与客户一起对需求和交付进行计划。高露洁通过实施 VMI 来应对零售端剧烈的波动。同时,高露洁还使用了 EDI 流程、ANSI X12 交换格式以及 852(库存)/830(预测)/855(订单)的消息类型。

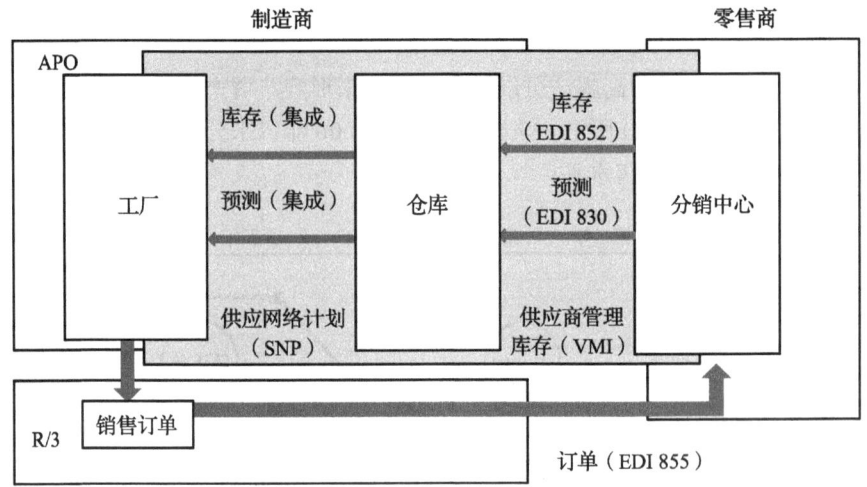

图 10-21　高露洁使用的 SNP 和 VMI 处理技术

2. IT 架构

高露洁在实施 SAP 的供应链管理解决方案之前,已经有多年大量而广泛地使用 SAP R/3 的经验。每一个销售地区,例如欧洲或亚洲,都配有一个 SAP R/3 系统。每一个系统都运行在一台单独的服务器上,尽管这些服务器在物理上都位于同一个地点(高露洁的数据中心位于新泽西)。对于具体的国家销售机构,如墨西哥,可以在其母公司的 SAP R/3 系统中输入 CPFR 预测,因此可以不需要一套单独的系统。

大量的数据交换主要发生在高露洁与客户的分销中心的往来之间,频率为每天或每周。对输入的数据必须要进行非常仔细的检查。由于这个原因,过于频繁的数据传输方式不在考虑之列。互联网被用于供应商之间的通信,并使用了供应商管理库存 SMI。高露洁随后将其与 CPFR 一起使用。

3. APO

高露洁是较早使用 SAP APO 的大型企业之一。SAP 为此提供了特殊的项目支持，原因是该项目即便对于消费品行业之外的行业而言，也具有一定的参考价值。高露洁的高层在很多公开的场合都表示出了对 SAP 解决方案的满意。

在 1997 年年中，高露洁和 SAP 之间就 APO 的需求展开了沟通。在 1998 年，进行了软件的试运行。与此同时，项目小组开始展开工作。APO 系统在 1999 年 4 月正式投入使用。

在高露洁项目中，使用了下面的 APO 模块：

- 供应链驾驶舱，包括用于建模的供应链工程师模块，以及为提供管理信息而生成数据报表的模块。
- 需求计划。该模块从 SAP 的 ERP 系统中获取输入数据，对产品需求进行预测。
- 供应网络计划，用于高露洁主要使用的模块（包括 VMI、DRP、TLB）中。
- 生产计划/精细排程（PP/DS），主要使用了其中的重复制造功能。

在项目最开始实施的时候，并没有使用 ATP 模块，而是将其放在了以后，主要原因是：为了避免一下子做出过大的改变。事实上，对于高露洁来说，使用 ATP 是非常有必要的，特别是在处理客户的未结订单（Backorder）时，而对于一些高优先级的客户，其订单必须要能够得到确认和执行。甚至在必要的情况下，还要对客户已经确认过的交货进行修改。

高露洁计划让 APO 和 ERP 长期共存。后者用于处理计划的执行，例如打印生产计划、交货通知和发票。通过两套系统的紧密集成可缩短订货处理时间。

高露洁在供应链管理上的投资得到了回报。如果从现金流投资回报率的指标来看，高露洁 2003 年的现金流投资回报率为 14.4%，而行业平均指标仅为 4.8%。

4. 启动 HANA 之旅

2012 年，高露洁开始试着将 SAP 供应链管理系统向 SAP HANA 平台上迁移。2012 年 10 月，它在美国公司针对一个产品种类启动了原型系统的尝试。最早的试验是对 3 个月的销售周期使用基于 SAP HANA 的 S&OP 系统。结果是：原型系统取得了成功，并于 2013 年全部投入使用。除此之外，基于 HANA 的数据库整合和主数据管理等项目也在有条不紊地展开。

第 11 章 Chapter 11

工业 4.0 下的互联物流

互联物流体现的是工业 4.0 的垂直集成的技术战略，通过在虚拟世界中再建物流，建立垂直集成网络，实现虚拟世界与物理世界之间无缝的物流信息集成和物流执行的自动化，从而为智能制造提供高透明度的物流环境。

工业 4.0 的实现，大大增加了供应链的执行难度。为了应对不断增大的供应链的复杂程度，需要在数字化平台上对物流进行持续的映射。通过在物流中应用 CPS，可以在虚拟世界中建立物流的虚拟映射。将这种映射推广部署到整条供应链，可以实时地获取每一件产品、零部件、物料在多个不同的汇总层面上的位置和状态信息。从数据流的汇总角度来看，可以建立一个在整条供应链上最高层次的透明——供应链的控制塔。用这里的数字化技术可以实现供应链流程（如交货、仓储）的自动化执行，而员工则只需要关注解决系统检测到的问题，对已获得的数据进行分析，从而做出对全局最有利的决策。总的来说，用互联物流可以实现产品在整个生产流程中的辨识，让制造企业对变化做出更加快速的响应。这样的物流是透明的、精益的且具有成本效益的，它构筑了工业 4.0 卓越运营的基础。

本章首先对工业 4.0 环境下物流的新特点进行分析，然后给出 SAP 的互联物流解决方案的概述，并对其 4 大组成部分——仓库管理、运输管理、跟踪与追溯、物流网络中心进行较为详细的介绍。在案例分析中，用德国汉堡港的智能港口物流平台项目来具体说明 SAP 互联物流的物流网络中心解决方案的实际应用。

11.1 工业 4.0 环境下物流的新特点

在工业 4.0 的时代，物流将发生巨大的变化，其核心就是"物流空间将会变得不再确定"。

如第 2 章中所述，在工业 4.0 的环境下，一件针对客户定制的产品，其制造过程将是动态的，其工艺路线、在工厂内部的生产和加工地点、搬运轨迹都不再是一成不变的。自然，与这件产品配套的零部件或物料，其物流轨迹也将是动态的。整个物流网以及节点必须不断地适应动态变化的生产需要，也包括由此带来的外部环境的变化。因此，在未来，物流网的各个部分应该是能够灵活移动的，而这些都是目前传统的物流技术所不能支持的。

在工业 4.0 的环境下，原有的固定路线的运载工具会被自动化的运载工具所取代，后者将承担厂内的运输任务。由于生产车间里每个工作站的生产要求随时可变，不同的运载工具之间需要能够相互通信、相互学习，利用运载工具上的嵌入式智能，给运载工具分配合适的任务，找出合适的移动路线，并持续不断地更新新的接受加工任务的工作站的信息和仓储信息。

仓库里的货架、料箱或托盘都附带有 CPS，由此成为智能的货架、料箱或托盘。而料箱或托盘则自己承担起了库存管理的任务，它们与仓库管理系统以及运载工具交换信息，以达到控制库存量和及时补货的目的。

在这一构想中，几乎没有固定的物流运输技术。自动化的运载工具自动排队，互相合作，建立起一定的秩序，以类似于蚂蚁搬家的方式，组织完成物流订单。

在工业 4.0 的环境下，对于厂外的运输任务，即便依旧是由人工驾驶和操作的运输，也应该具有一定的智能与优化的能力。特别是当货物处于运输过程中的时候，同样会有 CPS 来接管智能的料箱或托盘。在这里，人（驾驶员）的介入更为重要。人依靠移动设备（如手机、车载无线通信设备等）一直处于在线状态。

11.2　SAP 的互联物流解决方案概述

尽管物联网通过远程监控和维护，在一定程度上实现了虚拟化的服务交付，但是与实物仓储和运输打交道的物流在工业 4.0 与智能制造的背景下，其重要性反而得到了提升。无论是为在制造过程中的智能产品及时供应所需的生产零部件，还是为智能生产设备的运行提供原材料，或是为维修服务提供售后配件，目前的物流能力都需要被提高和优化，才能满足工业 4.0 与智能制造的要求，使其不至于成为短板。

物联网可以通过对企业的物流业务进行变革，从现有的物流设施和生态体系中获得更高的效率，来帮助应对工业 4.0 与智能制造对物流提出的挑战。SAP 的"互联物流"解决方案是 SAP 为企业提供的仓储、运输、跟踪和物流网络管理的一个创新，实现了在企业的物流应用环境中的跨业务组织之间的更高水平的协作和透明。通过这套解决方案，SAP 可以对物理资产的移动、位置进行连续监控。当资产处于移动过程当中，无论是处于仓储环节还是运输环节，也无论是处于哪一个业务合作伙伴范围内，都可以在物流生态系统中实现信息的透明。

如图 11-1 所示，在 SAP 的互联物流解决方案中，有 4 个主要的组成部分，分别是扩展的仓库管理、运输管理、跟踪与追溯和物流网络。

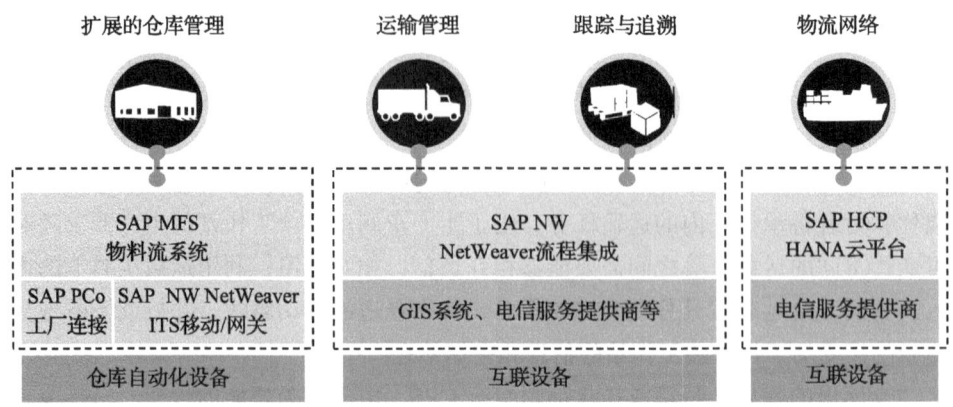

图 11-1　SAP 的互联物流解决方案的功能蓝图

- 扩展的仓库管理：SAP 扩展的仓库管理（EWM）对于工业 4.0 和智能服务的支持，主要体现在设备互联（Connected Device）以及自动化互联（Connected Automation）两个方面。在设备互联方面，SAP EWM 提供了仓库的物料流系统，可以通过 SAP 的工厂连接功能，还有与移动设备、RFID 扫描器、虚拟现实、寻呼机和电话、条码打印机的连接，实现与仓库底层设备的数据实时传输。在自动化互联方面，SAP EWM 可以提供与传输设备、叉车、机器人、拣货系统乃至制造执行系统的对接，将仓库内部的所有自动化设备与 EWM 连接起来，提高仓库运行的自动化水平。
- 运输管理：SAP 的运输管理（TM）通过实时的运输计划功能，可以对整个运输过程进行实时的计划和调度，确保货物的按时交付。在这里，TM 的功能主要体现在实时可视的运输过程/运输工具和实时的可适应的计划功能两个方面。将这两个功能结合在一起，可以根据运输要求，加上考虑车队的实际状况和运行状态，对运输路线与装载空间进行近乎实时的优化，这样就可以让整个物流在满足实时需求的时候有更少的延迟。
- 跟踪与追溯：SAP 通过事件管理（EM）和 Auto-ID 架构，可以对整个物流过程进行跟踪，并对物流状态进行监控。从跟踪的角度来看，SAP 不仅可以跟踪到车辆和集装箱的层面，还可以深入到每一笔订单、交货、单元、包裹的细节，对整个物流过程进行端到端的跟踪，并对意外和延迟事件做出报告。从监控的角度来看，SAP 可以对一些特殊物流的在途过程，如安全运输、冷链物流等进行全程跟踪和分析。

- 物流网络：SAP 的物流网络功能是对企业的整个物流生态系统进行的优化，主要包括实时的驾驶人员通信以及基于车联网、地理围栏数据和交通拥堵数据的卡车与交通监控。通过将车辆、驾驶人员与交通数据连接起来，可以实现：对于某一区域的物流网络中的所有交通工具（无论它们是否有直接的业务关系），基于实时的位置数据共享和整合，允许各方进行更加有效的沟通，从而带来显著的成本效益。

11.3 基于 SAP WMS/EWM 的仓库管理

SAP 的 WMS 可以为用户的以下工作提供灵活、有效和自动的支持：
- 定义与管理仓库中的存储区和仓位。
- 处理所有的记账、事务，如收货、发货、转储等。
- 对库存的变动情况进行监测。
- 按仓位进行存储。
- 确保在 SAP WMS 中的记账与仓库中的实际库存情况一致。
- 与物料管理系统、生产计划系统、质量管理系统和销售与分销系统集成。

在这里，我们不对 SAP WMS 的主要功能进行一一介绍，而将重点放在互联设备和互联自动化的应用上（见图 11-2）。

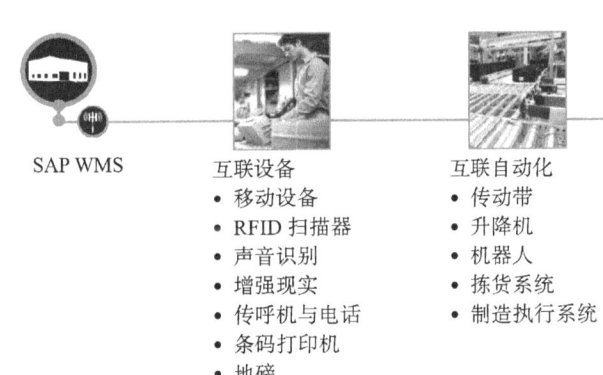

图 11-2　在 SAP WMS 中实现了全面的、内置在流程里的对互联设备与互联自动化的支持

11.3.1　与互联设备的连接

今天已经很难想像没有移动数据录入（Mobile Data Entry，MDE）的仓库管理。MDE 主要以条码设备、手持移动设备和各种射频（Radio Frequency，RF）设备为基础，用于仓库管理中的收货（Good Receipt）、上架（Packing）、移动（Moving）、检配（Picking）以及盘点（Counting）等环节。以常见的生产用零部件

配送中心为例，MDE 可以应用在以下环节：

- 入库作业环节：SAP 主机系统会事先收到来自配件供应商的 ASN，在货物到货前便可获得详细的入库数据，包括入库产品的条码、单位、数量等。操作人员通过对实际入库产品条码进行扫描，并将实收数据与应收数据进行核对，实现了对入库数据的高效采集和流程控制。最后，在移动数据终端上采集到的数据被上传到 SAP 主机系统中，供仓库管理和库存管理模块做进一步的处理和分析。
- 出库作业环节：在移动数据终端下载了 SAP 主机系统的出库数据之后，操作人员可在这些终端上输入相应的出库单据号，从而获得当前批次出库的产品条码和数量。再依据终端中的出库数据，操作人员可实现对出库产品的扫描、核对和确认，从而实现对出库作业的严密管理。最后，移动数据终端的实际出库数据被上传到 SAP 主机系统中。
- 仓库盘点作业：在移动数据终端下载了由 SAP 主机系统生成的盘点数据之后，操作人员就可以在终端的操作提示下，对库存商品进行逐项扫描、清点和确认，而待盘点数据上传到 SAP 主机系统之后，便可得出库存的盘点差异数据。
- 库位移动作业：待移动数据终端下载了 SAP 主机系统的移库指令后，操作人员便可在数据终端的操作指示下，将某个库位的物料转移到目的库位，而待所有的移库操作完成后，再将转移数据上传到 SAP 主机系统，从而实现移库作业的确认。

图 11-3 所示是一些常用的 MDE 设备。

a）手持设备　　b）RF 扫描器　　c）监视器　　d）标签打印机

图 11-3　常用的 MDE 设备

11.3.2　与仓储自动化设备的连接

SAP 在 EWM 系统中，提供了物料流系统（Material Flow System，MFS）的功能，实现了 EWM 与自动化仓库设备的数据交互，以及与仓储自动化设备（PLC）进行通信。图 11-4 所示是一些常见的可以由 EWM 支持的仓库自动化设备和系统。

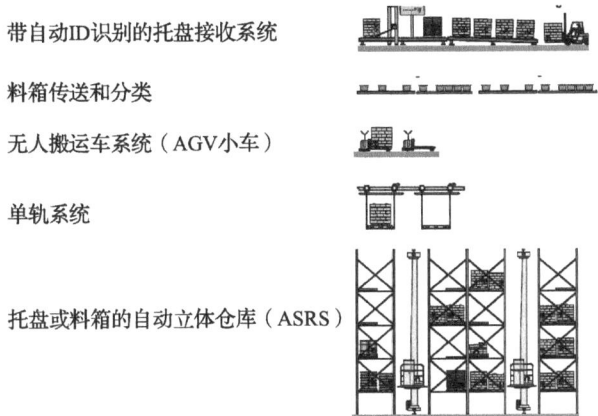

图 11-4 常见的仓储自动化设备和系统

MFS 作为 EWM 的一个组件，可以在 EWM 中直接与 PLC 进行通信，而无需一台专门的服务器来管理物料流动，如图 11-5 所示。

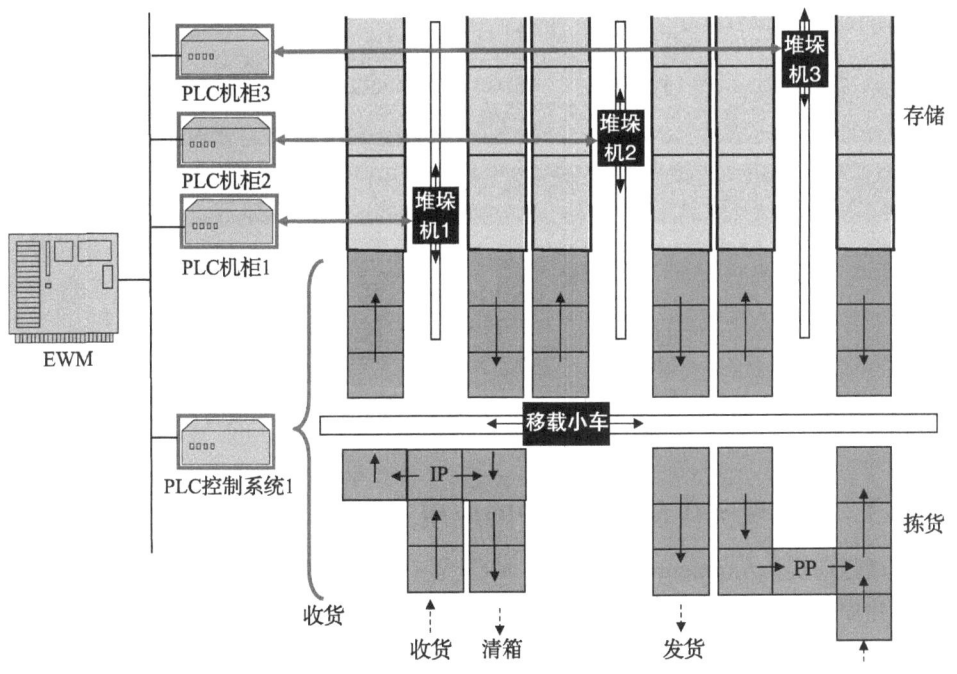

图 11-5 在 EWM 中 MFS 与 PLC 直接连接

以仓储自动化设备中最常见的传送系统（Conveyor System）为例，要实现 SAP MFS 与它的连接，需要实现下述设备或资源在 MFS 系统中的映射，通过 MFS 的通信渠道，让传送系统与 PLC 进行连接和通信。图 11-6 描述了一个资源

R1 将料架从通信点 1 移动到通信点 3 的仓库任务,这是通过以下对象在 EWM、MFS 和 PLC 之间协作完成的。需要注意的是,MFS 不是一个单独的系统,它是 EWM 的组成部分。基于 EWM 可以直接创建驱动 PLC 的仓库工单,对仓库的设备进行操作。

- PLC。
- 通信渠道。
- 通信点。
- 传送或分段。
- 资源。

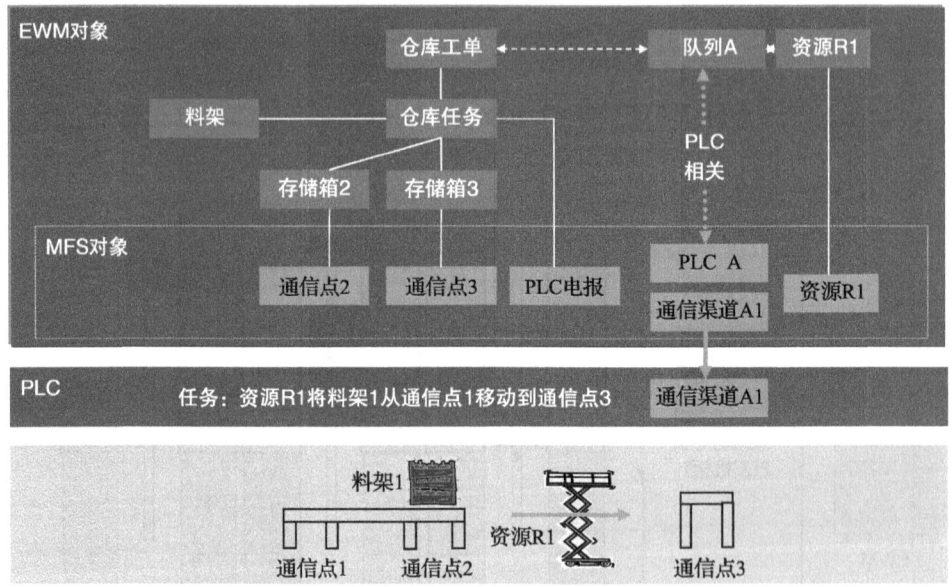

图 11-6　通过 EWM 的 MFS 直接操纵 PLC 驱动设备

11.3.3　增强现实在仓库操作中的应用

增强现实(Augmented Reality,AR)是一种实时地计算摄影机影像的位置及角度并加上相应图像的技术,这种技术的目标是在屏幕上把虚拟世界和现实世界套在一起并使其进行互动。

近年来,AR 得到了爆发式的增长,图 11-7 给出了一些常用的增强现实的硬件设备,它们包括:

- 手持设备。
- 静止增强现实系统:适用于在一个固定的地点需要大尺寸或高清晰度显示的场合。

- 空间增强现实系统：将虚拟的内容直接投射在真实世界的表面上。
- 头戴式显示（Head-Mounted Display，HMD）。
- 智能眼镜。
- 智能隐形眼镜。

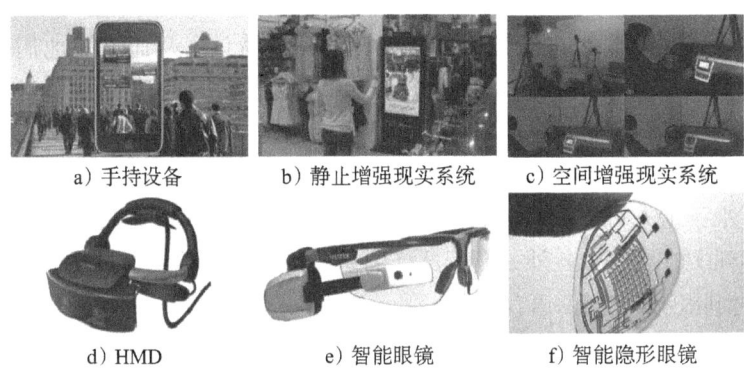

图 11-7　常见的增强现实的硬件设备

增强现实在仓库操作中有着很好的应用前景。据统计，可以用增强现实来辅助的仓库操作占到了整个物流成本的20%，而其中拣货部分又占到了仓库操作总成本的55%~65%。这些数字说明增强现实具有大幅降低仓库操作成本的潜力。此外，它也可以帮助仓库来培训操作人员。

1. 按图像拣货

将AR用在仓库拣货流程中，即按图像拣货（Pick-by-Vision），这是目前AR系统最具体的应用（见图11-8）。今天，大多数仓库仍然在使用按书面拣货（Pick-by-Paper）。但是，纸面操作不但处理速度慢，也容易出错。并且，仓库里的拣货工作通常是由临时工来完成的，因此常常需要进行不菲的培训，才能保证他们高效无误地工作。

图 11-8　仓库工人使用"按图像拣货"进行拣货

目前，SAP与Knapp、Ubimax正在进行的一项联合研发（即图像拣货软件）已经到了最后的测试阶段，这一软件包括一个HMD设备、摄像头、可穿戴计算机,以及一套可以保证整套设备至少完成一个班次工作的供电电池组。这个图像拣货软件可以给工人提供实时的对象辨识、条码读取、室内导航,以及与 SAP 的 WMS 无缝集成的功能。图像拣货的关键好处在于可以给工人提供直观的数字化支持,让其在进行拣货操作的同时,无需真正动手。

基于这样的 AR 系统,每个工人都可以看到数字化的领料单。由于系统还内置了室内导航功能,可以给工人提供最佳的路径建议,从而缩短他们的走动路线。通过使用自动条码扫描功能,该系统中的图像识别软件(如 Knapp 提供的 KiSoft Vision 软件)可以检查工人是否已经到达正确的位置,并指导工人在货架上快速地找到正确的货物。

接下来,工人可以扫描要取走的货物,同时在 WMS 中注册这个过程,从而使库存得到实时更新。此外,利用这样的系统可以大幅减少新员工的培训和上岗时间,并消除工人之间的语言障碍。

通过对这些 AR 系统的现场试验,证明了它们可以为仓库运作提供重要的生产力改进的机会。例如,由系统不断进行的拣货验证可以减少高达 40% 的手工拣货错误。虽然今天即便使用按书面拣货,其出错率已经很低——专家估计大约在 0.35%——但对于每一个拣货错误都需要在源头尽量消除,因为在后续通常要花高额成本来处理和纠正。

2. 仓库计划

AR 技术也可能影响到仓库的计划流程。今天的仓库已不仅是作为存储和分销中心而存在,而以仓库为基础的增值服务也越来越多——从装配产品到为产品贴标签、改装乃至修理。

这意味着必须对仓库的计划流程重新设计,以适应这些新服务的要求。基于 AR 技术,可在仓库进行全面重组的时候进行可视化升级改造,从而能够在现有真实的仓库环境中以交互式的数字化方式展现未来的方案。计划人员可以测试所计划的修改方案和新的工作流模型是否合适。由于 AR 技术本身就是在"物理世界"上对"虚拟世界"的叠加展示,在未来,甚至可以在真正的仓库中进行新的仓库运作计划的试验。

11.4 基于 SAP TM 的运输管理

商业运输管理已经成为一个极其复杂的流程。由于客户对高效运输的要求不断增长,所以在管理所有移动的货物、运输工具和驾驶人员时,需要有更高的精确度、速度和灵活性。

SAP 在 TM 中,提供了一个整合的订单管理环境,在其下,可以自动地处理订单，并与运输公司合作，生成各类单证，并协调仓储、装运、运输过程，追踪流程中的每一个步骤。

SAP TM 负责管理将货物从一个地点运输到另一个地点的所有相关活动。制造企业可以使用 SAP TM 完成下面一系列的活动，如：

- 建立运输请求。
- 对运输进行计划。
- 将运输服务外包和发标。
- 为运输订购方（即厂家）和提供方（即承运商）计算运输费用。

制造企业可以使用 SAP TM，在满足相关约束（如服务水平、成本和资源的可获得性）的前提下，建立有效的运输计划并监控，还可以对成本、资源利用等进行优化。此外，SAP TM 也能帮助企业实现对运输事件的响应，在运输执行过程出现偏差时找出解决方案。

在生成运输计划之后，SAP TM 可以对其执行过程进行全程的跟踪，具体如图 11-9 所示，包括实时的货运和卡车可视，实时的适应性计划、实时的驾驶员通信。对于集装箱这一运输器皿，可以对其进行实时的监控和管理，对其需求进行预测，并对相关移动过程进行计划和优化。（见图 11-10）

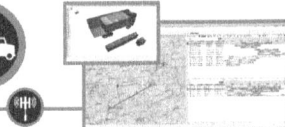

实时的货运与卡车可视
- 运输需求
- 车队利用率/可用率
- 执行状态
- 附近实际卡车资源位置和计划路线

SAP 运输管理

实时的适应性计划
- 基于"拖拉"操作的再计划
- 三维装载优化

实时的驾驶员通信
- 路线更新
- 事件报表

图 11-9　SAP TM 可以通过实时的货运与客车可视，建立实时的适应性计划，并与驾驶员取得实时联系

实时的集装箱/移动库存可视
（通过 SAP 事件管理）
- 集装箱使用率/可用率
- 执行状态
- 实际的集装箱位置

SAP 运输资源计划
- 短期的需求/供应预测
- 移动/再定位计划
  – 提箱与空箱返还、街道导航、空箱重置

图 11-10　SAP TM 可以实现有效的资源利用与集装箱移动计划

11.5 基于 SAP EM 的跟踪与追溯

对于每一家制造企业来说，确保自己的供应链运作不受意外事件的连累或打断是至关重要的大事。供应链完好（Supply Chain Integrity，SCI）可以帮助企业保护自己的品牌、避免交货延迟、让丢失或损坏的成本最小化，并确保交付给最终客户的产品的质量。这一切都离不开跟踪与追溯（见图11-11）的技术。

过程跟踪
- 订单、交货、单元、包裹
- 车辆、集装箱等
- 端到端的事件跟踪
- 例外报表与处理

跟踪与追溯
SAP 事件管理（EM）
SAP 对象事件库（OER）
SAP 自动识别（AII）

状况跟踪
- 安全运输（密封/封锁）
- 冷链（温度）
- 在途监控
- 生命周期跟踪与分析

图 11-11　自动识别自动化、实时跟踪、监控、例外处理与分析

对于大多数企业来说，物流过程，无论是成品的交付还是零部件的采购，都是交给专业的物流服务商来完成的。尽管如此，企业仍然有义务对产品的运输在途过程进行管理。而另一方面，随着政府机构监管力度的加强，目前，业界中已出现了越来越多的产品召回案例，包括食品、饮料、药品、汽车等。这对企业针对产品谱系（Genealogy）、产品的批次和序列号的追踪能力也提出了进一步的要求。总的来说，在 SCI 领域，常见的需求有以下 4 个方面：

- 确保流程透明，以及在途产品/资产的透明，对关键的业务流程进行例外管理，包括履约流程、采购到付款流程和在途流程。
- 基于批次的产品跨系统谱系。
- 在供应链上对产品的批次和序列进行追踪。
- 有效地管理质量问题，降低供应链风险。

跟踪与追溯属于供应链事件管理（Supply Chain Event Management，SCEM）的范畴。SCEM 的使命是搭起供应链计划（Supply Chain Planning，SCP）和供应链执行（Supply Chain Execution，SCE）之间的桥梁。由于 SCP 在微观再计划的功能方面有所局限，并且 SCE 因其固有的限制，无法灵活地处理某些异常，所以，一旦供应链上出现例外和新的情况，不能只通过重新运行计划来解决问题，事实上这种做法只能使企业更乱。许多企业都深受预测不准确和供应链不稳定性等问题的困扰，因此希望有一种软件，能够跨越整个供应链来管理搜集来的信息，以信息来掌握实时决策，并在执行层快速回应供应链事件。特别是在厂外物流领域，由于运输的距离很远，所以迫切需要一种手段，以对整个运输过程进行跟踪和监控，对意外情况做出处理。在 SAP 系统中，与之对应的是 SAP 的 EM 解决方案。

SAP TM 可以与 SAP EM 实现集成，从而对 TM 业务流程中的业务对象进行跟踪和监控。具体的流程是：

- 将与 SCEM 相关的数据从 TM 中传递给 EM。
- 对这些数据进行处理和评估，从而了解运输状态（如发车、收车、处理运输订单等）。
- 对于原本应该发生而未发生的事件、延迟的事件，以及一些意外事件进行自动监控，触发相关的响应活动，并通过各种方式（如电子邮件、短消息、车载设备等）通知相关方。
- 在数据仓库中对数据进行分析，以便于对意外事件进行处理。

11.6 SAP 的物流网络中心解决方案

人口分析师预测，在 2020 年全世界将有一半的人口居住在城市。而城市的基础设施已经只能勉强满足目前的人口水平和由此产生的交通问题。现有的基础设施，例如道路、铁路、航路、空运等，其能力都是有限的，必须要经过优化，才能满足快速增长的需要。

通过物联网对交通和运输业务进行的变革，从现有的物理设施中获得更高的效率，可以帮助应对社会与经济的挑战，以最终实现更具可扩展性和可持续性发展的城市。SAP 的互联物流软件是 SAP 提供给运输和供应链管理的一个创新，在物流中心实现了更高水平的跨业务实体的协作和透明（见图 11-12）。通过这款软件，SAP 的解决方案可以对物理资产的移动和位置进行监控，当资产处于移动过程中时，在业务合作伙伴的生态系统中实现信息的透明。这是一个基于位置的服务（Location-Based Service，LBS）和跟踪应用的关键实现技术，也可用于车队管理和远程跟踪。

SAP 的互联物流可以让公司、机构和个人应对不断增加的时间压力和增长限制，在整个业务网络中更好地甚至是实时地掌控信息，而不管他们之间是否有直接的业务关系。互联物流从一个物流中心的各方获取实时的位置数据，并将其整合到一起，从而允许各方更加有效地进行沟通，显著地提高成本效率（见图 11-13）。例如，通过实现更好的协调，SAP 的互联物流有助于企业缩短车辆取货、交货时的等待时间，并能更好地利用现有的基础设施，以让响应式供应链在满足实时需求的时候有更短的延迟。下面即将谈到的汉堡港的案例就是一个很好的例子。

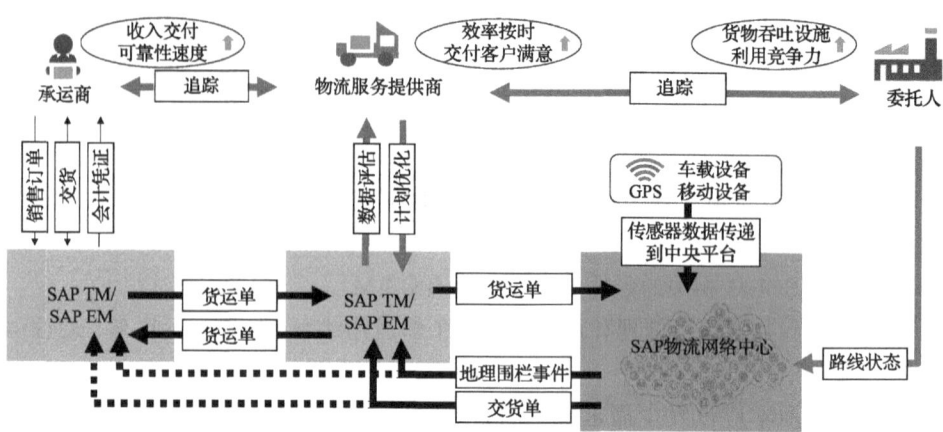

图 11-12 SAP 的物流网络中心解决方案一览

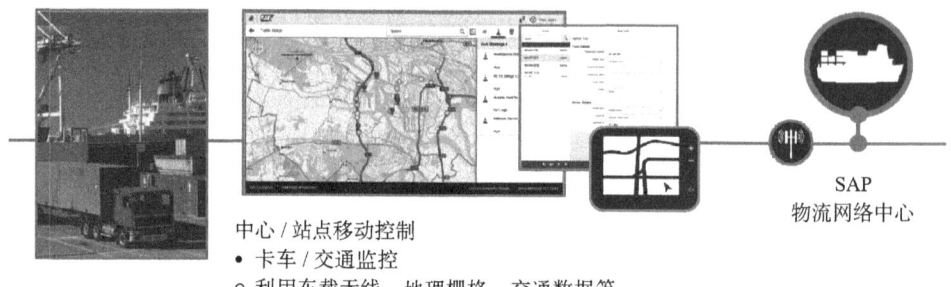

图 11-13 SAP 物流网络中心解决方案可以实现对交通资源的移动控制

11.7 案例分析：德国汉堡港的智能港口物流平台

11.7.1 公司简介

汉堡港是德国最大的港口，也是欧洲第二大集装箱港，始建于1189年，至今已有800多年的历史，是现今世界上最大的自由港，连接了全球178个国家的950个港口（见图11-14）。

整个汉堡港的面积为7200公顷，有15.6万人直接或间接地为汉堡港工作。在汉堡港的港口区域，道路长度为140公里，另外，汉堡港自己还拥有304公里的铁路。每年有1万艘船舶使用汉堡港，它在2011年的吞吐量为1.322亿吨。每天，汉堡港都有200列货运列车和5000辆货运卡车的运输量。在汉堡港，有1700家运输公司设有办公室。

图 11-14　汉堡港鸟瞰

11.7.2　智能港口物流项目背景

和欧洲的其他港口一样，汉堡港的吞吐量在过去的 30 年里迅速提高（见图 11-15）。目前，汉堡港的集装箱吞吐量为 900 万 TEU⊖/年，预计到 2025 年会达到 2500 万 TEU/年。对于 HPA 来说，这既是机遇，也是挑战。Sascha Westermann 是 HPA 联合运输运营交通管理的负责人。他预测，如果要每年处理 2500 万个集装箱，汉堡港面临的主要挑战是缺乏对应的可供扩大的土地，也就是说其基础设施规模不能同步提升。显然，这将造成交通拥挤问题，并带来更高的运输和物流成本。Westermann 解释说："我们不能增加港口的面积，所以需要找到一个方法，在现有面积的基础上变得更有效率"。显然，HPA 不能只将眼光放在吞吐量这些表面的指标上，还要深入到集装箱运输背后的业务流程中，以适应未来的发展。

为此，HPA 制定了智能港口物流的目标，以期提高港口运营的智能化水平，并使用物联网、大数据和云计算等技术来对港口物流进行主动的管理，改变过去被动应对的做法——这也是 HPA 启动智能港口物流（SmartPORT Logistic）项目的动因。

为了迎接未来的发展，HPA 想尽办法，努力提高港口的运行效率，使其作为供应链上的一个重要连接。为此，HPA 启动了智慧港口物流项目，其含义为汉堡港智慧交通与贸易流解决方案。HPA 为该项目设定了 4 个目标：

- 用更加有效的方法管理和使用汉堡港目前的设施。
- 减少与交通相关的空气污染和温室气体的排放。
- 在汉堡港建立智能的基础设施。
- 优化信息流，从而更加有效地管理贸易流。

⊖ TEU 是英文 Twenty-feet Equivalent Unit 的缩写，是以长度是 20 英尺的集装箱为国际计量单位，也称国际标准箱单位。通常用来表示船舶装载集装箱的能力，也是集装箱和港口吞吐量的重要统计与换算单位。

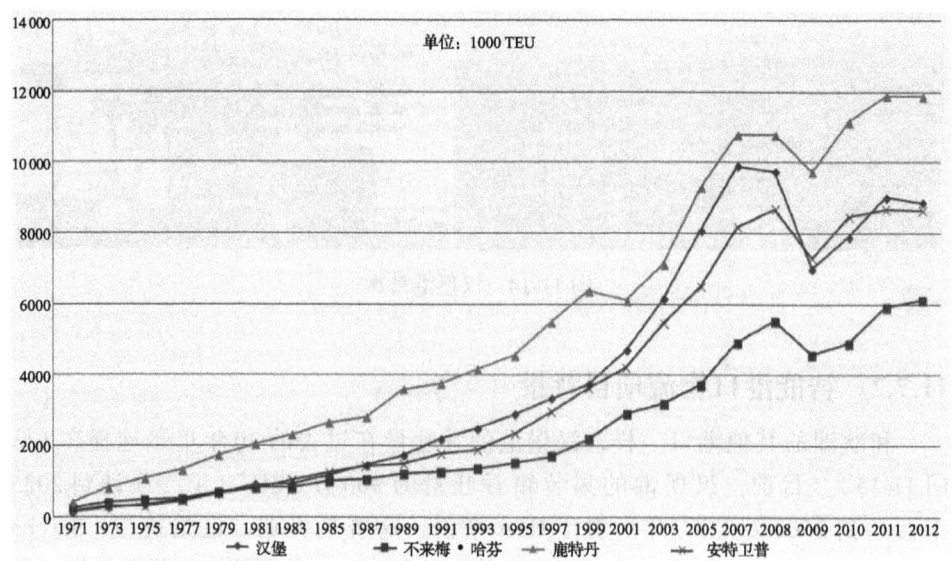

图 11-15 欧洲主要港口的集装箱吞吐量的发展

这个项目有 3 个智能支柱，它们也是这个项目的重点——基础设施、交通流（Traffic Flow）和贸易流（Trade Flow）。

- 基础设施：为了确保汉堡港内平顺和高效的交通流，以及进一步惠及贸易流，建立智能的基础设施必不可少。为此需要应用智能的信息技术，包括蓝牙、WLAN 热点、云、移动终端设备、物联网和大数据。
- 交通流：通过一个具有多种运输方式的联运中心，可以将不同的运输方式连接起来，并且让水运、铁路和道路运输的效率更高。该联运中心可以处理所有在汉堡港内收集到的交通信息，并分发给所有的用户。
- 贸易流：如果能够通过统一的来源发布相关的信息（何时、何处有需求），则有助于实现最优的贸易流。为了实现这一点，港区里的所有成员都需要参与编辑这些信息。已有的 IT 平台必须相互连接起来，并利用这些信息创造增值的价值，以给物流服务提供商、拖车和代理商提供选择货物最有效的运输方式的机会。

港区的道路管理是整个项目的重点。为了实现不同运输模式之间的智能互联，必须要能够自动地获取主要道路的交通流量和潜在的变化情况的数据。在搜集了这些数据之后，需要对它们进行处理，并分发给各个用户。特别是要通过开发手机应用和 Web 应用，可靠和全面地搜集交通数据，从而获得交通状况的准确情况。为了实现这一目标，HPA 在港口里，特别是在港口道路网络上的战略重点交叉道口，安装了大量的交通检测器，以自动获取流量信息。汉堡港将从这些静态的测量点上获得的数据整合到一个系统中，实现对交通状况的有效判定。通过将短期的交通数据和来自其他数据源的中期交通数据结合在一起，还可以对交通状况做出预测。

铁路也是汉堡港区交通的重要环节。汉堡港使用了多传感器技术，对铁路岔口的关和开动作进行测量与集中显示，并用来预测磨损情况。不仅如此，对于频繁的移动，系统也可以进行预测和处理。这样，铁路运营部门可以对铁路岔口的状况保持及时了解，在故障发生之前就及时介入。

11.7.3　基于 SAP 物流网络中心解决方案打造的云平台

SAP 与 T-System 国际公司合作，借助 T-System 的 Telematics One 平台，与 HPA 一起建立了物流商业网络（见图 11-16）。该平台将车载无线数据统一到一个界面上，将地理围栏（Geo-Fence）警报报告给连通的 SAP 物流应用。该应用还可以让卡车司机通过使用移动平板设备，收到最新的交通事故和当前的停车状态信息。

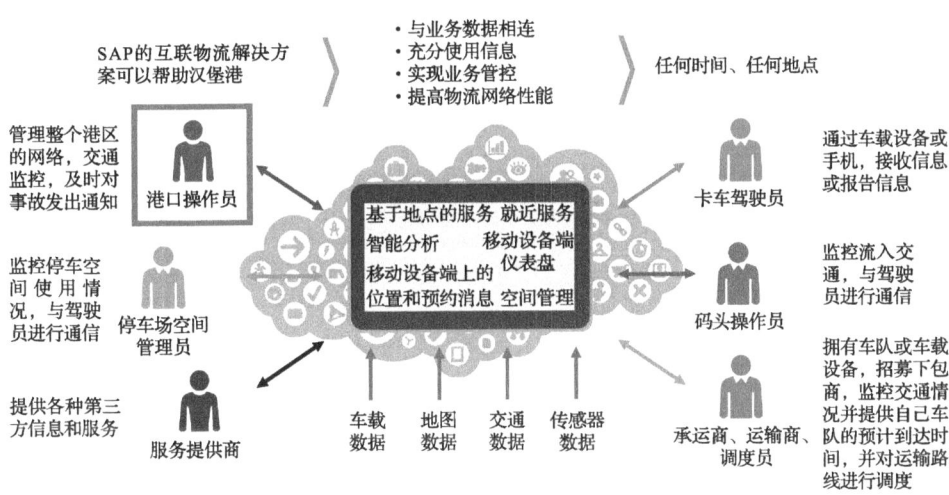

图 11-16　SAP 为汉堡港打造的物流网络中心解决方案

通过使用这套联合解决方案，现在的 HPA 可以掌握其物流商业网络中超过 400 个实体的实时情况。生成的报表也可以反映当前街道的情况，并将信息传递给卡车。此外，利用来自停车空间提供商的最新停车空间信息，还可以实现：如果发生船只延迟，或者是集装箱门没有及时打开，司机就会得到通知，并在某一停车地点等待；当船只到达之后，集装箱门打开的消息就会通知给驾驶员，并告诉驾驶员最佳的取货行驶路线。通过在整个网络上建立高层次的连通，实现了更短的等待时间、更快的周转、更有效的路线计划和更低的燃油成本。

图 11-17 给出了 SAP 与 T-System 共同打造的汉堡港互联物流项目的架构。

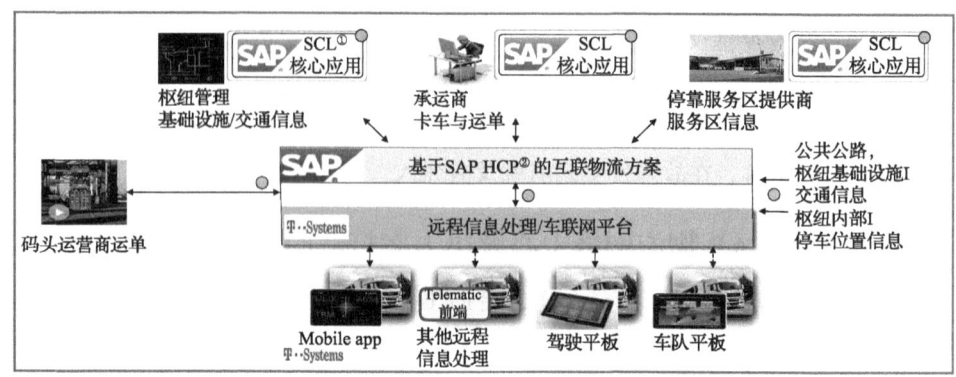

图 11-17　SAP 与 T-System 合作，共同建设汉堡港互联物流

Chapter12 | 第 12 章

工业 4.0 下的互联服务

互联服务在工业 4.0 的应用中占有重要的地位。一方面，它是确保智能工厂的设备以及生产出来的智能产品正常工作、运行和使用的重要手段；另一方面，它也是实现企业向智能服务转型的重要基础。本章首先从工业 4.0 对产品服务提出了哪些要求开始，然后依次介绍远程维修与服务、预测性维修与服务，以及增强现实在服务中的应用。最后，给出了德国凯撒压缩机公司通过大数据和实时业务，将以客户为中心的服务业务提升到更高的水平的案例。

12.1 工业 4.0 对产品服务的要求

产品服务是工业 4.0 和物联网环境下最为常见的应用之一，这主要得益于智能产品的特点，以及云计算和大数据分析等技术的应用。

传统的产品服务形式是手工处理式的、离线式的。汽车维修经过 100 多年的发展，现今依旧停留在这一阶段。消费者在发现汽车出现故障后，将车辆开到 4S 店，再由服务顾问开具维修单，然后进厂维修。而 4S 店会储备一部分常用的配件，不过如果没有维修这台车辆所需的配件，就会向车厂订货。对于整个维修过程，车厂几乎一无所知。这种方式在其他很多行业中普遍存在。

配有传感器并联入物联网的智能产品的出现，改变了产品服务的手工处理和离线处理的现状。产品的制造商有很大的想象空间，可以跨越之前不可逾越的空间距离，通过物联网远程采集产品传感器的数据并分析，对产品的服务过程进行改造和优化，甚至可以直接对产品的参数进行修改与配置，从而为客户带来新的价值。

与此同时，智能产品也为客户提供了新的与制造商进行交互的工具和渠道。即便是上述文字所描述的制造商对产品进行远程操控的服务，其价值依然还是从厂家传递给客户的。而工业 4.0 和物联网技术可以允许客户与制造商一起对产品进行创新和定制，这可以看作是一种更加高级的产品服务形式（见图 12-1）。

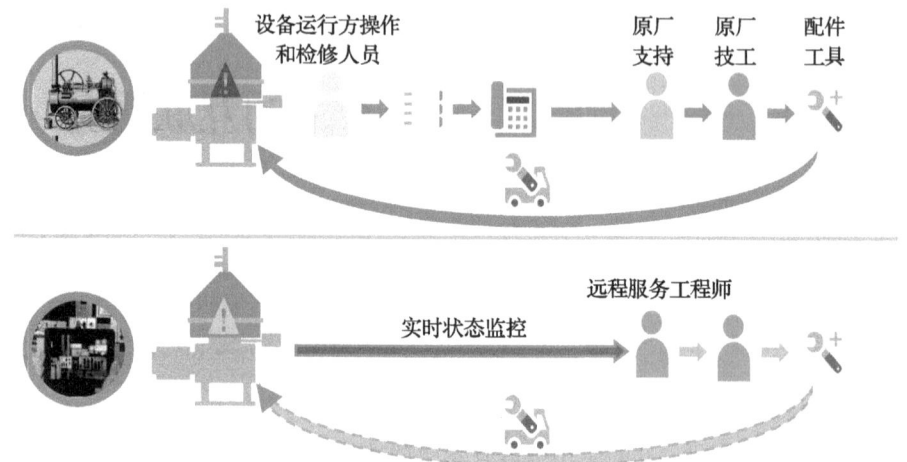

图 12-1　工业 4.0 和物联网环境下的服务方式与传统维修服务的区别

本章将介绍 3 种工业 4.0 下的 SAP 互联服务解决方案，它们分别是远程维修与服务、预测性维修与服务，以及增强现实在服务中的应用。

12.2　SAP 的远程维修与服务解决方案

12.2.1　远程维修与服务的方案架构

按照很多文献上的说法，"远程服务是物联网的杀手级应用"。对于许多客户来说，远程维修与服务（Remote Maintenance and Service，RMS）是一个在已有的 SAP 商务套件覆盖的业务流程（企业资产管理、客户服务、客户关系管理等模块和系统中的服务功能与流程等）基础之上的自然扩展。这个项目可以让我们具备一个通用的能力，即实时监控物理对象的状态——这也是物联网应用的核心。如图 12-2 所示，传统的维修服务受限于空间和距离，原厂只能通过离线方式与设备运行方进行沟通和协作。而在物联网的环境中，通过对产品进行实时在线的状态监控，可以实现远程维修与服务。

设备所在的在车间以外的场景被称为"远程服务"场景。这些应用不是"关键任务"，可以依赖互联网来进行设备通信。因此，SAP 使用了不同的软件包。这些软件包以 HANA 应用平台为基础，并与 IoT 的实现进行集成。下面先从 IoT 的实现层来进行软件包的扩展：

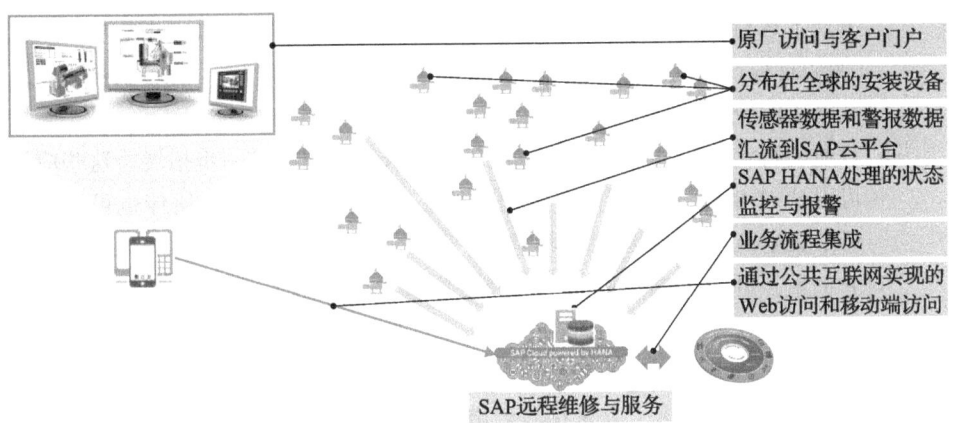

图 12-2 通过 SAP 远程维修与服务实现的对全球设备的实时状态监控

- "IoT 实现"是一个 IoT 的设备集成和管理平台，通过公用的互联网将机器设备连接到 IoT 应用，并对这些设备进行管理。这套应用被称为"IoT 的 HANA 实现"。此外，来自制造领域的软件包（PCo/MII）也已经在公用事业行业得到成功应用，这也证明了它们在远程服务中的应用可行性。但是，不少客户已经有了历史遗留下来的设备连接和管理平台，替换掉这些平台的代价过于昂贵，因此 SAP 对于将设备数据导入到 HANA 平台上以及再进一步导入到 IoT 引用上的做法采取了开放的态度。
- 连接器：所需的连接器可以是设备上的，也可以是挂接的 IPC 上的，甚至是在云里的。SAP 提供了不同的做法，包括：
  ①来自制造领域的软件包，即 PCo。
  ②新的 IoT 实现，作为 IoT 的 HANA 实现的一部分。
  ③作为设备上的数据库（SQL Anywhere），可以与 HANA 通过 MobiLink 进行同步。
- 数据库/热存储（Hot Storage）：所有的 IoT 应用都使用 HANA 作为数据库和应用平台。
- 数据服务：如果要将设备流数据导入 HANA 来实现数据服务，可以使用 Sybase ESP 技术。
- 云存储：在需要存储长期数据的大数据场景里，HANA 是一个相对昂贵的系统。因此，HANA 将会作为热数据的存储地，Sybase IQ 作为冷数据的存储地。Sybase ESP 用于将数据复制到 IQ 中。
- 核心的 IoT 应用：基于这样的软件包设计，应该要有核心的 IoT 应用，就像远程维护和服务或智能物流。这些应用通常要与 SAP 的商业套件进行集成。今天的客户会在自主运营的模式下运行这些应用，在未来也会在云平台上运行它们。许多客户都需要核心的 IoT 应用。这些应用的功能组件（例如远程设备监控、基于地理位置的跟踪、消耗管理等）也可以被其他在其之上的应用所使用。

- 行业的特定应用和合作伙伴应用代表了 IoT 应用的进一步拓展。这些应用可以通过 SDK 来重用核心应用和核心组件。此外，合作伙伴也可以使用 SAP HANA 平台来开发 Java 应用。

SAP 将重点开发云端的应用，因为客户通常会倾向于选择云端部署。当然，自主运营的部署方式也会得到支持。另一个被支持的模式是"管理云即服务"（Manage Cloud as a Service，MCaas），客户可以提供"云上的业务流程外包"，从 SAP 处购买许可证，由第三方来接管云端的运营，最终的目标是提供一个具有核心应用和服务的平台，SAP 和合作伙伴都可以通过 SDK 来调用远程维修与服务的功能（见图 12-3）。

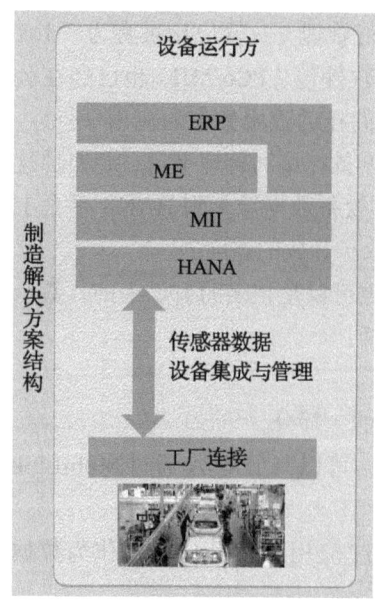
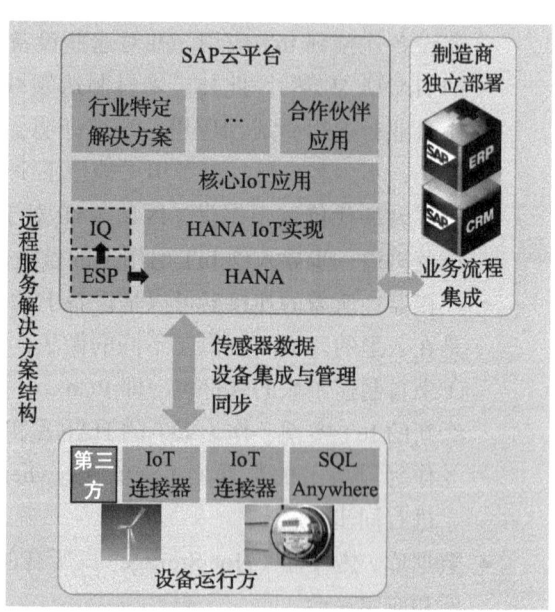

图 12-3　SAP 远程维修与服务的解决方案架构

12.2.2　远程维修与服务的业务效益

RMS 是针对制造商、经销商、服务提供商、设备所有者和操作者开发的。通过远程服务，可以实现以下业务指标：

- 更快地响应设备的警告和失效。
- 更短的平均修复时间（Mean-Time-to-Repair）。
- 更高的无需派出技术人员就可以解决问题呼叫的百分比。

- 更高的第一次修复率（First-Time-Fix-Rate）。

这些可以为上面提到的各方带来以下效益：
- 更高的资产可获得性。
- 更高的客户保留。
- 更高的服务合同续约率。
- 更高的服务收入。
- 更低的服务总成本。

图 12-4 是 RMS 的端到端业务流程示意。其中，CS 是 SAP ERP 中的客户服务模块，CRM 是 SAP 的客户关系管理方案，EAM 是 SAP 的企业资产管理方案。

图 12-4　RMS 的端到端业务流程示意

12.3　SAP 的预测性维修与服务

12.3.1　方案概述

目前，SAP 的互联服务解决方案主要提供的另一个功能是预测性维修与服务（Predictive Maintenance and Service，PDMS），这是 SAP 基于大数据平台的一个 IoT 应用。该解决方案建立在 HANA 云平台之上，可以作为一个标准的云服务来对外提供，能让资产制造商（OEM）、资产的所有者或运营者降低服务与维护的成本，减少计划外的停机时间，从整体上提高企业的资产回报。

该解决方案基于 SAP 的 HANA 云平台，实现了与物理设备之间的连接。从设备传输过来的数据被映射到对应的业务系统中的资产主数据上。接下来，SAP 的 PDMS 解决方案会对映射进来的数据进行监控和分析，一旦发现达到或超过了事先定义的关键的门槛值，就会发出报警。这些报警会触发接下来的动作，例如在业务系统中创建服务或维修工单,以确保与已有的业务流程建立平滑的集成。

对于设备的报警和错误代码,可以使用特别的报表和分析功能进行分析。通过仪表板和 KPI,维护/服务技师可随时掌握报警的状况以及资产的运行情况。

通过使用 SAP 的 PDMS 解决方案,产品可靠性工程师、数据科学家可以使用 HANA 预测性分析库(Predictive Analytics Library,PAL)提供的丰富的预测模型和机器学习算法,对获得的大数据进行分析。通过决策树或回归模型可以找出失效模式,以便更好地理解产品失效的根本原因,预测产品未来可能发生哪些故障。

在实际的业务场景中,机器或设备的所有方、使用方和制造方通常都不进行远程管理,从而对机器或设备的性能、使用状况缺乏了解。如果有问题发生,例如建筑起重机或风力涡轮出现了问题,不但辨别产品故障的成本很高,及时修复故障的成本也会更高。如果维修工人最终不能解决故障,就会造成系统失效、设备停机,甚至给操作工人带来危险。

SAP 基于 SAP HANA 云平台的 PDMS 解决方案,可以让设备制造方、机器与资产的使用方远程监控机器的健康状态,预测失效时间,并主动地对资产进行维护。特别需要强调的是,机器和设备的所有方、使用方或者制造方可以从远程资产中搜集传感器数据、遥感数据,并将其与业务数据整合起来,例如历史维护记录和相关数据(天气、交通数据等),从而更加全面地掌握设备的各方面状况(见图 12-5)。

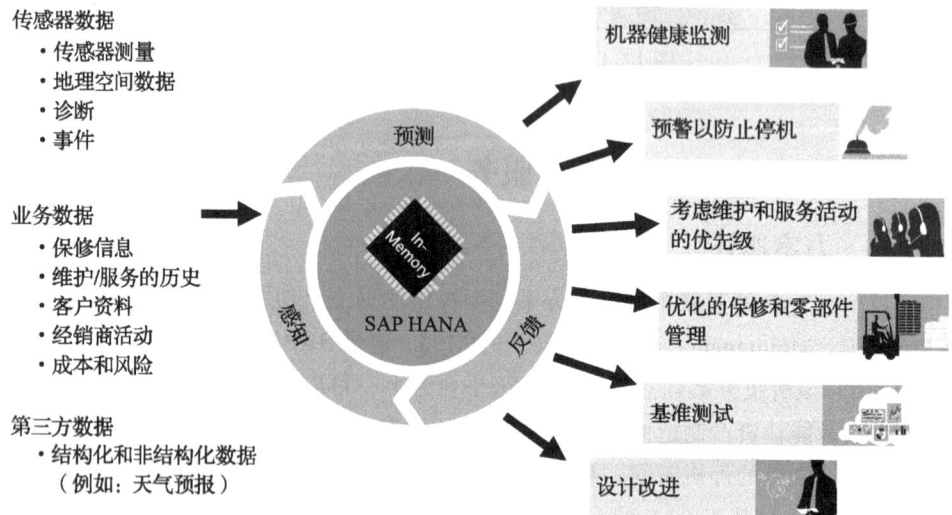

图 12-5　SAP PDMS 使用从设备获得的传感器数据来分析和预测设备故障

接下来,可以对这些数据进行分析,找到失效模式和发生故障的根本原因——也就是提供有用的见解,以帮助各方预测资产或设备何时会失效,并主动采用预防性手段，避免故障发生。

SAP 的 PDMS 解决方案可以让资产拥有方和使用方监控资产的性能，减少计划外的停机，在管理与资产相关的风险时，兼顾设备运行、设备维护的优先级。设备制造商可以分析索赔申请的记录，主动管理配件库存，派遣合适的技工，并优化产品设计和制造过程。经销商、售后市场服务提供商可以给资产使用方提供附加服务，尽量延长机器的运行时间，并提高服务的效率——所有的这一切都有利于降低成本。

对于以制造为基础的、资产密集型的行业里的 SAP 客户，一个 PDMS 解决方案是对 SAP 商务套件所支持的业务流程的自然扩展。例如对于企业资产管理和客户服务管理，SAP 的 PDMS 解决方案可帮助客户体验到更加可靠的资产利用率，更高的客户保留率，更好的客户服务水平，以及更高的服务合同续签率。

这套解决方案可以为客户提供下面的好处：

- 对于资产制造商而言，它的服务工程师可以观察和监控客户所用设备的健康状况。一旦检测到了紧急的状况，就会在服务管理系统（如 SAP 客户云、SAP CRM、SAP 客户服务模块）或非 SAP 的服务系统中触发服务通知或订单。
- 对于资产运营商而言，可以减少他们的设备维护成本和计划外的停机时间。如果发生了紧急的状况，就会在 SAP 的工厂维护系统或其他非 SAP 的维护系统中触发一个维修通知。
- 第三方的服务提供商也会介入，他们可以访问关键的报警和传感器数据，代表资产制造商和运营商来提供维修服务。

12.3.2　PDMS 的应用

首先，PDMS 可以用于设备故障模式的辨别，以帮助企业进行产品改进。基于产品的索赔记录、故障报告、业务和配置上的数据，可以采用以下手段反复进行交叉分析，并将这些数据结合起来进行如下分析：

- 可视化分析（并行坐标、多维度比例变换）。
- 与 HANA 中的专家知识进行比对。
- 统计学分析（文本分组、关联分析、决策树等）。

然后，在此基础之上，帮助企业用较低的成本改进产品的质量。这反映在以下手段上：

- 快速辨别出新的故障模式。
- 针对根本原因的分析给出指导。
- 减少质量管理所需的手工工作。
- 降低成本，提高客户满意度。

PDMS 的另外一个重要应用是根据所采集的设备数据，对设备的健康状态进行预测，其特点是：
- 通过决策树对设备停机做出预测。
- 计算出设备能源消耗的模式轮廓。
- 在 HANA 中通过决策表，建立专家的领域知识库。
- 通过 ERP 的数据和实时采集的数据，建立设备的 360° 视图，实时地计算各种 KPI。

图 12-6 ~ 图 12-8 所示为国外某农用设备制造商使用 SAP PDMS 进行机械可用性分析和故障预测的原理和过程。PDMS 不仅可以用来找到设备预警信息，进行故障预测；还可以通过建模，利用关键指标主动预测设备故障，提前发出预警；最后，还可以在事后将设备故障信息与生产过程关联，改进生产制造流程，减少产品的各种故障。

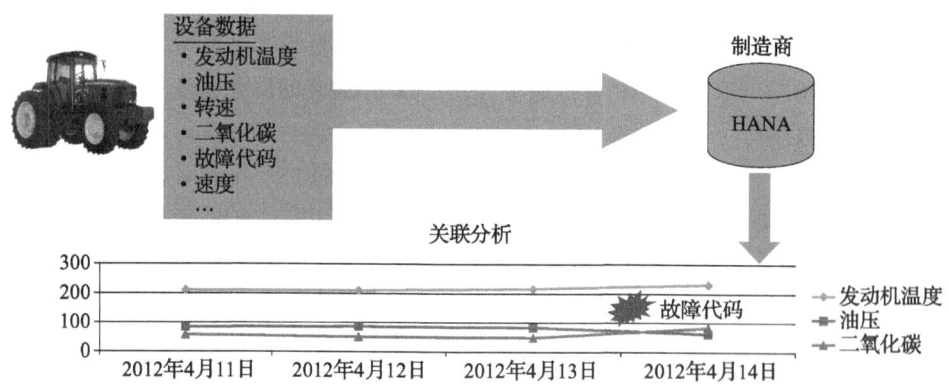

图 12-6　第一步：利用分析工具找到设备的严重预警信息，进行故障预测

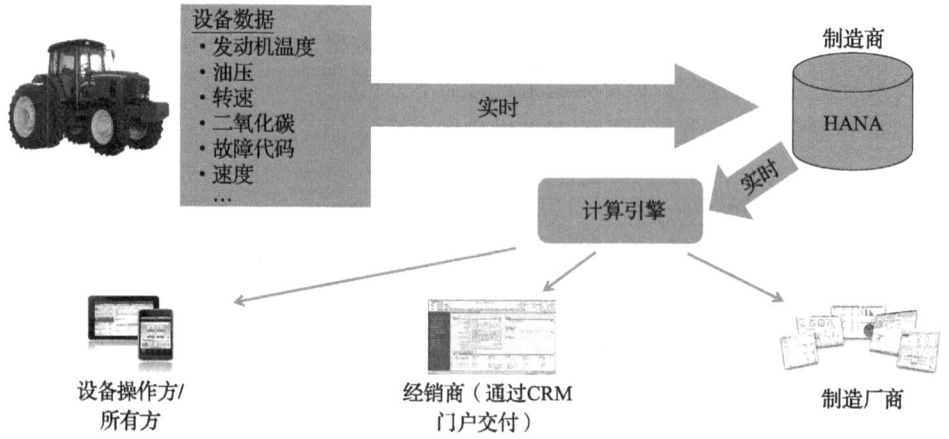

图 12-7　第二步：通过建模，利用关键指标主动预测设备故障，提前发出预警

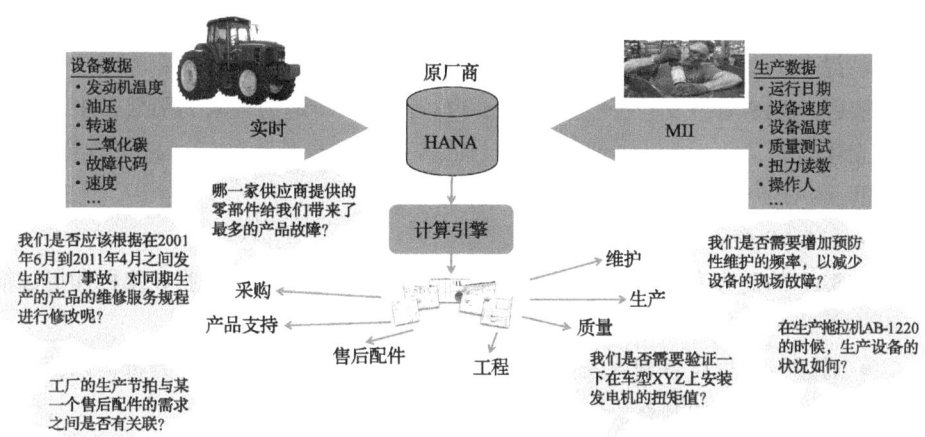

图 12-8 第二步（可选）：将设备故障信息与生产过程关联，改进生产流程

12.3.3 使用 SAP PDMS 解决方案的价值

首先，SAP PDMS 通过为资产和相关的业务数据提供了一个控制中心，帮助企业远程"感知"机器和设备的行为，让企业发展自己的业务流程以优化资产的性能。在这里，SAP PDMS 提供了三种能力：

- 建立唯一的资产数据来源，提供对机器健康方面的洞察。
- 与业务系统进行无缝集成，将业务数据融入操作数据中，以优化决策的制定和流程的执行。
- 集成了各种类型的数据，例如 M2M 数据、车载无线系统数据、业务数据和第三方数据，从而实现真正全局意义上的预测性维护和服务战略。

在这里，SAP 系统为企业带来的好处是：

- 获得了对设备大量的运营数据的深入洞察能力。
- 对于 PDMS 的云端解决方案，可以快速投入使用，迅速获得价值，降低整体拥有成本（TCO）。
- 在云端，实现了强大的安全标准，确保数据的安全性和私密性。

其次，SAP 通过提供机器/设备的预测性分析以及有效的规则，可以在设备失效之前做出预测并采取行动。在这里，SAP PDMS 提供了 3 种能力：

- 基于 SAP HANA 内存计算的大数据分析和例外管理的能力。
- 具有检测失效模式的能力，通过监控设备是否符合失效模式的定义，来检测设备在未来的失效和故障。
- 与维修和服务流程相关的远程设备监控与预测的能力。

在这里，SAP 系统为企业带来的好处是：

- 更好地了解资产性能。

- 提高资产的可靠性。
- 提高了设备的第一次修复率。

最后，SAP 通过支持一个集成的平台，持续不断地为未来的绩效带来新的洞察和业务创新，从而帮助企业对维护与服务流程、自动化的运营进行持续优化。在这里，SAP PDMS 为企业带来的好处是：

- 与 SAP 商务套件自然地集成。
- SAP 的商务套件应用通过更加智能的业务创新，更快的业务流程和更加简单的业务交互，建立了新的业务价值。
- 通过与远程设备建立安全连接，零延迟地对结果数据进行分析，以获得对下一步行动的洞察。

在这里，SAP 系统为企业带来的好处是：

- 更短的洞察时间（Time-to-Insight）和洞察到行动（Insight-to-Action）的时间。
- 提高资产正常运行时间，最小化计划外的停机时间。
- 减少维护、服务和索赔的成本。

12.4　SAP 增强现实方案在服务中的应用

基于增强现实技术的系统（Augmented-Reality based system）可以支持各种服务，例如在仓库中选择零部件，或者将维修指令通过互联网发送到移动设备上。尽管这些系统在当下还处于早期阶段，不过可以预见会有越来越多的企业在更大的范围里使用该技术，以给其工作人员提供实时的信息，改进决策质量，为工作流程提供支持。

例如，工作人员在检查需要维修的设备时，可以通过该技术获取如何更换某一零部件的维修指令。这些信息可以直接显示在维修人员所佩戴的支持增强现实技术的眼镜的视野中，并与实际看到的设备图像重叠对比或作为补充。

另外一种应用是虚拟培训。一些企业已经开发出了虚拟的工厂操作培训模块。通过在该模块中建立虚拟现实的、基于数据的三维环境，在增强现实的眼镜的支持下，给工厂员工提供应对紧急状况的培训。在这个虚拟现实的世界中，操作者可以通过单击行为与机器进行各种各样的交互，掌握相关的知识。

图 12-9 所示为通过 SAP 的增强现实技术实现的维修技工解决方案的示例界面。通过佩戴谷歌眼镜，维修技工可以进入设备工作间，识别需要维修的零部件，并在远程专家的帮助下进行维修操作。

图 12-10 所示为这一解决方案的架构示意图，其中包括基于移动设备的供维修技工操作的"SAP 工作管理员"应用、后台的接入网关及其背后的 SAP 商务套件。

第 12 章　319
工业 4.0 下的互联服务

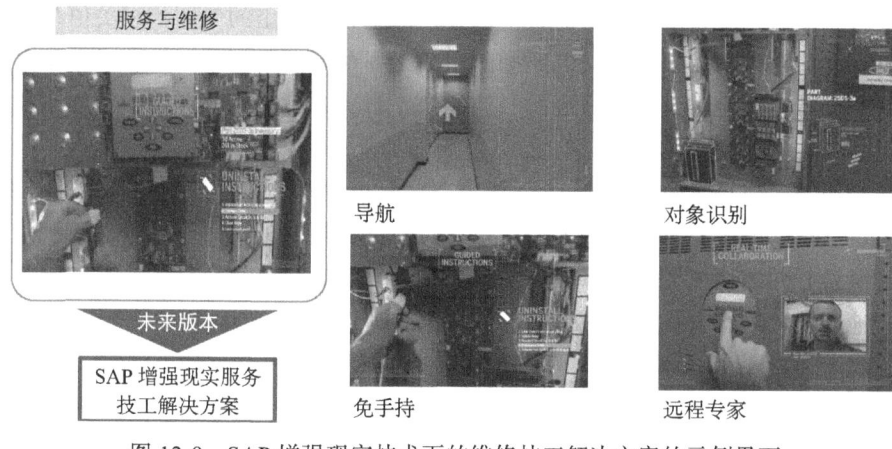

图 12-9　SAP 增强现实技术下的维修技工解决方案的示例界面

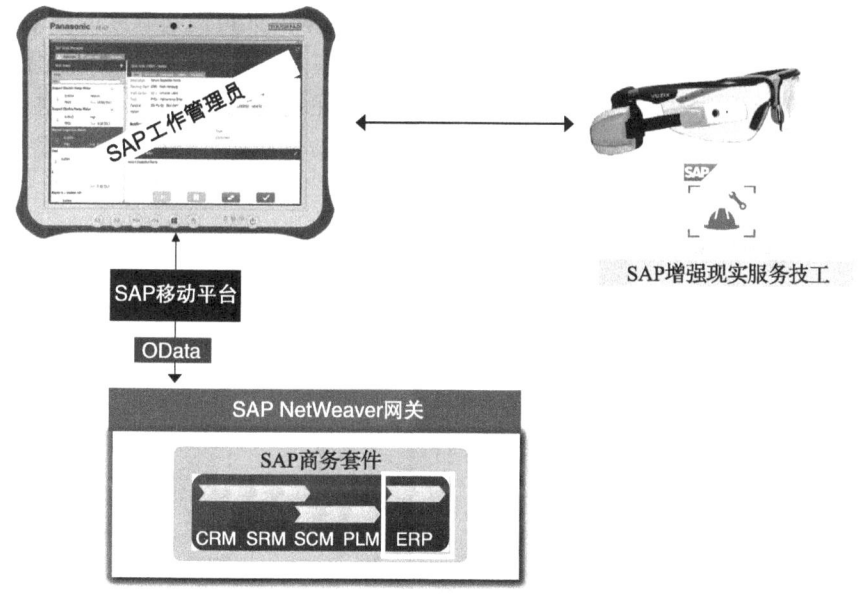

图 12-10　SAP 增强现实技术下的维修技工解决方案架构

12.5 案例分析：德国凯撒压缩机公司通过大数据和实时业务，将以客户为中心的服务业务提升到更高的水平

凯撒（Kaeser）压缩机公司（以下简称为凯撒）是全球最大的压缩空气系统供应商之一，通过使用基于 SAP HANA 平台的 PDMS 解决方案，为客户提供高水平的服务。该解决方案实现了对设备参数的实时监控，例如动力消耗、运行状况和安全性，

以及对压缩空气质量的监控，后者由从客户的空气站流出的气体的相关值与最大最小允许值对比的结果来反映。凯撒的服务工程师可以在网络门户上对数据进行实时分析，而无需到访客户现场。这加快了解决各种问题的速度，让客户的工作更加可靠和高效。

凯撒通过应用 SAP 的 PDMS 解决方案，可以主动响应客户的设备维护需求，提供更高水平的服务，增加设备的正常运行时间，更快地解决问题和故障，降低操作风险，并加快了创新的步伐。最重要的是，凯撒可以将自己的产品和服务更紧密地与客户的需求联系在一起。

12.5.1　公司简介

压缩空气是现代工业最重要的能源载体之一。压缩空气可以作为一种清洁、可靠的动力来源，这也是现今压缩空气的一个非常有力的卖点。凯撒跻身于全球最大和最成功的压缩空气系统供应商之列，在全球负责销售和服务的网络中有 4800 名员工，分布在 50 多个国家。此外，在 60 多个国家里建立了合作伙伴。如图 12-11 所示，凯撒的产品包括螺杆式压缩机、往复式压缩机、牙医用空压机、真空泵、鼓风机等。贯穿这些产品、业务以及塑造这些产品、优化相关服务的，是如何交付一流的客户服务。

图 12-11　凯撒的一些主要产品

作为一家在 B2B 环境里销售工业产品的企业，凯撒对客户极为关注。在公司的网站上，凯撒宣称其目标是"提供一流的客户服务，以及创新的产品与先进的系统解决方案"。作为一家由私人拥有的企业，凯撒的这种做法使其显得很突出。也正如其网站上所说的那样："你是在和一个有家族传统的企业做生意，其目标是给客户提供高质量的产品，这不是一家满足华尔街预期的企业。托马斯·凯撒会很骄傲地将他自己的名字、他父亲的名字还有他祖父的名字刻在每一件产品上"。

12.5.2 大数据支持下的预防性维护

除了提供传统的产品之外,凯撒还提供一种压缩空气供气合约。压缩空气作为工业的主要能源之一,有将近90%的用户不能给出每立方米压缩空气所需要的成本。其原因是压缩空气的产生成本根据不同的运行环境会有很大的差异。要想通过分摊,从总的空气系统成本中提取出每立方米的压缩空气成本并不容易。在这里不仅要计算固定的投资成本和运行成本,还要考虑非直接发生的成本,例如人力成本,甚至包括只是偶尔涉及或部分涉及压缩空气系统的人员培训费用等。对于使用凯撒的供气合约的企业来说,不仅希望获得良好的经济效益,而且对于成本也希望有清晰的了解。企业只需要为自己的压缩空气使用量买单。

对于供气合约来说,系统的可靠性是至关重要的特性。安装在企业的公用气源中心通过凯撒的"远程服务"系统,与凯撒的服务中心相连接。这项功能可帮助凯撒对签署供气合约的压缩机进行预防性维护,并确保材料和人力资源的最佳使用,从而为供气合约带来最大化的系统可靠性。

预防性维修是凯撒为此做出的一项投资,并使用大数据来提高售后服务的水平。实际上,售后服务的需求一直存在,只是在供气合约的商业模式下,设备故障的风险承担从客户身上全部转移到了凯撒身上,售后服务的重要性得到了前所未有的提高。无疑,预测性维修和持续的能效优化成为了更好地满足客户的迫切需求(即对系统可用性最大化和高品质压缩空气供应费用合理化的需求)的根本途径。凯撒认为,确保压缩空气价格真正合理的长期可用的理想方法是将压缩空气供应系统作为一个整体来考虑,并实现压缩空气供应系统与使用者软硬件基础设施的融合。M2M通过互联网相互通信这一模式的应用,加之各种潜在的节能方式的不断使用,可以对企业的能量平衡产生巨大的积极影响。然而,为了确保压缩空气供应系统成为工业4.0生产概念中的完全集成的"合作系统",不仅必须实现组件与组件之间的互通,还要实现组件与后台中更为强大的数据库服务器的互通。

凯撒实施了一套基于内存计算平台的实时业务解决方案,可以对大量的由M2M接口产生的颗粒实时数据进行分析。这一平台让凯撒能够自动地监控安装在客户处的空气压缩机。到目前为止,凯撒可能是世界上唯一一家使用这一技术的公司。

如图12-12所示是凯撒开发的压缩空气管理器。它不仅是能够确保压缩空

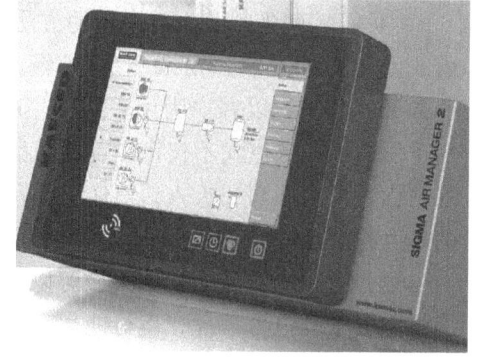

图12-12 凯撒开发的压缩空气管理器

气供应效率和可靠性的主控制器,同时也是通往凯撒数据中心的宽带接口。这种压缩空气站与物联网的直接集成,让使用者能够迅速体验到"工业4.0"的好处。

凯撒的系统可以对从传感器和仪表获得的大量M2M数据进行分析,包括能源的消耗、运行状态和压缩空气的质量。其目标是:预测哪一台设备需要维修,以及什么时候需要维修。预测性分析可以帮助客户对停机时间进行计划,避免意外故障,从而也避免对凯撒的收入底线带来影响。

担任凯撒CIO的Falko Lameter说:"我们的客户承担不起计划外任何一次的系统停机"。凯撒的预测维护系统能够让凯撒的产品在使用了多年之后仍然能够坚持正常工作。"我们的产品是针对整个生命周期的使用来制造的。但是为了能够获得最优的性能,需要对它们进行正确的保养"。凯撒实时的预测性维护服务帮助客户取得了近100%的可靠性。

关键的是,客户不再需要日夜不停地监控执行关键任务的空气压缩机。凯撒通过M2M接口来帮助客户处理这些"琐事",并时刻配以资源来迅速处理问题。凯撒的系统建立了与设备之间直接的、基于M2M连接的和实时的警报能力,可以在故障发生之前检测到潜在的失效,在业务受到影响的时候采取正确的行动。

Lameter认为预测性分析能力的加入帮助凯撒拉开了与竞争对手之间的距离。根据分析,通过提供在设备发生实际故障之前做出响应预测的功能,可以节省很大的潜在成本。"从制造商的角度来看,关键的好处是实现了从产品业务向产品和服务业务的转型"。

"很多制造型企业都想通过提供维修和其他服务项目,来实现这种转型,但是凯撒与其他企业不同的地方是将其与M2M通信、分析结合在一起,从供应商的角度来看,这让服务变得经济高效,而从客户的角度来看,这也更加有价值。"维护只有在真正需要的时候才进行,并且一定要在故障发生之前进行。反之,如果依旧采取预防性维修,定期对设备进行维护,那么不但成本高,客户自己也能做,这就失去了对客户的吸引力,并且从长期来看,其财务价值也难以得到体现和认可。

"我们一直在思考如何用新的方法来把运营做得更好,并在新技术和新业务模式上做出创新",Lameter这样解释。这里的关键是,凯撒的创新体现在向实时业务的转型上,以客户为中心并关注解决方案的创新,而不仅仅是产品的制造。基于服务的业务模式不仅可以确保凯撒的市场地位,还可以让凯撒走在客户需求的前面,提高利润和收入。事实上,预计在未来几年里,凯撒从预测分析中获得的收入将会大幅提高。

通过进行实时的分析,凯撒可以实时地监控关键的设备参数,包括客户处的压缩空气站的电力消耗、运行能力、安全性、压缩空气的质量等,并与最大最小值进行比较。服务工程师可以在门户上对实时数据进行分析,而无需亲自到客户的安装地点。通过门户,服务工程师还可以上传数据,快速解决问题,让客户处的压缩空气设备更加可靠和高效地运行。通过门户提供的综合视图，客户服务人员变得更加主动，更加面向客户。

Lameter 在其博客中写道，"让我们的预测性维护技术保持领先的是其计算上的复杂性，以及运行规模"。"它从客户的压缩空气站那里搜集了数千个实时的数据。作为大数据来说，其容量达到了 T 级别。对这些海量数据进行搜集、分析和处理已经变成了我们的日常工作"。

凯撒有一个专门的预测维护门户，以用于处理这些复杂性，并给服务工程师提供对用户友好的，可以通过 Web 和移动设备进行访问的手段。其效果是，通过这一门户，凯撒的服务工程师可以清楚地了解安装在客户那里的设备的状态，从而为客户提供一致的正面的服务。

这套系统的能力和规模为凯撒带来了真正的优势。"我们必须借助大数据的力量，在 21 世纪里让凯撒在这个行业保持领先的优势"，Lameter 说道。与此同时，凯撒还将其 SAP CRM 系统也迁移到 SAP 的内存计算平台上。这一内存计算平台帮助凯撒加快了核心业务流程，并取得了运营卓越。

12.5.3 将产品开发与客户需求联系起来

预测性维护系统为凯撒带来了一个显著的、事先未曾预料到的效果。存储在数据中心的对设备进行监控的海量数据提供了一个进行复杂的数据分析的基础，可以为新产品的开发提供洞察。"这可以帮助我们进一步优化服务流程，为下一代新产品的研发提供非常有价值的输入。"Lameter 在博客中写道。

无疑，这是一个非常重要的好处。通过这些数据，像凯撒这样的制造企业可以用比以前更近的视角对产品在实际运行过程中发生的情况进行分析和研究。基于此，大量的出于维护目的所做的分析就可以用来指导产品的开发工作。之前在预测性分析中找到的一些对产品运行有害的原因，都可以在新产品的设计和改进中加以注意。

通过这种方式，制造企业可以持续不断地了解产品的使用情况，并不断地加以改进，使产品开发变成一个更具迭代性的过程。这样，企业在市场中的竞争力也就能不断得以加强。

大数据和内存计算平台构成了凯撒预测性服务的基础，为这家百年企业带来了明显的收益。如 Lameter 所说的，"我们看到了设备正常运行指标的改善，减少了发生问题的次数，降低了运行风险，并加快了创新速度。最重要的是，我们可以让产品和服务更加贴合客户的需求"。

12.5.4 通过洞察来加快获取价值的速度

如前所述，无论是供气合约，还是产品开发，凯撒都必须利用大数据技术来保持自己在行业中的先锋地位。长期以来，凯撒都在使用 SAP 系统作为其核心的业务平台。为了迎接大数据的挑战，凯撒也准备好了简化应用 SAP 系统的布局，这个目标是 SAP 的 HANA 平台帮助凯撒实现的。将凯撒的 SAP CRM 迁移到 SAP HANA 平台仅花了 10 周的时间，其中只有 1.5 天的停机时间。除了加强 SAP CRM 的一些功能之外，凯撒还花了 7 周的时间将 SAP 业务仓库升级到 SAP HANA 平台上。好处是巨大的：SAP HANA 平台帮助凯撒加快了核心业务流程，并取得了业务卓越。

"通过实施基于 SAP HANA 的 SAP CRM，可以增强客户体验。"担任凯撒 CIO 的 Falko Lameter 在博客中这样描述。"通过在 HANA 平台上运行，数据库的响应时间比之前快了 5 倍。这让我们可以将销售流程的整个生命周期都置于仔细的监控之下——从管理销售线索，到分析需求、计划解决方案以及实施解决方案。"通过这些实时的信息，凯撒理顺了其供应链的业务流程，可以做到当客户需求发生变化时依旧能够进行交付，并且还能产生健康的利润。

第四篇

工业 4.0 应用效益分析和趋势展望

  工业 4.0 要求开发技术解决方案和组织解决方案的时候，需要适应中小企业的要求。这需要充分利用专业人员的业务知识。对工人友好的工作组织和基于工作场地的培训是实施工业 4.0 的关键。

——德国工业 4.0 报告

第 13 章 Chapter13

制造企业实施工业 4.0 和物联网的效益与挑战

无论是实施工业 4.0，还是实施物联网，对于企业来说都具有重要的战略意义。我们需要在投资之前搞清楚它们究竟可以给企业带来哪些价值，以及面临哪些挑战。

由于工业 4.0 到今天为止还是一个愿景，对于实施工业 4.0 后可以取得的效益，目前人们只是进行了预测性分析。而在不同的行业，工业 4.0 将会结合各行业的特点，给企业带来不同方面的效益。本章首先从定性和定量两个角度出发，以德国为背景，介绍了目前业界对于制造企业实施了工业 4.0 之后所能取得的效益的一些认识。同时，鉴于物联网和工业 4.0 之间的密切关系，从物联网的角度，介绍了智能工厂应用物联网的效益。接下来，以汽车零部件企业为例，给出了工业 4.0 的实施对企业提高生产力的定量估算。最后，对工业 4.0 在技术、经济、组织和法律等方面面临的挑战，进行了探讨。在应用分析一节中，仍然以汽车行业为背景，介绍工业 4.0 可以汽车工业带来哪些深刻的变化。

13.1 工业 4.0 定性的效益分析

制造企业实施工业 4.0 所能取得的效益首先来自于成本节省，而成本的节省需要通过长期持续的优化来实现。具体来说，包括以下几个方面：

- 节省资本成本：企业通过优化价值链，提高制造的自动化水平，可以达到削减相关资本成本的目的。

- 节省能源成本：企业通过对工厂设施的高效利用和智能控制，可以达到节省能源成本的目标。很多企业对这方面的关注度不高，但能源的消耗对于企业来说常常是一笔不小的支出。
- 节省员工成本：企业通过实现高度自动化的制造流程，可以大幅减少对低技能员工的用工需求，从而从整体上减低企业用工成本。

但实际上，工业 4.0 能给制造企业带来的收益远远不止是在成本上的节省。按照德国国家科学与工程院（Acatech）的估计，工业 4.0 可以为企业带来 30% 左右的生产效率的提升。在这一提升的背后，除了成本节省之外，还有很多方面的支撑，包括生产柔性、交货提前期、生产批量、新的服务项目、新的工作组织结构等。

按照德国的工业 4.0 报告所述，工业 4.0 可以为制造企业带来极大的潜在效益，除了上面提到的节省成本之外，具体还有其他 9 个方面，如图 13-1 所示。

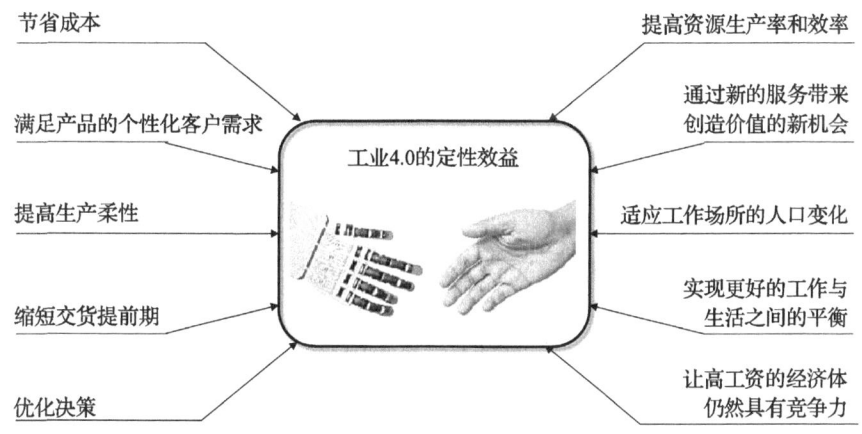

图 13-1 实施工业 4.0 的 10 个定性效益

1）满足产品的个性化客户需求：工业 4.0 可以将个性化的、特定客户的要求纳入到产品的设计、配置、订货、计划、制造、运营等各个阶段中，并且可以实现最后一分钟的变更。在工业 4.0 里，可以实现以量产的成本来生产定制化的产品，甚至即使在"批量为 1"的极端情况下组织生产，也可以让制造企业实现利润。能够实现这一飞跃的原因，除了本书在第三篇里介绍过的以互联制造为代表的一系列解决方案之外，还包括 3D 打印、数字化光子制造等先进技术的迅猛发展和应用。

2）提高生产柔性：在工业 4.0 的智能工厂里，基于 CPS 搭建的自组织的网络化生产系统可以根据业务流程的不同要求，如质量、时间、风险、鲁棒性、价格、生态系统友好性等，进行动态配置，这一特点有助于制造企业对原材料和供应链进行连续的"微调"。这也意味着工作流程可以更加敏捷，制造流程可以被灵活地改变，短暂的缺货问题（由于供应问题所导致的）可以得到及时和合理的补偿，并且在短时间内实现大量的产出。

3）缩短交货提前期：在工业 4.0 的体系中，制造企业通过无缝的数据采集，无论在什么时间和什么地方，都可以快速地使用与生产相关的数据来做出短期决策。辅之以上面提到的生产柔性的改善，意味着在工业 4.0 实现以后，制造企业可以缩短针对用户的产品交货提前期。

4）优化决策：为了在全球市场取得成功，需要做出很多正确的决策（而这些决策常常是在很短的时间内做出的），这一点非常重要。工业 4.0 提供了端到端的价值链条上的实时透明，使得在工程领域做出的设计决策、在销售领域做出的定价决策、在生产领域做出的工艺决策等可以得到早期验证，并且既可以对外界干扰做出更加灵活的响应，也可以在生产领域里跨越企业的多个工厂进行全局优化，从而保证决策可以被贯彻执行下去。

5）提高资源生产率和效率：在工业 4.0 的环境下，工业制造过程的总体战略目标仍然适用，即在给定的资源量（资源生产率）的前提下，得到尽可能高的产品输出；或者是使用尽可能少的资源，达到指定的产出（资源利用效率）。CPS 在贯穿整个价值网络的基础上，可以对制造流程的每个环节进行优化。此外，系统还可以在不停止生产的前提下，对生产过程中的资源和能源消耗、排放等进行优化，不断地提高资源的生产率和效率。

6）通过新的服务带来创造价值的新机会：工业 4.0 开创了创造价值的新途径和新的就业形式，例如通过建立数据共享机制，为上下游第三方企业参与服务提供机会。也可以用智能的算法对智能产品所提供的大量不同类型的数据（大数据）进行处理和分析，以提供创新性的服务。对于中小企业和初创企业来说，可以在 B2B 服务方面找到更多的机会。

7）适应工作场所的人口变化：实施工业 4.0 的制造企业通过将工作组织与员工个人的能力发展计划相结合，实现人与技术系统的互动合作，从而可以给商业提供新的机会，将人口的变化转化为优势。面对着熟练劳动力短缺和日益多样化的劳动力背景（如年龄、性别和文化背景），工业 4.0 可以为员工提供灵活多样的职业发展路径，让人们的工作生涯和保持生产能力的时间更长。

8）实现更好的工作与生活之间的平衡：使用 CPS 技术的企业具有更加灵活的工作组织模式，这意味着它们可以更好地满足员工的需求，在员工的工作与私人生活之间，以及在员工的个人发展与持续的职业发展之间保持平衡。例如，智能的辅助制造系统可以为工作的组织方式提供新的机会，让其达到一种新的灵活水平，以满足企业的需要和员工个人的需求。在劳动力供给下降的情况下，这将给那些应用 CPS 的企业在招聘最好的员工时提供明显的优势。

9）让高工资的经济体仍然具有竞争力：工业 4.0 的双战略可以让像德国这样的高工资的国家继续保持领先的供应商地位，并且成为工业 4.0 解决方案的市场领导者。

13.2 工业 4.0 定量的效益分析

为了从定量的角度理解工业 4.0 对制造企业的潜在影响，业内人士常常以德国的制造业为例进行分析。一方面是因为德国学术界和工业界在这方面的研究较早，有大量的数据积累；另一方面也是因为德国的制造业基本达到了工业 3.0 的先进水平，在此基础上进行比较，具有更加充分的说服力。

对于德国的制造业来说，工业 4.0 可以从 4 个方面带来效率，它们分别是：提高生产效率、收入增长、增加劳动就业和推动投资。

1）提高生产效率：在接下来的 5～10 年里，工业 4.0 将会被更多的德国企业所拥抱，在生产效率方面，可以为整个制造业板块带来 900 亿～1500 亿欧元的提升。其中，在制造转换成本上，排除掉物料成本，其提升率可达到 15%～25%。而如果将物料成本包括在内，生产效率的提升将达到 5%～8%。这些数字与制造企业所在的具体行业有一定的关系。例如，工业零部件制造企业所获得的生产效率提升比例最大，可达到 20%～30%，而汽车制造企业的提升比例约为 10%～20%，如图 13-2 所示。

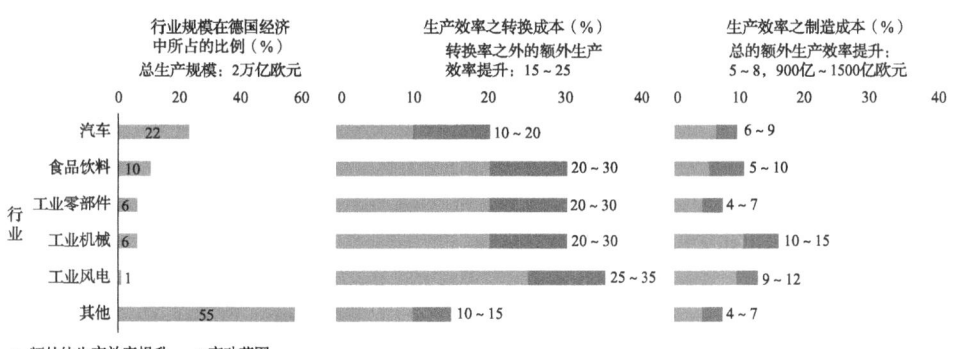

图 13-2　在德国的制造业中，工业 4.0 将为各个行业带来显著的生产效率的提升

2）收入增长：工业 4.0 将会带动企业收入的增长。就像消费者需要更多种类的定制化水平不断提高的产品一样，制造商也需要更强大的先进设备和新的数据应用系统。这一趋势每年会带来 300 亿欧元的收入增长，大体上相当于德国每年 GDP 的 1%。

3）增加劳动就业：在接下来的 10 年里，工业 4.0 将会为德国的就业率带来每年 6% 的增加。其中，机械工程领域里的就业率增长会提高得更快，同一时期里会有将近 10% 的就业增长。但是，工业 4.0 要求就业的人群具备不同的技能。从短期来看，提高车间的生产自动化水平，其结果是会替代掉一些从事简单重复工作的低技能劳动力。而在同一时间，由于软件、互联网和分析技术的应用更加普遍，所以会对从事软件开发和信息技术应用的复合型人才，例如对具备软件技能的机械电子专家的需求会大量增加。从另一个方面来说，这其实也是对就业市场的一个挑战。

如图 13-3 所示，在未来的 10 年里，工业 4.0 将会显著增加德国制造业的就业机会。

4）推动投资：为了在生产流程中使用工业 4.0 的技术，德国的制造企业会在接下来的 10 年里投入 2500 亿欧元的资金，这相当于德国制造企业年收入的 1%～1.5%。图 13-3 也描述了在 2015～2025 年，工业 4.0 将为德国的制造业增加 39 万个岗位，不同行业的复合年均增长率（Compound Annual Growth Rate, CAGR）会有所区别。

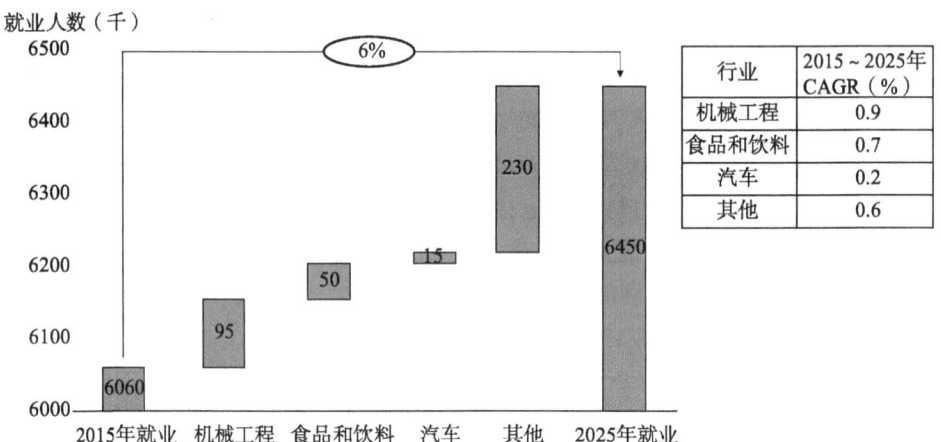

图 13-3　工业 4.0 将会增加德国制造业的就业机会，以及 2015～2025 年，德国不同行业的 CAGR 对比

13.3　物联网的行业应用效益

为了进一步理解实施工业 4.0 所能带来的效益，可以借鉴一下物联网的行业应用效益。其原因是物联网与工业 4.0 有着密切关系，而相比之下，美国企业在这方面有更多的研究。在这里，我们试图用价值来衡量：通过应用物联网，可以给企业带来的潜在收益（这里指的是可以给企业带来的账面利润，即更高的收入或更低的成本）。

按照思科公司的分析，在未来的 10 年里，物联网将为全球的企业带来 14.4 万亿美元的价值。进一步明确地说，在接下来的 10 年里，物联网可以让企业的利润增加 21%。这是通过两个方面来实现的：

1）从物联网带来的技术创新中获取新的价值。

2）相对于其他竞争对手，获得竞争优势并攫取市场份额。

从价值来源的角度来看，上面提到的 14.4 万亿美元的价值将主要来自以下 5 个领域：

1）资产利用（2.5 万亿美元）：物联网可以通过改善业务流程的执行和提高资产使用效率，降低销售成本、综合开销、行政管理费用（Selling, General and

Administrative，SG&A)和主营业务成本(Cost of Goods Sold，CoGS)。

2)员工生产率(2.5 万亿美元)：物联网可以显著提高劳动力效率。

3)供应链与物流(2.7 万亿美元)：物联网可以消除供应链上的浪费，并提高供应链或物流的运作效率。

4)客户体验(3.7 万亿美元)：物联网可以增加客户的生命周期价值，并通过带来更多的客户获得新的市场份额。

5)创新，包括加快上市速度(3.0 万亿美元)：物联网可以帮助企业提高在研发投资上的回报，加快产品的上市速度，并从新的商业模式和机会中获得额外的收入来源。

物联网中有3种连接，即机器到机器(Machine-to-Machine，M2M)、人到机器(Person-to-Machine，P2M)、人到人(Person-to-Person，P2P)。如果将P2M和P2P加起来，那么在2022年以前可以创造前面谈到的价值的55%，而M2M将创造剩下的45%。很重要的一点是，尽管M2M的连接是价值创造的重要来源，但是从这些连接当中最后获得收益的，仍然是人。所以说，物联网经济真正创造出来的额外价值是让人变得更加有生产力和高效率，能做出正确的决策，享受更高质量的生活。

从行业的分布来看，在如图13-4所示的18个行业中，有4个行业(分别是制造业、信息服务业、零售业、金融和保险业)占据了物联网价值增值的一半以上。实际上，价值的增值主要视具体的用例而定。例如，在制造行业里，大多数的价值增值来自于工厂里更高的敏捷度和灵活性，而零售行业的价值增值则主要来自于互联的市场和广告。

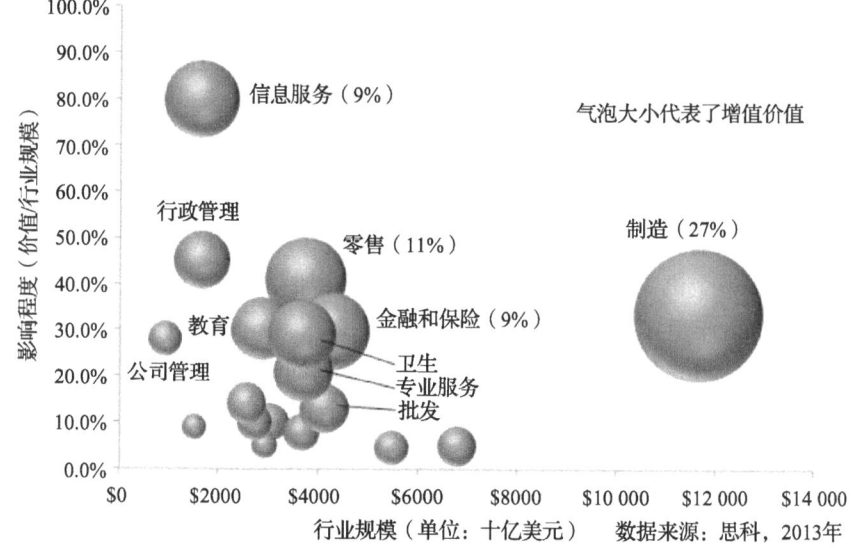

图 13-4　4个行业(制造/零售/信息服务/金融和保险)带来了一半以上的物联网产业价值增值

为了从物联网的应用中获得价值，企业需要从物联网的一些用例中进行学习，对现有的组织和流程进行变革与转变。在这里，我们从思科的报告中抽取出了关于智能工厂的分析。根据思科的分析，智能工厂可以带来 1.95 万亿美元的价值增值。

智能工厂是按照物联网增值金额来衡量的最大的用例，其好处在于，通过给制造业务流程和应用系统加入物联网的互联功能，提高工厂的生产率；通过实时的库存供应来降低库存水平，从而削减生产和供应链的平均成本。其价值主要来自于应用了更多的智能设备，这些设备配备了更好的传感器、与其他设备之间有更好的连接、与人之间有更加直观易用的界面操作。这些新的功能可以让设备更加易于编程，也更加易于适应不同的状况，这样，在工作的时候就可以有更高的效率。此外，这些设备在后台与云端分析功能相连接，也可以实现与劳动力、资本、技术的有效集成。表 13-1 所示为智能工厂应用物联网后可以取得的一些主要效益。

表 13-1　智能工厂应用物联网后可以取得的一些主要效益

目前的状况（没有物联网）	2022 年的潜在目标（有物联网）
自动化设备的设计、制造和安装的费用昂贵，过程复杂	由于自动化设备的制造和实施不再那么昂贵，所以成本会得到降低
生产线的调整往往不灵活，费用不菲	由于提高了生产不停变化的多种产品的能力，所以提高了销售收入；可以帮助企业实现更高的定制水平和更小批量的生产
产品质量的控制主要依靠人的观察和测量	利用传感器，可提高产品质量
具备 IT 和数据分析能力的员工稀少而昂贵，因此不得不依靠低成本的国家	知识的社会化普及使得技能分布曲线变得平缓。物联网可以让企业以更加低的成本，接触到高技能的人才并让他们为企业服务
对于生产所需的关键资源的利用效率低，在装配地点的调配上缺乏灵活性	可以减少浪费（物料浪费和能源浪费）。在重新调配生产和优化资源输入方面有更大的自由度和敏捷性

13.4　汽车零部件企业实现工业 4.0 的价值分析

前文介绍了工业 4.0 定性的效益和定量的效益，以及物联网的行业应用效益，在这里我们以一个汽车零部件制造企业为例，来说明如何用工业 4.0 帮助企业在未来的 10 ~ 20 年里实现生产效率的提升。

众所周知，汽车零部件制造行业并不是一个利润丰厚、可以快速收回投资的行业。根据罗兰贝格对 600 家典型企业的跟踪抽样统计，在 2010 年，全球汽车零部件供应商的利润取得了近 10 年来最好的历史记录水平（全行业全球平均息税前利润⊖（Earnings Before Interest and Tax，EBIT）达到了 6.2%）。而在不久前的 2008 年，EBIT 则不到 2010 年的 1/5，可谓大起大落。即便对 2000 ~ 2010 年这

⊖　息税前利润是扣除利息、所得税、折旧、摊销之前的利润。

10年间的 EBIT 进行平均，也只得到 4.3%。而工业 4.0 可以为汽车零部件企业带来什么提高和改变呢？按照波士顿咨询公司的分析和研究，工业 4.0 可以为汽车零部件企业带来 3 个方面的转变，它们分别是：集成的生产与物流流程、加强机器和人之间的协作、提高车间层的生产效率。

13.4.1 集成的生产与物流流程

为了开始这场转变，首先需要实现的是生产与物流流程的集成，以及相应的 IT 系统的集成。它包括产品数据、生产数据在企业内部的交换及其与客户和供应商之间的交换。在这里，特别是汽车零部件供应商，能够通过与主机厂进行设计数据和供应数据的交换，从中获得明显的收益。跨越不同生产环节的数据交换和通信将变得实时或近乎实时地在人、设备、零部件、产品之间进行，从而大大提高了决策的速度和精度。很显然，这就是本书第 3 章提到的工业 4.0 的水平集成和垂直集成的充分反映。

今天，很多汽车零部件企业所使用的系统是由一些专用的应用软件构成的。在未来，这些软件之间的界限将会相互融合，所构建的层次化网络也将更加标准化，接口也将更加开放。在未来，数据将存放在云中，数据可以随时获得，并且也更加精准。在面对变化的时候，其响应将更加快捷，这将给企业的经营带来更多的灵活性。

13.4.2 加强机器和人之间的协作

在实施了工业 4.0 之后，汽车零部件企业所生产的每一个零部件都会有一个唯一的识别码。它可能是一个二维码，甚至是一个小的嵌入在产品或托盘中的计算芯片，从而让自治的机器人能够从系统或芯片中抽取出产品信息，以指挥下一步的生产。这里的指令要比今天使用的以任务为中心的指令更加以结果为导向。

例如，机器人会得到指示，选择正确的工具，在零部件的某一个位置钻孔，并执行计算，以完成这一指示，而不是直接从系统中获得精确到操纵机器人手臂动作的计算机数字控制（Computer Numeric Control，CNC）指令。为了完成这一更加目标导向的任务，机器人之间、机器人和产品之间可能需要相互沟通和协作，不同机器人的手臂可以协调移动，从而最大化整个生产效率。当然，这里也少不了机器人与操作员之间的沟通。

通过加强机器之间和机器与人之间的协同，使得零部件供应商可以在一条生产线上以更小的批量来生产多个种类的零部件，同时还能够保持盈利。通过减少人力的使用，以及使用实时数据来检查误差，可以明显改善产品的质量。

13.4.3 提高车间层的生产效率

毫无疑问，自动化技术的应用可以显著提高车间层的物流效率。例如，自动导引运输车（Automated Guided Vehicle，AGV）可以与对应的机器人一起工作，在实时的运作数据的基础上，调整入厂物流的路线和计划。这些车辆使用激光导航，并通过无线网络与其他车辆进行通信，可以自己找到在车间里的行驶道路。通过 AGV，对应的机器人可以自动地找到和选择接下来生产流程所需的合适的材料、零部件。事实上，通过物流的自动化，可以在很大程度上降低物流成本——对于制造企业来说，甚至可以达到 50%。

在其他领域（如人工、运营成本、管理费用等），在 5～10 年里，成本可能会下降 30% 左右。辅之以集成的生产与物流流程，不仅可以帮助企业降低成本，还能够将生产周期缩短 30%。

如前所述，虽然在汽车零部件企业里实施工业 4.0，可取得显著效益，但也需要投入。据估计，投资需要增加 35% 左右。如图 13-5 所示，据估算，汽车零部件企业在未来的 5～10 年里可以实现 4%～7% 的总成本降低。这对于一个 EBIT 仅有 4.3% 的行业来说，是一个不小的诱惑。

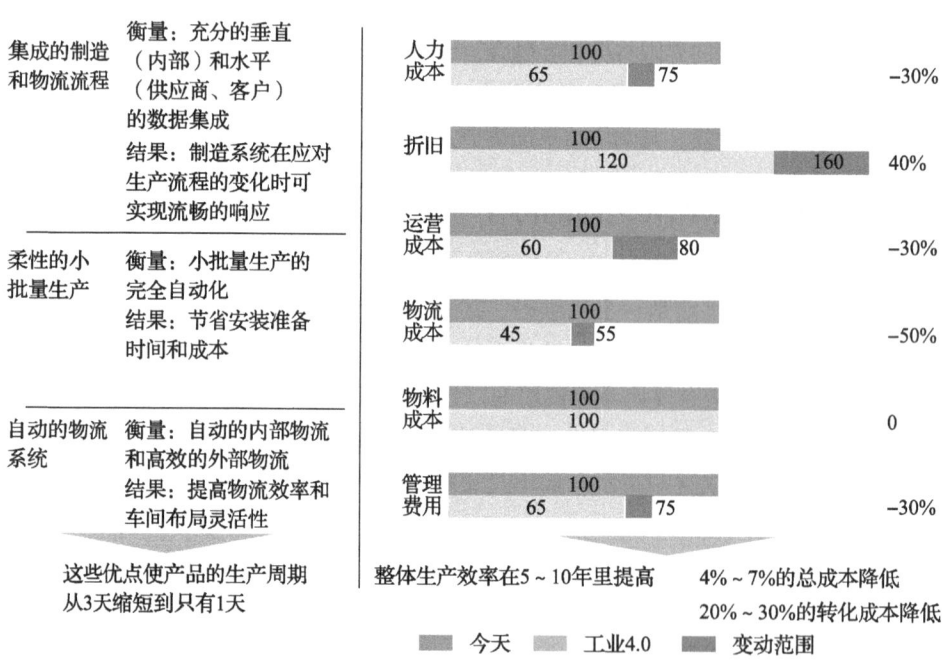

图 13-5　工业 4.0 可以帮助汽车零部件制造企业提高生产效率

13.5　技术、经济、组织、法律等方面对工业 4.0 的挑战

实施工业 4.0 是一个涉及诸多不同企业和部门之间的相互协作，以不同速度发展的渐进性过程。根据德国工业 4.0 报告中关于"工业 4.0 前景"的调查结果，

进一步确认了这一课题的重要性，认为这将关系到德国工业的竞争力。这项调查的对象包括278家以机械和工厂制造为主的企业，其中绝大多数都是中小企业（其中205家企业的员工人数少于500人），这也充分说明了德国中小企业参与工业4.0的高度热情。从挑战的角度来看，普遍认为标准化、流程/工作组织以及可得到的产品，将是实施工业4.0时所面对的最大的3个挑战（见图13-6）。

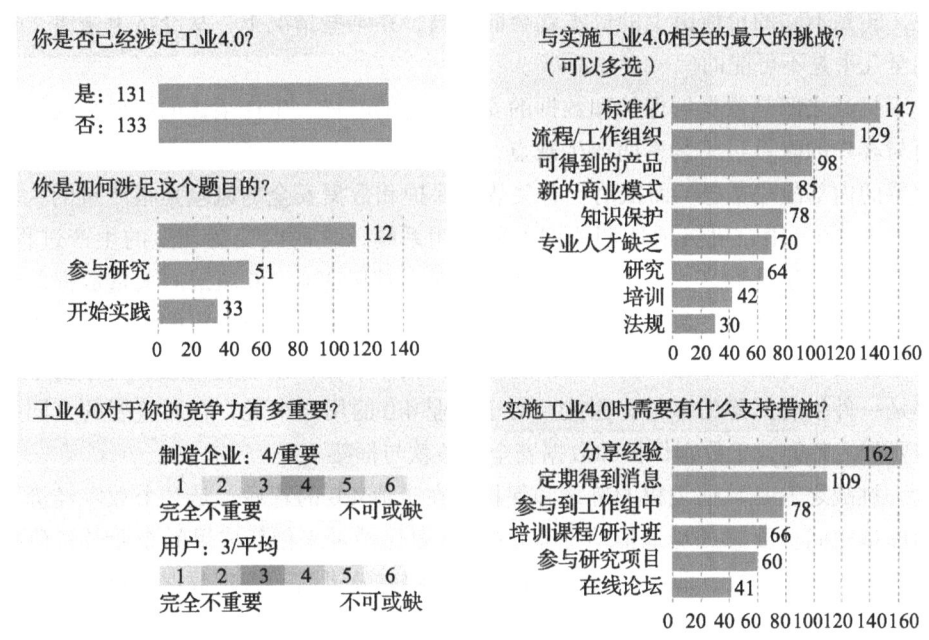

图13-6　德国工业4.0报告关于工业4.0前景的调研结果

尽管工业4.0有着极具吸引力的收益和好处，但是其价值链上的企业也面临着来自技术、经济、组织、法律等方面的挑战。在这些挑战中最重要的是：使用实时搜集的数据、对生产能力的利用、价值链中的集成、数据保护和数据安全、对数据主权的尊重和保护。

挑战之一来自于对从价值链上采集的海量数据（大数据）进行实时评价和使用。工业4.0概念的要义就是要对价值链上的数据进行搜集并评估，以实时地了解数据的相关性，并用于组织生产上，这也是支撑工业4.0的IT系统架构的主要概念。如何对这些大数据进行实时的分析，并加以有效使用，是所有想要实施工业4.0的不同行业的企业所面对的共同挑战。

挑战之二是在自治的有组织的生产中达到产能利用的最佳效果。在工业4.0中，企业的生产组织可以利用已有的生产能力，在生产发生波动或者某一个单独的生产单元发生故障的情况下，依然能够灵活、高效、快速地进行生产。这一实现了优化的自我调节过程，在实际执行中会变得非常复杂，并且经常与各种干扰发生冲突。

挑战之三是在价值链上的集成。工业4.0的概念是以价值链上的快速和有效的数据传输为基础的。这一目标只有在价值链上不同实体的IT架构和流程相互协调，以及接口、协议都清晰地得到定义的前提下才能实现。只要在技术前提上没有实现通用的标准，例如专有的系统之间不能够相互兼容，对于一家公司来说，转到不同的价值链上的成本就会非常高，在某些情况下，从经济上来讲，这甚至几乎是不可能的。

挑战之四是数据的保护和数据的安全。有的时候，生产柔性的好处会因供应商与客户的联系过于紧密而产生缺点，以及因公司流程对外过于暴露（例如特别敏感的内部战略数据）而抵消。有关数据保护和数据安全的风险是很严重的。基于工业4.0，用户可灵活地调节网上的应用系统，从而改变物理上的生产过程，这一做法对于他们来说非常有吸引力。但是，伴随工业4.0而来的大量数据的交换，对于黑客来说也是非常有吸引力的。这里谈及的黑客攻击可能不仅仅是数据的偷窃，也可能是对整个生产过程的操纵和破坏，这甚至从宏观经济的角度来说都是一件很有风险的事情。因此，对于工业4.0的用户来说，在所签署的合同中需要加入各类关于数据保护和数据安全的条款与框架。

挑战之五是数据主权的尊重和保护。在工业4.0的背后，是一个数字经济下的虚拟空间。要想成功地推动工业4.0，就要保护带来创新成果的企业及科研机构对于数据的主权，即数据的"所有者"能够有效灵活地管理数据。只有当价值链上各个合作伙伴都愿意交换数据时，工业4.0的方案才有意义。不同的国家对于数据主权的定义及条款是不同的，这一点又会把这个问题变得更加复杂。例如，按照美国的爱国者法案（US Patriot Act），美国政府可以访问总部在美国的企业所存储和处理的全部数据，无论这些数据在物理上是否在美国境内。而欧盟对于企业的数据则没有像美国政府那样要求。如果强制要求敏感数据本地化，要求企业向官方提供加密数据的解密路径，将会给企业运营的尚待完善的网络基础设施和应用带来额外的安全风险与商务风险。

13.6 应用分析：工业4.0为汽车工业带来的变化

13.6.1 对复杂性的管理是汽车企业取得成功的关键

今天的汽车，从市场的视角或者从企业的视角来看，存在着很多的复杂性。如图13-7所示，这些复杂性从变化、灵活性和产品来说，可以有很多种表现形式，其中的任何一条都可以写成一篇论文。例如，在汽车行业里，企业的计划灵活性反映为各个不同时段和供应链不同层级上的各类计划的灵活调整，可以随着市场、外部环境、零部件供应和生产能力等要素变化。

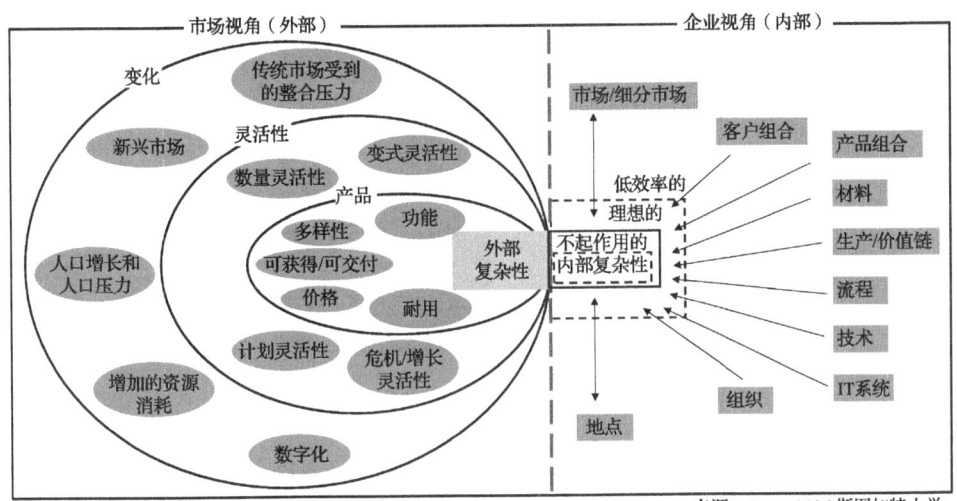

图 13-7　汽车企业所面对的内部和外部的复杂性

在这里必须要提到一个有趣的概念——必备多样性定律[⊖]（Law of Requisite Variety），这是一个在控制论和系统论里被公认的理论。面对复杂的万千世界，人们首先会想到所谓的以不变应万变的方法来应对复杂性，最典型的一个例子就是著名的美国间谍飞机 U2 的设计原则（Keep it Simple, Stupid!，KISS），它的含义是在设计飞机的构造和维修时，要尽量简单，不然到时候笨蛋就傻眼了。这一原则首先在美国空军中推广，然后又在工程界和管理界流行起来。但是在复杂的现实世界中，KISS 原则却不大行得通。客户的购买行为不是人类所能设计的。为了能够应对客户多变的行为，必须要应用"必备多样性定律"。如图 13-8 所示，只有多样性能够控制多样性（Only Variety can Control Variety）。换句话说，如果想要管理某一个系统中的多样性，控制机制中的多样性一定要大于系统中的多样性，由此达成的稳定才是一种动态的平衡。如果感觉到控制能力不足，要么降低控制要求，要么改进控制能力。飞机的控制仪表远多于汽车，本质上是因为飞机在空中飞行时所面对的多样性要多于汽车在道路上行驶时所面对的多样性。

今天，复杂性管理已经成为企业关键的竞争要素。技术的高度多样性、缺乏主导的设计，加上不断发展的产品与服务的个性化，都会让企业的复杂性呈爆炸式增长。

然而在另一方面，不断增长的企业外部的复杂性会导致企业在组织结构上更多地转向分布和自治。只有这样，企业才能从组织结构上来有效地应对外部的复杂性。

⊖ 国内又翻译为阿什比必要品种定律，或阿希比定律，提出者是 W.Ross Ashby。

图 13-8　W. Ross Ashby 的必备多样性定律

复杂性并不只是意味着高程度的纠葛。有的时候复杂是由于有大量的系统、大量的变化、大量的问题、大量的算法或数据造成的，尽管这些都是可以精确地加以计算和预测的，但是我们还是要学会如何摆脱这些问题。如果企业不能对复杂的系统进行精确的描述，那么对于管理层来说，也就意味着他们不能够对每件事情加以控制。

可变性、模糊性、不确定性和动态的行为是复杂性的主要特征。因为这些因素在企业管理中总是扮演着重要的角色，所以必须要能够对它们进行系统的管理。这意味着，资源——复杂性本身也是一种资源，必须要被正确地加以管理，这样才能创造价值。这种高级的复杂性管理是成功的企业的一个核心竞争力。

13.6.2　基于无传送带的分布式汽车生产系统

当前，汽车企业为了应对各种复杂性，如产品复杂性、技术复杂性和流程复杂性，采取了各种各样的手段和战略，其程度已经达到了极限。

对于汽车企业来说，如果在未来能够将生产目标的制定过程变成由分布在车间里的产品、设备之间的相互协商来完成，并可通过协商找到最好的方案，例如优化产能，那么在某种程度上，生产线上的工人就不再需要了，因为工人可以将管理生产的责任移交给分布式的生产系统。后者和一个网络或社区非常相似：每个人都可以相互通信和交流，形成最优的方案。这样就建立了一个非常稳健的解决方案，可以把目前汽车工业应对高度复杂性的能力提升到一个新的水平。

我们预测，在汽车工业里小批量生产能力的提高将会给协同的、自主的机器人在焊接、密封、组装等领域的应用带来更多的机会。例如，在焊接流程中目前使用的固定夹紧设备在未来可以进化成可适应性的工业机器人，这类机器人能够将每一件待加工产品抓住并旋转，以适应焊接机器人的每一次需要。其结果是，企业可以在一条柔性的生产线上生产出具有不同车身类型和车身设计的多种车型产品。在未来，自动化的任务控制系统将会监控汽车制造流程（见图 13-9）。它们将使用数据集成来自动修改制造流程，淘汰目前的多订单任务系统。

图 13-9　汽车工业未来的无传送带的智能生产的设想

我们希望这一天在不久的将来会变成现实。

第 14 章 Chapter 14

下一阶段工业 4.0 的发展及其相关动向

工业 4.0 的实现是一个长期的过程，绝不可能一蹴而就。经过前一阶段的研究，目前人们对于工业 4.0 的认识也逐步清晰，对于未来工业 4.0 的发展路径、成熟度等也都有了相对一致的共识。本章首先介绍工业 4.0 的发展路径，以及智能服务的成熟度划分，然后对工业 4.0 参考架构模型进行介绍。鉴于全书前面的章节侧重于德国的工业 4.0，而没有用笔墨来介绍美国的先进制造，在这里对美国的先进制造的发展方向也做了一个扼要的介绍，用来与工业 4.0 未来的发展做一个对比。最后，对本书提到的这些概念——德国的工业 4.0、美国的工业互联网、中国的"中国制造 2025"和"互联网＋"进行了一些比对式的探讨。

14.1 工业 4.0 的发展路径

就像德国工业 4.0 报告中所说的那样，实施工业 4.0 是一个涉及诸多不同企业和部门，以不同速度发展的一个渐进性的过程。按照德国工业 4.0 报告中的在 2013 年对 278 家主要来自机械和工厂制造的德国企业所做的调查（其中有 205 家企业的员工数少于 500 人），47% 的企业已经积极地在参与工业 4.0 计划，18% 的企业开始了对工业 4.0 的研究，12% 的企业则已经开始实施工业 4.0。应该说，这是一个非常乐观的开始。

作为工业 4.0 的核心技术，CPS 必须要被应用到制造系统中。这要求机械和设备制造商具有类似系统集成商的能力，可以将信息通信技术与自动化技术结合起来，建立起有针对性的、有创意的开发过程，以创造新的 CPS 系统。未来的

CPS 应该是模块化的,并配备相应的组件目录。此外,由 CPS 构成的更高水平的网络需要实现产品模型、制造资源和制造系统的端到端集成。这些都需要开展长期的研究。

一般认为,从今天开始,到全面部署和使用 CPS 技术,还需要大约 10～20 年的时间。之所以要经过这么长的时间,其原因是存在于现实世界中的高度的异质缺乏统一的标准进行集成和通信,因此对于新的设备、生产设施和 IT 架构来说,需要有大量的投资来实现统一。出于这些原因,人们普遍认为工业 4.0 将会在不同的行业里沿着不同的发展路线向前演进。在一些按订单生产的制造业中,或者是在生产高价值的、多型号系列化的产品的行业里,工业 4.0 将会取得更快的进展。可以预见,工业 4.0 将会在不同的行业中以不同的步伐向前推进。

另一个描述工业 4.0 发展路径的角度是从自动化和集成的程度来描述。目前,社交媒体和 M2M 已经得到了较为广泛的应用。接下来,在未来的 5 年里,预计工业 4.0 的突破将会体现在 CPS 的单独应用和实时控制的应用普及上。在此之后,随着 CPS 在产品、工厂、工厂之间的完全应用和集成,以及与之对应的自主物流、自主生产的深入应用与普及,有望在 20 年之后实现完全的集成,这也就是目前所能看到的工业 4.0 的目标(见图 14-1)。

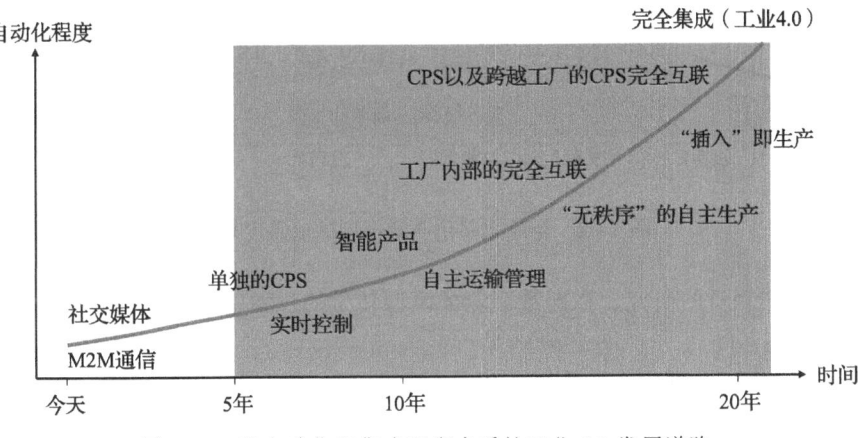

图 14-1　从自动化和集成程度来看的工业 4.0 发展道路

14.2　智能服务的成熟度

关于智能服务的成熟度,德国工业还处于使用智能服务来优化和提高现有流程的效率阶段。这一战略已经在实践中得到了广泛的应用。海德堡印刷机械厂就是早期的开拓者之一。

但是,对于制造商来说,让客户为厂商提供的支持其产品的智能服务付费,常常是非常困难的，这意味着厂商很难收回数字化的投资。对于客户来说，他们总是希望所购买的产品能够100%地正常工作。而如果这需要厂商在数字化上进行大量的投资，那么也肯定是客户希望看到的，但很少有客户会愿意为此付费。

然而，一直将业务聚焦在以产品为中心的狭小市场上，已经被证明不是一个好的选择。智能服务已经掀起了一股对原有的业务模式来说是破坏性的浪潮，席卷了许多行业，并且即将进入剩下的行业。谁最后能够控制住服务平台，谁就能够对整条价值链获得控制权。

如图14-2所示为智能服务背景下企业数字化业务模型的成熟度划分。从最开始到分析与预测阶段，主要还是针对数据的分析和处理。再到与核心业务集成和智能服务与业务模型阶段，才达到了改变商业模型的最终目标。

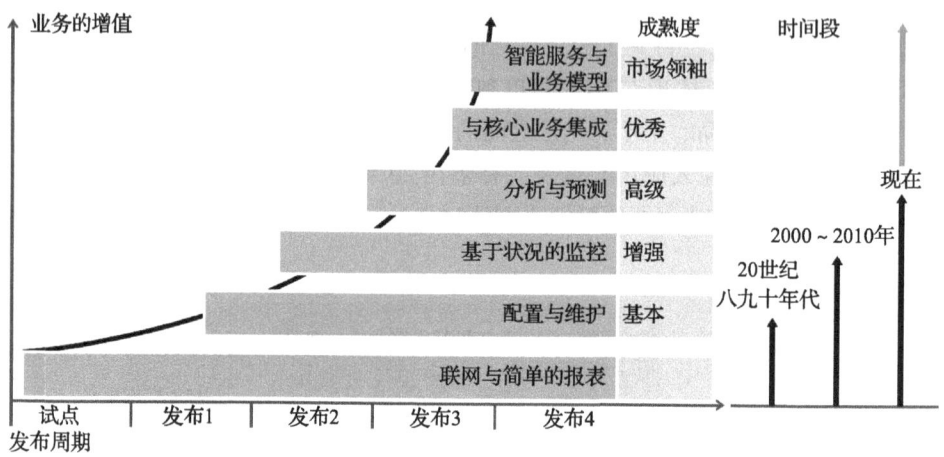

图14-2 企业数字化业务模型的成熟度划分

根据埃森哲的研究，在向数字业务模型转型的过程中，大部分企业会经历以下4个阶段：

1）建立临时性解决方案。在这一阶段，管理层仍未意识到或者仍不相信数字化能给企业带来利益。因此，数字化应用到何种程度，取决于各个部门的实际需求或者重要意见领导的个人偏好。数字化的应用散布于企业或一些业务部门的各个流程中。一般来说，合规性和数据管理应用往往会首先实施数字化。

2）建立数字化业务流程。第二阶段仍展示出流程演变中显著的不连贯性、片面性和无计划性。到了这一阶段，一些率先应用数字化的部门可能已认识到实现数字化的益处，并将部分或大部分业务流程进行转型，比如虚拟化、社交媒体及互联网应用等。但是，仍缺乏贯穿、协调这些行动的总体战略，因此功能、系统和平台冗余重叠的现象非常普遍。

3）搭建具有凝聚力的数字平台。到了第三阶段，虽然未来的目标仍不甚明确，但管理层已看到一些曙光，并已部署人员和资金来推动转型。此时，企业已开发了一个全面的平台，为那些曾被孤立对待的数字化流程提供支持并进行协调。例如，通过新产品开发或资产管理等跨职能流程，就能让整个企业从协同中获益。

4）打造数字业务模型。根据特定的业务模式和发展战略，一些企业决定向实现全面一体化的数字业务模式更进一步。在这种情况下，企业开始实施整体的转型工程，而不是消极地等待数字化运动来推动自下而上的变革。在这一阶段，每一个业务环节都要经过仔细审查，一旦通过可行性检验，即可进行数字化改造。

如果将这4个阶段与图14-2中的6个成熟度结合起来，无疑可以更好地帮助企业制定正确的计划。在开始数字化行动之前，企业首先应后退一步，明确企业目前的数字化组合与企业战略、执行能力之间的匹配程度如何，以及企业目前所处的和下一步希望达到的数字化业务模型的成熟度。这样，企业就能客观地看待所有的业务流程，并确定哪些环节可以从数字化中获益，以及应该在实施上设定什么样的目标。这种从整体着眼、有清晰的阶段观的方法，可帮助企业把握整合带来的效应，以及每个阶段的工作重点和目标。

14.3 工业 4.0 参考架构模型

在工业 4.0 面临的挑战中，标准的缺失是最为关键的一环，而工业 4.0 参考架构模型的提出，为工业 4.0 标准的建设，提供了重要的依据和基础。

14.3.1 RAMI 4.0 的结构

如果说工业 4.0 是通过价值网络来实现跨企业的联网和集成，那么无疑需要相应的标准作为基础与前提。标准化的工作必须将重点放在协作机制、信息交换两个方面。对这一部分完整的技术描述和规定的执行，被称为参考体系（Reference Architecture）。参考体系是一个通用的模型，它适用于所有的合作伙伴企业的产品和服务。如图 14-3 所示，它提供了一个与工业 4.0 相关的技术系统的构建、开发、集成和运行的框架，是以软件应用和软件服务的形式呈现的。

工业 4.0 参考架构模型（Reference Architecture Model for Industry 4.0，RAMI 4.0）用一个三维的坐标体系，描述了工业 4.0 的所有关键方面的内容。通过这种方式，可以将工业 4.0 中复杂的相互关系分解为小的和简单的群组。如图 14-4 所示，构成三维坐标的轴分别是分级层次轴（Hierarchy Level Axis）、生命周期和价值流轴（Life Cycle & Value Stream Axis）、层级轴（Layer Axis）。

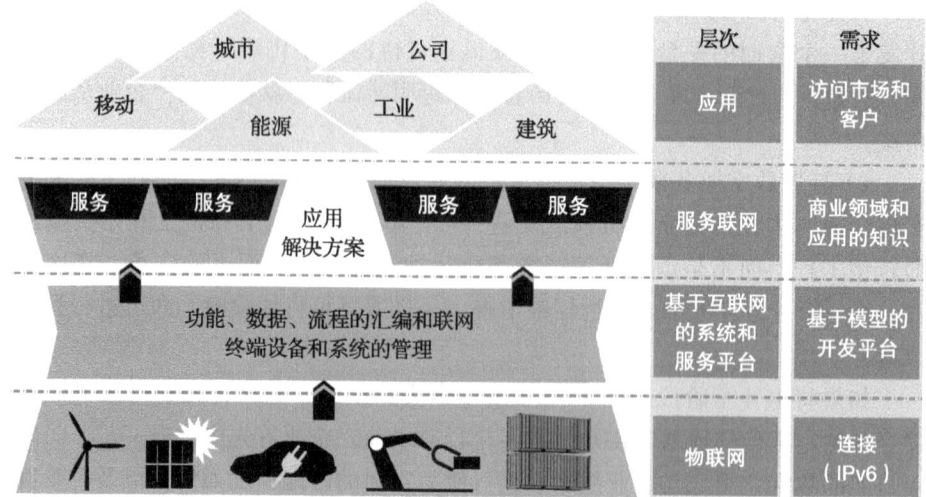

图14-3　参考框架将物联网和服务联网连接起来

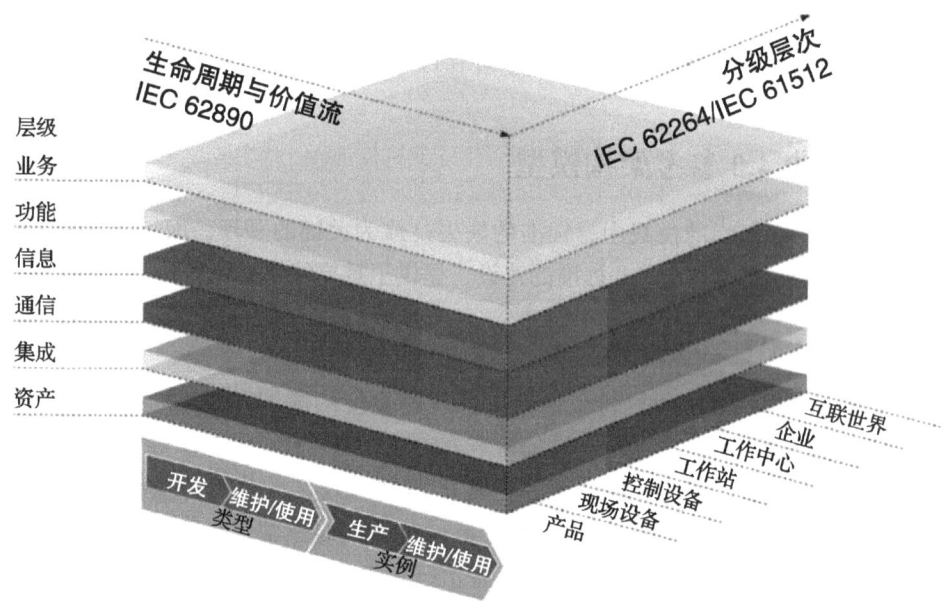

图14-4　工业4.0参考架构模型

1）分级层次轴：这条轴位于模型的右方，来自于 IEC 62264/IEC 61512，前者是企业 IT 和控制系统国际标准。这里面包含的多个分级层次代表了工厂或设施的不同功能。为了代表工业4.0的环境，这些功能被加以扩展，包括工件、带有标签的产品、与物联网和服务网的连接，以及带有标签的"互联世界"。

2）生命周期和价值流轴：这条轴位于模型的左方，代表了设备和产品的生命周期。它的定义以生命周期管理的 IEC 62890 标准为基础。RAMI 在这里还进一步对"类型"和"实例"进行了区分。当设计和原型试制工作完成，实际的产品投入生产之后，一个"类型"就变成了一个"实例"。

3）层级轴：垂直的方向分为 6 个层次，用来将一台机器设备按照属性结构，一层一层地分解，即机器设备的虚拟映射。每一层的属性划分都参考了通信行业著名的七层协议结构[○]，将复杂的系统分解到具体的单个层次上。由下至上，它们分别是：

- 资产层：例如传感器、执行器、机械零部件、文档等。
- 集成层："真实的世界"与 IT 之间的接口，以及资产的人机接口。
- 通信层：实现与信息层的协调通信。在需要的情况下，例如对于时间特别敏感的应用，可以通过实时的网络实现直接通信。
- 信息层：实现对数据的工业 4.0 兼容数据的表示与访问。
- 功能层：实现对资产的与工业 4.0 兼容的功能访问。此外，它也是业务流程的基本服务。
- 业务层：业务流程的实现。

通过这 3 个轴，可以将工业 4.0 的所有的主要方面都映射进来，让类似于机器的对象按照模型来进行分类。这样，高度灵活的工业 4.0 的概念就可以使用 RAMI 4.0 来加以描述和实现。RAMI 可以一步一步地帮助企业从现在过渡到工业 4.0 的世界。

如图 14-5 所示，以传感器数据的融合和预处理两个方面为例，说明了它们在 RAMI 中的映射关系。

14.3.2 使用 RAMI 4.0 的好处

使用 RAMI 4.0 的好处是可以将不同的用户视角集成起来，提供对工业 4.0 技术的共同认识。通过应用 RAMI 4.0，不同的领域——从制造自动化、机械制造工程到流程制造工程，可以由行业协会和标准化协会来覆盖。通过这种方式，RAMI 4.0 为标准和用例提供了一个共同的理解。

RAMI 4.0 可以被看成工业 4.0 解决方案的一种三维地图：为了定义和进一步开发工业 4.0，它提供了与国家和国际标准一起描绘需求的共同方向。标准之间的重复和不同也就可以被辨别出来了。

○ 通信行业普遍使用 OSI 的通信系统互联参考模型。它有 7 层结构，7 层从上到下分别是：7—应用层、6—表示层、5—会话层、4—传输层、3—网络层、2—数据链路层、1—物理层。其中高层，即 7、6、5、4 层定义了应用程序的功能，下面 3 层，即 3、2、1 层主要面向通过网络的端到端的数据流。

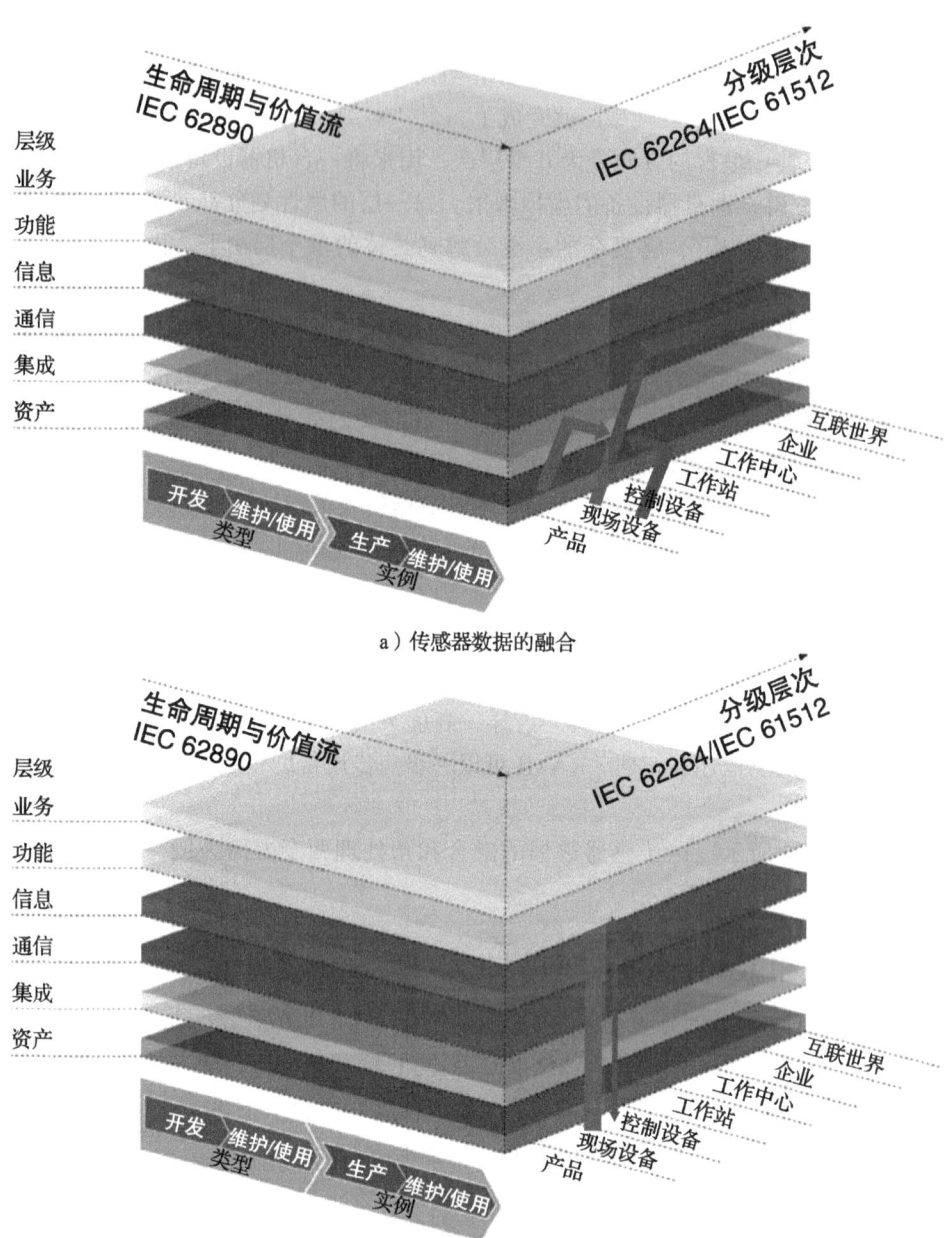

图 14-5　RAMI 在传感器数据处理上的应用举例

14.4　美国先进制造的发展方向

德国和美国，作为全球制造行业的一流强国，在对未来技术的把握上有很多相似之处。在本书的最后,有必要对美国近年来大力发展的先进制造做一个介绍。

多年来,美国制造业中流行的做法是将制造外包给中国、印度和墨西哥等低成本生产国,而随着制造外包一同流出美国的是生产工作岗位。但是,随着这些生产国迅速上涨的劳动力价格、原材料成本和海运成本,加上美国各州大幅度的税收优惠,这些因素综合在一起,使得美国企业将制造迁移到海外的理由不再那么充分。

如图 14-6 所示,根据波士顿咨询公司的分析报告,在全球出口量排名前 25 位的经济体中,如果以美国为基准取值为 100,那么在 2014 年中国的制造成本指数是 96。也就是说,同样一件产品,在美国制造成本是 1 美元,那么在中国则需要 0.96 美元,双方的差距已经非常之小。

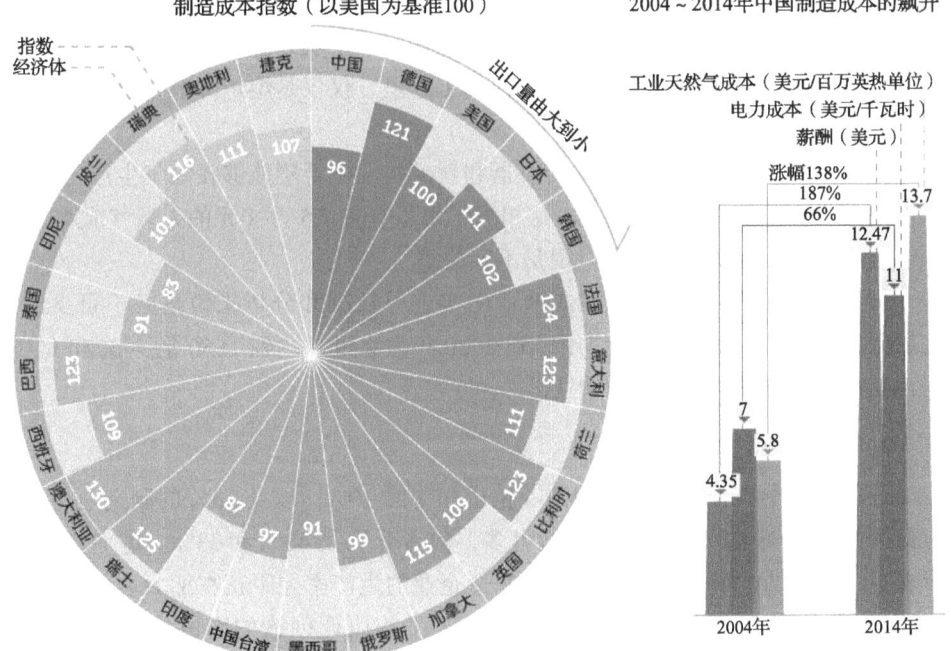

图 14-6　中国制造的成本已经接近美国

在 2015 年,伴随着美国"页岩气革命"带来的能源独立,全球原油价格暴跌。截止 2015 年 12 月 31 日夜,全美的汽油均价是 2 美元/加仑,约合 2.89 人民币元/升,最低的州只有 1.56 美元/加仑,约合 2.25 人民币元/升。而中国的油价则维持在 5.5 人民币元/升以上,这有助于降低美国高于中国的制造成本,甚至让中国的制造成本反超美国。

2008年金融危机以来，美国政府开始着手重振美国制造业。在美国奥巴马总统发布的《振兴美国先进制造业》报告的2.0版本中，提出了三大优先发展的技术，其中的两个，即先进传感器、控制和制造平台（ASCPM）和可视化、信息化和数字化的制造（VIDM），都与德国工业4.0有相似性，值得我们重视和研究。

14.4.1　先进传感器、控制和制造平台技术

1. ASCPM技术的提出背景

在这里，ASCPM技术的提出有三点重要的意义。

首先，ASCPM技术是生产效率和经济增长的中心。在美国，制造业在生产率增长中所占的比例是其在就业中所占比例的3倍。ASCPM对于制造业的提升，在提高美国整体生产效率和实现经济增长方面具有核心的作用。

其次，ASCPM技术是能源效率和可再生集成的关键。下面的两个例子证明ASCPM在能源密集行业里的应用效果：

- 通过先进的传感和基于模型的优化技术，一个航天金属零部件制造商期望在包括离散制造和流程制造在内的工厂里，仅仅是熔炉环节，每年就可以节省300万美元。
- 一家化工企业通过改进的传感器和建模技术，希望能够在氢气生产工厂里节省10%~20%的能源，这相当于每年节省7.5万美元的天然气成本。

这样的例子还有很多，可以说是不胜枚举。

最后，ASCPM技术对于在制造业中实施大数据和分析来说是必不可少的。大数据对于美国GDP的刺激作用，到2020年为止可以达到1550亿~3250亿美元，其中主要的贡献来自于制造业。

2. 实施的范围

在美国，中小企业占据了制造业销售额中的19%，以及13%的制造业出口。与德国相比，美国的这一数字要低得多，前者分别是40%和33%。进一步的分析表明，美国的大型制造企业和小型制造企业的生产率差距正在加大。例如，在20世纪60年代，美国中小企业的每位员工平均协调创造的增值是大型企业的80%，而到了20世纪90年代，这一比例则下降到不足60%，其原因是与大型企业相比，中小企业普遍不愿意在设备上进行投资，并且也不太愿意在商业和制造领域采用新的方法，而在最新出现的技术、制造工艺或管理实践上也缺少资源和经验。

与之相反，德国制造业的60%都处于高技术或中高技术领域，而美国则与之相反——60%处于中低技术领域，40%处于高技术领域。在《振兴美国先进制造业》的报告中，美国认为德国目前正在大力推动的工业4.0，其实就是ASCPM技术。

3. 愿景

ASCPM 技术可以为制造业带来巨大的收益。从长期来看，ASCPM 技术将会带来制造业的真正革命。可以预见的一些目标包括：

- 在 3 ~ 5 年，让来自不同供应商的制造自动化设备之间可以无缝地相互操作，并允许"即插即用"(Plug-and-Play)式的配置。
- 在 3 年之内，让来自制造工厂的每个单元的能源消耗和浪费减少 20%，在 10 年之内减少 50%。
- 在 5 ~ 10 年，将传感器的部署成本下降一个量级，对关键的流程参数提供普遍和全面的实时测量解决方案。
- 在 5 ~ 10 年，实现流程与控制系统优化，可以做到根据原料的反馈、市场需求和工厂性能进行实时调节。
- 在 5 年之内，能够在潜在的缺陷和问题尚处在早期阶段的时候就将其检测出来并改正，减少 50% 的工厂停机时间，10 年之内减少 90%。

4. 需要弥补的十大技术差距

为了实现上述目标，从技术的角度来看还存在着不小的差距。下面列出的十大技术差距，意味着接下来 ASCPM 技术的研究方向。

- 促进制造设备、制造系统、制造服务的开放标准和互操作性发展。
- 改进机器能源消耗和废弃物的实时测量、监控、优化解决方案。
- 实现能源优化的流程，以及与智能电网、废热发电、微电网的集成。
- 提供制造设备和系统的健康管理。
- 提供低功率的、可复原的无线传感器和传感器网络。
- 与大数据分析和数字化线路 (Digital Thread) 的集成。
- 建立平台架构，对跨异构系统、人类系统的公有数据、私有数据与软件进行集成和编排。
- 制造自动化的面向软件服务的平台。
- 在制造领域里基于模型的控制和优化的理论、算法。
- 跨制造各个领域（计划、优化、诊断、控制）的建模与仿真。

14.4.2 可视化、信息化和数字化的制造技术

VIDM 是一组集成的、横跨企业层面的智能制造方法，它使用当前信息技术系统和工具的最新进展，通过端到端的供应链上具有高效率、前所未有的灵活性、优化过的能源管理，在需要的时间和地点，实现定制化的产品与零部件的无缺陷制造。

VDMI 有两个关键的驱动力：

- 加强研发与制造的集成，提高端到端的交付速度、生产率、供应链效率、流程产出、能源效率、可持续性。
- 改善流程的安全性、灵活性、敏捷性、可配置性，提高员工对工作的满意度和自豪感。

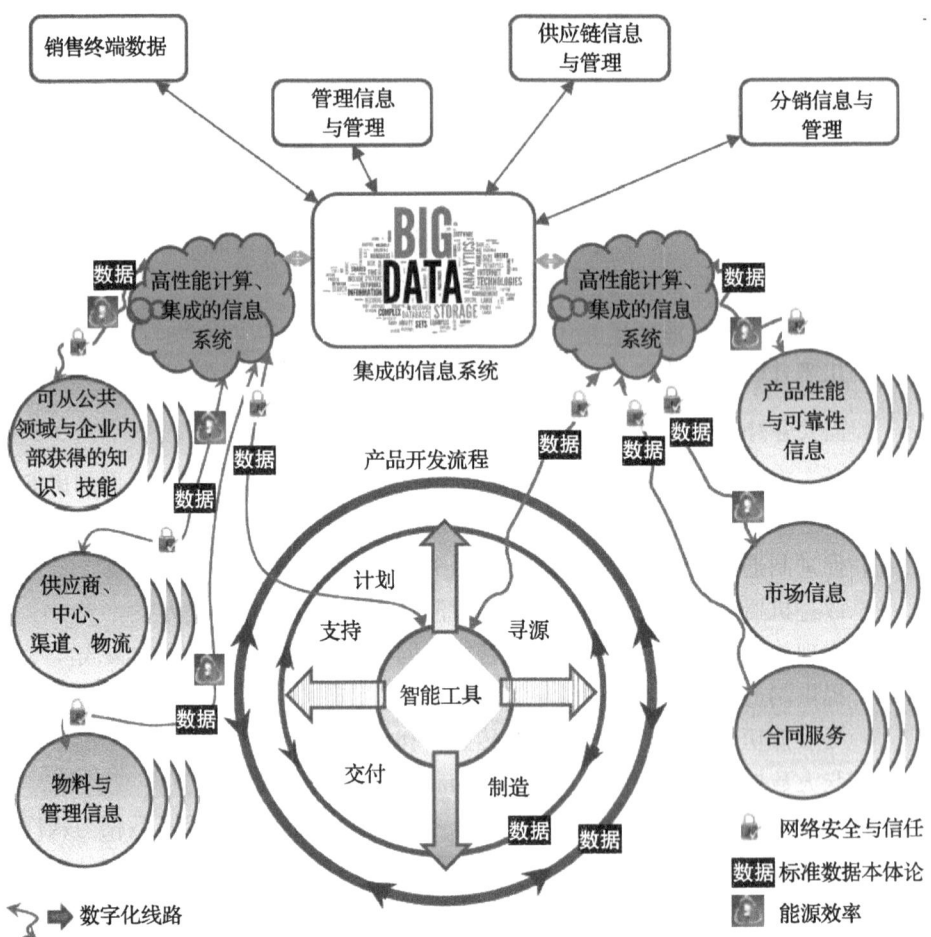

图 14-7　VDMI 的 3 个核心领域的相互作用示意

在美国，截至 2014 年，估计只有不到 5% 的行业充分利用了 VDMI 的潜能。报告认为，在未来的 5 年里，约有 50% 的行业，例如航空、汽车、化工和流程制造行业，将会使用 VIDM 技术，大幅缩短产品和制造流程的开发周期时间，其幅度将会达到 40%～50%。如果将时间延长到 20 年，受惠的行业将会达到 90%。此外，VIDM 还能够改善端到端的供应链的能力，提高企业在响应市场变化时的柔性和敏捷度。美国在 VIDM 上保持着先天的技术优势，原因是它是全世界最先进的软件开发国家；65% 的全球软件百强企业的总部都在美国，它们在 2013 年贡献了整个软件销售收入（2430 亿美元）的 80%。VIDM 使用先进的工具，可以跨越不同的系统，在供应链的多个层次上——工厂层、企业层、跨企业层，实现互联的数字模型和数据的可视化，并使用大数据进行分析与模拟，做出有效的决策。这些都是通过一个由强大的网络安全架构和高速的计算共享服务架构构成的骨干来实现的，可以帮助美国的制造商给客户和消费者提供优化的服务水平——更快、更便宜、更简单、更高的质量、更好的能源效率和更加安全的环境。

VIDM 的课题主要集中在 3 个领域：
- 数字化线路。
- 集成的信息系统。
- 大数据与分析。

图 14-7 描述了这 3 个被关注的部分需要如何相互加强，以在不同层次上实现先进制造。

14.5 美国的工业互联网、中国的"中国制造 2025"和"互联网+"

14.5.1 美国的工业互联网与德国工业 4.0

工业互联网（Industrial Internet）可以简单地看作是大数据分析和物联网的结合。尽管工业互联网对于所有行业的企业都会带来好处，但普遍认为，特别受益的行业是航空、石油与天然气、运输、发电和输配电、制造、医疗、采矿。其原因可以归结为不是所有的大数据都处于同一水平。由工业设备创造的大数据，如涡轮、航空发动机、核磁共振机器等，在同等的数据量水平上，与其他通过社交网络、消费者互联网或其他源头获得的大数据相比，更加具有潜在的商业价值。

与工业 4.0 类似，在工业互联网的报告中，也对过去 200 年的工业发展和创新历程进行了阶段划分。

第一次浪潮：工业革命。这指的是 1750～1900 年间的一段长达 150 年的创新过程。同样，工业革命的第一个阶段始于 18 世纪中期蒸汽机的发明和应用。而 1870 年左右的内燃机、电力和其他一些机械的发明，则开启了工业革命的下一个阶段。

这一阶段的一个重要特点是在新出现的行业里，如纺织、钢铁、电力等，出现了大型企业，带来了显著的规模经济。在这种经济模式下，利用分层管理和集中控制获得效率。所有的创新都按照一种系统化的方式进行，很多企业建立了集中的中央实验室或研究院。

第二次浪潮：互联网革命。这指的是 20 世纪互联网革命对世界的改变，这一阶段的时间只有 50 年。第一阶段的互联网革命起源于 20 世纪 50 年代的大型主机、软件以及"信息包"的发明，允许计算机之间进行通信，并由此出现了政府资助的计算机网络。到了 20 世纪 70 年代，封闭的政府和私有的网络被开放的网络取代，并开始了网络协议的标准化进程。不过在 1981 年，只有不到 300 台计算机连接在互联网上。15 年后，就发展到了 1900 万台。eBay 在 1995 年的时候每年只有 4.1 万用户进行 720 万美元的交易，而到了 2006 年，就发展到了 2200 万用户进行 525 亿美元的交易。

这一阶段的互联网革命的质量与工业革命相比有很大的区别。互联网、计算以及对大量数据的发送和接收，是构筑在网络、水平结构、分布式智能的实现与价值之上的。它通过紧密地集成和更加灵活的操作，改变了对生产系统的思考方式。此外，与过去线性的研发过程相比，互联网可以实现并行的创新。由于可以快速地进行信息交换和分布式的决策，推动着建立了不受地理位置限制的协同工作环境。其结果是，老的集中式的内部创新被初创企业、更具创新性的利用更加广泛的知识的模式所取代。因此，资源密集型的企业让位于信息密集型的企业、知识密集型的企业。

第三次浪潮：工业互联网。它是指全球工业系统与高级计算、分析、感应技术以及互联网连接融合的结果。它通过智能机器间的连接最终实现人机连接，结合软件和大数据分析，重构全球工业，激发生产力，让世界更美好、更快速、更安全、更清洁且更经济，如图 14-8 所示。

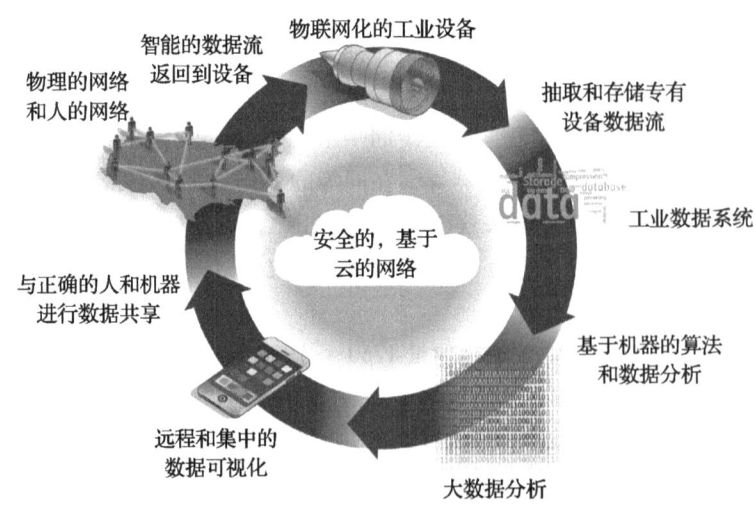

图 14-8　工业互联网建立在对工业大数据的分析基础之上

伴随着这样的发展，3 种元素逐渐融合，也充分体现出工业互联网之精髓：

- 智能机器：以崭新的方法将现实世界中的机器、设备、团队、网络通过先进的传感器、控制器和软件应用程序连接起来。

- 高级分析：使用基于物理的分析方法、预测算法、自动化、材料科学，电气工程及其他关键学科的深厚专业知识来理解机器与大型系统的运作方式。
- 工作人员：建立员工之间的实时连接，连接各种工作场所的人员，以支持更为智能的设计、操作、维护以及高质量的服务与安全保障。

相比之下，德国的工业 4.0 与美国的工业互联网有很多相似的地方，同时也存在着不容忽视的差异，如表 14-1 所示。

表 14-1 德国工业 4.0 和美国工业互联网的对比

对比方面	相同点	不同点	
		德国工业 4.0	美国工业互联网
推动力量	均体现了大企业主导的产学研密切结合	由德国国家科学与工程院、弗劳恩霍夫协会、德国联邦教育与研究部和数十家德国企业联合发起，并由德国政府纳入《高技术战略 2020》	美国 GE 发起，由 AT&T、Intel、IBM 作为初创成员，成立了工业互联网联盟，致力于通过最佳实践及行业标准的推广，加快工业互联网的发展。现已有 100 多家公司、机构和大学加入
发展目标	均提出了利用信息化、智能化的技术来改造当前的生产制造与服务模式，实现数字化运营，提高生产效率，提升产品和服务的市场竞争力	工业 4.0 侧重于传统的制造领域，将互联技术与传统的工业制造相结合，打造"智能工厂"与"智能制造"，提高生产效率。智能服务侧重于打造体现企业数字化运营的服务平台，通过对各种智能服务的支持，推动创新，提高企业的平台核心竞争力	工业互联网将工业与互联网在设计、研发、制造、营销、服务等各个阶段进行充分的融合，实现数字化运营，提高整个系统的运行效率，推动数字化转型
实现方法	均依托互联网、物联网与大数据，将集成与互作为实现手段	通过网络物理系统，与工业生产系统进行充分融合，打造数字工厂，实现价值链上企业间的水平集成、网络化制造系统的垂直集成，以及端到端的工程数字化集成	要将带有内置传感器的机器与复杂的软件/其他机器、人连接起来，从中提取数据并进行深入分析，挖掘生产或服务系统在性能提高、质量提升等方面的潜力，实现系统资源效率的提升与优化
产业链环节		偏重于生产制造的"硬"环节，也偏重于"自下而上"的策略，推进生产或服务模式中由集中式控制向分散增强式控制的转变，实现高度灵活的个性化和数字化的生产或服务	偏重于分析服务的"软"环节，倾向于通过"自上而下"的策略，形成开放且全球化的工业网络，实现通信、控制和计算的集合。在产业体系中偏重于设计、服务环节，注重物联网、互联网、大数据等对生产设备管理与服务性能的改善

一场针对工业 4.0 的赛跑已经在欧洲、美国和亚洲的企业之间展开。

14.5.2 "互联网+"的解读

由于"互联网+"的概念是李克强总理在政府工作报告中提出来之后才得以流行的，所以对"互联网+"的第一层解读应该在从政府的背景出发。在政府的一系列文件的标题中，"互联网+"这个名词的后面跟的都是行动，即"互联网+行动"，所以"互联网+"其实是一个行动，在英文中叫作"Campaign"，它是一个类似政策类的概念。

第二层解读可以从"互联网+"概念的产生背景来看。它可以看作是前几年政府提出的"两化融合（即工业化和信息化的融合）"和互联网公司提出的"互联网思维（用互联网的思维方式思考传统行业的业务）"的一次嫁接，指的是"互联网+传统行业"。只不过这次民间和政府达成了一致，政府、企业和股市都一致接受这个概念。

第三层解读从 SAP 的视角来看。"互联网+"其实就是利用互联网的创新成果，对传统企业进行数字化变革，即所谓"应用互联网技术的数字化变革"。其实，数字化变革由来已久。传统出租车公司通过"GPS 加上电话呼叫"来调度和预约车辆，这在当年也是一种数字化变革。但是只有在移动互联和大数据应用成熟普及的情况下，才能诞生 Uber 这样的企业。SAP 近年来通过在内存计算、移动、云计算领域的开发和收购，奠定了作为"互联网+"技术服务商的能力。

中国互联网过去几年的发展，表现为一种消费者主导的互联网发展，无论是网民数量、智能手机普及率，还是电商的销售额，都达到了全球第一的水平，超过了美国。但是从企业来看，无论是企业、企业员工的上网普及率和应用水平，都远远落后于国外。因此，下一阶段中国互联网的发展将转向企业主导的互联网，这也符合"互联网+"的含义。

14.5.3 "中国制造 2025"与电子商务的成功之路

近年来，中国的电子商务得到了广泛的普及，其成功有其特定的背景和环境，其实现路线和技术内容尚难以承担制造业转型升级的重任。

如图 14-9 所示，在中国，不同地区的线下商业基础设施的差距很大，这为电子商务的兴起提供了发展和生存的空间。中国西部与东部地区，人均收入相差不到 1 倍，但是人均商业基础设施（以"人均交易市场营业面积"和"人均连锁零售营业面积"两个指标为例进行衡量）却相差近 4 倍。对于消费者，特别是中部和西部地区的网民来说，选择网购的第一大因素是"品类丰富"。电商的应用填补了巨大的基础设施差距。而实际上，即便是东部地区的商业基础设施，与临近国家（如日本）和地区相比（如我国香港、台湾），也存在很大的差距。以日本为例，日本的线下实体商业网络相当发达。其中，大阪的商业形态有商业街、车站商业生态图、便利店布局，通常商业街集中在市中心繁华地带，同时各商业街通过各车站生态圈相关联，在各车站之间的地带以便利店、商超、大卖场布局，从而构建地上地下、以点带面的网状商业生态图。在商业街里面，又以美食站、药妆店、服装店、电玩店及生活用品店为主，力求吃喝玩乐一条龙，一条商业步行街经常可以延绵两三公里，并配有遮阳棚。而在每家实体店中摆放的商品琳琅满目，又由于日本的商品包装一般都偏小，一个货架从上到下可以隔七八层，所以即使是一般的实体店也能置放绝对数量较大的商品品种，以供顾客挑选。另外，线下实体店每家都有不同的特色，供给顾客选择的余地较多。

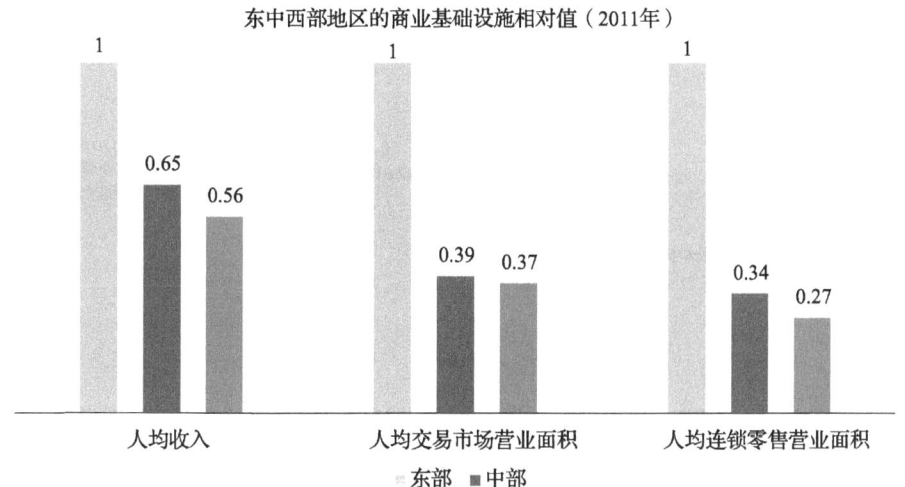

图 14-9　中国不同地区商业基础设施的差距为电子商务的兴起提供了空间

反观国内的线下零售，传统百货商场普遍采取"联营扣点"模式（15%～30%），缺乏对商品、客户的管理，丧失了零售业的基本功能。而连锁商超的盈利模式只有 30% 来自价差，70% 来自进场费、条码费、促消费以及供应链金融（即拖欠供应商货款），因此自然属于被淘汰的对象。而令人担忧的是，这种在过去传统的百货和连锁商超"盘剥"供应商的做法，已经迅速地被电商平台所借鉴，只不过从线下搬到了线上。目前，拥有自有品牌、高性价比、敏捷供应链、体验式消费的线下零售企业依旧繁荣。以宜家为例，2015 年的销售增长超过 18%，俱乐部会员增长了 42%，达到了 1350 万人。这一事实从另外一个方面印证了电子商务的实现路线和技术内容尚难以承担我国制造业转型升级的重任。

如本书前面所阐述的工业 4.0 理论的所揭示的，中国制造 2015 遵循的是一条与电子商务完全不同的道路。它产生的内因和外因有更大的背景，也有自己博大的理论体系，还有着复杂和严密的技术体系与标准。

作为德国工业4.0研究的最新阶段——智能服务的出现，可以认为德国已基本完成各主要行业的"互联网化或物联网化"，下一阶段是利用物联网带来的技术机会和变革机会，打造各个行业和企业的数字化平台，推动建立新的面向服务的业务模式。中国的"互联网+"仍处于互联网向其他行业应用普及的阶段，特点是以B2C拉动的"逆向互联网化"，通过在零售领域的"野蛮式推广"，试图带动上游各个行业的互联网转型。这种逆向互联网化，或者说是以C2B为代表的体现产销合一、柔性化生产的电子商务2.0，更多带动的是目前电子商务主要涉足的行业，如服饰、家装、日化等。而对于工业4.0应用的核心行业，如装备制造、汽车等离散制造行业，逆向互联网化难以发挥作用，而这些行业更多地将会体现为供给角度优化下的大规模定制（见图14-10）。

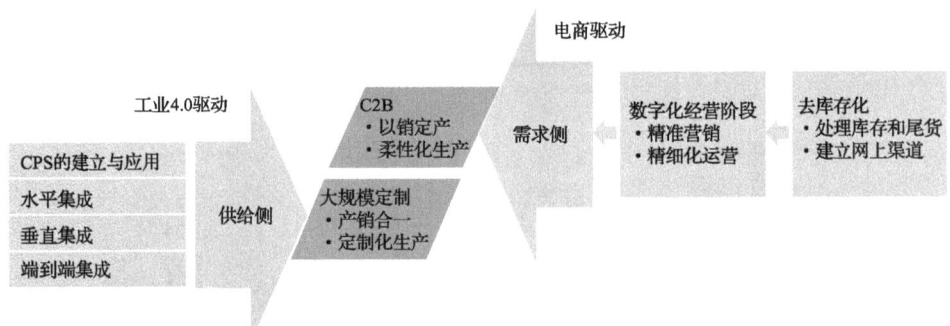

图14-10　C2B和大规模定制将是下一阶段电子商务与工业4.0的交汇点

让我们一起期待一场工业4.0与电子商务的碰撞和融合吧。

缩 略 语

缩写	英文	中文
AA	Asset Accounting	资产会计
ADAS	Advanced Driver Assistance System	高级驾驶员辅助系统
AGV	Automated Guided Vehicle	自动导引运输车
AHP	Analytic Hierarchy Process	层次分析法
AI	Artificial Intelligence	人工智能
AIN	Asset Intelligence Network	资产智能网络
API	Application Programming Interface	应用编程接口
AR	Augmented Reality	增强现实
ASCPM	Advanced Sensing, Control and Platforms for Manufacturing	先进传感器、控制和制造平台
ASN	Advanced Shipping Notification	发运提前通知
AWS	Amazon Web Service	亚马逊云服务
B2B	Business-to-Business	企业与企业
B2C	Business-to-Customer	企业与消费者
BTF	Build-to-Forecast	按预测生产
BTO	Build-to-Order	按订单生产
BI	Business Intelligence	商业智能
BOM	Bill of Material	物料清单
C2B	Consumer to Business	消费者到企业
C4C	Cloud for Customer	客户云
CAD	Computer Aided Design	计算机辅助设计
CAGR	Compound Annual Growth Rate	复合年均增长率
CAR	Customer Activity Repository	客户活动仓库
CAM	Computer Aided Manufacturing	计算机辅助制造
CISO	Chief Information Security Officer	首席信息安全官
CoGS	Cost of Goods Sold	主营业务成本
CEC	Customer Engagement Commerce	客户互动与商务

CNC	Computer Numeric Control	计算机数字控制
CP	Connectivity Port	互联端口
CPFR	Collaborative Planning Forecasting and Replenishment	协同规划、预测与补货
CPS	Cyber Physical System	网络物理系统
CPPS	Cyber Physical Production System	网络物理生产系统
CPV	Customer Perceived Value	感知价值
CRM	Customer Relationship Mnagement	客户关系管理
CS	Customer Service	客户服务
DBMS	Database Management System	数据库管理系统
DDC	Direct Digit Control	直接数字控制
DIR	Document Info Record	文档信息记录
DSiM	Demand Signal Management	需求信号管理
DMS	Document Management System	文档管理系统
DOMe	Digital Object Memory	数字化对象记忆
DP	Demand Planning	需求计划
DT	Digital Transformation	数字化转型
EAM	Enterprise Asset Management	企业资产管理
EBIT	Earnings Before Interest and Tax	息税前利润
EBOM	Engineering BOM	工程物料清单
ECTR	Engineering Control Center	工程控制中心
EDI	Electronic Data Interchange	电子数据交换
EM	Event Management	事件管理
EMM	Enterprise Mobility Management	企业级移动管理
ESN	Enterprise Social Network	企业社交网络
ESP	Event Stream Processor	事件流处理器
EWM	Extended Warehouse Management	扩展的仓储管理
FPY	First Pass Yield	一次性通过率
H2M	Handover Engineering to Manufacturing	研发向制造的移交
HCP	HANA Could Platform	HANA 云平台
HCSS	High Confidence Software and System	高可信软件和系统
HEC	HANA Enterprise Cloud	HANA 企业云
HMD	Head-Mounted Display	头戴式显示
HRC	Human Robot Cooperation	人–机器人协同
FMCG	Fast Moving Consumer Goods	快速消费品
HANA	High-Performance Analytic Applicance	高性能分析工具软件
I2D	Idea-to-Delivery	概念到交付
IaaS	Infrastructure-as-a-Service	基础架构即服务

IBP	Integrated Business Planning	集成的业务计划
ICT	Information Communication Technology	信息通信技术
IIC	Industrial Internet Consortium	工业互联网联盟
IO	Internal Order	内部订单
IoS	Internet of Services	服务联网
IoT	Internet of Things	物联网
IPC	Industrial Personal Computer	工控机
IPD	Integrated Product Development	集成的产品开发
iPPE	Integrated Product & Process Engineering	集成的产品与工艺工程
ISV	Independent Software Vendor	独立软件开发商
IT	Information Technology	信息技术
ITS	Intelligent Transportation System	智能交通系统
IVR	Interactive Voice Response	互动式语音应答
LBS	Location-Based Service	基于位置的服务
M2M	Machine-to-Machine	机器对机器
MAS	Multi-Agent System	多智能主体系统
MBOM	Manufacturing BOM	制造物料清单
MCaas	Manage Cloud as a Service	管理云即服务
MDE	Mobile Data Entry	移动数据录入
ME	Manufacturing Execution	制造执行
MES	Manufacturing Execution System	制造执行系统
MFS	Material Flow System	物料流系统
MII	Manufacturing Integration & Intelligence	制造智能与集成
MMP	Model Mixed planning	混合模型计划
MRP	Material Requirement Planning	物料需求计划
NFC	Near Field Communication	近场通信
NSF	National Foundation Science	国家科学基金
O-O	Object-Oriented	面向对象技术
OEE	Overall Equipment Effectiveness	全局设备效率
OFM	Order Forecast Monitor	订单预测监控器
OLAP	On-Line Analytical Processing	联机分析处理
OLTP	On-Line Transaction Processing	联机事务处理
OT	Operation Technology	操作技术
OTD	Order-to-Deliver	订单交付
OMS	Order Management Service	订单管理服务
P2M	Person-to-Machine	人到机器
P2P	Person-to-Person	人到人
PaaS	Platform-as-a-Service	平台即服务

PAE	Predictive Analytic Engine	测性分析引擎
PAL	Predictive Analytics Library	预测性分析库
PAN	Personal Area Network	个人局域网
PCo	Plant Connection	工厂连接
PCM	Product Content Management	产品内容管理
PDM	Product Data Management	产品数据管理
PDMS	Predictive Maintenance and Service	预测性维修与服务
PLM	Product Lifecycle Management	产品生命周期管理
PO	Purchase Order	采购订单
PPM	Portfolio and Project Management	产品组合与项目管理
PSS	Product StructureSynchronization	产品结构同步
PS	Project System	项目系统
RAMI 4.0	Reference Architecture Model for Industry 4.0	工业 4.0 参考架构模型
RCS	Resilience Control System	复原控制系统
RF	Radio Frequency	射频
RFID	Radio Frequency Identification	无线射频识别
RMS	Remote Maintenance and Service	远程维修与服务
S&OP	Sales& Operation Planning	销售与运营计划
SaaS	Software-as-a-Service	软件即服务
SCADA	Supervisory Control and Data Acquisition	监控与数据采集
SCCT	Supply Chain Control Tower	供应链控制塔
SCEM	Supply Chain Event Management	供应链事件管理
SCE	Supply Chain Execution	供应链执行
SCI	Supply Chain Integrity	供应链完好
SCO	SupplyChain Orchestration	供应链指挥家
SCP	Supply Chain Planning	供应链计划
SDK	Software Development Kit	软件开发包
SFC	Shop Floor Control number	车间控制编号
SG&A	Selling, General and Administrative	销售成本、综合开销及行政管理费用
SIM	Subscriber Identity Module	客户识别模块
SKU	Stock Keeping Unit	最小存货单位
SLA	Service Level Agreement	服务水平协议
SMI	SupplierManagement Inventory	供应商管理库存
SNC	Supply Network Collaboration	供应网络协同
SNI	Supply Network Inventory	供应网络库存
SOA	Service-Oriented Architecture	面向服务的架构
SRM	Supplier Relationship Management	供应商关系管理

TCO	Total Cost of Ownership	总体拥有成本
TLB	Transport Load Building	运输装载确定
TM	Transportation Management	运输管理
TRM	Task and Resource Management	任务与资源管理
UI	User Interface	用户界面
VC	Variant Configuration	变量配置
VDM	Virtual Data Model	虚拟数据结构
VIDM	Visualization, Informatics and Digital Manufacturing	可视化、信息化和数字化的制造
VMI	Vendor Managed Inventory	供应商管理库存
VMS	Vendor Management System	供应商管理系统
WBS	Work Breakdown Structure	工作分解结构
WMS	Warehouse Management System	仓库管理系统

参考文献

[1] ACATECH.Final report of the Industry 4.0 Working Group, Recommendations for implementating the strategic initiative INDUSTRIE 4.0 [OL]. http://www.acatech.de/fileadmin/user_upload/Baumstruktur_nach_Website/Acatech/root/de/Material_fuer_Sonderseiten/Industrie_4.0/Final_report__Industrie_4.0_accessible.pdf.

[2] 工业4.0：2034年以前的未来趋势场景 [OL]. http://www.roi-international.com/fileadmin/Presse/pdfs_ab_2014/PR_ROI_Industry__4_0_MES_0206_2014.pdf.

[3] von Axel Uhl，等. Digital Enterprise Transformation: A Business-Driven Approach to Leveraging Innovative IT [R]. Gower, 2014.

[4] P Venkata Krishna，等. Challenges, Opportunities, and Dimensions of Cyber-Physical Systems [R]. IGI Global, 2014.

[5] Robert A Davis. Demand-Driven Inventory Optimization and Replenishment: Creating a More Efficient Supply Chain [R]. SAS Institute, 2013.

[6] Bricks Matter. The Role of Supply Chains in Building Market-Driven Differentiation [M]. New Jersey: John Wiley&Sons, Inc., 2013.

[7] 彭俊松. 汽车行业供应链战略、管理与信息系统 [M]. 北京：电子工业出版社，2006.

[8] 彭俊松. 汽车行业整车订单交付系统——建立需求驱动的汽车供应网络 [M]. 北京：电子工业出版社，2009.

[9] 刘志刚，潘和平，李德仁. 智能主体主要理论的综述与分析 [J]. 计算机应用研究，2002（7）.

[10] ACATECH. Cyber-Physical System – Driving force for innovation in mobility, health, energy and production [OL]. http://www.acatech.de/fileadmin/user_upload/Baumstruktur_nach_Website/Acatech/root/de/Publikationen/Stellungnahmen/acatech_POSITION_CPS_Englisch_WEB.pdf.

[11] BCG.Industry 4.0: The future of Producticity and Growth in Manufacturing Industries [OL]. https://www.bcgperspectives.com/content/articles/engineered_products_

project_business_industry_40_future_productivity_growth_manufacturing_industries/.
[12] Deutsche Bank Research. Industry 4.0 – Upgrading of Germany's Industrial Capabilities on the horizon [OL]. https://www.dbresearch.de/PROD/DBR_INTERNET_EN-PROD/PROD0000000000333571/Industry+4_0%3A+Upgrading+of+Germany%E2%80%99s+industrial+capabilities+on+the+horizon.PDF.
[13] World Economic Forum. Industrial Internet of Things: Unleasing the Potential of Connected Products and Services [OL]. http://reports.weforum.org/industrial-internet-of-things/.
[14] Dr Ing. Thomas Bauernhansl: Automotive Industry without Conveyer Belt and Cycle – Research Campus ARENA2036 [M]. Berlin: Springer Fachmedien Wiebaden, 2014.
[15] Thomas Neubock, Michael Schref.Modelling Knowledge about Data Analysis Process in Manufacturing [N]. IFAC Paper,2011.
[16] IDC.Business Network: The Next Wave of Innovation [OL]. http://www.ariba.com/resources/library/business-networks-the-next-wave-of-innovation-whitepaper.

推荐阅读

工业4.0实战：装备制造业数字化之道

作者：西门子工业软件公司 ISBN：978-7-111-51535-7 定价：69.00元

本书从制造业企业管理角度，阐述如何使工业4.0能顺利落地中国。本着"理论与实践相结合，科学性与通俗化，系统性与模块化，前瞻性与可实施性相结合"的原则，本书内容分为愿景篇、方案篇和实践篇。愿景篇主要包括"工业4.0"——制造业的未来、企业实施MBD的实践与挑战、西门子MBE解决方案综述等内容；方案篇主要阐述基于模型的系统工程、三维产品设计、机电一体化系统工程、全生命周期质量管理、工装设计、零件工艺、装配工艺、质量检测、作业指导书、制造执行管理、实物样机测试、MBE供应链和数字化服务管理、复杂产品的构型管理等实践解决方案；实践篇包括众多实际案例的背景、问题解决过程、采取的方案，以及取得的效果，还包括了西门子自身的样板工厂介绍。

智能制造之路：数字化工厂

作者：同济大学中德工程学院 等 ISBN：978-7-111-55073-0 定价：69.00元

本书阐述了智能制造的国内外发展与应用状况、智能制造的内涵与特征；描绘了智能制造参考模型、智能工厂体系架构以及智能工厂解决方案要素；分享了数字化工厂三个不同维度的数字化蓝图和实施路线图，通过三大集成篇与案例分析篇，结合"西门子数字化企业软件套件"，帮助读者更好地理解智能制造相关理念，促进企业打造新一代智能创新平台，从而在设计研发、工艺开发、生产制造、售后维护等产品全生命周期实行全面数字化与智能管理，促进企业实现工业物联网与应用服务联网的深度融合，更好地满足客户持续多变的个性化需求。

工业创新方法与实践

作者：刘勇谋 ISBN：978-7-111-53991-9 定价：69.00元

本书以通俗易懂、深入浅出的方式，全面、系统地介绍了系统创新技术所涉及的主要理论，包括TRIZ（发明问题解决理论）、VE（价值工程）、QFD（质量功能展开）、FMEA（故障及失效模式分析）、田口方法、AD（公理设计）、DFSS（六西格玛设计）。另外，还采用大量的日常生活中常见的产品作为案例，从问题的提出、问题的表达，到问题的求解和结果的评估，在各个创新流程阶段全面地运用各种系统创新理论，系统地展示系统创新的全过程，帮助读者了解相应理论的核心内容和基本解题流程。同时，为了便于广大工程技术人员在创新实践中规避专利风险，还特别加入了各国专利法简介的内容。